Hochrechnung des Vermögensschadens beim Abrechnungsbetrug

Deutsches, europäisches und internationales Strafrecht und Strafprozessrecht

Herausgegeben von
Martin Waßmer

Band 17

PETER LANG

Markus Gierok

Hochrechnung des Vermögensschadens beim Abrechnungsbetrug

PETER LANG

Bibliografische Information der Deutschen Nationalbibliothek
Die Deutsche Nationalbibliothek verzeichnet diese Publikation in der Deutschen Nationalbibliografie; detaillierte bibliografische Daten sind im Internet über http://dnb.d-nb.de abrufbar.

Zugl.: Köln, Univ., Diss., 2021

Gedruckt auf alterungsbeständigem, säurefreiem Papier.

D 38
ISSN 2197-8417
ISBN 978-3-631-86010-6 (Print)
E-ISBN 978-3-631-86790-7 (E-PDF)
E-ISBN 978-3-631-87014-3 (EPUB)
DOI 10.3726/b19278

Peter Lang – Berlin · Bern · Bruxelles · New York · Oxford · Warszawa · Wien

Diese Publikation wurde begutachtet.

www.peterlang.com

Vorwort

Die vorliegende Arbeit wurde im Wintersemester 2020 von der Rechtswissenschaftlichen Fakultät der Universität zu Köln als Dissertation angenommen. Rechtsprechung und Literatur wurden bis August 2020 berücksichtigt.

Mein besonderer Dank gilt Herrn Prof. Dr. Dr. h.c. Martin Waßmer, der mir bereits während meines Studiums an der Universität zu Köln die Faszination für das Strafrecht mit seinen zahlreichen Facetten näherbrachte. Danken möchte ich ihm zum Einen für die Betreuung der vorliegenden Arbeit sowie ferner für die Bereitschaft, diese in seine Schriftenreihe „Deutsches, europäisches und internationales Strafrecht und Strafprozessrecht“ aufzunehmen. Herrn Prof. Dr. Dr. h.c. Michael Kubiciel, dessen Vorlesungen meine Begeisterung für das Strafrecht weiter befeuerten, möchte ich für die zügige Erstellung des Zweitgutachtens danken.

Besonders danken möchte ich zudem Herrn Prof. Dr. Michael Tsambikakis für die mir gewährte Möglichkeit, diese Arbeit parallel zum Einstieg in den Anwaltsberuf zu fertigen, sowie für seine wertvolle Unterstützung bei der Themenfindung.

Abschließend möchte ich meiner Familie und meiner Lebensgefährtin, Frau Sarah Bohne, für die jederzeitige Unterstützung danken, die sie mir – nicht nur, aber insbesondere – während meiner juristischen Ausbildung zuteil werden ließen.

Inhaltsverzeichnis

Einleitung

A. Einleitung

Die durch Ärzte verübte Wirtschaftskriminalität geriet in der jüngeren Vergangenheit neben den klassischen Feldern der Tötungs- und Körperverletzungsdelikte zunehmend in den Fokus der Staatsanwaltschaften.[1] Diese Entwicklung nahm ihren Ausgang mit der „Entdeckung" des Abrechnungsbetrugs in den 1980er Jahren.[2] Als weiteres strafrechtliches Instrument gegen ärztliche Delinquenz gesellte sich im Jahr 2003 die Vertragsarztuntreue hinzu.[3] Die in der Folge unternommenen Versuche, korruptem Verhalten von Vertragsärzten mittels der §§ 299, 331 f. StGB zu begegnen, scheiterten zwar zunächst an der Grundsatzentscheidung des Großen Senats des Bundesgerichtshofs.[4] Der Gesetzgeber reagierte jedoch auf diese Strafbarkeitslücke[5], indem er im Jahr 2016 die Straftatbestände der §§ 299a f. StGB einführte. Einer der Gründe für die ausgedehnte Anwendung bzw. Schaffung im Kern wirtschaftsstrafrechtlicher Tatbestände dürfte in der Erkenntnis liegen, dass dem Gesundheitswesen durch wirtschaftliches Fehlverhalten von Ärzten jedes Jahr erheblicher Schaden zugefügt wird.[6] Teilweise wird davon ausgegangen, dass der in Deutschland jährlich durch Korruption, Abrechnungsbetrug und Missbrauch im Gesundheitswesen verursachte Schaden bis zu EUR 20 Mrd. beträgt.[7] Allein der in Strafverfahren erfasste, durch Abrechnungsbetrug verursachte Schaden belief sich 2015 auf rund EUR 70 Mio.[8], 2016 auf rund EUR 29 Mio.[9] und 2017 auf rund EUR 120 Mio.[10]

---

1 Vgl. *Nestler*, JZ 2009, 984 f.

2 *Herffs*, Der Abrechnungsbetrug des Vertragsarztes, S. 1; *Schroth/Joost*, in: Roxin/Schroth, Handbuch des Medizinstrafrechts, S. 181; vgl. *Erlinger/Warntje/Bock*, in: MAH Strafverteidigung, § 50 Rn. 152.

3 *Schneider*, Vertragsarztuntreue, S. 21; vgl. BGHSt 49, 17.

4 BGHSt 57, 202.

5 BT-Drs. 18/6446, S. 27.

6 Auf die wirtschaftliche Bedeutung des Systems der gesetzlichen Krankenversicherung verweist *Schneider*, Vertragsarztuntreue, S. 21 f.

7 Transparency International Deutschland e.V., Transparenzmängel, Korruption und Betrug im deutschen Gesundheitswesen, 2008, S. 5.

8 Bundeslagebild Wirtschaftskriminalität 2015, S. 5.

9 Bundeslagebild Wirtschaftskriminalität 2016, S. 5.

10 Bundeslagebild Wirtschaftskriminalität 2017, S. 5.

Dabei ist nicht nur der Gesamtschaden, sondern auch der durch die einzelnen Fälle jeweils verursachte Schaden hoch. Eine Untersuchung von *Homann* für die Jahre 2002 bis 2005 hat gezeigt, dass der von Vertragsärzten je Betrugsfall versursachte Schaden bei durchschnittlich etwa EUR 47.000 lag.[11]

Die vorgenannte Akzentverschiebung[12] in der Strafverfolgungspraxis spiegelt sich in der wissenschaftlichen Debatte wider, wobei deren Schwerpunkt lange auf der Untersuchung des vertragsärztlichen Abrechnungsbetrugs lag, der nach wie vor Hochkonjunktur hat.[13] Hierzu erschienen in den letzten Jahren – neben zahlreichen Aufsätzen[14] – diverse Monographien. Die wissenschaftliche Auseinandersetzung mit dem Phänomen des vertragsärztlichen Abrechnungsbetrugs darf daher zwar mittlerweile als fortgeschritten bezeichnet werden. Es verbleiben jedoch auch heute noch Fragestellungen, denen bislang nur wenig Aufmerksamkeit gewidmet wurde. Eine dieser lediglich vereinzelt erörterten Thematiken findet sich an der Schnittstelle des Betrugstatbestands zum Strafverfahrensrecht, nämlich bei der Ermittlung der Höhe des durch Abrechnungsmanipulationen verursachten Vermögensschadens. Die wissenschaftliche Diskussion der Schadensfeststellung konzentriert sich vorwiegend auf die materiell-rechtliche Problematik der streng formalen Betrachtungsweise, die der Bundesgerichtshof aus dem Sozialrecht für das Strafrecht übernommen hat.[15] Selten thematisiert wird hingegen die Bestimmung der Höhe eines Vermögensschadens durch mathematisch-statistische Hochrechnung,[16] obgleich diese seit der etwa drei Jahrzehnte zurückliegenden Grundsatzentscheidung des 4. Strafsenats des Bundesgerichtshofs[17] verbreitete[18] bzw. anerkannte[19] Praxis

11 *Homann*, Betrug in der gesetzlichen Krankenversicherung, S. 235.

12 *Grzesiek*, Wirtschaftsdelikte im Vertrags- und Privatarztsektor, S. 19.

13 *Saliger*, medstra 2019, 258.

14 Vgl. *Saliger*, medstra 2019, 258, 259 sowie die dort aufgeführten Nachweise.

15 Hierzu vgl. nur *Grzesiek*, Wirtschaftsdelikte im Vertrags- und Privatarztsektor, S. 129 f. sowie S. 63 ff. der vorliegenden Arbeit.

16 *Schmidt*, medstra 2017, 79 f.

17 BGH, Urt. v. 14.12.1989 – 4 StR 419/89 = BGHSt 36, 320.

18 Allerdings wird die Schadenshochrechnung laut des GKV-Spitzenverbands nicht in allen, sondern nur in wenigen Bundesländern praktiziert, vgl. *GKV-Spitzenverband*, Bericht des Vorstandes an den Verwaltungsrat – Arbeit und Ergebnisse der Stelle zur Bekämpfung von Fehlverhalten im Gesundheitswesen, S. 13; *Meseke*, in: Arbeitsgemeinschaft Medizinrecht, Institut für Rechtsfragen der Medizin, Düsseldorf, Aktuelle Entwicklungen im Medizinstrafrecht, S. 65, 83.

19 *Saliger*, medstra 2019, 258, 260.

ist.[20] Veröffentlichte Gerichtsentscheidungen, die explizit die Hochrechnung als Methode zur Bestimmung der Schadenshöhe benennen, stellen jedoch die Ausnahme dar.[21] Allenfalls die in manchen Entscheidungen beachtliche Höhe der festgestellten Schäden bzw. der als fehlerhaft erkannten Abrechnungspositionen dürfte vermuten lassen, dass diese Zahlen anhand von Hochrechnungen ermittelt wurden.[22]

Ausgangspunkt für die Heranziehung mathematisch-statistischer Methoden zur Schadensermittlung war eine systemische Problemstellung des vertragsärztlichen Abrechnungsbetrugs, mit der sich Ermittlungsbehörden und Tatgerichte bei ihren Aufklärungsbemühungen konfrontiert sahen und weiterhin sehen. Die individuellen vertragsärztlichen Leistungen werden nur geringfügig vergütet, sodass sich vereinzelte fehlerhafte Abrechnungen kaum merklich auf die Honorarverteilung auswirken.[23] Die Erfahrung zeigt, dass Abrechnungsbetrug im System der gesetzlichen Krankenversicherung oftmals systematisch begangen wird, da sich nur durch massenhafte Falschabrechnung wirtschaftlich nennenswerte Einnahmen erzielen lassen.[24] Führt man sich die hohe Schadenssumme vor Augen, die durch Abrechnungsbetrug durchschnittlich verursacht wird, erhält man eine erste Vorstellung von dem Aufwand, den die Aufklärung den Ermittlungsbehörden und Tatgerichten bei dem Verdacht des systematischen Abrechnungsbetrugs durch eine Totalerhebung[25] abverlangt. Die Ermittlung mittels konventioneller Beweisführung würde die Überprüfung abertausender[26]

---

20 Vgl. *Schmidt*, medstra 2017, 79, 80; *Traut*, AusR 2002, 164; *Schneider/Reich*, HRRS 2012, 267.

21 Explizit angeführt wird die Schadenshochrechnung nur vom LG Saarbrücken, Urt. v. 19.05.2011 - 4 KLs 11/09.

22 So spricht BGH, Urt. v. 14.11.1990 - 3 StR 160/90 von einer Schätzung. Die dortige knappe Schilderung des Schätzungsvorgangs deutet allerdings stark in Richtung einer mit Stichprobenerhebung verbundenen Hochrechnung. Vgl. des Weiteren BGH wistra 1992, 253, 255; 1992, 296; OLG Koblenz, wistra 1997, 280, und OLG Karlsruhe, Beschl. v. 08.08.1997 - 1 Ws 193/97.

23 BGHSt 36, 320, 326.

24 BGHSt 36, 320, 326; *Badle*, NJW 2008, 1028, 1029; *Freitag*, Ärztlicher und zahnärztlicher Abrechnungsbetrug im deutschen Gesundheitswesen, S. 124; *Luig*, Vertragsärztlicher Abrechnungsbetrug und Schadensbestimmung, S. 217; *Hancok*, Abrechnungsbetrug durch Vertragsärzte, S. 186.

25 Mit dem Begriff der Totalerhebung wird nachfolgend die Aufklärung der Berechtigung aller geltend gemachten Abrechnungspositionen bezeichnet.

26 Durchschnittlich werden in einer mittleren Praxis im Quartal etwa 1.500 Patienten behandelt, *Hilgendorf*, in: Wabnitz/Janovsky, Handbuch Wirtschafts- und

abgerechneter Positionen anhand der Verlesung von Urkunden und der Vernehmung von Patienten erfordern.[27] Diesen Aufwand kann die Justiz unter Berücksichtigung ihrer derzeitigen Personalausstattung bei realistischer Betrachtung nicht leisten.[28] Um das Ausmaß des verursachten Schadens zumindest näherungsweise festzustellen, bedienten sich die Staatsanwaltschaft und das Landgericht Frankenthal am Instrumentenkoffer der Statistik: Nachdem sie eine Stichprobe an Abrechnungspositionen überprüft hatten, rechneten sie deren Ergebnis mithilfe zweier Sachverständiger auf die Gesamtzahl der im Tatzeitraum abgerechneten Positionen hoch.[29]

Der Bundesgerichtshof billigte diese Hochrechnung des verursachten Vermögensschadens, soweit das Landgericht die betroffenen Quartalsabrechnungen mittels Stichprobe überprüft hatte.[30] Obgleich die verbreitete Terminologie „Schadenshochrechnung“ vermuten lässt, es sei lediglich eine objektive Größe, nämlich die Höhe des verursachten Vermögensschadens berechnet worden, ging die Entscheidung weit darüber hinaus.[31] Der Bundesgerichtshof bestätigte mit seiner Entscheidung zugleich, dass mittels statistischer Methoden festgestellt werden darf, wie oft sich ein Mensch auf eine bestimmte Weise verhalten hat: In erster Linie hatte das Landgericht nämlich die Zahl der unberechtigt geltend gemachten Abrechnungspositionen hochgerechnet.[32] Diese beruhten jeweils auf

---

Steuerstrafrecht, 13. Kap. Rn. 86. Erstreckt sich der Abrechnungsbetrug über mehrere Quartale oder gar Jahre, ist damit sogar eine fünfstellige Zahl behandelter Patienten denkbar, wobei je Patient mehrere Behandlungen und damit mehrere bzw. mehrfach Gebührenpositionen abgerechnet werden können. Entsprechend kann eine einzelne Abrechnung mehrere tausend Positionen umfassen, vgl. *Luig*, Vertragsärztlicher Abrechnungsbetrug und Schadensbestimmung, S. 217. *Lüdders*, in: Steinhilper, Arzt und Abrechnungsbetrug, S. 165, 168, berichtet von einem beschuldigten Vertragsarzt, der pro Quartal etwa 3.500 Patienten behandelt hat. BGH wistra 1992, 253 lag ein Fall mit 48.532 fehlerhaften Abrechnungspositionen zugrunde.

27 Vgl. *Schmidt*, medstra 2017, 79, 80. Zu diesem Problem schon *Lüdders*, in: Steinhilper, Arzt und Abrechnungsbetrug, S. 165, 169 ff.

28 Vgl. *Schmidt*, medstra 2017, 79, 80.

29 Zum Vorgehen des Landgerichts siehe BGHSt 36, 320, 322 f.

30 BGHSt 36, 320, 325 ff.

31 Die Hochrechnung von objektiven Größen findet auch sonst in Strafverfahren statt, bspw. um die Höhe hinterzogener Steuern, vgl. BGH wistra 1993, 109, die Höhe vorenthaltener Sozialbeiträge, BGH NStZ 2001, 599, oder den Wirkstoffgehalt von Betäubungsmitteln festzustellen, vgl. BGH StraFo 2007, 509.

32 Vgl. BGHSt 36, 320, 322; *Schmidt*, medstra 2017, 79, 83; *Hancok*, Abrechnungsbetrug durch Vertragsärzte, S. 189 f.

einer Handlung des abrechnenden Arztes[33], der jede Abrechnungsposition einzeln in seine Quartalsabrechnung eingepflegt hatte.[34]

Soweit ersichtlich, ist die Hochrechnung menschlichen Verhaltens auf den Bereich des vertragsärztlichen Abrechnungsbetrugs beschränkt geblieben und darf damit weiterhin als Sonderdogmatik des vertragsärztlichen Abrechnungsbetrugs bezeichnet werden.[35] In der Literatur bestehen zwar Bestrebungen, den Anwendungsbereich von Hochrechnungen zu erweitern. So wird einerseits dafür plädiert, die Anzahl der verursachten Irrtümer in massenhaften Betrugsfällen durch die Erhebung einer repräsentativen Stichprobe und anschließende Hochrechnung festzustellen.[36] Diese Bestrebungen, die anders als die Schadenshochrechnung nicht das Verhalten des Täters, sondern der Opfer betreffen, konnten sich indessen bislang nicht durchsetzen.[37] Ferner wird überlegt, die Schadenshochrechnung auch bei Abrechnungsmanipulationen von (ambulanten) Pflegediensten anzuwenden.[38] Soweit ersichtlich, hat auch dieser Gedanke trotz Forderungen seitens der Krankenkassen[39] und Ermittler[40] bislang keinen Anklang in der Praxis gefunden. Insofern kommt der erwähnten Grundsatzentscheidung des Bundesgerichtshofs aus dem Jahr 1989 auch heute noch eine Sonderstellung zu, die eine eingehendere Untersuchung rechtfertigt.

B. Der Sachverhalt der Entscheidung BGHSt 36, 320

Die Untersuchung beginnt mit der Darstellung des Sachverhalts der Grundsatzentscheidung. Dem Angeklagten wurde jahrelanger Abrechnungsbetrug

33 Bzw. seines Personals.

34 Vgl. *Hancok*, Abrechnungsbetrug durch Vertragsärzte, S. 189 f.

35 Vgl. *Saliger*, medstra 2019, 258, 260, der allerdings davon ausgeht, dass sich die Grundsätze der Schadenshochrechnung auf andere Massenbetrugskonstellationen übertragen lassen.

36 *Frister*, in: SK StPO, Bd. IV, § 244 Rn. 26d.

37 BGH NJW 2013, 1545, 1546. Vgl. hierzu weiter *Peter*, StraFo 2019, 186, 187 f. m.w.N.

38 *Schmidt*, medstra 2017, 79, 84 f.; *Welke*, GuP 2011, 139, 141 (Fn. 18). Die Rechtsprechung operiert in diesen Fällen teilweise mit Schätzungen, vgl. LG Düsseldorf, Urt. v. 05.02.2018 – 18 KLs 2/17 Rn. 893 ff. Die Schadenshochrechnung im Pflegebereich ablehnend *Badorff*, Abrechnungsbetrug von ambulanten Pflegediensten und Vertragsärzten, S. 131 ff. Zur diesbezüglichen Schadenshochrechnung im Sozialrecht *Wiegand*, medstra 2017, 85, 89 f.

39 *AOK Nordost*, Positionspapier zur Wahl des Brandenburgischen Landtags für die 7. Legislaturperiode am 01.09.2019, S. 13.

40 *Landeskriminalamt Nordrhein-Westfalen*, Abschlussbericht Curafair, S. 13.

vorgeworfen. Nach den Feststellungen des Landgerichts Frankenthal hatte er selbst oder sein hierzu von ihm veranlasstes Personal auf den zwecks Abrechnung eingereichten Krankenscheinen[41] Behandlungen eingetragen, welche er nicht oder nicht in dem behaupteten Umfang erbracht hatte.

Die Staatsanwaltschaft hatte bereits im Ermittlungsverfahren 62 Patienten zufällig ausgewählt, die der Angeklagte in den Jahren 1984 und 1985 behandelt hatte. Durch Vernehmung dieser Patienten sowie des Praxispersonals stellte das Landgericht in der Hauptverhandlung fest, wie oft der Angeklagte bei diesen Patienten Behandlungsleistungen zu Unrecht auf den Krankenscheinen eingetragen und abgerechnet hatte. Aus den gewonnenen Erkenntnissen ermittelte das Landgericht die „Beanstandungsquote", die das Verhältnis zwischen der Zahl der zu Unrecht abgerechneten Leistungen zur Zahl der bezüglich dieser Patienten insgesamt abgerechneten Leistungen ausdrückt. Dabei wurde die Beanstandungsquote jeweils gesondert für die einzelnen Arten von Behandlungsleistungen bestimmt. Mit sachverständiger Hilfe rechnete das Landgericht den verursachten Schaden sodann unter Beachtung der Streuungsbreite der Stichprobe auf alle Patienten hoch, die der Angeklagte in den Jahren 1984 und 1985 behandelt hatte. Auf diesem Weg stellte das Landgericht einen Schaden in Höhe von DM 100.469,54 fest, wobei es Besonderheiten, die sich aus der unterschiedlichen Kassenzugehörigkeit der Patienten ergaben, und Einzelfälle berücksichtigte, die eine Hochrechnung nicht gestatteten. Die so ermittelte „Vertrauensuntergrenze" bewertete das Landgericht mit einer Wahrscheinlichkeit von 99,5 Prozent als mathematisch-statistisch richtig.

Für die Jahre 1981 bis 1983 hatte das Landgericht keine Patienten vernommen. Die Sachverständigen legten dem Landgericht jedoch dar, dass die Hochrechnung unter der Voraussetzung gleichartigen Fehlverhaltens des Angeklagten auch für diesen Zeitraum durchgeführt werden könne. Dem folgend erstreckte das Landgericht die für die Jahre 1984 und 1985 ermittelte Beanstandungsquote auf die Jahre 1981 bis 1983. Zur Feststellung der Gleichartigkeit des Abrechnungsverhaltens des Angeklagten hob das Landgericht auf die Angaben seines Praxispersonals ab.

Ohne bereits an dieser Stelle die rechtliche Würdigung im Einzelnen zu erläutern, kann vorweggenommen werden, dass der Bundesgerichtshof die

---

41 Dieser Vorläufer der heutigen Krankenversichertenkarte war damals im Rahmen der Quartalsabrechnung einzureichen. Auf der Rückseite trug der Arzt die von ihm in diesem Quartal vorgenommenen Behandlungen ein, um diese gegenüber der Kassenärztlichen Vereinigung abzurechnen.

Schadensberechnung für die Jahre 1984 und 1985 als rechtsfehlerfrei anerkannte, die Extrapolation auf die Jahre 1981 bis 1983 jedoch zurückwies.

C. Gang der Untersuchung

Die Untersuchung der Vereinbarkeit der Schadenshochrechnung mit den rechtlichen Vorgaben für das Strafverfahren baut auf zahlreichen Grundlagen auf. Zu diesen zählen die Struktur der gesetzlichen Krankenversicherung, der Ablauf und die Prüfung einer vertragsärztlichen Abrechnung sowie die rechtlichen Grundlagen der Erfassung von Abrechnungsmanipulationen als Betrug im Sinne des § 263 Abs. 1 StGB. Daneben lässt sich diese Untersuchung ohne ein Grundverständnis des mathematisch-statistischen Prozesses einer Schadenshochrechnung nicht sinnvoll betreiben. Diese Grundlagen werden daher im Anschluss an die Einleitung dargestellt.

Im darauffolgenden Kapitel wird der Frage nachgegangen, ob die Schadenshochrechnung in Fällen des systematischen Abrechnungsbetrugs zwingend ist. Hierzu werden zunächst weitere denkbare prozessuale Möglichkeiten zur Reaktion auf das beschriebene systemische Problem erwogen und auf ihre Tragfähigkeit hin untersucht. Im selben Kapitel wird sodann auf potenzielle Vorzüge der Schadenshochrechnung gegenüber den untersuchten Alternativen eingegangen, die eine Schadenshochrechnung in der Praxis zumindest nahelegen könnten.

Im nächsten Kapitel folgt die Untersuchung der Vereinbarkeit der Schadenshochrechnung mit den rechtlichen Vorgaben für das Strafverfahren. Diese beginnt mit der aktuellen Gesetzeslage, das heißt mit der Frage nach einer gesetzlichen Grundlage der Schadenshochrechnung. Anschließend wird die Schadenshochrechnung auf ihre Kompatibilität mit den verfassungsrechtlichen Anforderungen aus der jüngeren Rechtsprechung des Bundesverfassungsgerichts an die Schadensermittlung untersucht. In einfach gesetzlicher Hinsicht wird sodann erörtert, ob die Schadenshochrechnung den Anforderungen der freien richterlichen Beweiswürdigung gemäß § 261 StPO, des Amtsermittlungsgrundsatzes nach § 244 Abs. 2 StPO sowie dem Fair-Trial-Grundsatz des Art. 6 EMRK genügt.

Die Bearbeitung fokussiert sich dabei auf die Schadenshochrechnung als Sonderfall einer Schätzung.[42] Bei der Schadenshochrechnung wird zunächst

42 Der Bundesgerichtshof geht davon aus, dass die Schadenshochrechnung einer Schätzung vergleichbar sei, BGHSt 36, 320, 328. Dies impliziert, dass beide Begriffe nicht deckungsgleich sind. In der Statistik versteht man unter dem Schätzen – neben dem Testen von Hypothesen – eine Form des statistischen Schließens: Das Schätzen besteht

eine Stichprobe erhoben, aus deren Ergebnis anschließend Rückschlüsse auf die Grundgesamtheit gezogen werden. Die allgemeine Schätzung eines durch Abrechnungsbetrug verursachten Schadens kommt hingegen ohne Stichprobe aus, beispielsweise weil sie auf der glaubhaften Einlassung des Beschuldigten zum Ausmaß der fehlerhaften Abrechnung[43] oder auf ermittelten Durchschnittswerten anderer Ärzte derselben Fachrichtung beruht[44].

Der vorgestellten Entscheidung des Bundesgerichtshofs folgend, die ausschließlich die vertragsärztliche Abrechnung thematisierte, beschränkt sich die Untersuchung zunächst auf den Abrechnungsbetrug in der gesetzlichen Krankenversicherung. Obgleich die Schadenshochrechnung, soweit ersichtlich, bislang im privatärztlichen Bereich keine Anwendung gefunden hat, wird in einem weiteren Kapitel der Frage nachgegangen, ob sich die Schadenshochrechnung – unter den seitens des Bundesgerichtshofs formulierten Anforderungen – zur Quantifizierung des durch privatärztlichen Abrechnungsbetrug verursachten Vermögensschadens eignet.

---

in der statistischen Schlussfolgerung von Erkenntnissen, die man aus der Stichprobe gewonnen hat, auf Zustände in der Grundgesamtheit, *Diaz-Bone*, Statistik für Soziologen, S. 155.

43 Zu einem solchen Fall vgl. BGH NStZ 1993, 388. Einen weiteren Fall der Schätzung bei Abrechnungsbetrug im Pflegebereich bietet LG Düsseldorf, Urt. v. 05.02.2018 – 18 KLs 2/17 Rn. 893 ff.

44 *Wiegand*, medstra 2017, 85, 87; *Clemens*, in: Quaas/Zuck/Clemens, Medizinrecht, § 23 Rn. 25 ff.

Erstes Kapitel: Grundlagen

A. Die gesetzliche Krankenversicherung

Die gesetzliche Krankenversicherung stellt nach § 4 Abs. 2 S. 1 SGB I eine der fünf Säulen der Sozialversicherung dar, deren gesetzlicher Rahmen sich im Fünften Buch des Sozialgesetzbuchs findet. Dieser Rahmen wird durch zahlreiche förmliche Gesetze und Vorschriften ergänzt.[1] Als Solidargemeinschaft kommt der gesetzlichen Krankenversicherung nach § 1 S. 1 SGB V die Aufgabe zu, die Gesundheit der Versicherten zu erhalten, wiederherzustellen oder ihren Gesundheitszustand zu bessern.

I. Die Beteiligten der gesetzlichen Krankenversicherung

Beteiligt am System der gesetzlichen Krankenversicherung sind die versicherten Patienten, die Krankenkassen, die Kassenärztlichen Vereinigungen sowie die Vertragsärzte, die zusammen das sogenannte Viereck[2] der gesetzlichen Krankenversicherung bilden.[3] Eine grafische Darstellung des Vierecks der gesetzlichen Krankenversicherung findet sich am Ende dieses Abschnitts.

1. Der gesetzlich Krankenversicherte

Im Jahr 2018 war mit etwa 90 Prozent der weit überwiegende Anteil der Gesamtbevölkerung gesetzlich krankenversichert.[4] Dabei ist ein nicht unerheblicher Teil aufgrund der Versicherungspflicht des § 5 Abs. 1 SGB V kraft Gesetzes Mitglied in der gesetzlichen Krankenversicherung.[5] Keine Versicherungspflicht besteht hingegen nach § 6 Abs. 1 SGB V für Beamte, Selbständige, Freiberufler oder Personen mit einem Einkommen oberhalb der Versicherungspflichtgrenze des § 6 Abs. 6 bzw. Abs. 7 SGB V.

---

1 Zu diesen weiteren Regelungen vgl. *Heintz-Koch*, Vertragsärztlicher Abrechnungsbetrug, S. 53.

2 *Grzesiek*, Wirtschaftsdelikte im Vertrags- und Privatarztsektor, S. 42.

3 Eine visuelle Darstellung des Vierecks der gesetzlichen Krankenversicherung findet sich auf S. 12 der vorliegenden Arbeit.

4 Im Jahr 2018 waren 73,13 Mio. (siehe BAH-Zahlenbroschüre 2018, S. 8) der 83,01 Mio. Einwohner Deutschlands gesetzlich krankenversichert.

5 *Schneider*, Vertragsarztuntreue, S. 38.

Den gesetzlich Versicherten steht nach den §§ 173 ff. SGB V ein Wahlrecht zwischen den verschiedenen Krankenkassen zu. Gegenüber seiner Krankenkasse hat der gesetzlich Versicherte nach § 2 Abs. 1 S. 1 SGB V – unter Beachtung des Wirtschaftlichkeitsgebots des § 12 SGB V – einen Anspruch auf die in § 11 SGB V genannten präventiv und reaktiv ausgerichteten Gesundheitsleistungen. Diese umfassen insbesondere die Verhütung von Krankheiten und deren Verschlimmerung, die Erfassung von gesundheitlichen Risiken und Früherkennung von Krankheiten sowie die Behandlung einer Krankheit. Die konkret umfassten Leistungen werden in jeweils eigenen Abschnitten des Fünften Buchs des Sozialgesetzbuchs näher geregelt, wobei der Versicherte diese Leistungen nach § 2 Abs. 2 SGB V als Sachleistung erhält.[6] Der gesetzlich Versicherte hat also – anders als im Regelfall der privaten Krankenversicherung[7] – nicht lediglich einen Anspruch auf Kostenerstattung gegen seine Versicherung, sondern auf die Erbringung der Leistung. Dementsprechend muss er die Vergütung für die in Anspruch genommene Leistung nicht vorstrecken. Einen Ausnahmefall stellt § 13 Abs. 2 SGB V dar, wonach der Versicherte anstelle der Sachleistung die Kostenerstattung wählen kann.

Zur Inanspruchnahme einer Leistung muss der gesetzlich Krankenversicherte lediglich einen an der vertragsärztlichen Versorgung teilnehmenden Arzt aufsuchen und die Leistung gegen Vorlage seiner Krankenversicherungskarte einfordern.[8] Dabei kann er nach § 76 SGB V frei wählen, bei welchem Vertragsarzt er sich in Behandlung begibt. Obgleich sich der Behandlungsanspruch des Versicherten aufgrund des Sachleistungsprinzips grundsätzlich gegen seine Krankenkasse richtet, schließt er durch die Inanspruchnahme der Leistung einen Behandlungsvertrag nach § 630a BGB mit dem ihn behandelnden Vertragsarzt ab.[9] Allerdings erlangt der Vertragsarzt hierdurch regelmäßig[10] keinen

---

6 Zum Sachleistungs- bzw. Naturalleistungsprinzip vgl. *Scholz*, in: Becker/Kingreen, SGB V, Gesetzliche Krankenversicherung, § 2 Rn. 13 f.

7 Allerdings kann nach § 192 Abs. 3 Nr. 5 VVG auch in der privaten Krankenversicherung zwischen Versicherer und Versicherungsnehmer ein Sachleistungsanspruch begründet werden, vgl. hierzu *Kalis*, in: Bach/Moser, Private Krankenversicherung, § 192 VVG Rn. 178; *ders.*, in: MüKo VVG, Bd. 2, § 192 Rn. 107 ff.

8 *Grzesiek*, Wirtschaftsdelikte im Vertrags- und Privatarztsektor, S. 43 f.

9 BT-Drs. 17/10488, 18 f.; *Wagner*, in: MüKo BGB, Bd. 6, § 630a Rn. 16; *Spickhoff*, Medizinrecht, § 630a BGB Rn. 20.

10 Anderes gilt nur, wenn der gesetzlich Krankenversicherte die Kostenerstattung nach § 13 Abs. 2 SGB V gewählt hat, vgl. BT-Drs. 17/10488, 18 f.

Vergütungsanspruch gegen den Versicherten. Dieser wird vielmehr durch das von der Kassenärztlichen Vereinigung an ihn gezahlte Honorar abgegolten.[11]

2. *Die Krankenkassen*

Die gesetzliche Krankenversicherung ist in die in § 4 Abs. 2 SGB V genannten Kassenarten gegliedert. Die einzelnen Krankenkassen sind dabei gemäß § 29 Abs. 1 SGB IV bzw. § 4 Abs. 1 SGB V in der Form öffentlich-rechtlicher Körperschaften mit Selbstverwaltungsrecht organisiert, woraus ihre mitgliedschaftliche Struktur folgt.[12] Die Zahl der Krankenkassen in Deutschland ist in den letzten Jahrzehnten rapide gesunken. Gab es im Jahr 1992 noch 1.223 Krankenkassen, reduzierte sich die Zahl bis zur Jahrtausendwende durch Fusionen bereits auf 420. Im Jahr 2018 existierten noch 110 Krankenkassen.[13]

Gemäß § 207 SGB V bilden die Krankenkassen Landesverbände. Auf Bundesebene werden die Interessen der Krankenkassen gebündelt durch den nach § 217a SGB V gegründeten Spitzenverband Bund der Krankenkassen vertreten. Daneben existieren die früheren Bundesverbände der Krankenkassen gemäß § 212 Abs. 1 SGB V als BGB-Gesellschaften fort.

Die Mittel der Krankenkassen werden gemäß § 241 Abs. 1 SGB V durch Beiträge und sonstige Einnahmen ihrer Mitglieder aufgebracht, deren Beitragspflicht im Einzelnen durch die §§ 241 ff. SGB V ausgestaltet wird. Im Unterschied zur Beitragsbemessung in der privaten Krankenversicherung erfolgt diese nicht anhand der gesundheitlichen Risiken und dem vereinbarten Leistungsumfang.[14] Aufgrund des Solidaritätsprinzips wird der individuelle Beitrag des Mitglieds vielmehr an seine Leistungsfähigkeit geknüpft und die ihm zustehende Leistung anhand seiner Bedürftigkeit festgemacht.[15] Konkret erfolgt die Beitragsberechnung daher gemäß § 241 SGB V auf der Grundlage des Bruttoeinkommens des Versicherungsmitglieds. Als sonstige Einnahmen, aus denen sich die Mittel der Krankenkassen speisen, gelten alle Finanzmittel außer Beiträgen,

---

11 Vgl. BT-Drs. 17/10488, 18 f.

12 *Nebendahl*, in: Spickhoff, Medizinrecht, § 4 SGB V Rn. 2.

13 Zu diesen Zahlen siehe *Bundesministerium für Gesundheit*, Daten des Gesundheitswesens 2018, S. 114.

14 So zur Bemessung des Beitrags in der gesetzlichen Krankenversicherung nach dem sogenannten Äquivalenzprinzip siehe *Stormberg*, in: Beckmann/Matusche-Beckmann, Versicherungsrechts-Handbuch, § 44 Rn. 11.

15 *Stormberg*, in: Beckmann/Matusche-Beckmann, Versicherungsrechts-Handbuch, § 44 Rn. 5; *Grzesiek*, Wirtschaftsdelikte im Vertrags- und Privatarztsektor, S. 44.

die die Krankenkassen aufgrund gesetzlicher Regelungen erzielen oder erheben und ohne Zweckbindung zur Finanzierung ihrer gesetzlichen Aufgaben einsetzen können. Zu ihnen zählen vor allem Zahlungseingänge aus Erstattungs- und Ersatzansprüchen, Vermögenserträge, Säumniszuschläge, Zinsen, Gebühren oder Geldbußen. Wirtschaftlich am bedeutsamsten ist dabei die Beteiligung des Bundes nach § 221 SGB V.[16]

Seit der Gesundheitsreform im Jahr 2009 speisen sich die finanziellen Mittel allerdings nicht mehr unmittelbar aus den von ihren Mitgliedern erhobenen Beiträgen. Zwar ziehen die Krankenkassen diese weiterhin ein, sie werden jedoch zunächst an den Gesundheitsfond[17] abgeführt, in den auch Zuschüsse aus dem Bundeshaushalt fließen. Aus dem Gesundheitsfond erhalten die Krankenkassen sodann für jeden Versicherten einen bestimmten Betrag. Dieser bemisst sich anhand einer Grundpauschale sowie ergänzender Ab- bzw. Zuschläge, die sich wiederum nach spezifischen Eigenschaften des jeweilig Versicherten wie beispielsweise Alter, Geschlecht oder Krankheitsrisiko richten.[18]

Ihren Mitgliedern schulden die Krankenkassen die von § 11 Abs. 1 SGB V genannten Leistungen, die sie jedoch mangels eigener Logistik und Expertise nicht unmittelbar selbst erbringen.[19] Stattdessen bedienen sie sich der Leistungserbringer. Als solche fungieren unter anderem die Vertragsärzte, wie aus § 69 Abs. 1 S. 1 SGB V hervorgeht. Zwischen den Krankenkassen und den einzelnen Vertragsärzten bestehen dabei allerdings nur ausnahmsweise direkte Vertragsbeziehungen.[20] Im Regelfall schließen die Krankenkassen mit den Kassenärztlichen Vereinigungen bzw. ihren jeweiligen Verbänden Verträge nach Maßgabe der §§ 82 ff. SGB V, in denen vertragsärztliche Versorgung der Mitglieder mit Wohnort im Bezirk der Kassenärztlichen Vereinigung geregelt wird. Im Gegenzug hierfür entrichten die Krankenkassen gemäß § 85 Abs. 1 SGB V mit befreiender Wirkung eine Gesamtvergütung an die jeweilige Kassenärztliche Vereinigung.[21]

---

16 *Mecke*, in: Becker/Kingreen, SGB V, Gesetzliche Krankenversicherung, § 220 Rn. 20.

17 Vgl. §§ 266 ff. SGB V.

18 Vgl. zum Gesundheitsfond *Hellmann*, in: Fischer/Hoven/Huber/u.a., Dogmatik und Praxis des strafrechtlichen Vermögensschadens, S. 245, 248.

19 *Schneider*, Vertragsarztuntreue, S. 39 m.w.N.

20 *Janda*, Medizinrecht, S. 152.

21 Die befreiende Wirkung bezieht sich dabei allerdings nur auf die morbiditätsbedingte Gesamtvergütung. Mit der befreienden Wirkung wird der Tatsache Rechnung getragen, dass die einzelne Krankenkasse ihre Ausgaben kalkulieren können muss, weil sie

3. *Die Kassenärztlichen Vereinigungen*

In Deutschland existiert in jedem Bundesland eine Kassenärztliche Vereinigung, die von den dort ansässigen Vertragsärzten gemäß § 77 SGB V zur Erfüllung der ihnen übertragenen Aufgaben der vertragsärztlichen Versorgung gebildet werden. In Abweichung von diesem Grundsatz verfügt Nordrhein-Westfalen über zwei Kassenärztliche Vereinigungen,[22] sodass bundesweit insgesamt 17 Kassenärztliche Vereinigungen existieren. Auf Bundesebene bilden die Kassenärztlichen Vereinigungen nach § 77 Abs. 4 SGB V die Kassenärztliche Bundesvereinigung.

Die Kassenärztlichen Vereinigungen sind gemäß § 77 Abs. 5 SGB V ebenso wie die Krankenkassen als Körperschaft des öffentlichen Rechts organisiert und damit mitgliedschaftlich strukturiert. Mitglieder sind die von den Kassenärztlichen Vereinigungen für die vertragsärztliche Versorgung zugelassenen Ärzte.

Die Aufgabe der Kassenärztlichen Vereinigungen besteht nach § 75 Abs. 2 S. 1 SGB V einerseits in der Vertretung der Interessen ihrer Mitglieder.[23] Andererseits haben sie gemäß §§ 72 Abs. 1, 75 Abs. 1 SGB V die vertragsärztliche Versorgung sicherzustellen und den Krankenkassen und ihren Verbänden gegenüber die Gewähr dafür zu übernehmen, dass die vertragsärztliche Versorgung den gesetzlichen und vertraglichen Erfordernissen entspricht.[24] Zu diesem Zweck erhält sie die bereits erwähnte Gesamtvergütung von den Krankenkassen. Diese hat sie nach § 87b SGB V an die Vertragsärzte zu verteilen, wobei sie die Pflicht trifft, die Abrechnungen der Vertragsärzte nach Maßgabe der §§ 106 ff. SGB V zu prüfen.

---

die Beiträge ihrer Mitglieder so festsetzen muss, dass diese ihre Ausgaben decken, vgl. *Schröder*, in: BeckOK Sozialrecht, § 87a SGB V Rn. 6.

22 Dies sind die Kassenärztliche Vereinigung Nordrhein sowie die Kassenärztliche Vereinigung Westfalen-Lippe.

23 *Herffs*, Der Abrechnungsbetrug des Vertragsarztes, S. 19; *Heintz-Koch*, Vertragsärztlicher Abrechnungsbetrug, S. 55.

24 Um dies sicherzustellen, räumen die §§ 75 Abs. 2 S. 2, 81 Abs. 5 SGB V den Kassenärztlichen Vereinigungen das Recht zur Anwendung der dort aufgeführten Disziplinarmaßnahmen gegenüber ihren Mitgliedern ein.

4. Der Vertragsarzt

Im Jahr 2018 nahmen von den zugelassenen 392.402[25] Ärzten 148.601[26] an der vertragsärztlichen Versorgung teil. Eine Teilnahme ist grundsätzlich[27] erst nach Zulassung[28] durch den Zulassungsausschuss[29] möglich,[30] wobei die Zulassung für einen bestimmten Vertragsarztsitz[31] erteilt wird.

Um als Vertragsarzt zugelassen zu werden, müssen zahlreiche Voraussetzungen erfüllt sein, die sich aus dem Zusammenspiel von § 95 SGB V und der Ärzte-Zulassungsverordnung (Ärzte-ZV) ergeben.[32] Die Voraussetzungen sind sowohl objektiver als auch subjektiver Natur. Nach § 103 SGB V sind zunächst Zulassungsbeschränkungen vorzusehen, um eine Überversorgung und damit einhergehende negative Effekte einer anbieterdominierten Nachfrage in der vertragsärztlichen Versorgung zu verhindern.[33] In objektiver Hinsicht muss daher ein Zulassungsbedarf bestehen. Dies ist der Fall, wenn die vertragsärztliche Versorgung ohne die Zulassung nicht sichergestellt werden kann.[34] Daneben muss der den Zulassungsantrag stellende Arzt einige subjektive Voraussetzungen erfüllen. So muss er etwa gemäß § 95 Abs. 2 SGB V seine Eintragung im Ärzteregister nachweisen, die von jeder Kassenärztlichen Vereinigung für ihren Bezirk geführt wird. In das Arztregister wird ein Arzt

---

25 *Bundesärztekammer*, Ärztestatistik der Bundesärztekammer, Stand 31.12.2018, S. 4.

26 *Kassenärztliche Bundesvereinigung*, Statistische Informationen aus dem Bundesarztregister der KBV, Stand 31.12.2018, S. 3.

27 Daneben nehmen gemäß § 95 Abs. 1 S. 1 SGB V auch die ermächtigten Ärzte an der vertragsärztlichen Versorgung teil, siehe hierzu *Joussen*, in: Becker/Kingreen, SGB V, Gesetzliche Krankenversicherung, § 95 Rn. 17 ff.

28 Diese stellt einen Verwaltungsakt dar, *Scholz/Bartha*, in: BeckOK Sozialrecht, § 95 SGB V Rn. 14.

29 *Joussen*, in: Becker/Kingreen, SGB V, Gesetzliche Krankenversicherung, § 95 Rn. 4. Der Zulassungsausschuss besteht gemäß § 34 Abs. 1 Ärzte-ZV aus jeweils drei Vertretern der Krankenkassen und Kassenärztlichen Vereinigung.

30 *Steinhilper*, in: Laufs/Kern, Handbuch des Arztrechts, § 29 Rn. 2.

31 Siehe hierzu die Legaldefinition des § 95 Abs. 1 S. 5 SGB V. Zu der zulässigen Tätigkeit eines Vertragsarztes außerhalb seines Sitzes vgl. § 24 Abs. 3 bis 5 Ärzte-ZV.

32 *Bristle*, in: Sodan, Handbuch des Krankenversicherungsrechts, § 17 Rn. 4 *Steinhilper*, in: Laufs/Kern, Handbuch des Arztrechts, § 29 Rn. 2.

33 Vgl. *Hess*, in: Kasseler Kommentar, § 103 SGB V Rn. 2; *Kaltenborn*, in: Becker/Kingreen, SGB V, Gesetzliche Krankenversicherung, § 103 Rn. 1.

34 *Grzesiek*, Wirtschaftsdelikte im Vertrags- und Privatarztsektor, S. 46.

nach § 95a Abs. 1 SGB V eingetragen, wenn er approbiert ist und eine allgemeinmedizinische Weiterbildung oder eine Weiterbildung auf einem Fachgebiet abgeschlossen hat. Des Weiteren muss der Arzt die in § 18 Abs. 1 S. 3, Abs. 2 Ärzte-ZV genannten Unterlagen einreichen, mit denen er, vereinfacht gewendet, seine Eignung als Vertragsarzt nachweist.[35] Erfüllt der Arzt die im Fünften Buch des Sozialgesetzbuchs und der Ärzte-Zulassungsverordnung normierten Zulassungsvoraussetzungen, steht ihm ein Anspruch auf Zulassung als Vertragsarzt zu.[36]

Mit seiner Zulassung wird der Arzt gemäß § 95 Abs. 3 SGB V kraft Gesetzes Mitglied in der Kassenärztlichen Vereinigung, die für seinen Vertragsarztsitz zuständig ist. Obgleich seiner Einbindung in das gesetzliche Gesundheitssystem ist der Vertragsarzt weder ein Beliehener noch ein Beauftragter der Krankenkassen.[37] In ständiger Rechtsprechung räumt ihm das Bundesverfassungsgericht – ebenso wie § 1 der Musterberufsordnung für Ärzte (MBOÄ)[38] – die Stellung eines Freiberuflers ein.[39] Diese können in verschiedenen Organisationsgemeinschaften, beispielsweise in Einzel- oder Berufsausübungsgesellschaften, als Ärztehaus, Praxisnetz oder in einem Medizinischen Versorgungszentrum (MVZ) tätig werden.[40]

Die Teilnahme an der vertragsärztlichen Versorgung verpflichtet den Arzt auf der einen Seite dazu, am gesetzlichen Gesundheitsauftrag aus § 75 SGB V mitzuwirken und gesetzlich versicherte Patienten zu behandeln.[41] Die geschuldete Behandlung[42] der gesetzlich Krankenversicherten hat er grundsätzlich durch persönliche Leistungen zu erbringen.[43] Der Grundsatz der persönlichen Leistungserbringung fließt dabei aus diversen Rechtsquellen: Im Zivilrecht folgt er aus den §§ 630b, 613 BGB, wonach der zur

---

35 *Grzesiek*, Wirtschaftsdelikte im Vertrags- und Privatarztsektor, S. 47.

36 *Clemens*, in: Quaas/Zuck Medizinrecht, § 18 SGB V Rn. 37 m.w.N.

37 *Grzesiek*, Wirtschaftsdelikte im Vertrags- und Privatarztsektor, S. 46.

38 *Steinhilper*, in: Laufs/Kern, Handbuch des Arztrechts, § 29 Rn. 1.

39 BVerfGE 10, 354, 364; 11, 30, 41; 12, 144, 147.

40 Zu weiteren Organisationsmöglichkeiten vgl. *Heintz-Koch*, Vertragsärztlicher Abrechnungsbetrug, S. 54 f.

41 *Steinhilper*, in: Laufs/Kern, Handbuch des Arztrechts, § 29 Rn. 7 ff.

42 Zu den weiteren geschuldeten Leistungen siehe *Steinhilper*, in: Laufs/Kern, Handbuch des Arztrechts, § 29 Rn. 16 ff.

43 *Lang*, in: Becker/Kingreen, SGB V, Gesetzliche Krankenversicherung, § 15 Rn. 8 ff.; *Steinhilper*, in: Laufs/Kern, Handbuch des Arztrechts, § 29 Rn. 14.

Dienstleistung Verpflichtete diese grundsätzlich in Person zu leisten hat. Berufsrechtlich und vertragsarztrechtlich ergibt er sich unter anderem aus § 15 SGB V, § 32 Abs. 1 S. 1 Ärzte-ZV, § 15 des Bundesmantelvertrags für Ärzte (BMV-Ä) sowie § 19 MBOÄ. Auf der anderen Seite berechtigt die Teilnahme an der vertragsärztlichen Versorgung den Arzt auch zur Teilhabe an der von den Krankenkassen gezahlten Gesamtvergütung, die von der Kassenärztlichen Vereinigung an die Vertragsärzte verteilt wird.[44]

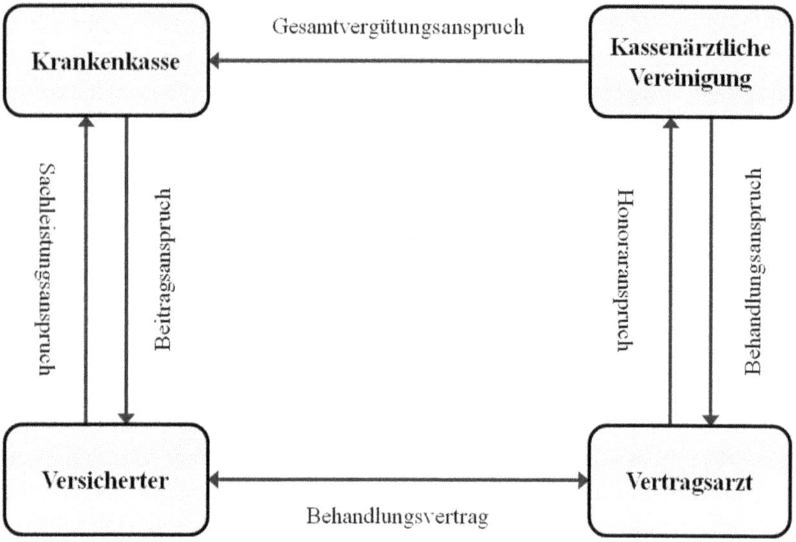

Skizze: Das Viereck der gesetzlichen Krankenversicherung

II. Rechtliche Grundlagen der vertragsärztlichen Abrechnung und Vergütung

Der Vertragsarzt erhält die Vergütung für die von ihm erbrachten vertragsärztlichen Leistungen nicht unmittelbar von dem Patienten. Die Vergütung nimmt vielmehr einen Umweg, der sich stark vereinfacht wie folgt zusammenfassen lässt: Die gesetzlich Krankenversicherten zahlen ihre Mitgliedsbeiträge an die

44 *Steinhilper*, in: Laufs/Kern, Handbuch des Arztrechts, § 29 Rn. 5. Ausnahmsweise erlangt der Vertragsarzt unmittelbar Ansprüche gegen die Krankenkasse, vgl. hierzu *Grzesiek*, Wirtschaftsdelikte im Vertrags- und Privatarztsektor, S. 46.

Krankenkassen. Aus den Beiträgen leisten die Krankenkassen eine Gesamtvergütung an jede Kassenärztliche Vereinigung. Von dort aus wird die Vergütung letztendlich an die Vertragsärzte verteilt.

Diesem Zahlungsfluss liegt eine komplexe Gemengelage diverser Gesetze, Satzungen und Verträge zugrunde. Zu diesen gehören insbesondere

- das Fünfte Buch des Sozialgesetzbuchs, insbesondere dessen dritter Titel,
- der Bundesmantelvertrag für Ärzte,
- der Einheitliche Bewertungsmaßstab,
- die regionalen Gebührenordnungen,
- die Richtlinien der Bundesausschüsse sowie
- der Honorarverteilungsmaßstab.[45]

1. Die Gesamtvergütung

Die Vergütungsregelungen für Vertragsärzte finden ihren Ausgangspunkt in § 85 SGB V. Nach dessen ersten Absatz entrichtet die Krankenkasse nach Maßgabe der Gesamtverträge an die jeweilige Kassenärztliche Vereinigung mit befreiender Wirkung eine Gesamtvergütung für die gesamte vertragsärztliche Versorgung der Mitglieder mit Wohnort im Bezirk der Kassenärztlichen Vereinigung einschließlich der mitversicherten Familienangehörigen. Durch die Zahlung der Gesamtvergütung werden die innerhalb eines Jahres erbrachten vertragsärztlichen Leistungen abgegolten, eine darüber hinausgehende Zahlungsverpflichtung der Krankenkassen für vertragsärztliche Leistungen besteht nicht.[46]

Aufgrund der engeren Vorgaben des § 87a SGB V besteht im ärztlichen Bereich nicht die von § 85 Abs. 2 S. 2 SGB V für Vertragszahnärzte vorgesehene Wahlfreiheit, die Gesamtvergütung als Festbetrag oder auf der Grundlage des Bewertungsmaßstabes nach Einzelleistungen, nach einer Kopfpauschale, nach einer Fallpauschale oder nach einem System zu berechnen, das sich aus der Verbindung dieser oder weiterer Berechnungsarten ergibt.[47]

Die Gesamtvergütung gliedert sich in drei Bestandteile:

---

45 Vgl. *Herffs*, Der Abrechnungsbetrug des Vertragsarztes, S. 20 ff.; *Heintz-Koch*, Vertragsärztlicher Abrechnungsbetrug, S. 56 ff.

46 *Grzesiek*, Wirtschaftsdelikte im Vertrags- und Privatarztsektor, S. 50.

47 *Scholz*, in: Becker/Kingreen, SGB V, Gesetzliche Krankenversicherung, § 85 Rn. 9; *Clemens*, in: Quaas/Zuck Medizinrecht, § 22 SGB V Rn. 22.

- Die morbiditätsbedingte Gesamtvergütung gemäß § 87a Abs. 3 S. 1 bis 3 SGB V,
- den nachträglich zu vergütenden nicht vorhersehbaren Behandlungsbedarf gemäß § 87a Abs. 3 S. 4 SGB V sowie
- die gesondert zu vergütenden Einzelleistungen gemäß § 87a Abs. 3 S. 5 bis 8 SGB V.

a. Die morbiditätsbedingte Gesamtvergütung

Den Großteil der Gesamtvergütung macht die sogenannte morbiditätsbedingte Gesamtvergütung nach § 87a Abs. 3 SGB V aus.[48] Ihre Höhe wird kassenübergreifend[49] durch die Kassenärztliche Vereinigung und die Landesverbände der Krankenkassen – wiederum in einem Gesamtvertrag, § 85 Abs. 2 S. 1 SGB V – vereinbart. Maßgeblich für die Höhe der morbiditätsbedingten Gesamtvergütung ist zunächst der Behandlungsbedarf, der durch ein auf dem Einheitlichen Bewertungsmaßstab basierendes Punktzahlvolumen ausgedrückt wird. Das Punktzahlvolumen wird seinerseits anhand der Zahl und der Morbiditätsstruktur der Versicherten ermittelt. Unter dem Begriff der Morbiditätsstruktur wird dabei die statistische Krankheitshäufigkeit in einer bestimmten Bevölkerungsgruppe verstanden.[50] Ausgangspunkt der Ermittlung des Behandlungsbedarfs ist das Leistungsvolumen des jeweiligen Vorjahres.[51] Zur Berechnung der Höhe der morbiditätsbedingten Gesamtvergütung in Euro ist abschließend das Punktzahlvolumen mit dem regionalen Punktwert[52] zu multiplizieren.[53]

b. Der nicht vorhersehbare Behandlungsbedarf

Über den so errechneten Bedarf hinausgehende Leistungen, die sich aus einem bei der Vereinbarung der morbiditätsbedingten Gesamtvergütung nicht vorhersehbaren Anstieg des morbiditätsbedingten Behandlungsbedarfs ergeben, werden nach § 87a Abs. 3 S. 4 SGB V von den Krankenkassen zeitnah, spätestens im folgenden Abrechnungszeitraum, vergütet.

---

48 *Grzesiek*, Wirtschaftsdelikte im Vertrags- und Privatarztsektor, S. 51.

49 *Hess*, in: Kasseler Kommentar Sozialversicherungsrecht, § 87a SGB V Rn. 9.

50 Vgl. *Grzesiek*, Wirtschaftsdelikte im Vertrags- und Privatarztsektor, S. 50.

51 *Grzesiek*, Wirtschaftsdelikte im Vertrags- und Privatarztsektor, S. 50; *Clemens*, in: Quaas/Zuck, Medizinrecht, § 22 Rn. 22.

52 Hierzu siehe S. 37 f. der vorliegenden Arbeit.

53 *Hess*, in: Kasseler Kommentar Sozialversicherungsrecht, § 87a SGB V Rn. 9.

c. Die Einzelleistungsvergütung

§ 87a Abs. 3 S. 5 bis 8 SGB V sehen vor, dass die Krankenkassen bestimmte Einzelleistungen neben der Gesamtvergütung zu vergüten haben. Diese sollen für die Vertragsärzte einen Anreiz setzen, die dort angeführten Leistungen unbeeindruckt von Budgetierungsvorgaben zu erbringen, wie sie bei der morbiditätsbedingten Gesamtvergütung bestehen. Es handelt sich für die Kassenärztliche Vereinigung um durchlaufende Posten, da ihr die Kosten der Einzelleistungen vollumfänglich von den Krankenkassen ersetzt werden.[54] Als Beispiele für solche Einzelleistungen werden etwa die künstliche Befruchtung, ambulante Operationen oder belegärztliche Leistungen genannt.[55]

2. Der Bundesmantelvertrag

Den Rahmen für die Regelung der Gesamtvergütung in den Gesamtverträgen setzen die Kassenärztliche Bundesvereinigung und der Spitzenverband der gesetzlichen Krankenversicherungen gemäß § 82 Abs. 1 SGB V im Bundesmantelvertrag[56], der selbst Bestandteil der abgeschlossenen Gesamtverträge wird. Der Bundesmantelvertrag ist ein öffentlich-rechtlicher Vertrag[57] mit Rechtsnormcharakter,[58] in denen die vertragsärztliche Versorgung in ihrem gesamten Umfang geregelt wird.[59]

3. Die Richtlinien des Gemeinsamen Bundesausschusses

Der Gemeinsame Bundesausschuss setzt sich gemäß § 91 Abs. 1 S. 1 SGB V aus der Kassenärztlichen Bundesvereinigung, der Deutschen Krankenhausgesellschaft und dem Spitzenverband Bund der Krankenkassen zusammen. § 92 Abs. 1 S. 1 SGB V überträgt dem Ausschuss die Aufgabe, die zur Sicherung der ärztlichen Versorgung erforderlichen Richtlinien über die Gewähr für eine ausreichende, zweckmäßige und wirtschaftliche Versorgung der Versicherten zu beschließen. Aufgrund dieser Kompetenzzuweisung handelt es sich bei dem Gemeinsamen

---

54 *Grzesiek*, Wirtschaftsdelikte im Vertrags- und Privatarztsektor, S. 50.

55 *Scholz*, in: Becker/Kingreen, SGB V, Gesetzliche Krankenversicherung, § 87a Rn. 6.

56 Im Bereich des Vertragsarztrechts wird der relevante Bundesmantelvertrag als „Bundesmantelvertrag Vertragsärzte“ bezeichnet.

57 *Schröder*, in: BeckOK Sozialrecht, § 82 SGB V Rn. 6; *Ziermann*, in: Sodan, Handbuch des Krankenversicherungsrechts, § 21 Rn. 10.

58 BSGE 28, 224; 29, 254; *Hess*, in: Kasseler Kommentar, § 82 SGB V Rn. 7.

59 *Ziermann*, in: Sodan, Handbuch des Krankenversicherungsrechts, § 21 Rn. 10.

Bundesausschuss um das zentrale Steuerungsgremium in der gesetzlichen Krankenversicherung,[60] das die Standards für die Gesundheitsversorgung setzen soll[61] und die Leistungsansprüche der Versicherten konkretisiert.[62] Insbesondere kleiden seine Richtlinien das Fünfte Buch des Sozialgesetzbuchs durchziehende Wirtschaftlichkeitsgebot sowie den unbestimmten Rechtsbegriff des einheitlichen Stands der medizinischen Erkenntnisse aus.[63] Den beschlossenen Richtlinien kommt als Bestandteil des Bundesmantelvertrags (§ 92 Abs. 8 SGB V) die Qualität untergesetzlicher Rechtsnormen zu.[64]

4. Der Einheitliche Bewertungsmaßstab

Der Einheitliche Bewertungsmaßstab bestimmt gemäß § 87 Abs. 2 S. 1 SGB V den Inhalt der abrechnungsfähigen Leistungen und ihr wertmäßiges, durch die sogenannte Punktzahl[65] ausgedrücktes Verhältnis zueinander. Als Bestandteil des Bundesmantelvertrags (§ 87 Abs. 1 S. 1 SGB V) kommt auch dem Einheitlichen Bewertungsmaßstab der Charakter einer untergesetzlichen Rechtsnorm zu.[66] Anders als bei der für die Privatliquidation maßgeblichen Gebührenordnung für Ärzte (GOÄ) handelt es sich bei dem Einheitlichen Bewertungsmaßstab allerdings nicht um eine Gebührenordnung, da lediglich eine Beschreibung des Leistungsinhalts sowie zumeist nur eine punktzahlmäßige Bewertung der einzelnen Leistung erfolgt.[67]

Die Festlegung der abrechenbaren Leistungen im Einheitlichen Bewertungsmaßstab erfolgt durch einen Bewertungsausschuss, der aus Repräsentanten der Kassenärztlichen Bundesvereinigung sowie des Spitzenverbands Bund der Krankenkassen besteht. Die aufgeführten Gebührenordnungspositionen sind

---

60 *Roters*, in: Kasseler Kommentar zum Sozialversicherungsrecht, § 92 SGB V Rn. 2.

61 *Schmidt-De Caluwe*, in: Becker/Kingreen, SGB V, Gesetzliche Krankenversicherung, § 92 Rn. 1; *Joussen*, in: BeckOK Sozialrecht, § 92 SGB V Rn. 1.

62 *Joussen*, in: BeckOK Sozialrecht, § 92 SGB V Rn. 1.

63 *Schmidt-De Caluwe*, in: Becker/Kingreen, SGB V, Gesetzliche Krankenversicherung, § 92 Rn. 1.

64 *Joussen*, in: BeckOK Sozialrecht, § 92 SGB V Rn. 2.

65 Die den Leistungen zugeordnete Punktzahl drückt aus, wie viel Zeitaufwand und Kosten mit der Leistungserbringung im Verhältnis zu anderen Leistungen bei generalisierender Betrachtung verbunden ist, vgl. BSG NZS 1992, 73, 75; *Scholz*, in: Becker/Kingreen, SGB V, Gesetzliche Krankenversicherung, § 87 Rn. 6.

66 *Weinrich*, in: Berchtold/Huster/Rehborn, Gesundheitsrecht, § 87 SGB V Rn. 12.

67 *Nebendahl*, in: Spickhoff, Medizinrecht, § 87 SGB V Rn. 6; vgl. auch *Ziermann*, in: Sodan, Handbuch des Krankenversicherungsrechts, § 21 Rn. 14.

abschließend.[68] Eine analoge Anwendung von geregelten Leistungen des Einheitlichen Bewertungsmaßstabs auf nicht geregelte Leistungen ist ausgeschlossen.[69] Allerdings wird der Einheitliche Bewertungsmaßstab aufgrund der nach § 87 Abs. 2 S. 1 SGB V durchzuführenden regelmäßigen Überprüfungen – anders als die Gebührenordnung für Ärzte[70] – ständig angepasst, der Leistungskatalog beispielsweise erweitert oder gekürzt.[71]

Als weiteren Bestandteil des Einheitlichen Bewertungsmaßstabs legt der Bewertungsausschuss gemäß § 87 Abs. 2e SGB V einen bundeseinheitlichen Punktwert als Orientierungswert in Euro fest. Im Jahr 2020 lag der Punktwert bei 10,9871 Cent.

5. *Die regionale Euro-Gebührenordnung*

Die Bemessung der Höhe des Honorars des jeweiligen Arztes erfolgt jedoch nicht anhand dieses bundeseinheitlichen Punktwerts, sondern aufgrund einer regionalen Gebührenordnung im Sinne des § 87a Abs. 2 SGB V. Für die Erstellung der regionalen Gebührenordnungen wird auf Grundlage des bundeseinheitlichen Orientierungswerts ein Punktwert bestimmt. Dies geschieht durch Vereinbarung zwischen den Landesverbänden der Krankenkassen und Ersatzkassen auf der einen und den einzelnen Kassenärztlichen Vereinigungen auf der anderen Seite,[72] wobei der Punktwert für das jeweilige Folgejahr anzuwenden ist. Aus dem so ermittelten Punktwert wird in Verbindung mit dem Leistungskatalog des Einheitlichen Bewertungsmaßstabs die regionale Gebührenordnung im Sinne des § 87a Abs. 2 S. 5 SGB V erstellt.[73]

Grundsätzlich lässt sich der Preis einer ärztlichen Leistung sodann durch die Multiplikation der im Einheitlichen Bewertungsmaßstab festgelegten Punktzahl mit dem regionalen Punktwert ermitteln.[74]

---

68 *Scholz*, in: Becker/Kingreen, SGB V, Gesetzliche Krankenversicherung, § 87 Rn. 6.

69 *Grzesiek*, Wirtschaftsdelikte im Vertrags- und Privatarztsektor, S. 53; *Nebendahl*, in: Spickhoff, Medizinrecht, § 87 SGB V Rn. 6.

70 *Grzesiek*, Wirtschaftsdelikte im Vertrags- und Privatarztsektor, S. 53.

71 *Scholz*, in: Becker/Kingreen, SGB V, Gesetzliche Krankenversicherung, § 87 Rn. 8.

72 *Ziermann*, in: Sodan, Handbuch des Krankenversicherungsrechts, § 21 Rn. 14.

73 Vgl. *Scholz*, in: Becker/Kingreen, SGB V, Gesetzliche Krankenversicherung, § 87 Rn. 20.

74 *Nebendahl*, in: Spickhoff, Medizinrecht, § 87 SGB V Rn. 6; *Grzesiek*, Wirtschaftsdelikte im Vertrags- und Privatarztsektor, S. 54.

6. *Der Honorarverteilungsmaßstab*

Die morbiditätsbedingte Gesamtvergütung ist jedoch budgetiert. Ihre Höhe wird stets im Voraus für das Folgejahr vereinbart.[75] Konsequenz hieraus ist, dass nicht jede ärztliche Leistung in vollem Umfang mit einem festen Preis vergütet werden kann.[76] Die Verteilung der Gesamtvergütung an die Ärzte bedarf daher der weitergehenden Regelung, die insbesondere Budgetüberschreitungen verhindert. Als Verteilungsschlüssel für die Gesamtvergütung fungiert der Honorarverteilungsmaßstab,[77] der gemäß § 87b Abs. 1 S. 2 SGB V von der Kassenärztlichen Vereinigung im Benehmen mit den Landesverbänden der Krankenkassen und den Ersatzkassen als Satzung erlassen wird.[78] Ein konkreter Vergütungsanspruch ergibt sich aus dem Honorarverteilungsmaßstab für den einzelnen Arzt allerdings nicht, da dieser nur die Verteilungskriterien regelt, nicht aber dem Arzt konkrete Zahlungsbeträge zuordnet. Hieraus folgt, dass der einzelne Vertragsarzt keinen betragsmäßig im Voraus definierbaren Vergütungsanspruch für seine Leistungen hat, sondern lediglich einen Anspruch auf Teilnahme an der Verteilung der Gesamtvergütung nach Maßgabe des Honorarverteilungsmaßstabs.[79]

Bei der Verteilung der Gesamtvergütung soll dem Leistungserbringer gemäß § 87b Abs. 2 S. 1 SGB V allerdings Kalkulationssicherheit gewährleistet werden.[80] Daher wird für ein im Vorhinein zumindest weitgehend festgelegtes Leistungsvolumen ein fester Preis gezahlt. Bei darüber hinausgehender Leistungserbringung erfolgt nur noch eine abgestaffelte Vergütung.[81] Zwar besteht seit dem Gesetz zur Verbesserung der Versorgungsstrukturen der gesetzlichen Krankenversicherung[82] bei der Gestaltung des Honorarverteilungsmaßstabs ein Spielraum,[83] sodass verschiedene Begrenzungsinstrumente installiert werden

---

75 *Grzesiek*, Wirtschaftsdelikte im Vertrags- und Privatarztsektor, S. 50.

76 *Schröder*, in: BeckOK Sozialrecht, § 87b Rn. 5; *Ziermann*, in: Sodan, Handbuch des Krankenversicherungsrechts, § 21 Rn. 14.

77 *Herffs*, Der Abrechnungsbetrug des Vertragsarztes, S. 27.

78 *Nebendahl*, in: Spickhoff, Medizinrecht, § 87b SGB V Rn. 1; *Scholz*, in: Becker/Kingreen, SGB V, Gesetzliche Krankenversicherung, § 87b Rn. 3.

79 *Clemens*, in: Quaas/Zuck, Medizinrecht, § 22 Rn. 33 m.w.N.

80 Dies war vor 2009 nicht der Fall, da sich der einzelne Punktwert erst nach Quartalsende anhand der insgesamt abgerechneten Punkte bestimmen ließ, hierzu vgl. *Herffs*, Der Abrechnungsbetrug des Vertragsarztes, S. 29 f.

81 *Scholz*, in: Becker/Kingreen, SGB V, Gesetzliche Krankenversicherung, § 87b Rn. 4.

82 Gesetzes zur Verbesserung der Versorgungsstrukturen in der gesetzlichen Krankenversicherung vom 22.12.2011, BGBl. I S. 2983.

83 Vgl. BSG BeckRS 2018, 31758.

könnten.[84] Als Begrenzungsregelungen fungieren größtenteils jedoch weiterhin sogenannte Regelleistungsvolumina,[85] deren Festlegung in § 87b Abs. 1 S. 1 SGB V a.F. noch verpflichtend vorgesehen war.

Das Regelleistungsvolumen gibt die vom Vertragsarzt in einem bestimmten Zeitraum abrechenbare Menge vertragsärztlicher Leistungen an.[86] Die Kassenärztliche Vereinigung ermittelt das jeweilige Regelleistungsvolumen quartalsbezogen und kassenübergreifend[87] durch die Multiplikation eines arztgruppenspezifischen Fallwerts[88] mit der Patientenzahl (Fallzahl) des Vorjahresquartals.[89] Wird das Regelleistungsvolumen vom abrechnenden Arzt überschritten, wird jede weitere Leistung nicht oder lediglich mit abgestuften Preisen vergütet.[90] Für diese abgestaffelte Vergütung behält die Kassenärztliche Vereinigung einen Teil[91] der Gesamtvergütung zurück.[92] Dieser gesonderte Pool an Mitteln wird an alle Vertragsärzte verteilt, die ihre Volumina überschritten haben,[93] wobei die Höhe des abgestaffelten Punktwerts von der Gesamtmenge der Budgetüberschreitung abhängt:[94] Je mehr Punkte insgesamt außerhalb der

84 Vgl. *Grzesiek*, Wirtschaftsdelikte im Vertrags- und Privatarztsektor, S. 55. Zu denkbaren, von der Rechtsprechung als zulässig angesehenen Möglichkeiten der Honorarbegrenzung siehe *Hess*, in: Kasseler Kommentar, § 87b SGB V Rn. 12.

85 Mit Ausnahme von vier Kassenärztlichen Vereinigungen wurde die Leistungssteuerung über Regelleistungsvolumina, wenn auch mit teilweise erheblichen Modifikationen, beibehalten, *Scholz*, in: Becker/Kingreen, SGB V, Gesetzliche Krankenversicherung, § 87b Rn. 11.

86 Vgl. die Legaldefinition des § 87b Abs. 2 S. 1 SGB V a.F.; *Schroth/Joost*, in: Roxin/Schroth, Handbuch des Medizinrechts, S. 185.

87 *Scholz*, in: Becker/Kingreen, SGB V, Gesetzliche Krankenversicherung, § 87b Rn. 12 f.

88 Bspw. seien der Fallwert für Internisten, Orthopäden oder Kinderärzte genannt, vgl. *Grzesiek*, Wirtschaftsdelikte im Vertrags- und Privatarztsektor, S. 55.

89 *Grzesiek*, Wirtschaftsdelikte im Vertrags- und Privatarztsektor, S. 55.

90 *Schroth/Joost*, in: Roxin/Schroth, Handbuch des Medizinstrafrechts, S. 185; *Hellmann*, in: Fischer/Hoven/Huber/u.a., Dogmatik und Praxis des strafrechtlichen Vermögensschadens, S. 245, 249.

91 Der zu diesem Zweck vorgesehene Anteil der Gesamtvergütung beträgt zumeist drei Prozent, *Freitag*, Ärztlicher und zahnärztlicher Abrechnungsbetrug, S. 120 f.

92 *Hellmann*, in: Fischer/Hoven/Huber/u.a., Dogmatik und Praxis des strafrechtlichen Vermögensschadens, S. 245, 249.

93 Vgl. *Freitag*, Ärztlicher und zahnärztlicher Abrechnungsbetrug im deutschen Gesundheitswesen, S. 120; *Kraatz*, Arztstrafrecht, S. 227; *Frister/Lindemann/Peters*, in: Arztstrafrecht, S. 199.

94 *Dannecker/Streng*, MedR 2011, 131, 138.

Regelleistungs- und Zusatzvolumina abgerechnet werden, desto niedriger fällt der einzelne Punktwert aus. Von diesem Punktwertverfall sind die Vertragsärzte betroffen, soweit sie ihre Volumina ebenfalls überschritten haben.[95]

7. Zusammenfassung

Die vertragsärztliche Vergütung ist aufgrund der Vielzahl der ineinandergreifenden Regelungswerke auf Bundes- und Landesebene äußerst komplex. Die maßgeblichen Vorgaben stammen dabei teils vom Gesetzgeber, teils werden sie durch Vereinbarung zwischen den einzelnen Beteiligten gestaltet. Stark verkürzt lässt sich festhalten, dass sich das Honorar der Vertragsärzte aus der Gesamtvergütung speist. Die Gesamtvergütung zahlen die Krankenkassen an die Kassenärztliche Vereinigung auf der Grundlage eines zuvor geschlossenen Gesamtvertrags. Die Kassenärztliche Vereinigung verteilt die Gesamtvergütung sodann – insbesondere anhand der Vorgaben des Einheitlichen Bewertungsmaßstabs und des Honorarverteilungsmaßstabs – an die Vertragsärzte.

III. Ablauf und Prüfung einer vertragsärztlichen Abrechnung

1. Erstellung und Einreichung der Sammelerklärung

Voraussetzung für die Entstehung des Vergütungsanspruchs des Vertragsarztes ist die Abgabe einer ordnungsgemäßen Abrechnungserklärung, die auch als Sammelerklärung bezeichnet wird.[96] Diese wird in jedem Quartal von dem Vertragsarzt selbständig erstellt. Zunächst ordnet der Arzt die von ihm erbrachten Leistungen einer Gebührenziffer des Einheitlichen Bewertungsmaßstabs zu.[97] Die so dokumentierten einzelnen Leistungen fasst der Vertragsarzt sodann in der Sammelerklärung zusammen. Anschließend reicht er die Sammelerklärung gebündelt mit den erforderlichen Unterlagen gegenüber der Kassenärztlichen Vereinigung ein. Die Datenübermittlung erfolgt dabei über spezielle elektronische Schnittstellen oder per Einreichung der Abrechnung auf einem Datenträger.[98] Eine manuelle Einreichung

---

95 *Grzesiek*, Wirtschaftsdelikte im Vertrags- und Privatarztsektor, S. 55; vgl. auch *Clemens*, in: Quaas/Zack, Medizinrecht, § 22 Rn. 28.

96 BSG MedR 1998, 338 ff.; *Scholz*, in: BeckOK Sozialrecht, § 35 BMV-Ä Rn. 7.

97 Vgl. *Ulsenheimer*, in: Laufs/Kern, Handbuch des Arztrechts, Rn. 1088. Die Patienten können diese Bewertung nicht kontrollieren.

98 Diese Übertragungswege sind gesetzlich verpflichtend, § 295 Abs. 4 S. 1 SGB V, vgl. *Scholz*, in: BeckOK Sozialrecht, § 295 SGB V Rn. 5 f.

ausgefüllter Abrechnungsmeldungen in Papierform ist nur noch in Ausnahmefällen zulässig.[99]

Der notwendige Inhalt einer Abrechnungserklärung ist abschließend in § 295 Abs. 1 Nr. 2 und Nr. 3 SGB V geregelt.[100] Anzugeben sind insbesondere die Namen der behandelten Patienten, die erbrachten Leistungen einschließlich des Datums der Leistungserbringung, die Diagnose sowie die Arztnummer. Mit der Einreichung der Erklärung garantiert der Vertragsarzt, die abgerechneten Leistungen auch tatsächlich persönlich gegenüber dem jeweils angegebenen Versicherten erbracht zu haben und dass alle Angaben sachlich richtig sind.[101] Enthält die Abrechnung nur eine grob fahrlässige Falschangabe, entfällt diese Garantiefunktion.[102]

2. *Die Prüfung der vertragsärztlichen Abrechnung*

Aus dem gesetzlichen Auftrag der Kassenärztlichen Vereinigungen, gemäß § 75 Abs. 1 S. 1 SGB V die vertragsärztliche Versorgung sicherzustellen und die Gewähr dafür zu übernehmen, dass die vertragsärztliche Versorgung den gesetzlichen und vertraglichen Erfordernissen entspricht, leitet sich ihre Pflicht ab, die eingereichten Abrechnungen zu überprüfen. Dies kann vor oder nach Erlass des Honorarbescheids geschehen. Eine Überprüfung der Abrechnung ist notwendig, da weder die Krankenkasse noch die Kassenärztliche Vereinigung eine Eingriffsmöglichkeit in das Vertrauensverhältnis zwischen Arzt und Patient hat.[103] Die im neunten Titel des Fünften Buch des Sozialgesetzbuchs geregelte Abrechnungskontrolle erfolgt durch verschiedene Prüfungen. Zu diesen zählen insbesondere die sachlich-rechnerische Richtigkeitsprüfung und die Wirtschaftlichkeitsprüfung. Bedeutung kommt daneben den von den Krankenkassen eigenständig durchgeführten Prüfungen zu.[104] Den Vertragsarzt trifft jeweils die Pflicht zur Mitwirkung.[105]

---

99 *Grzesiek*, Wirtschaftsdelikte im Vertrags- und Privatarztsektor, S. 56 f.

100 *Michels*, in: Becker/Kingreen, SGB V, Gesetzliche Krankenversicherung, § 295 Rn. 2.

101 *Scholz*, in: BeckOK Sozialrecht, § 35 BMV-Ä Rn. 5; *Kols*, in: BeckOK Sozialrecht, § 106d Rn. 36; vgl. auch BSG MedR 1998, 338 ff.

102 BSG MedR 1998, 338 ff.; *Altmiks*, in: Bergmann/Pauge/Steinmeyer, Gesamtes Medizinrecht, § 85 SGB V Rn. 43; *Scholz*, in: BeckOK Sozialrecht, § 35 BMV-Ä Rn. 8; *Kols*, in: BeckOK Sozialrecht, § 106d Rn. 36. Dies hat zur Folge, dass der Honorarbescheid für das gesamte Quartal rechtswidrig wird.

103 *Kühl*, Wirtschaftlichkeitsgebot und Vertragsarzt im Strafrecht, S. 77; *Grzesiek*, Wirtschaftsdelikte im Vertrags- und Privatarztsektor, S. 58.

104 *Hess*, in: Kasseler Kommentar Sozialversicherungsrecht, § 106d SGB V Rn. 11.

105 *Mahler*, Die Untreuerisiken der Ausgabenträger im Gesundheitswesen, S. 54.

a. *Sachlich-rechnerische Richtigkeitsprüfung*

Zunächst trifft die Kassenärztliche Vereinigung gemäß § 106d Abs. 2 S. 1 SGB V die Pflicht, die sachliche und rechnerische Richtigkeit der Abrechnung festzustellen.

(1) *Prüfung der sachlichen und rechnerischen Richtigkeit*

Diese Abrechnungsprüfung im engeren Sinn[106] umfasst zunächst die Kontrolle der Abrechnung auf rechnerische Richtigkeit[107] sowie auf Übereinstimmung mit den gesetzlichen, vertraglichen sowie satzungsrechtlichen Vorschriften des Vertragsarztrechts.[108] Schwerpunkt der Prüfung ist dabei die Beachtung des Einheitlichen Bewertungsmaßstabs, des Honorarverteilungsmaßstabs und der sonstigen Abrechnungsbestimmungen.[109] Beispielsweise wird hierbei konkret überprüft, ob der Arzt seine erbrachten Leistungen den Gebührenziffern des Einheitlichen Bewertungsmaßstabs ordnungsgemäß zugeordnet hat[110] oder ob der Vertragsarzt für ihn fachfremde Leistungen abgerechnet hat[111]. Nicht geprüft wird indessen der Umfang der Leistungserbringung im Hinblick auf seine Notwendigkeit und Effizienz.[112] Dies ist Gegenstand der Wirtschaftlichkeitsprüfung nach § 106 SGB V.[113]

Die sachlich-rechnerische Prüfung auf Übereinstimmung mit dem jeweiligen Regelwerk[114] der Kassenärztlichen Vereinigung erfolgt heutzutage elektronisch bzw. jedenfalls computerunterstützt.[115] Ein bundesweit einheitliches Datenverarbeitungsprogramm existiert aufgrund der regional unterschiedlichen Honorarverteilungsmaßstäbe nicht.[116] Über das Regelwerk der Kassenärztlichen

---

106 *Mahler*, Die Untreuerisiken der Ausgabenträger im Gesundheitswesen, S. 54.

107 *Steinhilper*, in: Schnapp/Wigge, Handbuch des Vertragsarztrechts, § 16 Rn. 20; *Hess*, in: Kasseler Kommentar Sozialversicherungsrecht, § 106 SGB V Rn. 5.

108 BSG MedR 2019, 166, 168; *Scholz*, in: Becker/Kingreen, SGB V, Gesetzliche Krankenversicherung, § 106d Rn. 3.

109 *Scholz*, in: Becker/Kingreen, SGB V, Gesetzliche Krankenversicherung, § 106d Rn. 3; *Steinhilper*, in: Schnapp/Wigge, Handbuch des Vertragsarztrechts, § 16 Rn. 20.

110 Vgl. *Hess*, in: Kasseler Kommentar Sozialversicherungsrecht, § 106d SGB V Rn. 4.

111 *Clemens/Steinhilper*, in: Laufs/Kern, Handbuch des Arztrechts, § 39 Rn. 29 ff.

112 Vgl. *Clemens/Palsherm*, in: Spickhoff, Medizinrecht, § 106d SGB V Rn. 5.

113 *Scholz*, in: Becker/Kingreen, SGB V, Gesetzliche Krankenversicherung, § 106d Rn. 3.

114 Teilweise wird die zur Prüfung verwandte Software selbst als Regelwerk bezeichnet, vgl. *Grzesiek*, Wirtschaftsdelikte im Vertrags- und Privatarztsektor, S. 60.

115 *Hess*, in: Kasseler Kommentar Sozialversicherungsrecht, § 106d SGB V Rn. 4; *Scholz*, in: Becker/Kingreen, SGB V, Gesetzliche Krankenversicherung, § 106d Rn. 3.

116 *Hess*, in: Kasseler Kommentar Sozialversicherungsrecht, § 106d SGB V Rn. 4.

Vereinigung werden diverse Umstände erfasst. Hierzu zählen beispielsweise[117] die fehlende Berechtigung zur Abrechnung bestimmter Leistungen, fehlende apparative Anforderungen, Ausschlüsse in der Nebeneinanderberechnung von Positionen des Einheitlichen Bewertungsmaßstabs, Verstöße gegen die Richtlinien des Gemeinsamen Bundesausschusses[118] oder die Bindung an die Grenzen des Fachgebiets. Erkennt das Programm fehlerhafte Positionen, schlägt es Änderungen vor, über die ein Sachbearbeiter der Kassenärztlichen Vereinigung entscheiden muss.[119] Der Sachbearbeiter prüft bei Unstimmigkeiten auch, ob der Vertragsarzt eine Begründung für die Abrechnung einer Gebührenziffer angegeben hat, und gegebenenfalls, ob diese Gebührenziffer plausibel erscheint.[120]

(2) Plausibilitätsprüfung

Ferner umfasst die sachlich-rechnerische Richtigkeitsprüfung gemäß § 106d Abs. 2 S. 1 Hs. 2 SGB V die Überprüfung der Plausibilität der Abrechnung, die regelmäßig, das heißt in Bezug auf die Vertragsärzteschaft nicht nur stichprobenhaft, sondern für alle Vertragsärzte durchzuführen ist.[121] Mit der Plausibilitätsprüfung hat der Gesetzgeber auf Fälle reagiert, in denen nicht erbrachte, nicht entsprechend dem vorgeschriebenen Leistungsinhalt erbrachte oder nicht persönlich erbrachte Leistungen abgerechnet wurden.[122] Solche fallen weder bei der sachlich-rechnerischen Prüfung noch bei der Wirtschaftlichkeitsprüfung auf.[123] Gegenstand der Plausibilitätsprüfung ist nach § 106d Abs. 2 S. 2 SGB V insbesondere der Umfang der je Tag abgerechneten Leistungen im Hinblick auf den damit verbundenen Zeitaufwand des Arztes.[124] Diese zeitbezogene Plausibilitätsprüfung ist darauf gerichtet, ob der Arzt die von ihm in seine Abrechnung eingestellten Leistungen zeitlich gesehen überhaupt ordnungsgemäß

---

117 Diese und weitere Beispiele finden sich bei *Hess*, in: Kasseler Kommentar Sozialversicherungsrecht, § 106d SGB V Rn. 4.

118 BSG BeckRS 2010, 72461.

119 *Grzesiek*, Wirtschaftsdelikte im Vertrags- und Privatarztsektor, S. 60.

120 *Herffs*, Der Abrechnungsbetrug des Vertragsarztes, S. 32; *Hellmann/Herffs*, Der ärztliche Abrechnungsbetrug, Rn. 61.

121 *Hess*, in: Kasseler Kommentar Sozialversicherungsrecht, § 106d SGB V Rn. 7.

122 *Herffs*, Der Abrechnungsbetrug des Vertragsarztes, S. 34.

123 *Hess*, in: Kasseler Kommentar Sozialversicherungsrecht, § 106d SGB V Rn. 5; vgl. auch *Grzesiek*, Wirtschaftsdelikte im Vertrags- und Privatarztsektor, S. 58.

124 Zu weiteren Ansatzpunkten einer systematischen Plausibilitätsprüfung siehe *Scholz*, in: Becker/Kingreen, SGB V, Gesetzliche Krankenversicherung, § 106d Rn. 6, 9.

erbracht haben kann.[125] Hierzu wird durch das Erstellen von Tages- und Quartalszeitprofilen, die den Höchstwert für den an einem Tag bzw. in einem Quartal abrechenbaren Zeitaufwand angeben,[126] die Plausibilität des abgerechneten Leistungsumfangs ermittelt.[127] Soweit er dort geregelt ist, wird der Zeitaufwand für eine einzelne Leistung dem dritten Anhang des Einheitlichen Bewertungsmaßstabs entnommen.[128] Für weitere Gebührenziffern kann der Vorstand der Kassenärztlichen Vereinigung Zeitvorgaben festlegen.[129] Die erstellten Zeitprofile werden sodann mit den Zeiten des abrechnenden Arztes verglichen. Bei Auffälligkeiten wird zunächst im Wege ergänzender Tatsachenfeststellungen und Bewertungen der Beweiserhebung und Feststellung eruiert, ob die sich aus den Zeitprofilen ergebenden Auffälligkeiten auf einer falschen Abrechnung beruhen oder sich erklären lassen.[130] Ergibt sich hiernach, dass die angemeldeten Leistungen in dem angegebenen Umfang nicht oder nicht nach der Leistungslegende erbracht worden sein können, ist die Abrechnung unrichtig,[131] ohne dass es auf ein schuldhaftes Handeln des abrechnenden Arztes ankommt.[132] Daneben ist eine genaue Einzelfallbetrachtung auch dann vorzunehmen, wenn der Vertragsarzt, sofern er einen vollen Versorgungsauftrag[133] hat, angibt, an mindesten drei Tagen im Quartal mehr als zwölf Stunden oder im Quartal mehr als 780 Stunden gearbeitet zu haben.[134]

---

125 *Clemens*, in: Quaas/Zack, Medizinrecht, § 22 Rn. 70.

126 Vgl. *Clemens/Palsherm*, in: Spickhoff, Medizinrecht, § 106d SGB V Rn. 9.

127 *Scholz*, in: Becker/Kingreen, SGB V, Gesetzliche Krankenversicherung, § 106d Rn. 6.

128 *Clemens/Palsherm*, in: Spickhoff, Medizinrecht, § 106d SGB V Rn. 9; *Scholz*, in: Becker/Kingreen, SGB V, Gesetzliche Krankenversicherung, § 106d Rn. 7.

129 Vgl. LSG NRW BeckRS 2012, 72104; *Scholz*, in: Becker/Kingreen, SGB V, Gesetzliche Krankenversicherung, § 106d Rn. 7; *Steinhilper*, in: Schnapp/Wigge, Handbuch des Vertragsarztrechts, § 16 Rn. 38.

130 Vgl. BSG BeckRS 2011, 76381; *Scholz*, in: Becker/Kingreen, SGB V, Gesetzliche Krankenversicherung, § 106d Rn. 8.

131 *Steinhilper*, in: Schnapp/Wigge, Handbuch des Vertragsarztrechts, § 16 Rn. 47.

132 *Mahler*, Untreuerisiken der Ausgabenträger im Gesundheitswesen, S. 55.

133 Zum Vorgehen bei Ärzten mit Teilzulassung oder teilzeitbeschäftigten angestellten Ärzten siehe *Scholz*, in: Becker/Kingreen, SGB V, Gesetzliche Krankenversicherung, § 106d Rn. 7.

134 *Clemens*, in: Quaas/Zack, Medizinrecht, § 22 Rn. 69; *Scholz*, in: Becker/Kingreen, SGB V, Gesetzliche Krankenversicherung, § 106d Rn. 7.

(3) Rechtsfolgen

Zeigt die Abrechnungsprüfung, dass die Abrechnung nicht rechtmäßig ist, so versagt die Kassenärztliche Vereinigung den betroffenen Teil des Honorars (sogenannte quartalsgleiche Richtigstellung) bzw. fordert eine bereits ausgezahlte Summe durch Bescheid insoweit zurück (sogenannte nachgehende Richtigstellung).[135] Bei der Neufestsetzung des Honorars hat die Kassenärztliche Vereinigung ein weites Schätzungsermessen. So kann sie dem abrechnenden Arzt etwa im Wege pauschalisierender Schätzung ein Honorar in Höhe des Fachgruppendurchschnitts – in Bezirken der Kassenärztlichen Vereinigungen mit hohen Fallwerten eventuell niedriger – zuerkennen.[136]

b. Wirtschaftlichkeitsprüfung

Eines der zentralen Prinzipien der vertragsärztlichen Versorgung ist das in § 12 SGB V niedergelegte Wirtschaftlichkeitsgebot. Hiernach müssen die vertragsärztlichen Leistungen ausreichend, zweckmäßig und wirtschaftlich sein. Sie dürfen das Maß des Notwendigen nicht überschreiten. Darüber hinausgehende Leistungen können Versicherte nicht beanspruchen, dürfen die Leistungserbringer nicht bewirken und die Krankenkassen nicht bewilligen. Das Wirtschaftlichkeitsgebot soll ein Spannungsverhältnis zwischen zwei Grundkräften ausgleichen: Auf der einen Seite steht die auf die Gesundheit des einzelnen Menschen ausgerichtete Individualmedizin. Den Gegenpol hierzu stellen die finanziell-wirtschaftlichen Grenzen dar, die von der Belastbarkeit der Beitragszahler und der Leistungsfähigkeit der Volkswirtschaft gezogen werden. Das Wirtschaftlichkeitsgebot balanciert diese Kräfte, indem es den notwendigen Leistungsstandard gewährleistet, während gleichzeitig Leistungen im Übermaß verhindert werden.[137]

Die verpflichtende[138] Wirtschaftlichkeitsprüfung dient der Kontrolle, ob der Vertragsarzt das Wirtschaftlichkeitsgebot bei den von ihm abgerechneten Leistungen beachtet hat. Untersucht wird also die Notwendigkeit der abgerechneten

135 Vgl. *Clemens/Palsherm*, in: Spickhoff, Medizinrecht, § 106d SGB V Rn. 5; vgl. auch *Clemens*, in: Quaas/Zack, Medizinrecht, § 22 Rn. 78; *Mahler*, Untreuerisiken der Ausgabenträger im Gesundheitswesen, S. 55. Rechtsgrundlage der Rückforderung ist § 45 Abs. 4 S. 1 BMV-Ä, der gegenüber § 45 SGB X Vorrang genießt, BSG MedR 2002, 589, 590 f.

136 BSG MedR 1998, 338, 339.

137 Vgl. *Roters*, in: Kasseler Kommentar Sozialversicherungsrecht, § 12 SGB V Rn. 2.

138 *Clemens/Palsherm*, in: Spickhoff, Medizinrecht, § 106c SGB V Rn. 6.

Leistung.[139] Durchgeführt wird die Wirtschaftlichkeitsprüfung von den gemeinsamen Prüfungsstellen, die nach § 106c Abs. 1 S. 1 SGB V aus den Landesverbänden der Krankenkassen und den Kassenärztlichen Vereinigungen gebildet werden. Bislang bestand die Pflicht der Prüfungsstellen, die Wirtschaftlichkeitsprüfung bei mindestens zwei Prozent der stichprobenhaft ausgewählten Vertragsärzte durchzuführen (sogenannte Zufälligkeitsprüfung).[140] Aufgrund des am Aufwand gemessenen geringen Nutzens solcher Zufälligkeitsprüfungen[141] hat der Gesetzgeber diese mit dem Terminservice- und Versorgungsgesetz vom 06.05.2019[142] abgeschafft. Die Wirtschaftlichkeit der erbrachten Leistungen wird nunmehr nur noch aufgrund eines begründeten Antrags der Krankenkassen oder der Kassenärztlichen Vereinigung überprüft. Die für einen solchen Antrag Veranlassung gebenden Umstände werden - nicht abschließend - in § 106a Abs. 2 SGB V aufgezählt.[143]

Die gemeinsamen Prüfungsstellen prüfen dabei jedoch nicht ausschließlich die Notwendigkeit der Behandlungen. Sie besitzen in bestimmten Fällen des Weiteren die Sonderkompetenz zur sachlich-rechnerischen Richtigstellung.[144] Umgekehrt besitzt die für die sachlich-rechnerische Abrechnungsprüfung zuständige Kassenärztliche Vereinigung hingegen keine Annexkompetenz zur Wirtschaftlichkeitsprüfung. Die Kassenärztliche Vereinigung kann nur die Durchführung einer Wirtschaftlichkeitsprüfung nach § 106a Abs. 1 SGB V beantragen.[145]

Zur Durchführung der Wirtschaftlichkeitsprüfung existieren verschiedene Methoden.[146] Hierzu zählen etwa die Einzelfallprüfung in strenger oder eingeschränkter Form, die statistische Durchschnittsprüfung in Form des Gesamtfallwertvergleichs, des Spartenvergleichs, des Einzelleistungsvergleichs oder des Vertikalvergleichs mit Abrechnungsergebnissen verschiedener früherer

139 *Clemens/Palsherm*, in: Spickhoff, Medizinrecht, § 106c SGB V Rn. 3.

140 Zur Zufälligkeitsprüfung siehe *Scholz*, in: Becker/Kingreen, SGB V, Gesetzliche Krankenversicherung, § 106a Rn. 2 f.; *Hess*, in: Kasseler Kommentar Sozialversicherungsrecht, § 106a SGB V Rn. 3 ff.

141 BT-Drs. 19/8351, S. 194 f.

142 BGBl. I S. 646.

143 BT-Drs. 19/8351, S. 195.

144 *Clemens*, in: Laufs/Kern, Handbuch des Arztrechts, § 40 Rn. 32 ff.; *Clemens/Palsherm*, in: Spickhoff, Medizinrecht, § 106c SGB V Rn. 3.

145 *Clemens/Palsherm*, in: Spickhoff, Medizinrecht, § 106c SGB V Rn. 3.

146 Zu den hier nicht dargestellten Methoden siehe *Steinhäuser*, in: Schnapp/Wigge, Handbuch des Vertragsarztrechts, § 18 Rn. 41 ff.

Quartale bzw. Jahre.[147] Bei der Auswahl der Prüfmethode steht den Prüfgremien ein gerichtlich nur eingeschränkt überprüfbarer Beurteilungsspielraum zu.[148]

(1) Durchschnittsprüfung

Die Durchschnittsprüfung, die auch als statistische Vergleichsprüfung bezeichnet wird,[149] findet ausdrückliche Erwähnung in § 106a Abs. 4 SGB V. Ihr liegt die Annahme zugrunde, dass die Vertragsärzte im Allgemeinen nach den Regeln der ärztlichen Kunst verfahren und das Gebot der Wirtschaftlichkeit beachten.[150] Die Durchschnittswerte einer hinreichend großen Zahl vergleichbarer Ärzte lassen daher Rückschlüsse auf die Wirtschaftlichkeit der Behandlungsweise und Verordnungsweise des geprüften Arztes zu.[151] Dementsprechend wird im Falle eines signifikant[152] überdurchschnittlichen Behandlungs- oder Verordnungsvolumens das Honorar gekürzt, sofern das Volumen nicht durch Praxisbesonderheiten oder Ähnliches gerechtfertigt ist.[153] Bei der Kürzung besteht ein weiter Ermessensspielraum der gemeinsamen Prüfungsstellen.[154] Kürzungsmaßnahmen unter das festgestellte offensichtliche Missverhältnis sind allerdings nur mit besonderer Begründung möglich.[155]

(2) Einzelfallprüfung

Die Einzelfallprüfung existiert in zwei verschiedenen Ausprägungen, nämlich in einer strengen sowie einer eingeschränkten Variante.[156] Der strengen

---

147 *Clemens/Palsherm*, in: Spickhoff, Medizinrecht, § 106c SGB V Rn. 14 m.w.N.

148 BSG BeckRS 2016, 114941.

149 *Hess*, in: Kasseler Kommentar Sozialversicherungsrecht, § 106a SGB V Rn. 25.

150 *Steinhäuser*, in: Schnapp/Wigge, Handbuch des Vertragsarztrechts, § 18 Rn. 51; *Hess*, in: Kasseler Kommentar Sozialversicherungsrecht, § 106a SGB V Rn. 28; *Clemens*, in: Laufs/Kern, Handbuch des Arztrechts, § 40 Rn. 16.

151 *Hess*, in: Kasseler Kommentar Sozialversicherungsrecht, § 106a SGB V Rn. 28. .

152 Zu den Anforderungen an die Übersteigung siehe *Steinhäuser*, in: Schnapp/Wigge, Handbuch des Vertragsarztrechts, § 18 Rn. 62 ff.

153 *Clemens*, in: Laufs/Kern, Handbuch des Arztrechts, § 40 Rn. 16 m.w.N.

154 BSG SozR 4-1500 § 141 Nr. 1 Rn. 30 a.E.; BSG SozR 4-2500 § 106 Nr. 21 Rn. 29; *Scholz*, in: Becker/Kingreen, SGB V, Gesetzliche Krankenversicherung, § 106 Rn. 7 ff.; vgl. auch *Gerlach*, in: Krauskopf, Soziale Krankenversicherung, Pflegeversicherung, § 106 SGB V Rn. 44.

155 *Steinhäuser*, in: Schnapp/Wigge, Handbuch des Vertragsarztrechts, § 18 Rn. 114.

156 *Clemens/Palsherm*, in: Spickhoff, Medizinrecht, § 106c SGB V Rn. 14; *Clemens*, in: Laufs/Kern, Handbuch des Arztrechts, § 40 Rn. 12.

Einzelfallprüfung kommt heute aufgrund des bei ihr zu betreibenden Aufwands kaum noch praktisches Gewicht zu.[157] Sie erfordert die nachträglich äußerst schwierige Aufklärung des tatsächlichen Gesundheitszustands des Patienten sowie die Feststellung, welche Behandlung angesichts der tatsächlichen Umstände medizinisch indiziert und wirtschaftlich gewesen wäre.[158]

Bei der eingeschränkten Einzelfallprüfung erfolgt die Überprüfung der Wirtschaftlichkeit anhand der vom Arzt gestellten und dokumentierten Diagnose.[159] Die Überprüfung sämtlicher Behandlungsfälle ist mit den Ressourcen, die den gemeinsamen Prüfungsstellen zur Verfügung stehen, jedoch oftmals nicht zu leisten.[160] Die eingeschränkte Einzelfallprüfung wird daher in der Regel auf einen Teil der Behandlungsfälle beschränkt und hiervon ausgehend eine Hochrechnung auf die Gesamtfallzahl vorgenommen.[161] Hierzu müssen grundsätzlich[162] mindestens 100 Fälle und zugleich 20 Prozent aller Behandlungs- bzw. Verordnungsfälle einzeln geprüft worden sein.[163] Aufgrund der mit dieser Methode einhergehenden Unsicherheiten bei der Bemessung des Kürzungsbetrages ist abschließend ein Sicherheitsabschlag von 25 Prozent des als unwirtschaftlich ermittelten Gesamtbetrages vorzunehmen.[164]

c. Prüfung durch die Krankenkassen

Die Krankenkassen besitzen gemäß § 106d Abs. 3 SGB V ebenfalls eine eigene Prüfungskompetenz. Diese bezieht sich insbesondere auf Sachverhalte, die einen

157 Vgl. BSG BeckRS 2007, 48597.

158 Vgl. *Steinhäuser*, in: Schnapp/Wigge, Handbuch des Vertragsarztrechts, § 18 Rn. 48; *Clemens*, in: Laufs/Kern, Handbuch des Arztrechts, § 40 Rn. 13.

159 BSG BeckRS 2007, 48597 m.w.N.; *Scholz*, in: Becker/Kingreen, SGB V, Gesetzliche Krankenversicherung, § 106 Rn. 15.

160 Vgl. *Clemens*, in: Laufs/Kern, Handbuch des Arztrechts, § 40 Rn. 14.

161 *Steinhäuser*, in: Schnapp/Wigge, Handbuch des Vertragsarztrechts, § 18 Rn. 49; *Clemens*, in: Laufs/Kern, Handbuch des Arztrechts, § 40 Rn. 14; *Gerlach*, in: Krauskopf, Soziale Krankenversicherung, Pflegeversicherung, § 106a SGB V Rn. 45.

162 Im Ausnahmefall kann die Zahl der Behandlungsfälle weniger als 20 Prozent betragen, wenn der Arzt aus Gründen, die zumindest auch in seiner Sphäre liegen, außerstande ist, die angeforderten Akten vollzählig zu übersenden, vgl. *Gerlach*, in: Krauskopf, Soziale Krankenversicherung, Pflegeversicherung, § 106 SGB V Rn. 45 m.w.N.

163 *Clemens*, in: Laufs/Kern, Handbuch des Arztrechts, § 40 Rn. 14 m.w.N.; *Gerlach*, in: Krauskopf, Soziale Krankenversicherung, Pflegeversicherung, § 106 SGB V Rn. 45.

164 *Gerlach*, in: Krauskopf, Soziale Krankenversicherung, Pflegeversicherung, § 106 SGB V Rn. 45 m.w.N. Ermächtigungsgrundlage für die Rückforderung ist § 106 Abs. 2 SGB V, BSG MedR 2015, 454, 455.

besonderen Versichertenbezug aufweisen und von der Kassenärztlichen Vereinigung aufgrund mangelnden Informationszugangs nicht sinnvoll geprüft werden können.[165] Hierunter fällt etwa die sogenannte Anspruchsprüfung, bei der die Leistungspflicht gegenüber dem Behandelten dem Grunde nach überprüft wird. Die Leistungspflicht fehlt beispielsweise, wenn die elektronische Gesundheitskarte von anderen Personen benutzt wurde oder ein anderer Leistungsträger als die angegebene Krankenkasse zuständig ist.[166] Über das Ergebnis ihrer Prüfung unterrichtet die Krankenkasse die Kassenärztliche Vereinigung, die in inhaltlicher Hinsicht – jedenfalls im Rahmen der Anspruchsprüfung – an das Prüfergebnis der Krankenkasse gebunden ist. Eigene Prüfungskompetenzen stehen der Kassenärztlichen Vereinigung hiernach nur noch eingeschränkt zu, etwa mit Blick auf die Beachtung von Fristen und Vertrauensschutzgesichtspunkten. Grundsätzlich trifft die Kassenärztliche Vereinigung also die Pflicht, das Prüfergebnis der Krankenkasse durch Honoraränderungs- und Rückforderungsbescheid durchzusetzen.[167] Sollte sich durch die unberechtigte Ausschüttung des Honorars an den Vertragsarzt zudem die Gesamtvergütung erhöht haben, was insbesondere bei der Einzelleistungsvergütung der Fall sein wird, können die Krankenkassen diesen Teil der Gesamtvergütung nach § 53 S. 1 BMVÄ von der Kassenärztlichen Vereinigung zurückfordern.[168]

3. *Erlass des Honorarbescheids*

Der Abrechnungsvorgang wird mit dem Erlass des Honorarbescheids[169] abgeschlossen, mit dem die Kassenärztliche Vereinigung das Honorar des Vertragsarztes festsetzt.[170] Der Bescheid ergeht in der Praxis üblicherweise bereits vor der Vollendung der sachlich-rechnerischen Richtigkeitsprüfung und Wirtschaftlichkeitsprüfung.[171] In vollem Umfang wird er aber erst verbindlich, wenn die Honoraranforderung umfassend überprüft wurde oder wegen Ablaufs der

165 *Hess*, in: Kasseler Kommentar Sozialversicherungsrecht, § 106d SGB V Rn. 11.

166 *Scholz*, in: Becker/Kingreen, SGB V, Gesetzliche Krankenversicherung, § 106d Rn. 11.

167 *Scholz*, in: Becker/Kingreen, SGB V, Gesetzliche Krankenversicherung, § 106d Rn. 12.

168 Erhöht sich die Gesamtvergütung nicht, fällt das Honorar wieder in die Honorarverteilung, § 53 S. 2 BMV-Ä.

169 Dieser ist ein Verwaltungsakt im Sinne der Verwaltungsverfahrensgesetze der Länder, *Sproll*, in: Krauskopf, Soziale Krankenversicherung, Pflegeversicherung, § 85 Rn. 51.

170 Vgl. *Steinhilper*, in: Schnapp/Wigge, Handbuch des Vertragsarztrechts, § 16 Rn. 54.

171 *Grzesiek*, Wirtschaftsdelikte im Vertrags- und Privatarztsektor, S. 62.

Ausschlussfristen nicht mehr überprüft werden darf.[172] Das Vertrauen des Vertragsarztes auf den Bestand eines ihm erteilten Honorarbescheides ist daher von vornherein erheblich eingeschränkt.[173] Erweist sich der Honorarbescheid innerhalb dieser Fristen als unrichtig, so ist er ganz oder teilweise aufzuheben und ein neuer Bescheid zu erlassen.[174] Die Korrektur ist grundsätzlich innerhalb einer Ausschlussfrist von zwei Jahren,[175] bei bösgläubigen Ärzten auch für die weitere Vergangenheit möglich.[176]

B. Abrechnungsmanipulationen als Betrug gemäß § 263 Abs. 1 StGB

Abrechnungsmanipulationen durch Vertragsärzte treten in vielerlei Gestalt auf. Für ihre Erfassung als Betrug im Sinne des § 263 Abs. 1 StGB haben sich in Rechtsprechung und Literatur Fallgruppen gebildet. Die Darstellung beschränkt sich an dieser Stelle auf die in der Praxis häufig anzutreffenden folgenden Grundkonstellationen:[177]

- Abrechnung fingierter Leistungen,
- Abrechnung nicht persönlich erbrachter Leistungen und

---

172 BSG BeckRS 2002, 40407; *Sproll*, in: Krauskopf, Soziale Krankenversicherung, Pflegeversicherung, § 85 Rn. 52.

173 BSG BeckRS 2002, 40407.

174 *Steinhilper*, in: Schnapp/Wigge, Handbuch des Vertragsarztrechts, § 16 Rn. 54. Die Rechtsgrundlage hierfür ist unterschiedlich: Bei der sachlich-rechnerischen Richtigstellung ist etwa § 45 Abs. 4 S. 1 BMV-Ä gegenüber § 45 SGB X vorrangig, BSG MedR 2002, 589, 590 f. Für die Wirtschaftlichkeitsprüfung stellt § 106 Abs. 2 SGB V die Ermächtigungsgrundlage dar, BSG MedR 2015, 454, 455.

175 Die Ausschlussfrist für die sachlich-rechnerische Richtigstellung und die Wirtschaftlichkeitsprüfung wurde jüngst mit dem Terminservice- und Versorgungsgesetz vom 06.05.2019 (BGBl. I S. 646) von grundsätzlich vier (hierzu BSG BeckRS 2003, 04167) auf zwei Jahre verkürzt, vgl. nunmehr § 106 Abs. 3 S. 2 SGB V und § 106d Abs. 5 S. 3 SGB V.

176 *Mahler*, Untreuerisiken der Ausgabenträger im Gesundheitswesen, S. 56, und *Scholz*, in: Becker/Kingreen, SGB V, Gesetzliche Krankenversicherung, § 106d Rn. 17, schlagen eine Ausschlussfrist von zehn Jahren vor. Die längere Ausschlussfrist im Falle des Eingreifens der Vertrauensausschlussgründe des § 45 Abs. 2 S. 3, Abs. 4 S. 1 SGB X gilt auch noch nach der Reform durch das Terminservice- und Versorgungsgesetz, BT-Drs. 19/8351, S. 194 und S. 196.

177 Weitere Fallgruppen sind bei *Mahler*, Die Untreuerisiken der Ausgabenträger im Gesundheitswesen, S. 139 ff. zu finden.

- Abrechnung unwirtschaftlicher Leistungen.

I. Abrechnung fingierter Leistungen

Die Fallgruppe, die bei der rechtlichen Bewertung die geringsten Probleme aufwirft, ist die Abrechnung nicht erbrachter Leistungen. Diese kann als Grundfall des Abrechnungsbetrugs bezeichnet werden.[178] Zu der Fallgruppe nicht erbrachter Leistungen zählen die Konstellationen, in denen der Vertragsarzt Behandlungsleistungen abrechnet, die er

- überhaupt nicht (sogenannte Luftleistung),
- nicht vollständig oder
- an einem anderen Datum erbracht hat.[179]

1. Objektiver Tatbestand des § 263 Abs. 1 StGB

Der objektive Tatbestand des Betrugs verlangt, dass der Täter das Vermögen eines anderen dadurch beschädigt, dass er durch Vorspiegelung falscher oder durch Entstellung oder Unterdrückung wahrer Tatsachen einen Irrtum erregt oder unterhält.

a. Täuschung über Tatsachen

Erste Voraussetzung des objektiven Tatbestands des Betrugs gemäß § 263 Abs. 1 StGB ist eine Täuschung über Tatsachen. Unter Tatsachen sind dabei alle konkreten vergangenen oder gegenwärtigen Geschehnisse oder Zustände der Außenwelt und des menschlichen Innenlebens zu verstehen, die sinnlich wahrnehmbar oder zumindest empirisch überprüfbar und damit dem Beweis grundsätzlich zugänglich sind.[180] Eine Täuschung liegt vor, wenn der Täter durch sein Verhalten auf das intellektuelle Vorstellungsbild eines anderen Menschen einzuwirken sucht.[181] Dies kann ausdrücklich oder konkludent geschehen, wobei eine konkludente Täuschung in einem Verhalten des Täters liegt, das nach dem

---

178 *Volk*, NJW 2000, 3385, 3386; vgl. auch *Homann*, Betrug in der gesetzlichen Krankenversicherung, S. 31; *Mahler*, Die Untreuerisiken der Ausgabenträger im Gesundheitswesen, S. 139.

179 *Hellmann/Herffs*, Der ärztliche Abrechnungsbetrug, Rn. 113; *Mahler*, Die Untreuerisiken der Ausgabenträger im Gesundheitswesen, S. 131.

180 *Perron*, in: Schönke/Schröder, StGB, § 263 Rn. 8 m.w.N.

181 *Perron*, in: Schönke/Schröder, StGB, § 263 Rn. 11.

Empfängerhorizont unter Berücksichtigung der Gesamtumstände als implizite Behauptung einer Tatsache aufzufassen ist.[182]

Im Falle einer nichterbrachten Behandlungsleistung bereitet die Subsumtion unter dieses Tatbestandsmerkmal keine Probleme. Mit Einreichung der Sammelerklärung stellt der Vertragsarzt die wahrheitswidrige Behauptung auf, die angeführten Leistungen – im angegebenen Umfang – erbracht zu haben. Gleichzeitig versichert er die sachlich-rechnerische Richtigkeit der Abrechnungserklärung.[183] Ob es sich hierbei um eine ausdrückliche[184] oder konkludente[185] Behauptung der Leistungserbringung handelt, spielt für die Verwirklichung des Tatbestandsmerkmals keine Rolle und kann daher offen bleiben.

b. Irrtum

Durch die Täuschung muss ein Irrtum hervorgerufen werden. Unter einem Irrtum wird jede von der Wirklichkeit abweichende Vorstellung über Tatsachen verstanden, wobei nur Menschen, nicht aber Maschinen irren können.[186]

Die Abrechnungserklärung reicht der Vertragsarzt bei der Kassenärztlichen Vereinigung ein, sodass Adressat der Abrechnungserklärung in der Regel der Sachbearbeiter der Kassenärztlichen Vereinigung ist.[187] Im Zuge der dortigen Abrechnungsprüfung werden zwar ebenso wie bei der Prüfung durch die Krankenkassen umfänglich Computerprogramme genutzt, sodass man am Irrtum eines Menschen zweifeln und stattdessen die Verwirklichung des Tatbestands des Computerbetrugs gemäß § 263a StGB in Betracht ziehen könnte. Allerdings hat der Sachbearbeiter nicht lediglich die Funktionstüchtigkeit des Computerprogramms sicherzustellen, sondern konkret die Aufgabe, die Abrechnung auf nicht erbrachte Leistungen zu überprüfen.[188] Er trifft also eine eigene Entscheidung darüber, wie mit der Abrechnung verfahren wird, wobei er durch die

---

182 *Schuhr*, in: Spickhoff, Medizinrecht, § 263 Rn. 13 f. m.w.N.

183 Vgl. *Hellmann/Herffs*, Der ärztliche Abrechnungsbetrug, Rn. 152; *Homann*, Betrug in der gesetzlichen Krankenversicherung, S. 32.

184 *Hellmann/Herffs*, Der ärztliche Abrechnungsbetrug, Rn. 152; *Schuhr*, in: Spickhoff, Medizinrecht, § 263 Rn. 16 m.w.N.

185 *Grzesiek*, Wirtschaftsdelikte im Vertrags- und Privatarztsektor, S. 96 f.

186 *Schuhr*, in: Spickhoff, Medizinrecht, § 263 Rn. 23 m.w.N.

187 Vgl. *Schuhr*, in: Spickhoff, Medizinrecht, § 263 Rn. 16.

188 *Hellmann/Herffs*, Der ärztliche Abrechnungsbetrug, Rn. 153 f. m.w.N. Zur Bedeutung dieser Unterscheidung vgl. *Perron*, in: Schönke/Schröder, StGB, § 263a Rn. 21.

Software unterstützt wird. Entsprechend scheidet der Tatbestand des Computerbetrugs aus.[189]

Weiter ist zu berücksichtigen, dass sich der Sachbearbeiter der Kassenärztlichen Vereinigung vor seiner Entscheidung schon aufgrund des Umfangs des Datenmaterials nicht mit jeder individuellen Abrechnungsposition auseinandersetzen kann.[190] Mangelt es ihm an einer konkreten Vorstellung zu einzelnen Positionen, erscheint ein diesbezüglicher Irrtum fraglich.[191] Nach der ständigen Rechtsprechung des Bundesgerichtshofs ist eine konkrete gedankliche Vorstellung zu einzelnen Abrechnungspositionen für die Annahme eines Irrtums allerdings nicht durchweg erforderlich. Bei standardisierten, auf Massenerledigung angelegten Abrechnungsverfahren genügt die in der Verfügung ausgedrückte Annahme, die Abrechnung sei insgesamt in Ordnung. Dies ergibt sich bei Abrechnungen von Vertragsärzten gerade aus ihrer besonderen Stellung, da das ihnen durch die Vertragsarztzulassung entgegengebrachte Vertrauen die Herabsetzung des Prüfungsumfangs seitens der Leistungsträger rechtfertigt.[192] Ein Irrtum des Sachbearbeiters läge nur dann nicht vor, wenn sich dieser zu der Berechtigung der Abrechnungspositionen überhaupt keine Vorstellungen gemacht hat. Ob im konkreten Fall ein solcher – strafloser – Fall der *ignorantia facti* vorliegt, ist zwar Tatfrage. In der Regel wird der Sachbearbeiter die von ihm zu prüfenden Tatsachen jedoch auch im Falle eines unauffälligen Abschlusses der computergestützten Abrechnungsprüfung nicht ignorieren, sondern sich aufgrund des sozialrechtlichen Rahmens zumindest eine Grundvorstellung verschaffen. Dieses vorhandene sachgedankliche Mitbewusstsein reicht aus, um die Konstellation der *ignorantia facti* auszuschließen.[193]

Wurden dem Sachbearbeiter nach erfolgter Abrechnungsprüfung hingegen Vorschläge durch die genutzte Software unterbreitet und damit Zweifel an der Richtigkeit der Abrechnung gesät, steht dies einem Irrtum des dennoch verfügenden Sachbearbeiters nicht entgegen. Wie auch sonst im Strafrecht schließen Zweifel des mit der Abrechnungsprüfung befassten Sachbearbeiters dessen

---

189 *Grzesiek*, Wirtschaftsdelikte im Vertrags- und Privatarztsektor, S. 98; *Hellmann/Herffs*, Der ärztliche Abrechnungsbetrug, Rn. 154 f.

190 *Hellmann/Herffs*, Der ärztliche Abrechnungsbetrug, Rn. 155.

191 Vgl. *Homann*, Betrug in der gesetzlichen Krankenversicherung, S. 33.

192 BGH NStZ 2007, 213, 215 m.w.N.

193 *Grzesiek*, Wirtschaftsdelikte im Vertrags- und Privatarztsektor, S. 99; *Hellmann/Herffs*, Der ärztliche Abrechnungsbetrug, Rn. 155 f.

Irrtum grundsätzlich nicht aus, da dem Strafrecht das Konzept eines tatbestandsausschließenden Mitverschuldens fremd ist.[194]

In aller Regel wird der Sachbearbeiter der Kassenärztlichen Vereinigung daher zumindest über das sachgedankliche Mitbewusstsein verfügen und entsprechend darüber irren, dass die in der Sammelerklärung aufgeführten Leistungen (vollumfänglich) erbracht worden sind.

c. Vermögensverfügung

Der Sachbearbeiter muss aufgrund seines Irrtums eine Vermögensverfügung vornehmen. Unter dem ungeschriebenen[195] Tatbestandsmerkmal der Vermögensverfügung wird jedes Handeln, Dulden oder Unterlassen verstanden, das eine Vermögensminderung zurechenbar herbeiführt.[196] Als tatbestandsmäßige Verfügungshandlung kommt insbesondere der Erlass des Honorarbescheids[197] bzw. die nachfolgende Auszahlung des Honorars durch die Kassenärztliche Vereinigung in Betracht.[198] Die Subsumtion unter die Definition der Vermögensverfügung erfordert zunächst die Klärung, über wessen Vermögen verfügt wird. Denkbar erscheint eine Verfügung über das Vermögen der Kassenärztlichen Vereinigung, der Krankenkassen oder der übrigen an der vertragsärztlichen Versorgung teilnehmenden Ärzte.[199]

(1) Vermögen der Kassenärztlichen Vereinigung

Formal juristisch betrachtet erlangt die Kassenärztliche Vereinigung durch die Überweisung der Gesamtvergütung[200] seitens der Krankenkassen einen Auszahlungsanspruch gegenüber ihrer Bank.[201] Dieser könnte dem Vermögen der

---

194 BGH NJW 2003, 1198 f.

195 *Hefendehl*, in: MüKo StGB, Bd. 5, § 263 Rn. 295.

196 *Perron*, in: Schönke/Schröder, StGB, § 263 Rn. 54 f. m.w.N.

197 Hierfür i.E.: *Heintz-Koch*, Vertragsärztlicher Abrechnungsbetrug, S. 164; *Freitag*, Ärztlicher und zahnärztlicher Abrechnungsbetrug, S. 123; *Hellmann*, in: Fischer/Hoven/Huber/u.a., Dogmatik und Praxis des strafrechtlichen Vermögensschadens, S. 245, 251.

198 *Grzesiek*, Wirtschaftsdelikte im Vertrags- und Privatarztsektor, S. 100; *Freitag*, Ärztlicher und zahnärztlicher Abrechnungsbetrug, S. 109.

199 *Homann*, Betrug in der gesetzlichen Krankenversicherung, S. 34 ff.; *Grzesiek*, Wirtschaftsdelikte im Vertrags- und Privatarztsektor, S. 100.

200 Die Leistung der Gesamtvergütung selbst erfolgt nicht irrtumsbedingt und scheidet daher als Vermögensverfügung aus, vgl. *Heintz-Koch*, Vertragsärztlicher Abrechnungsbetrug, S. 164.

201 *Grzesiek*, Wirtschaftsdelikte im Vertrags- und Privatarztsektor, S. 100.

Kassenärztlichen Vereinigung zuzuordnen sein. Allerdings stehen die von den Krankenkassen erhaltenen Mittel nicht zur freien Disposition der Kassenärztlichen Vereinigung.[202] Letztere trifft gemäß § 87b Abs. 1 S. 1 SGB V die Pflicht, die Gesamtvergütung an die an der vertragsärztlichen Versorgung teilnehmenden Ärzte zu verteilen. Die Beziehung der Kassenärztlichen Vereinigung zu dem Auszahlungsanspruch ist damit der eines Treuhänders vergleichbar:[203] Nach außen hin steht die Kassenärztliche Vereinigung zwar als alleinige Berechtigte der Forderung dar. Im Innenverhältnis hat sie das Geld der Krankenkassen aber nur für ihre Mitglieder zu verwalten und an diese zu verteilen.[204] Entsprechend hat der Auszahlungsanspruch für die Kassenärztliche Vereinigung keinen wirtschaftlichen Wert.[205] Einen solchen Wert verlangen indessen die heute überwiegend zum Vermögensbegriff vertretenen Theorien[206] im Rahmen des § 263 StGB.[207] Das ausgezahlte Honorar zählt daher nicht zu dem Vermögen der Kassenärztlichen Vereinigung.[208]

(2) Vermögen der übrigen an der vertragsärztlichen Versorgung teilnehmenden Ärzte

In Betracht kommt eine Verfügung über das Vermögen der übrigen an der vertragsärztlichen Versorgung teilnehmenden Ärzte.[209] Eine Minderung des

---

202 *Hellmann/Herffs*, Der ärztliche Abrechnungsbetrug, Rn. 161; *Freitag*, Ärztlicher und zahnärztlicher Abrechnungsbetrug, S. 112.

203 *Ellbogen/Wichmann*, MedR 2007, 10, 13; *Dannecker/Streng*, MedR 2011, 131, 137 f.; *Homann*, Betrug in der gesetzlichen Krankenversicherung, S. 35.

204 *Grzesiek*, Wirtschaftsdelikte im Vertrags- und Privatarztsektor, S. 101.

205 *Homann*, Betrug in der gesetzlichen Krankenversicherung, S. 35.

206 Dies sind insbesondere die in ständiger Rechtsprechung angewandte wirtschaftliche Vermögenslehre sowie die juristisch-ökonomische Vermögenslehre, vgl. *Perron*, in: Schönke/Schröder, StGB, § 263 Rn. 80 u. 82.

207 *Hellmann/Herffs*, Der ärztliche Abrechnungsbetrug, Rn. 161 m.w.N.; vgl. *Luig*, Vertragsärztlicher Abrechnungsbetrug und Schadensbestimmung, S. 74.

208 *Homann*, Betrug in der gesetzlichen Krankenversicherung, S. 34 f.; *Grzesiek*, Wirtschaftsdelikte im Vertrags- und Privatarztsektor, S. 101; *Ellbogen/Wichmann*, MedR 2007, 10, 13; a.A. *Hefendehl*, in: MüKo StGB, Bd. 5, § 263 Rn. 686, sowie *Hellmann*, in: Fischer/Hoven/Huber/u.a., Dogmatik und Praxis des strafrechtlichen Vermögensschadens, S. 245, 253 f.

209 *Hellmann/Herffs*, Der ärztliche Abrechnungsbetrug, Rn. 162.

Vermögens der übrigen Vertragsärzte könnte sich durch eine Verringerung ihres Honoraranspruchs ergeben.[210]

(a) Morbiditätsbedingte Gesamtvergütung

Bis zu den Änderungen des vertragsärztlichen Vergütungssystems im Jahr 2009 konnte es im Rahmen der budgetierten Gesamtvergütung zu einer solchen Verringerung kommen, da für den Einheitlichen Bewertungsmaßstab kein fixer Punktwert vorgesehen war. Vor der Gesetzesänderung wurde der konkrete Auszahlungspunktwert erst nach Einreichung der Sammelerklärungen bestimmt, indem der Betrag der Gesamtvergütung durch die von der Kassenärztlichen Vereinigung anerkannten Punktzahlen aller Vertragsärzte dividiert wurde. Dies bewirkte, dass der einzelne Punktwert umso niedriger ausfiel, je mehr Punkte bei der Kassenärztlichen Vereinigung abgerechnet wurden. Dementsprechend verringerte sich der Honoraranspruch der ordnungsgemäß abrechnenden Vertragsärzte durch die mit Falschabrechnungen verbundene Steigerung der Gesamtpunktzahl.[211]

Seit der Gesetzesänderung im Jahr 2009 wird indessen für jedes Quartal im Vorhinein ein fixer Punktwert festgelegt. Die seitens eines Vertragsarztes – berechtigt oder unberechtigt – abgerechnete Menge an Punktzahlen wirkt sich seitdem zumindest grundsätzlich nicht mehr über eine Punktwertverringerung auf die Honoraransprüche der übrigen Vertragsärzte aus.[212] Dies führt jedoch nicht dazu, dass nunmehr von einer Minderung des Vermögens der Krankenkassen auszugehen wäre, da für diese aus Fehlabrechnungen weiterhin keine Nachschusspflicht resultiert.[213] Die Gesamtvergütung wird vielmehr gemäß § 87a Abs. 3 SGB V im Vorhinein mit befreiender Wirkung an die Kassenärztlichen Vereinigungen geleistet.

---

210 *Dannecker/Streng*, MedR 2011, 131, 138. Zu der Einordnung des Honoraranspruchs als Vermögen vgl. *Hellmann/Herffs*, Der ärztliche Abrechnungsbetrug, Rn. 162, *Homann*, Betrug in der gesetzlichen Krankenversicherung, S. 36.

211 Zum Ganzen *Homann*, Betrug in der gesetzlichen Krankenversicherung, S. 36.

212 Vgl. *Kraatz*, Arztstrafrecht, S. 226; *Frister/Lindemann/Peters*, in: Arztstrafrecht, S. 198 f.

213 *Freitag*, Ärztlicher und zahnärztlicher Abrechnungsbetrug, S. 113 f.; *Frister/Lindemann/Peters*, in: Arztstrafrecht, S. 199; *Mahler*, Die Untreuerisiken der Ausgabenträger im Gesundheitswesen, S. 132 f.; a.A. *Luig*, Vertragsärztlicher Abrechnungsbetrug und Schadensbestimmung, S. 82 f., der von einer Betroffenheit des Vermögens der Krankenkassen ausgeht.

Stattdessen ergibt sich auch nach der aktuellen Rechtslage eine Belastung des Vermögens der übrigen, ordnungsgemäß abrechnenden Vertragsärzte. Hierbei ist indessen danach zu differenzieren, ob sich die unberechtigt geltend gemachten Abrechnungspositionen in den Grenzen des dem Vertragsarzt zugewiesenen Regelleistungs- und Zusatzvolumens bewegt oder aber hierüber hinausgeht.

(aa) Falschabrechnung innerhalb des zugewiesenen Volumens

Hält sich die aufgrund der fehlerhaften Abrechnung anfallende Mehrvergütung noch im Rahmen des Regelleistungsvolumens, so verringert sich hierdurch das Kapital, das andernfalls zur Honorierung der außerhalb von Regelleistungs- und Zusatzvolumen erbrachten, besonders förderungswürdigen „freien" Leistungen zur Verfügung gestanden hätte.[214] Daneben hätte diese verbliebene Summe ebenfalls zur Vergütung der übrigen Vertragsärzte verwendet werden können, die über ihre Regelleistungs- und qualifikationsgebundenen Zusatzvolumina hinweg Behandlungsleistungen erbracht und abgerechnet haben.[215]

(bb) Falschabrechnung außerhalb des zugewiesenen Volumens

Überschreitet der Vertragsarzt mit seinen unberechtigt geltend gemachten Abrechnungspositionen hingegen das Regelleistungs- und qualifikationsgebundene Zusatzvolumen, bewirkt dies – ähnlich der Rechtslage vor 2009 – einen Punktwertverfall. Dies beruht auf Folgendem: Zur Vergütung der Leistungen, die von allen Vertragsärzten über die ihnen zugewiesenen Volumina heraus erbracht wurden, hält die Kassenärztliche Vereinigung einen gesonderten Pool an Mitteln zurück. Für die Verteilung dieser Mittel wird nachträglich der einzelne Punktwert berechnet, indem der Betrag der zurückbehaltenen Mittel durch die Anzahl aller von der Vertragsärzteschaft außerhalb der Regelleistungs- und Zusatzvolumina abgerechneten Punkte geteilt wird. Damit hängt die Höhe des abgestaffelten Punktwerts von der Gesamtmenge der Budgetüberschreitung ab.[216] Je mehr Punkte insgesamt außerhalb der Regelleistungs- und Zusatzvolumina abgerechnet werden, desto niedriger fällt der einzelne Punktwert aus. Von diesem Punktwertverfall sind alle Vertragsärzte betroffen, die ihre Volumina ebenfalls

---

214 *Freitag*, Ärztlicher und zahnärztlicher Abrechnungsbetrug im deutschen Gesundheitswesen, S. 120; *Frister/Lindemann/Peters*, in: Arztstrafrecht, S. 199; *Kraatz*, Arztstrafrecht, S. 226 f.; vgl. auch *Heintz-Koch*, Vertragsärztlicher Abrechnungsbetrug, S. 164.

215 *Freitag*, Ärztlicher und zahnärztlicher Abrechnungsbetrug, S. 120.

216 *Dannecker/Streng*, MedR 2011, 131, 138.

überschritten haben.[217] Dementsprechend mindert sich durch diesen Punktwertverfall ihr Vermögen in Gestalt der Minderung ihres Honoraranspruchs.[218]

(b) Einzelleistungsvergütung und nicht vorhersehbarer Behandlungsbedarf

Die Einzelleistungen werden ebenso wie der nicht vorhersehbare Behandlungsbedarf unmittelbar durch die Krankenkassen nach feststehenden Preisen ausgeglichen. Die Abrechnung solcher Leistungen mindert damit unmittelbar das Vermögen der Krankenkassen. Das Vermögen der ordnungsgemäß abrechnenden Ärzte ist hingegen nicht betroffen.[219]

(c) Dreiecksbetrug

Bei der Auszahlung des Honorars an den fälschlich abrechnenden Vertragsarzt handelt es sich damit in jedem Fall um eine Konstellation des sogenannten Dreiecksbetrugs: Der Vermögensinhaber (die übrigen Vertragsärzte bzw. die Krankenkassen) und der Verfügende (die Kassenärztliche Vereinigung bzw. präziser der bei ihr angestellte Sachbearbeiter) sind nicht personenidentisch. Eine Personenidentität zwischen Verfügendem und geschädigtem Vermögensinhaber ist allerdings für die Verwirklichung des Betrugstatbestands nicht erforderlich.[220] Aufgrund seiner Natur als Selbstschädigungsdelikt erfasst § 263 Abs. 1 StGB Fälle, in denen die Vermögensverfügung des Dritten dem Geschädigten zurechenbar ist.[221] Besteht eine rechtlich wirksame Verfügungsmacht – sei es kraft Gesetzes, sei es kraft Vertrages – wird die Verfügung dem Geschädigten schon aufgrund dieser zugerechnet und es bedarf keiner weiteren Prüfung.[222] Die Kassenärztliche Vereinigung ist nach § 87b Abs. 1 S. 1 SGB V ermächtigt, die Gesamtvergütung an die an der vertragsärztlichen Versorgung teilnehmenden

---

217 *Grzesiek*, Wirtschaftsdelikte im Vertrags- und Privatarztsektor, S. 55; vgl. auch *Clemens*, in: Quaas/Zack, Medizinrecht, § 22 Rn. 28.

218 Vgl. *Freitag*, Ärztlicher und zahnärztlicher Abrechnungsbetrug im deutschen Gesundheitswesen, S. 120 f.; *Mahler*, Die Untreuerisiken der Ausgabenträger im Gesundheitswesen, S. 131; *Kraatz*, Arztstrafrecht, S. 227; *Frister/Lindemann/Peters*, in: Arztstrafrecht, S. 199.

219 Vgl. *Freitag*, Ärztlicher und zahnärztlicher Abrechnungsbetrug, S. 114; *Frister/Lindemann/Peters*, in: Arztstrafrecht, S. 198, 200; vgl. auch *Kraatz*, Arztstrafrecht, S. 226.

220 *Perron*, in: Schönke/Schröder, StGB, § 263 Rn. 65.

221 *Kraatz*, Arztstrafrecht, S. 227.

222 OLG Stuttgart NStZ-RR 2013, 174 f.; *Tiedemann*, in: LK StGB, Bd. 9/1, 12. Aufl. 2012, § 263 Rn. 113; *Perron*, in: Schönke/Schröder, StGB, § 263 Rn. 65.

Ärzte zu verteilen. Ihr steht damit eine rechtliche, nämlich gesetzliche Befugnis zur Verfügung über die Gesamtvergütung zu. Hiermit beauftragt sie im Innenverhältnis die von ihr beschäftigten Sachbearbeiter, dessen Verfügung daher den übrigen, ordnungsgemäß abrechnenden Vertragsärzten zuzurechnen ist.[223]

Selbiges gilt für die Mitarbeiter der Krankenkasse, die im Falle der Einzelleistungsvergütung und des nicht vorhersehbaren Behandlungsbedarfs von der Krankenkasse mit der Auszahlung beauftragt werden.[224]

d. Vermögensschaden

Die Vermögensverfügung muss unmittelbar zu einem Vermögensschaden führen, das heißt das betroffene Vermögen muss unmittelbar nach der Verfügung weniger wert sein als vorher. Das ist der Fall, wenn der durch die Verfügung bewirkte Abfluss nicht durch einen wirtschaftlich gleich- oder höherwertigen Zufluss bzw. Wertzuwachs kompensiert wird. Der Schaden ist also durch Saldierung im Zeitpunkt unmittelbar nach der Vermögensverfügung zu bestimmen.[225]

Rechnet der Vertragsarzt fingierte Leistungen ab, ist die Begründung eines Vermögensschadens der Krankenkassen unproblematisch. Mangels Erbringung einer Gegenleistung besteht von vornherein keine Möglichkeit, die aufgrund der Honorarauszahlung eingetretene Vermögensminderung zu kompensieren. Entsprechend liegt ein Vermögensschaden in Höhe der überhöhten Abrechnung vor.[226]

2. Subjektiver Tatbestand

In subjektiver Hinsicht fordert der Betrugstatbestand zunächst ein zumindest bedingt vorsätzliches Handeln des Täters.[227] Ein Arzt handelt also vorsätzlich, wenn er zumindest mit der Möglichkeit rechnet und es billigend in Kauf nimmt, dass die Einreichung seiner Abrechnungserklärung zu einem durch Täuschung hervorgerufenen Irrtum des Sachbearbeiters führt und dieser daraufhin eine Auszahlung veranlasst, welche zu einem Schaden führt.[228]

---

223 *Heintz-Koch*, Vertragsärztlicher Abrechnungsbetrug, S. 165 f.; *Kraatz*, Arztstrafrecht, S. 228.

224 *Kraatz*, Arztstrafrecht, S. 228.

225 *Schuhr*, in: Spickhoff, Medizinrecht, § 263 StGB Rn. 36 m.w.N.

226 Vgl. *Grzesiek*, Wirtschaftsdelikte im Vertrags- und Privatarztsektor, S. 120.

227 *Schuhr*, in: Spickhoff, Medizinrecht, § 263 StGB Rn. 59; *Perron*, in: Schönke/Schröder, StGB, § 263 Rn. 165.

228 *Grzesiek*, Wirtschaftsdelikte im Vertrags- und Privatarztsektor, S. 104.

Daneben muss der Täter die Absicht haben, sich oder einem anderen einen rechtswidrigen Vermögensvorteil zu verschaffen. Der Täter muss also einen Vermögensvorteil für sich selbst (Eigen- bzw. Selbstbereicherung) oder für einen Dritten (Dritt- bzw. Fremdbereicherung) erstreben, wobei im Falle des Abrechnungsbetrugs eines Vertragsarztes in der Regel kein Anlass besteht, an der Selbstbereicherungsabsicht zu zweifeln.[229] Zudem muss die Bereicherung mit dem Schaden „stoffgleich" sein, das heißt unmittelbare Folge der tatbestandlichen Vermögensverfügung.[230] Der Täter muss den Vorteil unmittelbar aus dem Vermögen des Geschädigten in der Weise anstreben, dass der Vorteil die Kehrseite des Schadens ist.[231] Dieses Merkmal wird im Regelfall des fehlerhaft abrechnenden Vertragsarztes ebenfalls unproblematisch sein. Der Vertragsarzt erhält sein erhöhtes Honorar im Rahmen des morbiditätsbedingten Teils der Gesamtvergütung aus der Gesamtvergütung, die sich aufgrund der erhöhten Auszahlung an ihn im selben Umfang zulasten der anderen Vertragsärzte verringert.[232] Geht es hingegen um Einzelleistungen oder den nicht vorhersehbaren Behandlungsbedarf, so erhält der Vertragsarzt sein überhöhtes Honorar unmittelbar zulasten des Vermögens der Krankenkassen.[233] Zuletzt muss die erstrebte Bereicherung auch objektiv rechtswidrig sein.[234] Der Täter darf nach materiellem Zivilrecht bzw. öffentlichem Recht keinen fälligen Rechtsanspruch auf den Vorteil haben.[235] Zwar hat der Vertragsarzt einen einklagbaren Anspruch auf Vergütung seiner Leistungen. Dieser bezieht sich allerdings nur auf tatsächlich erbrachte Leistungen.[236] Mangels Anspruchs auf darüber hinausgehende Vergütung ist die mit der Abrechnung fingierter Leistungen erstrebte Bereicherung rechtswidrig.

3. *Fazit*

Die bewusste Abrechnung nicht erbrachter Leistungen lässt sich problemlos unter den Tatbestand des Betrugs gemäß § 263 Abs. 1 StGB subsumieren.

---

229 *Schuhr*, in: Spickhoff, Medizinrecht, § 263 StGB Rn. 62 f.; vgl. auch *Grzesiek*, Wirtschaftsdelikte im Vertrags- und Privatarztsektor, S. 104.
230 *Schuhr*, in: Spickhoff, Medizinrecht, § 263 StGB Rn. 64.
231 *Perron*, in: Schönke/Schröder, StGB, § 263 Rn. 168.
232 Vgl. *Freitag*, Ärztlicher und zahnärztlicher Abrechnungsbetrug, S. 128 f.
233 *Freitag*, Ärztlicher und zahnärztlicher Abrechnungsbetrug, S. 128.
234 *Hefendehl*, in: MüKo StGB, Bd. 5, § 263 Rn. 920.
235 *Schuhr*, in: Spickhoff, Medizinrecht, § 263 StGB Rn. 65.
236 *Grzesiek*, Wirtschaftsdelikte im Vertrags- und Privatarztsektor, S. 104.

Aufgrund der mit der Abrechnung behaupteten Leistungserbringung unterliegt der Sachbearbeiter der Kassenärztlichen Vereinigung einem Irrtum, der ihn zur Auszahlung des diesbezüglichen Honorars an den Vertragsarzt veranlasst. Erhöht sich durch die unberechtigt geltend gemachten Abrechnungspositionen die Gesamtvergütung, so schädigt dies das Vermögen der Krankenkassen. Zählen die Abrechnungspositionen zur morbiditätsbedingten Gesamtvergütung, so entsteht den ordnungsgemäß abrechnenden Vertragsärzten ein Vermögensschaden. Der Vorsatz und die Absicht stoffgleicher, rechtswidriger Bereicherung liegen in der Regel ebenfalls vor.

II. Abrechnung nicht persönlich erbrachter Leistungen

Eine weitere typische Fallgruppe des Abrechnungsbetrugs stellt die Abrechnung nicht persönlich erbrachter Leistungen dar. In dieser Konstellation rechnet der Vertragsarzt eine zwar medizinisch indizierte, aber nicht von ihm persönlich, sondern zumeist von seinen nicht ärztlichen Angestellten erbrachte Leistung ab.[237] Ein solches Verhalten ist allerdings nur dann betrugsrelevant, wenn die Vergütung als solche oder ihrer Höhe nach von der Person des Leistungserbringers abhängt.[238]

1. Das Gebot der persönlichen Leistungserbringung

Das Gebot der persönlichen Leistungserbringung durchzieht das gesamte Vertragsarztrecht,[239] wird jedoch an keiner Stelle abschließend definiert.[240] § 15 Abs. 1 Hs. 1 SGB V bestimmt beispielsweise, dass die ärztliche Behandlung grundsätzlich von Ärzten erbracht wird. Zur Konkretisierung der Reichweite der ärztlichen Pflicht zur persönlichen Leistungserbringung können die von der Bundesärztekammer und der Kassenärztlichen Bundesvereinigung erarbeiteten Empfehlungen zur persönlichen Leistungserbringung herangezogen werden.[241] Ein vollständiger Ausschluss der Leistungsdelegation ist mit dem Gebot der persönlichen Leistungserbringung allerdings nicht verbunden: Eine persönliche Leistung des Vertragsarztes liegt gemäß § 15 Abs. 1 BMV-Ä auch

---

237 *Hellmann/Herffs*, Der ärztliche Abrechnungsbetrug, Rn. 201.

238 Vgl. *Freitag*, Ärztlicher und zahnärztlicher Abrechnungsbetrug, S. 129.

239 Zu den einzelnen Rechtsquellen, aus denen sich der Grundsatz ergibt, vgl. *Frister/Lindemann/Peters*, Arztstrafrecht, S. 148.

240 *Homann*, Betrug in der gesetzlichen Krankenversicherung, S. 40.

241 *Frister/Lindemann/Peters*, Arztstrafrecht, S. 149; vgl. auch BGH NStZ 1995, 85.

im Falle von Hilfsleistungen durch nichtärztliches[242] Personal vor, sofern der Vertragsarzt die Hilfsleistung anordnet sowie fachlich überwacht und der nichtärztliche Mitarbeiter zur Erbringung der jeweiligen Hilfeleistung qualifiziert ist. Eine Delegation von Leistungen, die wie etwa Diagnosen oder Operationen zum Kernbereich der ärztlichen Tätigkeit zählen, ist indessen stets ausgeschlossen.[243]

2. Täuschung, Irrtum und Vermögensverfügung

Ist die Delegation der Leistung unzulässig, so mangelt es nach der Rechtsprechung des Bundessozialgerichts an einer Entstehungsvoraussetzung des Honoraranspruchs des abrechnenden Vertragsarztes.[244] Sofern nicht abweichend gekennzeichnet,[245] versichert der Vertragsarzt in der eingereichten Sammelerklärung ausdrücklich oder jedenfalls konkludent[246], die abgerechneten Leistungen selbst erbracht zu haben.[247] Aufgrund dieser Täuschung unterliegt der Sachbearbeiter der Kassenärztlichen Vereinigung einem Irrtum und verfügt über das Vermögen der übrigen, ordnungsgemäß abrechnenden Ärzte bzw. über das Vermögen der Krankenkasse.[248] Hierzu kann im Einzelnen auf die Ausführungen zur Konstellation der Abrechnung nicht erbrachter Leistungen verwiesen werden, da die dortigen Feststellungen für die Fallgruppe der Abrechnung nicht persönlich erbrachter Leistungen entsprechend gelten.[249]

3. Vermögensschaden

Anders als bei Abrechnung einer überhaupt nicht erbrachten Leistung ist die Begründung eines Vermögensschadens in der Fallgruppe nicht persönlich

---

242 Zur Delegation an ärztliches Personal vgl. *Frister/Lindemann/Peters*, Arztstrafrecht, S. 149 f.

243 *Homann*, Betrug in der gesetzlichen Krankenversicherung, S. 40; *Freitag*, Ärztlicher und zahnärztlicher Abrechnungsbetrug, S. 130.

244 Vgl. BSG NJWE-VHR 1998, 135, 136 (zum zahnärztlichen Abrechnungsbetrug); BGH NStZ 1995, 85; *Homann*, Betrug in der gesetzlichen Krankenversicherung, S. 40.

245 *Grzesiek*, Wirtschaftsdelikte im Vertrags- und Privatarztsektor, S. 106 f.

246 *Grzesiek*, Wirtschaftsdelikte im Vertrags- und Privatarztsektor, S. 106 f.; *Freitag*, Ärztlicher und zahnärztlicher Abrechnungsbetrug, S. 132.

247 *Hellmann/Herffs*, Der ärztliche Abrechnungsbetrug, Rn. 202.

248 *Homann*, Betrug in der gesetzlichen Krankenversicherung, S. 41; *Grzesiek*, Wirtschaftsdelikte im Vertrags- und Privatarztsektor, S. 107; *Freitag*, Ärztlicher und zahnärztlicher Abrechnungsbetrug, S. 133.

249 *Homann*, Betrug in der gesetzlichen Krankenversicherung, S. 41; *Freitag*, Ärztlicher und zahnärztlicher Abrechnungsbetrug, S. 133.

erbrachter Leistungen deutlich komplizierter. Stellvertretend sei an dieser Stelle die Konstellation betrachtet, in der ein Vertragsarzt unberechtigt eine Einzelleistung abgerechnet und damit eine Vermögensminderung bei der Krankenkasse bewirkt hat.[250]

a. Die streng formale Betrachtungsweise der Rechtsprechung

An dieser Stelle ist der Frage nachzugehen, ob die Vermögensminderung der Krankenkassen durch einen äquivalenten Vermögenszuwachs kompensiert wird. In Betracht kommt zunächst die Befreiung der Krankenkasse von einem Zahlungsanspruch der Kassenärztlichen Vereinigung.[251] Voraussetzung für eine Anspruchsbefreiung ist, dass sich die Krankenkasse einem solchen Anspruch ausgesetzt sah, das heißt ein entsprechender Anspruch überhaupt entstanden ist. Hieran bestehen aufgrund des Verstoßes gegen das Gebot der persönlichen Leistungserbringung Zweifel.

Nach der in ständiger Rechtsprechung des Bundessozialgerichts angewandten streng formalen Betrachtungsweise ist eine Behandlungsleistung insgesamt nicht erstattungsfähig, wenn sie in Teilbereichen nicht den gestellten Anforderungen genügt.[252] Dies gilt selbst dann, wenn die Leistung notwendig war und kunstgerecht ausgeführt wurde.[253] Ein Vergütungsanspruch des Vertragsarztes entsteht damit nur, wenn im Zeitpunkt der Leistungsabrechnung alle formellen Anforderungen des Sozialversicherungsrechts erfüllt sind.[254] Das Bundessozialgericht begründet die Wahl einer formalen Perspektive mit der Funktion der Bestimmungen, die die Vergütung ärztlicher oder sonstiger Leistungen von der Erfüllung bestimmter formaler oder inhaltlicher Voraussetzungen abhängig machen. Diese Bestimmungen sollen gewährleisten, dass sich die Leistungserbringung nach den für diese Art der Versorgung geltenden gesetzlichen und vertraglichen Bestimmungen vollzieht. Erreicht werde dies dadurch, dass dem Leistungserbringer für Leistungen, die unter Verstoß gegen derartige Vorschriften bewirkt werden, auch dann keine Vergütung zusteht, wenn diese Leistungen

250 Zu der Konstellation, in der sich die unberechtigte Abrechnung mindernd auf das Vermögen der übrigen, ordnungsgemäß abrechnenden Ärzte auswirkt, siehe *Homann*, Betrug in der gesetzlichen Krankenversicherung, S. 41.

251 *Freitag*, Ärztlicher und zahnärztlicher Abrechnungsbetrug, S. 134.

252 BSG NZS 2006, 29, 31 m.w.N.

253 *Mahler*, Untreuerisiken der Ausgabenträger im Gesundheitswesen, S. 119; *Grzesiek*, Wirtschaftsdelikte im Vertrags- und Privatarztsektor, S. 108; *Volk*, NJW 2000, 3385.

254 *Mahler*, Untreuerisiken der Ausgabenträger im Gesundheitswesen, S. 119 m.w.N.

im Übrigen ordnungsgemäß erbracht worden und für den Versicherten geeignet und nützlich sind. Denn die Bestimmungen des Leistungserbringungsrechts über die Erfüllung bestimmter formaler oder inhaltlicher Voraussetzungen der Leistungserbringung könnten ihre Steuerungsfunktion nicht erfüllen, wenn der Leistungserbringer die rechtswidrig bewirkten Leistungen über einen Wertersatzanspruch aus ungerechtfertigter Bereicherung im Ergebnis dennoch vergütet bekäme.[255]

Nach dieser streng formalen Betrachtungsweise sind vom Vertragsarzt nicht selbst erbrachte, sondern in unzulässiger Weise delegierte Leistungen weder abrechnungs- noch sonst erstattungsfähig und können daher auch von der Kassenärztlichen Vereinigung gegenüber der Krankenkasse nicht in Ansatz gebracht werden.[256] Zahlt die Krankenkasse dennoch, kann sie nicht von einem Anspruch der Kassenärztlichen Vereinigung befreit werden, da ein solcher nicht besteht.[257]

Die Strafgerichte haben die streng formale Betrachtungsweise übernommen und wenden diese bei der Ermittlung eines Vermögensschadens an.[258] Demgemäß geht auch der Bundesgerichtshof davon aus, dass bei einer unzulässigen Delegation weder ein Zahlungsanspruch des Vertragsarztes noch ein Anspruch der Kassenärztlichen Vereinigung entsteht.[259] Eine Kompensation der Vermögensminderung findet insgesamt nicht statt, sodass ein Vermögensschaden in vollständiger Höhe des für die Leistung geltend gemachten Betrags gegeben ist.[260]

b. Ansichten in der Literatur

Der uneingeschränkten Übernahme der streng formalen Betrachtungsweise für das Strafrecht ist in der Literatur nahezu einhellig kritisch begegnet worden.[261] Zur Begründung einer Kompensation des Vermögensabflusses bei der Krankenkasse werden verschiedene Anknüpfungspunkte angeführt.

---

255 Zu dieser Begründung BSG NZS 2006, 29, 31 m.w.N.

256 Vgl. *Freitag*, Ärztlicher und zahnärztlicher Abrechnungsbetrug, S. 134 m.w.N.

257 *Hellmann*, NStZ 1995, 232, 233.

258 Vgl. BGH NStZ 1995, 85; 2013, 313, 315; BGH NStZ-RR 2017, 313, 314; *Mahler*, Untreuerisiken der Ausgabenträger im Gesundheitswesen, S. 119 m.w.N.

259 Vgl. BGH NStZ 1995, 85, 86.

260 Vgl. BGH NStZ 1995, 85, 86; *Schneider*, in: Wienke/Janke/Kramer, Der Arzt im Wirtschaftsstrafrecht, S. 57, 62.

261 Vgl. *Schneider*, in: Wienke/Janke/Kramer, Der Arzt im Wirtschaftsstrafrecht, S. 57, 62.

(1) Kompensation durch Befreiung vom Vergütungsanspruch

Zustimmung erfährt der Bundesgerichtshof allerdings noch insoweit, als er eine Kompensation durch die Befreiung von dem Vergütungsanspruch der Kassenärztlichen Vereinigung ablehnt.[262] Eine solche wäre nur möglich, sofern ein entsprechender Anspruch tatsächlich entstanden ist. Dies ist jedoch – wie gezeigt – nach der ständigen Rechtsprechung des Bundessozialgerichts[263] nicht der Fall, sodass eine hierdurch bewirkte Kompensation ausscheidet.

(2) Kompensation durch Erhalt einer werthaltigen Gegenleistung

Der Vermögensabfluss bei der Krankenkasse könnte jedoch durch den Erhalt der erbrachten Behandlungsleistung ausgeglichen werden.[264] Erbrachten Dienstleistungen wird grundsätzlich ein Vermögenswert zugesprochen, soweit diese im Geschäftsleben üblicherweise eine Gegenleistung bedingen.[265] Für den Bereich des Abrechnungsbetrugs gilt es zunächst zu berücksichtigen, dass für die gegenüber dem Patienten erbrachten Leistungen kein freier Markt existiert.[266] Hieraus wird teilweise geschlossen, die Werthaltigkeit der Behandlungsleistung hänge ausschließlich davon ab, dass die Leistungen nach Art, Inhalt und Qualität dem standardisierten Bewertungsmaßstab entsprechen.[267] Wurde die Leistung diesem Maßstab gemäß, das heißt *lege artis* erbracht, müsse sie als Äquivalent gelten und den Vermögensabfluss durch die Honorarzahlung kompensieren.[268]

---

262 *Homann*, Betrug in der gesetzlichen Krankenversicherung, S. 44; *Luig*, Vertragsärztlicher Abrechnungsbetrug und Schadensbestimmung, S. 139 f.; *Mahler*, Untreuerisiken der Ausgabenträger im Gesundheitswesen, S. 123; *Hellmann*, NStZ 1995, 232, 233; *Gaidzik*, wistra 1998, 329, 332; *Grunst*, NStZ 2004, 533, 535.

263 BSG NZS 2006, 29, 31 m.w.N.

264 *Mahler*, Untreuerisiken der Ausgabenträger im Gesundheitswesen, S. 122 m.w.N. Zu diesem Aspekt bei Abrechnung trotz fehlender vertragsärztlicher Zulassung *Grunst*, NStZ 2004, 533.

265 BGH NJW 2001, 981; *Perron*, in: Schönke/Schröder, StGB, § 263 Rn. 96.

266 *Stein*, MedR 2001, 124, 126; *Homann*, Betrug in der gesetzlichen Krankenversicherung, S. 42 f. m.w.N.

267 *Saliger*, Revision des ärztlichen Abrechnungsbetrugs, Roxin-FS, S. 307, 312 f.; *Saliger/Tsambikakis*, MedR 2013, 284, 286; vgl. *Volk*, NJW 2000, 3385, 3387; *Schneider*, in: *Wienke/Janke/Kramer*, Der Vertragsarzt im Wirtschaftsstrafrecht, S. 57, 68.

268 *Saliger/Tsambikakis*, MedR 2013, 284, 286; *Volk*, NJW 2000, 3385, 3387; *Lindemann*, NZWiSt 2012, 334, 338; ebenso für die Privatliquidation *Mahler*, wistra 2013, 44, 47; grundsätzlich differenzierend und für den Fall unzulässiger Delegation einen Schaden annehmend *Perron*, in: Schönke/Schröder, StGB, § 263 Rn. 112b.

Dem wird teilweise entgegengehalten, dass sich die wirtschaftliche Werthaltigkeit einer rechtsgrundlos erbrachten Arbeitsleistung insbesondere daran zeige, dass ihrem Erbringer ein Kondiktionsanspruch zustehe.[269] Ein solcher Kondiktionsanspruch bestehe nach der Rechtsprechung der Sozialgerichte[270] im Falle einer formell nicht ordnungsgemäß erbrachten Behandlungsleistung jedoch gerade nicht. Entsprechend habe die formell unzulässig erbrachte Behandlungsleistung keinen wirtschaftlichen Wert und sei zur Kompensation des Vermögensabflusses ungeeignet.[271] Zudem folge aus dem fehlenden Markt für Behandlungsleistungen die faktische Unmöglichkeit, die abgerechnete und die tatsächlich erbrachte Leistung auf monetärer Ebene zu vergleichen.[272] Der wirtschaftliche Wert einer Behandlungsleistung lasse sich allein danach bestimmen, ob die rechtlichen Vorgaben zur Abrechnungsfähigkeit gegeben sind. Sind diese – und sei es nur in formeller Hinsicht – nicht erfüllt, so habe die Behandlungsleistung keinen wirtschaftlichen Wert und könne keine Kompensation bewirken.[273]

Teilweise wird die Fallgruppe der nicht persönlich erbrachten Behandlungsleistung hingegen differenzierter betrachtet: Werde die notwendige Leistung kunstgerecht erbracht und existiert nach dem Einheitlichen Bewertungsmaßstab für die persönlich zu erbringende Leistung auch eine Gebührenziffer, die eine Delegation zulässt, bestehe eine Vermögenseinbuße für die Krankenkasse lediglich in der Differenz zwischen der abgerechneten und der tatsächlich anfallenden Gebühr.[274] Hierbei besteht im Grunde kein Unterschied zur Fallgruppe der Abrechnung fingierter überhöhter Leistungen, bei der sich die Begründung eines Schadens unabhängig von der streng formalen Betrachtungsweise vollzieht.[275] Werde hingegen eine persönlich zu erbringende Vertragsarztleistung fehlerhaft, also nicht nach den allgemein anerkannten fachlichen Standards, erbracht oder bestünden für den Arztvorbehalt haftungsrechtlich relevante Gründe, aus denen

269 *Perron*, in: Schönke/Schröder, StGB, § 263 Rn. 96; vgl. *Gaidzik*, wistra 1998, 329, 332.

270 Hierzu BSG NZS 2006, 29, 31 m.w.N.

271 *Gaidzik*, wistra 1998, 329, 332.

272 *Luig*, Vertragsärztlicher Abrechnungsbetrug und Schadensbestimmung, S. 138.

273 Vgl. *Homann*, Betrug in der gesetzlichen Krankenversicherung, S. 43; *Singelnstein*, wistra 2012, 417, 420; *Beckemper/Wegner*, NStZ 2003, 313, 316; *Hellmann*, in: Fischer/Hoven/Huber/u.a., Dogmatik und Praxis des strafrechtlichen Vermögensschadens, S. 245, 255; BGH NJW 2012, 1377, 1383; a.A. *Stein*, MedR 2001, 124, 126 f.

274 *Grzesiek*, Wirtschaftsdelikte im Vertrags- und Privatarztsektor, S. 123 f., der beispielhaft die Leistung des Hausbesuches anführt.

275 Vgl. hierzu *Volk*, NJW 2000, 3385, 3386 f.

die abgerechnete Behandlung zwingend persönlich erbracht werden muss, so könne nicht von einer vermögenstechnischen Gleichwertigkeit der Leistung gesprochen werden. Entsprechend entstehe der Krankenkasse daher ein Schaden in Höhe des Betrags der abgerechneten Leistung.[276]

(3) Kompensation durch Befreiung von Behandlungsanspruch

Eine Kompensation könnte ebenso über die Befreiung der Krankenkasse von dem Behandlungsanspruch des Patienten eintreten.[277] Dem gesetzlich Krankenversicherten steht nach § 2 Abs. 1 S. 1 SGB V unter Beachtung des Wirtschaftlichkeitsgebots des § 12 SGB V ein Anspruch gegenüber seiner Krankenkasse auf die in § 11 SGB V genannten präventiv und reaktiv ausgerichteten Leistungen zu. Lässt der Vertragsarzt eine solche Behandlungsleistung durch sein Hilfspersonal kunstgerecht erbringen, so entfällt die Notwendigkeit einer weiteren Behandlung. Entsprechend erlischt der Behandlungsanspruch des gesetzlich Versicherten gegen seine Krankenkasse. Durch die damit gleichzeitig eintretende Befreiung der Krankenkasse von dem Behandlungsanspruch werde der Vermögensabfluss durch die Honorarauszahlung kompensiert.[278]

Diese Auffassung findet in der Literatur jedoch ebenfalls keine ungeteilte Zustimmung. Insbesondere wird vorgebracht, dass die Befreiung vom Behandlungsanspruch keine unmittelbare Gegenleistung für das diesbezüglich gezahlte Honorar darstelle. Sie stehe vielmehr lediglich in einem äußeren Zusammenhang mit dem vermögensrelevanten Verhalten der Krankenkassen, weshalb sie für die Schadensermittlung unbeachtlich sei.[279] Des Weiteren sei zu berücksichtigen,

---

276 Vgl. *Grzesiek*, Wirtschaftsdelikte im Vertrags- und Privatarztsektor, S. 125.

277 *Gaidzik*, wistra 1998, 329, 332; *Idler*, JuS 2004, 1037, 1041; bei *Mahler*, wistra 2013, 44, 47 werden die Kompensation durch Befreiung vom Behandlungsanspruch und die vorstehend geschilderte Kompensation durch den Erhalt einer wirtschaftlich werthaltigen Gegenleistung argumentativ verwoben.

278 *Gaidzik*, wistra 1998, 329, 332; *Idler*, JuS 2004, 1037, 1041.

279 *Luig*, Vertragsärztlicher Abrechnungsbetrug und Schadensbestimmung, S. 141; vgl. auch *Hellmann*, NStZ 1995, 232, 233; kritisch zu diesem Argument *Schuhr*, in: Spickhoff, Medizinrecht, § 263 StGB Rn. 44; ähnlich *Hefendehl*, in: MüKo StGB, Bd. 5, § 263 Rn. 685 sowie *Singelnstein*, wistra 2012, 417, 420; a.A. *Gaede*, in: Fischer/Hoven/Huber/u.a., Dogmatik und Praxis des strafrechtlichen Vermögensschadens, S. 257, 270 f., der eine wirtschaftliche Gesamtbetrachtung des zeitlich gestreckten Leistungsaustauschs beim Behandlungsvertrag vornimmt, da die Vorleistungspflicht des Behandelnden nicht den Sinn habe, dem Patienten oder der Krankenkasse unentgeltliche Leistungen zukommen zu lassen.

dass die delegierte Behandlungsleistung aufgrund des Verstoßes gegen das Gebot der persönlichen Leistungserbringung nicht die sozialrechtlich geschuldete Leistung darstellt.[280] Die befreiende Wirkung tritt damit nicht durch Erfüllung des Behandlungsanspruchs des gesetzlich Versicherten ein,[281] sondern vielmehr aufgrund eines anderweitigen Eintritts des Leistungserfolgs, das heißt durch eine Zweckerreichung im Sinne des Unmöglichkeitsrechts gemäß § 275 Abs. 1 BGB.[282] Da es sich nicht um eine Erfüllung des Behandlungsanspruchs handele, dürfe der Untergang dieses Anspruchs bei der Kompensation nicht berücksichtigt werden.[283] Letztlich überzeuge das Abstellen auf den eingetretenen Behandlungserfolg zur Begründung einer Kompensation auch deswegen nicht, da auch bei einer von einem Laien durchgeführten und zufällig erfolgreichen Behandlung der Behandlungsanspruch entfalle, ohne dass dieser Behandlung ein wirtschaftlicher Wert zugesprochen werden könnte.[284]

(4) Kompensation durch Ersparnis von Aufwendungen

Ähnlich der vorstehenden Argumentation der Kompensation durch die Befreiung vom Behandlungsanspruch des gesetzlich Versicherten ist die Annahme eines Vermögensausgleichs durch ersparte Aufwendungen der Krankenkassen. Denn die medizinisch einwandfreie Erbringung der Behandlungsleistung und die damit verbundene Befreiung der Krankenkassen bedeutet gleichzeitig, dass der Patient keinen anderen Vertragsarzt aufsuchen und dessen Behandlungsleistung in Anspruch nehmen muss, für die die Krankenkasse ansonsten hätte aufkommen müssen.[285]

Einer Kompensationswirkung durch ersparte Aufwendungen wird zunächst das bereits bekannte Argument entgegengehalten, das lediglich ein äußerlicher Zusammenhang zwischen Honorarzahlung und der Aufwendungsersparnis

---

280 *Hellmann/Herffs*, Der ärztliche Abrechnungsbetrug, Rn. 209; *Homann*, Betrug in der gesetzlichen Krankenversicherung, S. 42.

281 *Hellmann/Herffs*, Der ärztliche Abrechnungsbetrug, Rn. 209.

282 Zur Zweckerreichung vgl. *Stadler*, in: Jauernig, BGB, § 275 Rn. 13, mit Verweis auf OLG Koblenz NJW 2008, 1679, dessen Entscheidung einen erfolgreichen chirurgischen Eingriff unter Verstoß gegen das Gebot der persönlichen Leistungserbringung betraf.

283 Vgl. *Homann*, Betrug in der gesetzlichen Krankenversicherung, S. 44.

284 *Grunst*, NStZ 2004, 533, 535; BGH NJW 2012, 1377, 1383; differenzierend *Saliger/Tsambikakis*, MedR 2013, 284, 286 f.

285 *Mahler*, Untreuerisiken der Ausgabenträger im Gesundheitswesen, S. 123.

bestehe, weshalb ein Vermögensausgleich ausscheide.[286] Zudem werde der Betrachtung hiermit in unzulässiger Weise ein anderer hypothetischer Sachverhaltsverlauf zugrunde gelegt.[287] Es bleibe schon unklar, ob ein ordnungsgemäß leistender Vertragsarzt dieselbe Behandlungsmethode gewählt hätte.[288] Aufgrund der persönlichen Bindung des Patienten zu seinem Arzt und des zuweilen recht unterschiedlichen diagnostischen und therapeutischen Vorgehens lasse sich dies nicht mit Gewissheit feststellen.[289]

c. *Stellungnahme*

Für die Ermittlung eines Vermögensschadens hat die jüngere Rechtsprechung des Bundesverfassungsgerichts vorgegeben, dass normative Gesichtspunkte die wirtschaftliche Betrachtung weder überlagern noch verdrängen dürfen.[290] Maßgeblich mit eben solchen normativen Aspekten hat das Bundessozialgericht jedoch den Ausschluss jeglichen Vergütungsanspruchs des formell fehlerhaft abrechnenden Vertragsarztes begründet, indem es die Steuerungsfunktion der sozialrechtlichen Vergütungsregelungen[291] herangezogen hat. Dieser Ansatz zur Begründung eines Vermögensschadens ist zumindest seit der Entscheidung des Bundesverfassungsgerichts nicht mehr ausreichend.[292] Hierdurch würde das dem Betrugstatbestand zugrundeliegende Rechtsgut, das Vermögen,[293] gegen

---

286 *Hellmann*, NStZ 1995, 232, 233; *Freitag*, Ärztlicher und zahnärztlicher Abrechnungsbetrug, S. 139; *Homann*, Betrug in der gesetzlichen Krankenversicherung, S. 45; kritisch zu diesem Argument *Schuhr*, in: Spickhoff, Medizinrecht, § 263 StGB Rn. 44; ähnlich *Singelnstein*, wistra 2012, 417, 420; a.A. *Gaidzik*, wistra 1998, 329, 332.

287 Vgl. *Schuhr*, in: Spickhoff, Medizinrecht, § 263 StGB Rn. 44; *Freitag*, Ärztlicher und zahnärztlicher Abrechnungsbetrug, S. 139; *Homann*, Betrug in der gesetzlichen Krankenversicherung, S. 45; BGH NStZ 2003, 313, 315; *Mahler*, Untreuerisiken der Ausgabenträger im Gesundheitswesen, S. 123.

288 *Gaidzik*, wistra 1998, 329, 331; vgl. auch BGH NStZ 2003, 313, 315.

289 Vgl. *Gaidzik*, wistra 1998, 329, 331; *Freitag*, Ärztlicher und zahnärztlicher Abrechnungsbetrug, S. 139; *Homann*, Betrug in der gesetzlichen Krankenversicherung, S. 45; *Mahler*, Untreuerisiken der Ausgabenträger im Gesundheitswesen, S. 123.

290 BVerfGE 126, 170, 212; 130, 1, 48.

291 Vgl. BSG NZS 2006, 29, 32.

292 So in erster Linie für den privatärztlichen Bereich *Mahler*, wistra 2013, 44, 46 f.; *Fehn*, MedR 2014, 377, 382. *Saliger/Tsambikakis*, MedR 2013, 284, 286, bezeichnen den Kammerbeschluss des Bundesverfassungsgerichts (NJW 1998, 810), in dem dieses die Übernahme der streng formale Betrachtungsweise für das Strafrecht gebilligt hat, als durch die Entscheidungen BVerfGE 126, 170 und 130, 1 überholt.

293 *Freitag*, Ärztlicher und zahnärztlicher Abrechnungsbetrug, S. 137.

den allgemeinen Schutz der sozialversicherungsrechtlichen Vorschriften bzw. deren Lenkungsinteressen ausgetauscht.[294] Bei einer wirtschaftlichen Betrachtung ist für den Eintritt eines Vermögensschadens indessen ausschlaggebend, ob dem Vermögensabfluss der Krankenkasse ein wirtschaftlich werthaltiger Zuwachs gegenübersteht.[295] Es kommt damit auf den wirtschaftlichen Wert der erbrachten Behandlungsleistung an.

Mangels eines freien Marktes für Behandlungsleistungen ist allerdings dem Bundesgerichtshof[296] und den ihm folgenden Stimmen in der Literatur[297] zuzugeben, dass der wirtschaftliche Wert einer solchen Leistung außerhalb der sozialrechtlichen Vergütungsregelungen, insbesondere also des Einheitlichen Bewertungsmaßstabs, nicht ermittelt werden kann. Maßgeblich für die Wertbestimmung einer Leistung, für die ausschließlich gesetzliches Preisrecht gilt, können daher nur die sozialversicherungsrechtlichen Vorgaben sein.[298] Diese müssen vollumfänglich erfüllt sein, um die erbrachte Gegenleistung als werthaltig ansehen zu können. Dies gilt auch für die persönliche Leistungserbringung, da dieser aufgrund verschiedener Aspekte eine preisbildende Funktion beigemessen wird. So erklärt sich die Beeinflussung des Werts der Behandlungsleistung zunächst dadurch, dass für den Patienten gerade die Person des Leistungserbringers im Vordergrund steht, zu der er ein besonderes Vertrauen entwickelt.[299] Zudem kann in der Regel nur der studierte und approbierte Mediziner den gebotenen Qualitätsstandard umfassend gewährleisten.[300] Auf die

294 *Saliger*, ZIS 2011, 902, 917; *Saliger/Tsambikakis*, MedR 2013, 284, 286; vgl. schon *Volk*, NJW 2000, 3385, 3386; *Stein*, MedR 2001, 124, 126 f.; ähnlich *Mahler*, wistra 2013, 44, 47.

295 *Fehn*, MedR 2014, 377, 382.

296 Vgl. BGH NJW 2012, 1377, 1383.

297 *Homann*, Betrug in der gesetzlichen Krankenversicherung, S. 43; *Singelnstein*, wistra 2012, 417, 420; *Beckemper/Wegner*, NStZ 2003, 313, 315; *Hellmann*, in: Fischer/Hoven/Huber/u.a., Dogmatik und Praxis des strafrechtlichen Vermögensschadens, S. 245, 255; *Perron*, in: Schönke/Schröder, StGB, § 263 Rn. 112b; vgl. auch *Hefendehl*, in: MüKo StGB, Bd. 5, § 263 Rn. 678.

298 Vgl. *Singelnstein*, wistra 2012, 417, 421, und *Mahler*, Untreuerisiken der Ausgabenträger im Gesundheitswesen, S. 129.

299 *Hellmann/Herffs*, Der ärztliche Abrechnungsbetrug, Rn. 211 ff.; *Freitag*, Ärztlicher und zahnärztlicher Abrechnungsbetrug, S. 138 m.w.N.

300 *Hellmann/Herffs*, Der ärztliche Abrechnungsbetrug, Rn. 211 ff.; *Freitag*, Ärztlicher und zahnärztlicher Abrechnungsbetrug, S. 138; ähnlich *Volk*, NJW 2000, 3385, 3387; einschränkend *Grzesiek*, Wirtschaftsdelikte im Vertrags- und Privatarztsektor, S. 124 f.

persönliche Leistungserbringung darf bei der Bestimmung des wirtschaftlichen Werts der Behandlungsleistung daher nicht verzichtet werden.

Kommt der unzulässig delegierten Leistung nach den sozialrechtlichen Vorgaben allerdings ausnahmsweise ein wirtschaftlicher Wert zu, so ist nicht einzusehen, dass gleichwohl ein Vermögensschaden in voller Höhe der abgerechneten Leistung eintreten soll. Insofern ist es überzeugend, danach zu differenzieren, ob der Einheitliche Bewertungsmaßstab die Abrechnung einer delegierten Leistung erlaubt oder nicht.[301] Sieht der Einheitliche Bewertungsmaßstab vor, dass die delegierte Leistung abgerechnet werden darf, dann ist ein wirtschaftlicher Wert gegeben – mag er auch geringer sein als der Wert der durch den Vertragsarzt persönlich erbrachten Leistung. Entsprechend besteht ein Vermögensschaden nur in der Differenz zwischen dem Wert der ärztlichen und der nichtärztlichen Leistung. In den übrigen Fällen unzulässiger Delegation entsteht indessen ein Schaden in voller Höhe des abgerechneten Betrags.[302]

4. *Subjektiver Tatbestand*

Für den subjektiven Tatbestand gelten gegenüber der Fallgruppe der Abrechnung fingierter Leistungen keine Besonderheiten.

5. *Fazit*

In Fällen nicht persönlich erbrachter Leistungen wirft die Ermittlung des Schadenseintritts bzw. der Schadenshöhe komplexe Fragestellungen auf. Diese werden in Rechtsprechung und Literatur nicht einheitlich beantwortet. Während teilweise ein Schaden in voller Höhe des abgerechneten Betrags angenommen wird, gehen andere Stimmen von einer Kompensation des durch die Honorarzahlung bewirkten Vermögensabflusses bei der Krankenkasse aus. Nach hiesigem Dafürhalten ist danach zu differenzieren, ob die Leistung bei einer Delegation nach den sozialversicherungsrechtlichen Vorgaben abrechnungsfähig war und ihr damit auch nach dem gesetzlichen Preisrecht ein wirtschaftlicher Wert beigemessen wird. Im Übrigen gelten für die Fallgruppe der nicht persönlich erbrachten Leistung weder im objektiven noch im subjektiven Tatbestand Besonderheiten gegenüber der Abrechnung fingierter Leistungen.

---

301 *Hellmann/Herffs*, Der ärztliche Abrechnungsbetrug, Rn. 216; *Grzesiek*, Wirtschaftsdelikte im Vertrags- und Privatarztsektor, S. 123 ff.

302 *Hellmann/Herffs*, Der ärztliche Abrechnungsbetrug, Rn. 216; *Grzesiek*, Wirtschaftsdelikte im Vertrags- und Privatarztsektor, S. 123 ff.

III. Abrechnung unwirtschaftlicher Leistungen

In der letzten hier darzustellenden Fallgruppe rechnet der Vertragsarzt Leistungen ab, die er zwar erbracht hat, deren Erbringung aber ihrer Art oder ihrem Maß nach unwirtschaftlich war.[303] Betrugsrelevant ist diese Fallgruppe, da Leistungen unter Verstoß gegen das Wirtschaftlichkeitsgebot des § 12 SGB V nicht abrechenbar sind.[304]

1. Täuschung, Irrtum und Vermögensverfügung

Die Aussage der Wirtschaftlichkeit einer Behandlungsleistung basiert auf dem Tatsachenkern, wonach es einerseits überhaupt eine zu therapierende Krankheit gab und andererseits keine gleichsam effektive Behandlung existierte, also keine andere ebenso wirksame Behandlungsart oder kein geringeres Behandlungsmaß zur Verfügung stand.[305] Dieser Tatsachenkern ist dem Beweis zugänglich, sodass es sich um Tatsachen im Sinne des § 263 Abs. 1 StGB handelt, über die der Vertragsarzt täuschen kann.[306]

Die Täuschungshandlung liegt wiederum in der Einreichung der Sammelerklärung gegenüber der Kassenärztlichen Vereinigung. Hiermit wird ausdrücklich die Wirtschaftlichkeit der abgerechneten Leistungen behauptet, soweit eine entsprechende Mitteilung auf der Sammelerklärung vermerkt ist.[307] Andernfalls liegt jedenfalls eine konkludente Täuschung vor, da die Wirtschaftlichkeit der Leistung aufgrund der zentralen Rolle des Wirtschaftlichkeitsgebots für die gesetzliche Krankenversicherung zur miterklärten Geschäftsgrundlage gehört.[308]

---

303 *Hellmann/Herffs*, Der ärztliche Abrechnungsbetrug, Rn. 276 f.; *Homann*, Betrug in der gesetzlichen Krankenversicherung, S. 48 f. Zu der Unterfallgruppe medizinisch nicht indizierter Leistungen siehe *Freitag*, Ärztlicher und zahnärztlicher Abrechnungsbetrug, S. 140 ff.

304 *Roxin/Schroth*, Handbuch des Medizinstrafrechts, S. 197; *Grzesiek*, Wirtschaftsdelikte im Vertrags- und Privatarztsektor, S. 108.

305 *Hellmann/Herffs*, Der ärztliche Abrechnungsbetrug, Rn. 276.

306 *Homann*, Betrug in der gesetzlichen Krankenversicherung, S. 49; *Freitag*, Ärztlicher und zahnärztlicher Abrechnungsbetrug, S. 145; *Grzesiek*, Wirtschaftsdelikte im Vertrags- und Privatarztsektor, S. 109.

307 *Hellmann/Herffs*, Der ärztliche Abrechnungsbetrug, Rn. 276.

308 *Homann*, Betrug in der gesetzlichen Krankenversicherung, S. 49; *Grzesiek*, Wirtschaftsdelikte im Vertrags- und Privatarztsektor, S. 109; *Hellmann/Herffs*, Der ärztliche Abrechnungsbetrug, Rn. 279 f.

Über diese miterklärte Tatsache irrt der zuständige Sachbearbeiter aufgrund seines jedenfalls gegebenen sachgedanklichen Mitbewusstseins. Dieser Irrtum veranlasst ihn zur Vermögensverfügung, nämlich zur Honorarzahlung an den fehlerhaft abrechnenden Vertragsarzt.[309]

2. Vermögensschaden

Hinsichtlich des Eintritts eines Vermögensschadens ist wiederum die Möglichkeit der Kompensation des Vermögensabflusses zu untersuchen. Diesbezüglich sind zwei verschiedene Konstellationen zu unterscheiden: In der ersten Fallgestaltung wird eine unwirtschaftliche Leistung erbracht, obwohl eine gleichsam wirksame, aber kostengünstigere Behandlungsmethode zur Verfügung gestanden hätte. In der zweiten Konstellation mangelt es hingegen an einer solchen Alternative.[310]

a. Unwirtschaftliche Behandlung trotz kostengünstigerer Alternative

Hätte der Vertragsarzt eine kostengünstigere, gleichsam effektive Behandlungsmethode wählen können, so steht ihm aufgrund des Verstoßes gegen das Wirtschaftlichkeitsgebot kein Anspruch zu.[311] Dementsprechend steht dem Vermögensabfluss kein äquivalenter Zuwachs durch Befreiung vom Zahlungsanspruch des Vertragsarztes gegenüber.[312]

Ebenso wenig tritt eine Kompensation durch die Befreiung von der Verbindlichkeit gegenüber dem gesetzlich Versicherten ein, da dieser von vornherein keinen Anspruch auf die Vornahme einer unwirtschaftlichen Behandlung hatte.[313] Mangels eines solchen Anspruchs liegt des Weiteren keine Aufwendungsersparnis vor.

Aus den bereits zur Fallgruppe der nicht persönlich erbrachten Leistung erläuterten Gründen[314] kommt der unwirtschaftlichen Leistung kein

309 *Homann*, Betrug in der gesetzlichen Krankenversicherung, S. 50; *Freitag*, Ärztlicher und zahnärztlicher Abrechnungsbetrug, S. 145.

310 *Homann*, Betrug in der gesetzlichen Krankenversicherung, S. 50 ff.; *Freitag*, Ärztlicher und zahnärztlicher Abrechnungsbetrug, S. 145 ff.

311 *Roxin/Schroth*, Handbuch des Medizinstrafrechts, S. 197; *Grzesiek*, Wirtschaftsdelikte im Vertrags- und Privatarztsektor, S. 108.

312 *Homann*, Betrug in der gesetzlichen Krankenversicherung, S. 50 f.

313 So schon explizit § 12 Abs. 1 S. 2 SGB V. *Homann*, Betrug in der gesetzlichen Krankenversicherung, S. 50; *Freitag*, Ärztlicher und zahnärztlicher Abrechnungsbetrug, S. 146.

314 Siehe S. 69 der vorliegenden Arbeit.

wirtschaftlicher Wert zu: Eine Bestimmung des wirtschaftlichen Werts der Leistung ist nur im Rahmen der sozialversicherungsrechtlichen Vorschriften möglich, die unwirtschaftlichen Leistungen die Abrechnungsfähigkeit jedoch in § 12 Abs. 1 S. 2 SGB V explizit versagen.

In dieser Konstellation liegt demnach ein Vermögensschaden vor. Bei der Ermittlung der Schadenshöhe ist zu berücksichtigen, dass dieser nicht stets in voller Höhe des abgerechneten Betrags eintreten muss. So ist bei einer Überschreitung des wirtschaftlichen Behandlungsmaßes nur der auf den unwirtschaftlichen Teil entfallende Betrag als Schaden anzusehen.[315] Dies sei an folgendem Beispiel[316] veranschaulicht: Der Vertragsarzt führt über zehn Sitzungen eine Bestrahlungstherapie durch. Trat der gewünschte Behandlungserfolg bereits nach der fünften Sitzung ein, so sind nur die darüber hinaus vorgenommenen Sitzungen unwirtschaftlich und nicht erstattungsfähig. Die ersten fünf Sitzungen gleichen den entsprechenden Vermögensabfluss hingegen aus.

b. Unwirtschaftliche Behandlung bei fehlender kostengünstigerer Alternative

In der zweiten Fallgestaltung sieht das Leistungsspektrum der gesetzlichen Krankenversicherung keine kostengünstigere Behandlungsalternative vor. Obwohl ein Behandlungsbedarf gegeben ist, schließt § 12 Abs. 1 SGB V einen Anspruch des gesetzlich Versicherten auf die Vornahme einer unwirtschaftlichen Behandlung grundsätzlich aus. Angesichts der Grundrechte des Versicherten auf Leben und körperliche Unversehrtheit aus Art. 2 Abs. 2 S. 1 GG stellt sich jedoch die Frage, ob der Versicherte seine Krankheit damit behandlungslos hinnehmen muss oder ob ihm dennoch ein Anspruch auf die unwirtschaftliche Behandlung zustehen könnte.[317] Ein solcher Anspruch dürfte strafrechtlich nicht unberücksichtigt bleiben, da dies zu dem unsinnigen, da widersprüchlichen Ergebnis führen würde, dass sich der Vertragsarzt durch die Erfüllung des einklagbaren Anspruchs des Patienten gegen dessen Krankenkasse strafbar machen würde.[318] Bestünde ein solcher Anspruch hingegen nicht, so käme eine Kompensation des

---

315 Vgl. *Hellmann/Herffs*, Der ärztliche Abrechnungsbetrug, Rn. 307.

316 Das Beispiel wurde *Hellmann/Herffs*, Der ärztliche Abrechnungsbetrug, Rn. 276, entnommen.

317 Vgl. *Homann*, Betrug in der gesetzlichen Krankenversicherung, S. 51.

318 Vgl. *Homann*, Betrug in der gesetzlichen Krankenversicherung, S. 51; *Hellmann/Herffs*, Der ärztliche Abrechnungsbetrug, Rn. 298.

Vermögensabflusses ebenso wenig in Betracht wie in der zuvor dargestellten Fallgruppe, sodass ein Vermögensschaden vorläge.[319]

Ein Anspruch des Versicherten auf eine unwirtschaftliche Behandlung kommt nur dann in Betracht, wenn die diesbezüglichen Regelungen des Rechts der gesetzlichen Krankenversicherung, insbesondere die Richtlinien des Gemeinsamen Bundesausschusses sowie der Einheitliche Bewertungsmaßstab, nicht abschließend sind.[320] Die abschließende Natur dieser Regelungen darf für die Seite der Leistungserbringung, das heißt für das Verhältnis zwischen Krankenkasse, Kassenärztlicher Vereinigung sowie Vertragsarzt, als gesichert gelten.[321] Im Verhältnis zwischen Versichertem und seiner Krankenkasse sah das Bundessozialgericht diese Regelungen ursprünglich zwar als unverbindlich an,[322] gab diese Rechtsprechung indes zwischenzeitlich auf.[323] Ein Kostenerstattungsanspruch des Versicherten kommt seitdem nur noch ausnahmsweise in Betracht, wenn die fehlende Anerkennung einer neuen Behandlungsmethode auf einem Mangel des gesetzlichen Leistungsrechts beruht.[324] Mit der Gesundheitsreform im Jahr 2009 wurde in § 91 Abs. 6 SGB V zudem ausdrücklich niedergelegt, dass die Beschlüsse des Gemeinsamen Bundesausschusses auch für die Versicherten weitestgehend verbindlich sind.[325]

Für die Ermittlung des Vermögensschadens bedeutet dies, dass stets zu überprüfen ist, ob eine nach der sozialgerichtlichen Rechtsprechung anerkennenswerte Ausnahme und damit ein Behandlungsanspruch des Versicherten gegen seine Krankenkasse gegeben ist.[326] In diesem Fall wird der Vermögensabfluss durch die Erbringung der Behandlungsleistung kompensiert. Im Regelfall besteht hingegen kein Anspruch des Versicherten, sodass ein Vermögensschaden in voller Höhe des abgerechneten Betrags eintritt.

---

319 I.E. ebenso *Hellmann/Herffs*, Der ärztliche Abrechnungsbetrug, Rn. 291.

320 *Freitag*, Ärztlicher und zahnärztlicher Abrechnungsbetrug, S. 146; vgl. *Hellmann/Herffs*, Der ärztliche Abrechnungsbetrug, Rn. 291.

321 Hierzu *Hellmann/Herffs*, Der ärztliche Abrechnungsbetrug, Rn. 289.

322 Vgl. BSGE 35, 10, 13; 52, 70, 73.

323 Hierzu und zur Kritik hieran *Hellmann/Herffs*, Der ärztliche Abrechnungsbetrug, Rn. 292 ff. m.w.N. sowie *Freitag*, Ärztlicher und zahnärztlicher Abrechnungsbetrug, S. 148 ff.

324 BSGE 81, 54, 65 f. Zu einer weiteren Ausnahme in Fällen einer lebensbedrohlichen oder regelmäßig tödlichen Erkrankung vgl. BVerfGE 115, 25.

325 Zu der im Schrifttum weiterhin geführten Diskussion über die Bindungswirkung siehe die Nachweise bei *Freitag*, Ärztlicher und zahnärztlicher Abrechnungsbetrug, S. 151.

326 Vgl. *Freitag*, Ärztlicher und zahnärztlicher Abrechnungsbetrug, S. 152.

3. *Subjektiver Tatbestand*

Der Nachweis vorsätzlicher Tatbestandsverwirklichung durch den Vertragsarzt bereitet in der Praxis regelmäßig Schwierigkeiten.[327] Häufig verbleiben Zweifel, die unter Anwendung des Grundsatzes *in dubio pro reo* zur Straflosigkeit des Vertragsarztes führen.[328]

Daneben muss bewiesen werden, dass sich der Vertragsarzt selbst oder einen anderen absichtlich bereichern wollte. Der Arzt kann sich aber oftmals darauf berufen, dass er die entsprechende unwirtschaftliche Behandlung durchgeführt hat, da er die Möglichkeiten zur Genesung seines Patienten optimal ausschöpfen wollte.[329]

4. *Fazit*

Die Abrechnung unwirtschaftlicher Leistungen erfüllt in objektiver Hinsicht in aller Regel den Tatbestand des Betrugs. Hiervon ausgenommen sind die seltenen Ausnahmefälle, in denen der Versicherte einen Anspruch auf eine unwirtschaftliche Behandlung hat, die nicht zum Leistungskatalog der gesetzlichen Krankenversicherung zählt. Die praktischen Schwierigkeiten der Fallgruppe der unwirtschaftlichen Behandlung finden sich im Bereich des Subjektiven, da der Nachweis von Vorsatz und Bereicherungsabsicht problematisch ist.

C. Der Ablauf einer Schadenshochrechnung

Nachdem nunmehr geklärt ist, unter welchen Voraussetzungen der Betrugstatbestand verwirklicht, insbesondere ein Vermögensschaden verursacht wird, kann sich der Ermittlung der Schadenshöhe durch Hochrechnung zugewandt werden. Hierzu ist zunächst zu konstatieren, dass die Ausführungen des Bundesgerichtshofs zum Ablauf des mathematisch-statistischen Prozesses der Schadenshochrechnung denkbar knapp ausfallen. Diese erschöpfen sich letztlich in der Mitteilung, dass die Streuungsbreite beachtet und ein vom Landgericht als „Vertrauensuntergrenze“[330] bezeichnetes Sicherheitsniveau von 99,5 Prozent angelegt worden sei. Weitere Details lassen sich der Entscheidung nicht

---

327 *Nadolny*, in: Steinhilper, Arzt und Abrechnungsbetrug, S. 129, 135 f.; *Grzesiek*, Wirtschaftsdelikte im Vertrags- und Privatarztsektor, S. 109; vgl. *Hellmann/Herffs*, Der ärztliche Abrechnungsbetrug, Rn. 305.

328 Vgl. *Ulsenheimer*, Arztstrafrecht in der Praxis, Rn. 1135.

329 *Grzesiek*, Wirtschaftsdelikte im Vertrags- und Privatarztsektor, S. 108.

330 BGHSt 36, 320, 322.

entnehmen.[331] Die Vereinbarkeit der Schadenshochrechnung mit den rechtlichen Vorgaben für das Strafverfahren lässt sich jedoch ohne nähere Kenntnis ihrer mathematisch-statistischen Funktionsweise nicht sinnvoll untersuchen, sodass diese nachfolgend dargestellt wird. Einzelne Gesichtspunkte werden sodann an den relevanten Stellen des dritten Kapitels wieder aufgegriffen.

Vor der Darstellung des Hochrechnungsablaufs ist zunächst darauf hinzuweisen, dass sich eine diesbezügliche bundesweit einheitliche Methodik bislang nicht herausgebildet hat.[332] Dementsprechend kann die Schadenshochrechnung im Einzelfall von der hiernachgezeichneten Methodik abweichen.[333]

I. Die Stichprobenerhebung

Jede Hochrechnung nimmt ihren Ausgang in der Erhebung der Stichprobe. Diese muss bestimmten Anforderungen genügen, um eine taugliche Basis für eine Hochrechnung zu bilden.

1. Der Stichprobenumfang

Zunächst ist auf eine ausreichend große Bemessung zu achten.[334] Allerdings spielt der Stichprobenumfang in der Regel weniger eine Rolle für die Zulässigkeit der Hochrechnung an sich als für die Genauigkeit ihrer Ergebnisse: Da der Sicherheitsabschlag bei größeren Stichproben geringer ausfällt, können bei einem großen Stichprobenumfang präzisere Ergebnisse ermittelt werden.[335]

331 Die Darstellungen des Landgerichts Saarbrücken (Urt. v. 19.05.2011 – 4 KLs 11/09 Rn. 897 ff.) sind demgegenüber zwar ausführlicher. Die mathematisch-statistischen Berechnungsschritte werden jedoch ebenfalls nur stark verkürzt dargestellt.

332 *GKV-Spitzenverband*, Stellungnahme zur öffentlichen Anhörung vor dem Ausschuss für Recht und Verbraucherschutz des Deutschen Bundestages am 2.12.2015, S. 13; *Meseke*, in: Arbeitsgemeinschaft Medizinrecht, Institut für Rechtsfragen der Medizin, Düsseldorf, Aktuelle Entwicklungen im Medizinstrafrecht, S. 65, 83.

333 Die nachfolgende Darstellung beruht im Wesentlichen auf dem Beitrag von *Ruckdeschel/von Ossietzky/Franke/Erlwein-Sayer/Massini*, medstra 2017, 67. Die dortige Vorgehensweise wurde in der Literatur bereits als bundeseinheitlicher Standard empfohlen, vgl. *Meseke*, in: Arbeitsgemeinschaft Medizinrecht, Institut für Rechtsfragen der Medizin, Düsseldorf, Aktuelle Entwicklungen im Medizinstrafrecht, S. 65, 83.

334 *Traut*, AusR 2002, 164, 166.

335 *Ruckdeschel/von Ossietzky/Franke/Erlwein-Sayer/Massini*, medstra 2017, 67, 72, 74 und 78. Vgl. auch LG Saarbrücken, Urt. v. 19.05.2011 – 4 KLs 11/09 Rn. 875.

Selten abgerechnete Ziffern werden in der Praxis in der Regel von vornherein vollständig ignoriert.[336]

2. *Das Stichprobenziehungsverfahren*

Neben dem Umfang der Stichprobe ist die Frage bedeutsam, aus welchen Einheiten die Stichprobe gezogen werden soll. Üblicherweise besteht die Möglichkeit einer Ziehung entweder nach Primär- oder nach Sekundäreinheiten. Als Primäreinheiten werden die Elemente aus der Grundgesamtheit[337] bezeichnet, über die im Rahmen der Untersuchung eine Aussage getroffen werden soll. Im Falle des Abrechnungsbetrugs soll die Anzahl der fehlerhaft abgerechneten Gebührenordnungspositionen des Einheitlichen Bewertungsmaßstabs, im Folgenden bezeichnet als Gebührenziffern, ermittelt werden. Da es zur Hochrechnung des verursachten Vermögensschadens der Untersuchung der Berechtigung der abgerechneten einzelnen Leistungen bedarf,[338] liegen die Primäreinheiten in den einzelnen Gebührenziffern.[339]

Die Ziehung von Primäreinheiten erscheint im vorliegenden Zusammenhang indessen untunlich: Da die Hochrechnung separat nach Gebührenziffern vorgenommen wird, wäre bei einer Stichprobenauswahl nach den abgerechneten Gebührenziffern für jede Gruppe der individuellen Gebührenziffern eine eigene Stichprobe zu erheben.[340] Die in die jeweiligen Stichproben einzubeziehenden Patienten wären wiederum zufällig auszuwählen, sodass sich die Stichproben aus jeweils unterschiedlichen Patienten zusammensetzen würden. Entsprechend wären für jede dieser Stichproben verschiedene Patienten zu vernehmen, um die Berechtigung der einzelnen Abrechnungspositionen zu überprüfen. Die Zahl der zu vernehmenden Patienten wäre dabei regelmäßig so hoch, dass die Ermittlungsbehörden und Gerichte selbst mit der bloßen Stichprobenerhebung überfordert wären.[341]

---

336 *Ruckdeschel/von Ossietzky/Franke/Erlwein-Sayer/Massini*, medstra 2017, 67, 69. Aus rechtlicher Perspektive bieten sich zwei Alternativen zum Umgang mit nur selten abgerechneten Ziffern: Entweder diese werden vollständig aufgeklärt oder durch Anwendung der §§ 154 f. StGB aus dem Verfahren ausgeklammert.

337 Unter dem Begriff der Grundgesamtheit bzw. Population versteht man die Gesamtheit aller Fälle (Merkmalsträger) auf die sich eine Forschungsfrage bezieht und über die Erkenntnisse gewonnen werden sollen, *Diaz-Bone*, Statistik für Soziologen, S. 134.

338 Vgl. *Luig*, Vertragsärztlicher Abrechnungsbetrug und Schadensbestimmung, S. 217.

339 Vgl. *Ruckdeschel/von Ossietzky/Franke/Erlwein-Sayer/Massini*, medstra 2017, 67, 69.

340 Vgl. *Ruckdeschel/von Ossietzky/Franke/Erlwein-Sayer/Massini*, medstra 2017, 67, 69.

341 Vgl. *Ruckdeschel/von Ossietzky/Franke/Erlwein-Sayer/Massini*, medstra 2017, 67, 69.

Aus Praktikabilitätsgründen wird die Stichprobe daher nicht anhand der Primäreinheit der Gebührenziffern ausgewählt. Stattdessen wird eine sogenannte „Klumpenziehung“[342] vorgenommen. Hierbei wird die Stichprobe anhand der Sekundäreinheiten, im Fall der Schadenshochrechnung nach den einzelnen Patienten, ausgewählt. Diesen Sekundäreinheiten haften eine oder mehrere der Primäreinheiten an, mit denen sie bildlich gesprochen einen „Klumpen“ bilden. Die Stichprobe setzt sich dementsprechend aus den Gebührenziffern zusammen, die für die zufällig ausgewählten Patienten abgerechnet wurden.[343] Das Verfahren der „Klumpenziehung“ kann allerdings dazu führen, dass für manche Gebührenziffern nicht genügend Abrechnungspositionen in die Stichprobe gelangen, um nachfolgend eine Hochrechnung zu erlauben. Diese Gebührenziffern bleiben bei der Schadensermittlung letztlich außer Betracht.[344]

3. *Repräsentativität durch Zufallsauswahl*

Zudem sind die Einheiten der Stichprobe zufällig auszuwählen.[345] Hierdurch wird gewährleistet, dass jedes Element der Grundgesamtheit die gleiche Wahrscheinlichkeit hat, in die Stichprobe einbezogen zu werden.[346] Die Zufallsauswahl stellt also die Repräsentativität der Stichprobe sicher.[347] Unzulässig ist es hingegen, für die Stichprobe nur die „kritisch“ erscheinenden Abrechnungspositionen bzw. Patienten auszuwählen.[348]

Für eine zufällige Stichprobenauswahl stehen mehrere Methoden zur Verfügung, deren Wahl üblicherweise in einem sogenannten Stichprobenplan festgehalten wird.[349] So können die Patienten etwa nach den Anfangsbuchstaben

---

342 Auch als Klumpenstichprobe oder Clusterstichprobe bezeichnet, *Diaz-Bone*, Statistik für Soziologen, S. 138.

343 Hierzu sowie zu alternativen Ziehungsverfahren mit Relevanz für die Schadenshochrechnung siehe *Ruckdeschel/von Ossietzky/Franke/Erlwein-Sayer/Massini*, medstra 2017, 67, 69 f.

344 Vgl. auch *Ruckdeschel/von Ossietzky/Franke/Erlwein-Sayer/Massini*, medstra 2017, 67, 75. Die Verfolgung kann bzgl. dieser Gebührenziffern nach § 154a Abs. 1 Nr. 1 StPO auf die im Rahmen der Stichprobe festgestellten fehlerhaften Abrechnungspositionen beschränkt werden.

345 *Steinhilper*, in: Brennpunkte des Sozialrechts, S. 1, 10.

346 *Traut*, AusR 2002, 164, 165.

347 Vgl. *Diaz-Bone*, Statistik für Soziologen, S. 136.

348 *Steinhilper*, in: Brennpunkte des Sozialrechts, S. 1, 10.

349 *Diaz-Bone*, Statistik für Soziologen, S. 135.

ihres Nachnamens,[350] den letzten beiden Ziffern ihrer Telefonnummer[351] oder durch einen Zufallsgenerator[352] ausgewählt werden. Um eine Häufung von ähnlichen Krankheitsbildern zu vermeiden, kann zudem die alphabetisch sortierte Grundgesamtheit der Patienten mit einer zuvor festgelegten, angemessenen Schrittweite durchlaufen werden. Beispielsweise könnte bei einer Patientengesamtheit von 1.000 jeder 30. Patient in die Stichprobe einbezogen werden. Bei einer solchen Vorgehensweise wäre darauf zu achten, dass möglichst bei jedem Schritt ein neuer Name gezogen und das gesamte Alphabet abgedeckt wird.[353] Bestehen bei dieser Vorgehensweise trotz der Zufallsauswahl Anhaltspunkte dafür, systematische Verzerrungen erzeugt zu haben, kann die Repräsentativität der Stichprobe durch die Erhebung einer weiteren Stichprobe geprüft werden. Diese zweite Stichprobe kann gegenüber der ersten von deutlich geringerem Umfang sein und sollte nach Maßgabe einer einfachen Zufallsauswahl gezogen werden. Ergibt sich anhand eines Vergleichs der beiden Stichproben, dass diese konsistent sind, so kann die erste Stichprobe der weiteren Berechnung zugrunde gelegt werden.[354]

II. Die rechtliche Würdigung der Stichprobe

Stehen Umfang und Zusammensetzung der Stichprobe fest, muss diese ausgewertet werden. Es ist zu prüfen, ob der Beschuldigte die abgerechneten Gebührenziffern berechtigt, nur teilweise berechtigt oder unberechtigt geltend gemacht hat.[355]

---

350 LG Saarbrücken, Urt. v. 19.05.2011 – 4 KLs 11/09 Rn. 876 f.; kritisch hingegen *Ruckdeschel/von Ossietzky/Franke/Erlwein-Sayer/Massini*, medstra 2017, 67, 70 sowie *Traut*, AusR 2002, 164, 166.

351 *Ruckdeschel/von Ossietzky/Franke/Erlwein-Sayer/Massini*, medstra 2017, 67, 70.

352 Vgl. LG Saarbrücken, Urt. v. 19.05.2011 – 4 KLs 11/09 Rn. 876; *Lüdders*, in: Steinhilper, Arzt und Abrechnungsbetrug, S. 171.

353 Zu dieser schrittweisen Vorgehensweise *Ruckdeschel/von Ossietzky/Franke/Erlwein-Sayer/Massini*, medstra 2017, 67, 70.

354 Vgl. hierzu *Ruckdeschel/von Ossietzky/Franke/Erlwein-Sayer/Massini*, medstra 2017, 67, 70.

355 Vgl. *Ruckdeschel/von Ossietzky/Franke/Erlwein-Sayer/Massini*, medstra 2017, 67, 70.

1. Beweiswürdigung und rechtliche Würdigung während des Ermittlungsverfahrens

Die rechtliche Würdigung der Stichprobe während des Ermittlungsverfahrens ist Aufgabe der Staatsanwaltschaft. Diese kann sich zwar bereits bei der Untersuchung der Abrechnungsunterlagen auf Unregelmäßigkeiten durch Sachverständige unterstützen lassen. Die rechtliche Bewertung der festgestellten Tatsachen obliegt allerdings ausschließlich ihr.[356]

Für das Vorgehen bei der Beweiswürdigung der im Rahmen der Stichprobe geprüften Abrechnungspositionen bestehen an sich keine Besonderheiten. Wie auch bei einer Totalerhebung ist die fehlende Berechtigung der einzelnen Positionen durch einen Vergleich der tatsächlich (nicht) erbrachten und der abgerechneten Leistung zu ermitteln. Dieser Nachweis kann einerseits durch den Abgleich der Behandlungsdokumentation und der Abrechnungsunterlagen geführt werden.[357] Steht die Behandlungsdokumentation hingegen nicht mehr zur Verfügung oder bestehen Zweifel an ihrer Authenzität bzw. Unverfälschtheit, bleibt nur die Vernehmung der (angeblich) behandelten Patienten[358] sowie des Praxispersonals[359]. Selbiges gilt für den Fall, in dem sich der Beschuldigte darauf beruft, dass die Dokumentation nicht vollständig ist.[360] Der Nachweis mittels Patientenvernehmung sieht sich praktisch allerdings erheblichen Schwierigkeiten ausgesetzt: Angesichts ihres im Regelfall nur laienhaften medizinischen Wissens können die Patienten kaum eine Aussage darüber treffen, ob die einzelnen Behandlungsleistungen tatsächlich in der abgerechneten Form erbracht wurden. Diese Problematik wird dadurch weiter verschärft, dass ihre Vernehmungen häufig mit großer zeitlicher Distanz erfolgen.[361]

---

356 BVerfG, Beschl. v. 31.08.2007 – 2 BvR 1681/07. Die Auswertung von Unterlagen wird von Unternehmen angeboten, bspw. der medi-transparent GmbH, vgl. *Badle*, NJW 2008, 1028, 1031.

357 Vgl. *Lüdders*, in: Steinhilper, Arzt und Abrechnungsbetrug, S. 165, 168 f.; *Tsambikakis*, medstra 2017, 65 f.

358 So auch in der Grundsatzentscheidung BGHSt 36, 320.

359 *Freitag*, Ärztlicher und zahnärztlicher Abrechnungsbetrug, S. 126.

360 *Feigen*, MedR 1988, 283, 286.

361 *Luig*, Vertragsärztlicher Abrechnungsbetrug und Schadensbestimmung, S. 217; vgl. auch *Lüdders*, in: Steinhilper, Arzt und Abrechnungsbetrug, S. 165, 168 f.

2. *Beweiswürdigung und rechtliche Würdigung in der Hauptverhandlung*

Die Beweisaufnahme in der Hauptverhandlung ist durch den Grundsatz der Unmittelbarkeit geprägt.[362] Dieser erfordert in formeller Hinsicht, die Beweisaufnahme vor dem erkennenden Gericht durchzuführen.[363] Hieraus folgt, dass das Tatgericht die von der Staatsanwaltschaft während des Ermittlungsverfahrens vorgenommene Beweiswürdigung für die Hauptverhandlung nicht schlicht übernehmen kann, sondern in der Hauptverhandlung über die in die Stichprobe fallenden Gebührenziffern erneut Beweis zu erheben hat. Bei dieser Beweisaufnahme wird sich das während des Ermittlungsverfahrens erzielte Ergebnis nur selten vollumfänglich bestätigen. Ergeben sich Abweichungen zwischen den Ergebnissen der Beweisaufnahme im Ermittlungsverfahren und in der Hauptverhandlung, kann auch die Hochrechnung aus dem Ermittlungsverfahren nicht für die Hauptverhandlung herangezogen werden. Das Tatgericht muss also erneut einen Sachverständigen mit der Hochrechnung beauftragen. Zu diesem Zweck hat das Tatgericht dem Sachverständigen die aus seiner Beweisaufnahme hervorgegangenen Anknüpfungstatsachen mitzuteilen.[364] Die während des Ermittlungsverfahrens erfolgte Schadenshochrechnung darf das Tatgericht seinem Urteil nur in dem praktischen Ausnahmefall zugrunde legen, in dem sich die Ergebnisse der Beweisaufnahme aus Ermittlungsverfahren und Hauptverhandlung decken.

3. *Fazit*

Während des Ermittlungsverfahrens ist die Erhebung und Würdigung der Stichprobe Aufgabe der Staatsanwaltschaft, in der Hauptverhandlung hingegen Aufgabe des Tatgerichts. Die regelmäßig voneinander abweichenden Beweisergebnisse führen dazu, dass die Schadenshochrechnung aus dem Ermittlungsverfahren für das Hauptverfahren nicht übernommen werden kann. Vielmehr hat das Tatgericht die Schadenshochrechnung üblicherweise erneut in Auftrag zu geben.

---

362 *Kudlich*, in: MüKo StPO, Bd. 1, Einl. Rn. 177.

363 *Kudlich*, in: MüKo StPO, Bd. 1, Einl. Rn. 180; *Schmidt*, medstra 2017, 79, 83.

364 Vgl. zum Ganzen *Schmidt*, medstra 2017, 79, 83.

III. Die Bildung des Beanstandungsanteils

Nach der Auswertung der Stichprobe ist der Beanstandungsanteil zu bilden. Dieser gibt das prozentuale Verhältnis der zu beanstandenden Abrechnungspositionen zu allen abgerechneten Gebührenziffern innerhalb der Stichprobe an. Dabei ist zu berücksichtigen, dass der Beanstandungsanteil separat für jede abgerechnete Gebührenziffer sowie individuell für jedes untersuchte Quartal gebildet wird.[365] Wurden beispielsweise drei Gebührenziffern für zehn Quartale untersucht, werden demnach insgesamt 30 Beanstandungsanteile gebildet.

Der Bundesgerichtshof verwendete in seiner Grundsatzentscheidung anstelle des Begriffs Beanstandungsanteil den Terminus Beanstandungsquote.[366] Die Terminologie in der Literatur ist uneinheitlich.[367] Für den Fortgang dieser Bearbeitung werden die Begriffe Beanstandungsanteil und -quote zur Gewährleistung einer einheitlichen Terminologie wie folgt verwendet: Unter dem Beanstandungsanteil wird das vorbezeichnete Verhältnis verstanden, wie es unmittelbar aus dem Ergebnis der Stichprobe hervorgeht. Demgegenüber bezeichnet der Begriff der Beanstandungsquote das Verhältnis der Gesamtzahl der zu beanstandenden Abrechnungspositionen zur Anzahl an insgesamt abgerechneten Positionen, wobei sich dieses Verhältnis wiederum auf ein Quartal und eine bestimmte Gebührenziffer bezieht.[368]

IV. Zeitliche Homogenität der Beanstandungsquote

Stehen die Beanstandungsanteile bezüglich der betrachteten Gebührenziffern für die einzelnen Quartale fest, wird die zeitliche Homogenität der Beanstandungen – wiederum gesondert nach den individuellen Gebührenziffern – überprüft.[369] Die zeitliche Homogenität ist insbesondere dann gegeben, wenn man davon ausgehen darf, dass die (unbekannte) Beanstandungsquote über die betroffenen Quartale hinweg konstant ist. Für die mathematisch-statistische Feststellung der zeitlichen Homogenität wird nicht verlangt, dass der

---

365 Vgl. *Ruckdeschel/von Ossietzky/Franke/Erlwein-Sayer/Massini*, medstra 2017, 67, 72.

366 BGHSt 36, 320, 322.

367 Dies gilt selbst für den Beitrag von *Ruckdeschel/von Ossietzky/Franke/Erlwein-Sayer/Massini*, medstra 2017, 67. Beanstandungsanteil und Beanstandungsquote werden – obgleich der Definition auf S. 72 – teils synonym verwendet.

368 So im Abschnitt „Begrifflichkeiten" auch *Ruckdeschel/von Ossietzky/Franke/Erlwein-Sayer/Massini*, medstra 2017, 67, 72.

369 LG Saarbrücken, Urt. v. 19.05.2011 – 4 KLs 11/09 Rn. 885; *Ruckdeschel/von Ossietzky/Franke/Erlwein-Sayer/Massini*, medstra 2017, 67, 72.

Beanstandungsanteil quartalsübergreifend zahlenmäßig völlig konstant bleibt. Variiert seine Höhe lediglich im Rahmen einer üblichen Zufallsauswahl, so soll weiterhin von einer Homogenität ausgegangen werden dürfen.[370] Vereinfacht gewendet wird also untersucht, ob der Beschuldigte in den jeweiligen Quartalen stets im selben Umfang fehlerhaft abgerechnet hat. Hierbei kommt es nicht auf die absolute Anzahl fehlerhafter Abrechnungspositionen je Quartal, sondern auf den Prozentsatz zu beanstandender Positionen an.[371]

1. Der Chi-Quadrat-Homogenitätstest

Die Überprüfung, ob von zufälligen oder signifikanten Abweichungen zwischen den Beanstandungsanteilen auszugehen ist, erfolgt mittels des sogenannten Chi-Quadrat-Homogenitätstests.[372]

a. Die Aufstellung der Hypothesen

Für die Anwendung des Chi-Quadrat-Homogenitätstests werden in einem ersten Schritt die zu prüfenden Hypothesen aufgestellt, die Null- (H_0) und die Alternativ- bzw. Gegenhypothese (H_A oder H_1). Diese müssen sich inhaltlich gegenseitig ausschließen.[373] Allgemein formuliert geht die Nullhypothese eines Homogenitätstests davon aus, dass das zu untersuchende Element in den verschiedenen Grundgesamtheiten identisch verteilt ist.[374] Konkret für die Schadenshochrechnung lautet die Nullhypothese daher:

> H_0: Die Beanstandungsquote der überprüften Gebührenziffer ist in den einzelnen untersuchten Quartalen jeweils identisch, also zeitlich homogen.

---

370 Neben den üblichen Abweichungen einer Zufallsauswahl sind auch einfache Modelle denkbar, bspw. lineare Trends oder typisches saisonales Verhalten. Zum Ganzen vgl. *Ruckdeschel/von Ossietzky/Franke/Erlwein-Sayer/Massini*, medstra 2017, 67, 72.

371 So stellte das Landgericht Saarbrücken eine zeitliche Homogenität fest, obwohl die Zahlen absolut von Quartal zu Quartal deutlich angewachsen seien. Verhältnismäßig seien sie indessen konstant geblieben, LG Saarbrücken, Urt. v. 19.05.2011 – 4 KLs 11/09 Rn. 885.

372 Bei dem Chi-Quadrat-Homogenitätstest handelt es sich um einen statistischen Test. Unter einem solchen versteht man ein Verfahren zur Überprüfung einer statistischen Hypothese auf der Basis einer Zufallsstichprobe aus der unter der Nullhypothese stehenden Verteilung, *Rinne*, Taschenbuch der Statistik, S. 494.

373 Vgl. *Arrenberg*, Wirtschaftsstatistik für Bachelor, S. 230.

374 Vgl. *Rinne*, Taschenbuch der Statistik, S. 562.

Die Alternativhypothese geht hingegen davon aus, dass die Beanstandungsquote in den einzelnen untersuchten Quartalen jeweils unterschiedlich hoch ist.[375] Die Alternativhypothese würde bei der Schadenshochrechnung wie folgt formuliert:

> H_A: Die Beanstandungsquote der überprüften Gebührenziffer ist in den einzelnen untersuchten Quartalen unterschiedlich hoch, also zeitlich inhomogen.

b. Die Prüfung anhand eines Signifikanzniveaus

Anschließend wird die Hypothese mittels einer mathematischen Formel überprüft. Hierzu wird im Vorhinein ein Signifikanzniveau gewählt, dem jeweils ein bestimmter, aus einer Tabelle zu entnehmender Referenzwert zugeordnet ist. Bei der Schadenshochrechnung wird üblicherweise ein Signifikanzniveau von fünf Prozent angelegt. Liegt der durch den Chi-Quadrat-Homogenitätstest ermittelte Wert unterhalb des zu diesem Signifikanzniveau gehörigen Referenzwerts, wird von einer zeitlichen Homogenität ausgegangen.[376]

c. Keine Anwendung bei extrem hohem bzw. niedrigem Beanstandungsanteil

Tendiert der Beanstandungsanteil gen null oder liegt er bei hundert Prozent, kann der Chi-Quadrat-Homogenitätstest nicht angewendet werden. Eine Hochrechnung bei einem Beanstandungsanteil von beinahe null führt zu fast denselben Ergebnisssen wie die Annahme des völligen Fehlens von Beanstandungen. Gebührenziffern mit Beanstandungsanteil nahe null bleiben bei der Schadenshochrechnung daher unberücksichtigt.[377] Bei Beanstandungsanteilen von hundert Prozent soll hingegen von einer zeitlichen Homogenität ausgegangen werden können. In diesen Fällen bedarf es jedoch der Anwendung alternativer Berechnungsmethoden.[378] Die folgende Darstellung orientiert sich am Grundfall eines mittleren Beanstandungsanteils.

---

375 Vgl. *Rinne*, Taschenbuch der Statistik, S. 562.

376 Zum Vorstehenden sowie zu den mathematischen Formeln des Chi-Quadrat-Homogenitätstests siehe *Ruckdeschel/von Ossietzky/Franke/Erlwein-Sayer/Massini*, medstra 2017, 67, 73.

377 *Ruckdeschel/von Ossietzky/Franke/Erlwein-Sayer/Massini*, medstra 2017, 67, 73.

378 *Ruckdeschel/von Ossietzky/Franke/Erlwein-Sayer/Massini*, medstra 2017, 67, 73, 75.

2. Die Interpretation der Testergebnisse

Für die Interpretation des Testergebnisses ist das Risiko zu berücksichtigen, einen Fehler erster bzw. zweiter Art zu begehen.

a. Wahrscheinlichkeit eines Fehlers erster Art

Als Fehler erster Art (sogenannter α-Fehler) bezeichnet man in der Statistik den Fall, in dem die Nullhypothese verworfen wird, obwohl diese tatsächlich zutrifft.[379] Das gewählte Signifikanzniveau (α) gibt dabei die Wahrscheinlichkeit an, einen Fehler erster Art zu begehen.[380] Führt der Test bei einem Signifikanzniveau von fünf Prozent zur Verwerfung der Nullhypothese, so geschieht dies also, obwohl die Nullhypothese in fünf Prozent dieser Fälle – also in einem von zwanzig – tatsächlich wahr ist.[381] In 95 Prozent der Fälle, also den übrigen 19 Fällen, wird sie hingegen zu Recht verworfen. Im vorliegenden Zusammenhang bezeichnet der Fehler erster Art die Konstellation, in der die Nullhypothese verworfen wird, obwohl die Beanstandungsquote tatsächlich homogen ist.

b. Wahrscheinlichkeit eines Fehlers zweiter Art

Das Signifikanzniveau trifft umgekehrt jedoch keine Aussage zu der Wahrscheinlichkeit eines Fehlers zweiter Art (sogenannter β-Fehler). Hierunter versteht man die Konstellation, in der die Nullhypothese nicht verworfen wird, obwohl sie tatsächlich unzutreffend ist.[382] Im vorliegenden Kontext bedeutet der Fehler zweiter Art, dass von einer zeitlichen Homogenität der Beanstandungsquote ausgegangen wird, obwohl diese tatsächlich nicht gegeben ist.

---

379 *Diaz-Bone*, Statistik für Soziologen, S. 172; *Hedderich/Sachs*, Angewandte Statistik, S. 448.

380 *Arrenberg*, Wirtschaftsstatistik für Bachelor, S. 230 f.; *Tschirk*, Bayes-Statistik für Human- und Sozialwissenschaften, S. 7; vgl. *Diaz-Bone*, Statistik für Soziologen, S. 173. Je kleiner der Wert des Signifikanzniveaus gewählt wird, desto seltener wird die Nullhypothese abgelehnt.

381 Vgl. *Diaz-Bone*, Statistik für Soziologen, S. 173.

382 *Diaz-Bone*, Statistik für Soziologen, S. 173; *Arrenberg*, Wirtschaftsstatistik für Bachelor, S. 231, *Hedderich/Sachs*, Angewandte Statistik, S. 448.

	H_0 ist wahr (Beanstandungsquote zeitlich homogen)	H_0 ist falsch (Beanstandungsquote zeitlich inhomogen)
H_0 wird beibehalten	**Richtige** Entscheidung	Fehler **zweiter** Art (β)
H_0 wird verworfen	Fehler **erster** Art (α)	**Richtige** Entscheidung

Skizze: Entscheidungsübersicht zum Chi-Quadrat-Homogenitätstest

Wie hoch die Wahrscheinlichkeit ist, einen Fehler zweiter Art zu begehen, lässt sich nicht exakt berechnen.[383] Umgekehrt lässt sich damit ebenso wenig beziffern, mit welcher Wahrscheinlichkeit die Nullhypothese zutrifft. Abstrakt lässt sich lediglich Folgendes festhalten:

Je niedriger das Signifikanzniveau angesetzt wird, um die Nullhypothese nicht zu Unrecht zu verwerfen, desto größer wird die Wahrscheinlichkeit, dass die Nullhypothese fälschlich nicht verworfen wird.[384] Die Bestrebung, einen Fehler erster Art zu vermeiden, geht also mit der Inkaufnahme eines höheren Risikos für die Begehung eines Fehlers zweiter Art einher.

Die Obergrenze der Wahrscheinlichkeit (P), einen Fehler zweiter Art zu begehen, ergibt sich aus dem angelegten Signifikanzniveau: Die Wahrscheinlichkeit ist nie größer als $1 - \alpha$.[385] Bei einem Signifikanzniveau von 5 Prozent (0,05) ergibt sich damit eine Fehlerwahrscheinlichkeit von $P(\text{Fehler zweiter Art}) \leq 0{,}95$. Kann die Nullhypothese aufgrund des Stichprobenergebnisses nicht abgelehnt werden, folgt hieraus also nicht zugleich, dass die Nullhypothese zutrifft,[386] sondern

383 Vgl. *Tschirk*, Bayes-Statistik für Human- und Sozialwissenschaften, S. 7; *Rinne*, Taschenbuch der Statistik, S. 497; *Hedderich/Sachs*, Angewandte Statistik, S. 456, wonach der Fehler, der möglicherweise in der Beibehaltung der Nullhypothese liegt, nicht unter statistischer Kontrolle ist.

384 *Arrenberg*, Wirtschaftsstatistik für Bachelor, S. 230; *Tschirk*, Bayes-Statistik für Human- und Sozialwissenschaften, S. 7.

385 *Arrenberg*, Wirtschaftsstatistik für Bachelor, S. 231.

386 Vgl. *Bosch*, Großes Lehrbuch der Statistik, S. 437; *Arrenberg*, Wirtschaftsstatistik für Bachelor, S. 231; *Tschirk*, Bayes-Statistik für Human- und Sozialwissenschaften, S. 7; *Hedderich/Sachs*, Angewandte Statistik, S. 451.

nur, dass sie zutreffen könnte.[387] Da eine Entscheidung getroffen werden muss, wird in der Statistik die Nullhypothese aus Mangel an Beweisen des Zutreffens der Alternativhypothese beibehalten.[388]

Obgleich sich das Risiko eines Fehlers zweiter Art innerhalb des damit gegebenen Rahmens von 95 Prozent nicht bestimmen lässt, wird nicht nur in der Statistik, sondern ebenso in der Rechtspraxis von einer zeitlichen Homogenität ausgegangen, wenn der errechnete Wert den zu dem angelegten Sicherheitsniveau gehörigen Referenzwert nicht übersteigt.[389]

c. *Fazit*

Mit dem Chi-Quadrat-Homogenitätstest kann lediglich das Risiko quantifiziert werden, die Hypothese der zeitlichen Homogenität fälschlich zu verwerfen. Umgekehrt lässt sich hieraus jedoch nicht ableiten, wie hoch die Wahrscheinlichkeit ist, dass von einer zeitlichen Homogenität ausgegangen wird, obwohl eine solche tatsächlich nicht gegeben ist. Dennoch wird die Nullhypothese in der Praxis bei nicht-signifikanten Ergebnissen beibehalten.

V. Die Ermittlung der Beanstandungsquote

Zur Feststellung der Gesamtzahl der innerhalb eines Quartals bezüglich einer bestimmten Gebührenziffer zu beanstandenden Abrechnungspositionen kann die Grundgesamtheit, also die Zahl der bezüglich dieser bestimmten Gebührenziffer insgesamt abgerechneten Positionen, nicht schlicht mit dem ermittelten Beanstandungsanteil multipliziert werden. Bei einem solchen Vorgehen bliebe die Streubreite der zufällig ausgewählten Stichprobe unberücksichtigt.[390] Da die einzelnen Elemente der Stichprobe nach dem Zufallsprinzip gezogen wurden, besteht das Risiko, dass die Stichprobe zufällig mehr oder weniger zu

---

387 *Hedderich/Sachs*, Angewandte Statistik, S. 450. Es handelt sich daher um eine sogenannte „schwache Aussage". Im gegenteiligen Fall der Verwerfung hingegen handelt es sich um eine sogenannte „starke Aussage", da die Verwerfung nur in fünf Prozent der Fälle fälschlich erfolgt. Aufgrund dieser Zusammenhänge formuliert man als Alternativhypothese in der Regel diejenige, die man bestätigt wissen möchte, *Hedderich/Sachs*, Angewandte Statistik, S. 451.

388 Vgl. *Hedderich/Sachs*, Angewandte Statistik, S. 448; *Rinne*, Taschenbuch der Statistik, S. 497.

389 *Ruckdeschel/von Ossietzky/Franke/Erlwein-Sayer/Massini*, medstra 2017, 67, 73. Vgl. auch LG Saarbrücken, Urt. v. 19.05.2011 – 4 KLs 11/09 Rn. 885.

390 *Schmidt*, medstra 2017, 79, 83.

beanstandende Anforderungen beinhaltet, als bei relativer Betrachtung in der Grundgesamtheit tatsächlich vorhanden sind.[391] Aus diesem Grund verbietet sich die einfache Hochskalierung des Beanstandungsanteils auf die Grundgesamtheit ebenso wie die Hochrechnung des Schadens mittels Dreisatzes.[392]

Um dieser Streubreite Rechnung zu tragen, stellt die Statistik sogenannte Schwankungsintervalle zur Verfügung, die anhand eines zuvor gewählten Sicherheitsniveaus berechnet werden. Das Sicherheitsniveau drückt aus, mit welcher Wahrscheinlichkeit sich die tatsächliche Schadenshöhe innerhalb des errechneten Intervalls, das heißt weder darunter noch darüber bewegt. Zum Schutz des Beschuldigten vor einem zu hoch berechneten Schaden wird allerdings lediglich ein einseitiges Schwankungsintervall betrachtet. Dieses einseitige Schwankungsintervall dient als sichere untere Schranke, sodass sich hieraus der eingetretene Mindestschaden berechnen lässt.[393] Das Vorgehen bei der Berechnung der Beanstandungsquote hängt davon ab, ob von einer zeitlich homogenen oder inhomogenen Beanstandungsquote bezüglich der überprüften Gebührenziffer ausgegangen wird.

1. Die Berechnung bei zeitlich homogener Beanstandungsquote

Zur Berücksichtigung der Streubreite der Stichprobe wird bei zeitlich homogenen Beanstandungsquoten das Superpopulationsmodell angewendet.[394] Hierbei wird die Beanstandungsquote unter Anlegung eines Sicherheitsniveaus berechnet, das in der Praxis üblicherweise mit 99,5 Prozent festgelegt wird.[395] Dies bedeutet, dass die ermittelte Beanstandungsquote durchschnittlich in nur 0,5 Prozent der Fälle, das heißt in einem von zweihundert Fällen, niedriger als berechnet ist.[396]

---

391 Vgl. *Hedderich/Sachs*, Angewandte Statistik, S. 22.

392 *Ruckdeschel/von Ossietzky/Franke/Erlwein-Sayer/Massini*, medstra 2017, 67, 69 und 74.

393 Zum Ganzen *Ruckdeschel/von Ossietzky/Franke/Erlwein-Sayer/Massini*, medstra 2017, 67, 69 f.

394 LG Saarbrücken, Urt. v. 19.05.2011 – 4 KLs 11/09 Rn. 885; *Ruckdeschel/von Ossietzky/Franke/Erlwein-Sayer/Massini*, medstra 2017, 67, 72 und 75.

395 *Schmidt*, medstra 2017, 79, 83 m.w.N.; *Ruckdeschel/von Ossietzky/Franke/Erlwein-Sayer/Massini*, medstra 2017, 67, 69 und 74. So auch bei den Entscheidungen LG Saarbrücken, Urt. v. 19.05.2011 – 4 KLs 11/09 Rn. 898 und BGHSt 36, 32, 322.

396 Vgl. LG Saarbrücken, Urt. v. 19.05.2011 – 4 KLs 11/09 Rn. 898; *Ruckdeschel/von Ossietzky/Franke/Erlwein-Sayer/Massini*, medstra 2017, 67, 74. Zur mathematischen Formel der Berechnung siehe *Ruckdeschel/von Ossietzky/Franke/Erlwein-Sayer/Massini*, medstra 2017, 67, 75.

Die zeitliche Homogenität kommt bei der Anwendung des Superpopulationsmodells wie folgt zum Tragen: Ist davon auszugehen, dass die Beanstandungsquote über die betrachteten Quartale hinweg konstant ist, können die einzelnen Quartale bei der Berechnung der Beanstandungsquote zusammengefasst und aus den verschiedenen Beanstandungsanteilen eine einheitliche Beanstandungsquote gebildet werden. Durch die Zusammenfassung der Quartale erhöht sich der Stichprobenumfang, wodurch die Streubreite der Stichprobe nachweisbar reduziert wird. Entsprechend reduzieren sich auch die Sicherheitsabschläge, die zur Erzielung des Sicherheitsniveaus von 99,5 Prozent notwendig sind.[397] Das Ergebnis wird also präziser.[398]

Für die Zusammenfassung von Quartalen wird es nicht als erforderlich angesehen, dass sich die zeitliche Homogenität über den gesamten untersuchten Zeitraum hinweg erstreckt. Lässt sich der betrachtete Zeitraum in kürzere Intervalle unterteilen, für die nach Anwendung des Chi-Quadrat-Homogenitätstest von einer zeitlichen Homogenität auszugehen ist, sollen die jeweils homogenen Quartale zusammengefasst werden können. Die Beanstandungsquote wäre sodann für die jeweils zusammengefassten Quartale separat zu berechnen.[399]

Ebenso sollen Quartale zusammengefasst werden können, wenn ein einfacher linearer Trend erkennbar ist.[400] Dies soll beispielsweise der Fall sein, wenn der Beanstandungsanteil über die ersten drei Jahre eines Tatzeitraums von fünf Jahren kontinuierlich ansteigt, um in den letzten beiden Jahren sodann auf dem erreichten Niveau zu verharren.[401]

2. *Die Berechnung bei zeitlicher Inhomogenität*

Fehlt es an der zeitlichen Homogenität der Beanstandungsquote, kann das Superpopulationsmodell nicht angewandt werden.[402] Es kann daher keine quartalsübergreifend einheitliche Beanstandungsquote gebildet werden. Vielmehr ist für jedes Quartal eine individuelle Beanstandungsquote zu berechnen. Der Stichprobenumfang für die einzelnen Quartale fällt hierdurch deutlich geringer

---

397 Zum Ganzen *Ruckdeschel/von Ossietzky/Franke/Erlwein-Sayer/Massini*, medstra 2017, 67, 72.

398 Vgl. *Hedderich/Sachs*, Angewandte Statistik, S. 22.

399 Zum Ganzen *Ruckdeschel/von Ossietzky/Franke/Erlwein-Sayer/Massini*, medstra 2017, 67, 72.

400 *Ruckdeschel/von Ossietzky/Franke/Erlwein-Sayer/Massini*, medstra 2017, 67, 71.

401 *Ruckdeschel/von Ossietzky/Franke/Erlwein-Sayer/Massini*, medstra 2017, 67, 73.

402 Vgl. *Ruckdeschel/von Ossietzky/Franke/Erlwein-Sayer/Massini*, medstra 2017, 67, 72.

aus. Entsprechend besteht eine größere Streubreite der Stichprobe, der durch höhere Sicherheitsabschläge Rechnung zu tragen ist. Aufgrund dieser Abschläge wird der berechnete Garantieschaden gegenüber dem wahren Schaden meist zu niedrig ausfallen.[403]

VI. Die quartalsbezogene Berechnung des Vermögensschadens

Mit der ermittelten Beanstandungsquote lässt sich der je Quartal und Gebührenziffer verursachte Vermögensschaden berechnen.[404]

1. Grundfall

Hierzu wird die Beanstandungsquote zunächst mit der Zahl der in dem jeweiligen Quartal bezüglich der überprüften Gebührenziffer insgesamt abgerechneten Positionen multipliziert. Die so erhaltene Anzahl der fehlerhaften Abrechnungspositionen wird im nächsten Schritt mit den im Einheitlichen Bewertungsmaßstab für die Gebührenziffer festgelegten Punkten multipliziert. Sodann wird die berechnete Punktzahl mit dem Punktwert des Einheitlichen Bewertungsmaßstabs multipliziert und so der im Quartal für die betrachtete Gebührenziffer verursachte Vermögensschaden berechnet. Abschließend sind die je Quartal ermittelten Schäden zu addieren, um den Gesamtschaden, den sogenannten Garantieschaden, zu erhalten.[405]

2. Berücksichtigung von Budgetüberschreitungen

Bei der Berechnung des Garantieschadens sind Kürzungen des Honorars zu berücksichtigen, die der Vertragsarzt aufgrund von Budgetüberschreitungen hinnehmen muss.[406] Folge einer Budgetüberschreitung ist entweder, dass jede

403 Hierzu vgl. *Ruckdeschel/von Ossietzky/Franke/Erlwein-Sayer/Massini*, medstra 2017, 67, 73 f.

404 Eine quartalsbezogene Berechnung mit anschließender Addition der Einzelschäden ist erforderlich, da der regionale Punktwert von Quartal zu Quartal variiert.

405 Zum Ganzen siehe *Ruckdeschel/von Ossietzky/Franke/Erlwein-Sayer/Massini*, medstra 2017, 67, 75.

406 *Ulsenheimer*, in: Laufs/Kern, Handbuch des Arztrechts, § 151 Rn. 49; *ders.*, Arztstrafrecht in der Praxis, Rn. 1132; *Sommer/Tsambikakis*, in: MAH Medizinrecht, § 3 Rn. 143; vgl. auch *Ruckdeschel/von Ossietzky/Franke/Erlwein-Sayer/Massini*, medstra 2017, 67, 75; allgemein zur Berücksichtigung von Budgetüberschreitungen bei der Schadensermittlung *Grzesiek*, Wirtschaftsdelikte im Vertrags- und Privatarztsektor, S. 126.

über das Budget hinausgehende weitere Leistung entweder überhaupt nicht (vollständiger Punktwertverfall) oder lediglich mit abgestuften Preisen vergütet wird.[407]

a. Vollständiger Punktwertverfall

Führt die Budgetüberschreitung dazu, dass die weiteren ärztlichen Leistungen einer bestimmten Gebührenziffer überhaupt nicht mehr vergütet werden, so sind die unberechtigt geltend gemachten Leistungen zunächst von der Budgetüberschreitung abzuziehen.[408] Wurde das Budget bereits durch die berechtigt geltend gemachten Leistungen überschritten, scheidet ein Schaden vollständig aus. Im Übrigen entstünde bei einer Budgetüberschreitung nur ein Schaden in Höhe der Differenz zwischen dem für die berechtigten Abrechnungspositionen erhaltenen Honorar und der Budgetierungsgrenze.

b. Abgestufter Punktwert

Wirkt sich eine Budgetüberschreitung hingegen dergestalt aus, dass die weiteren ärztlichen Leistungen nur zu einem abgestuften Punktwert vergütet werden, sind die Punktzahlen für die unberechtigten Abrechnungspositionen, die über die Budgetierungsgrenze hinausgehen, nur mit dem reduzierten Punktwert zu multiplizieren.

---

407 Vgl. *Grzesiek*, Wirtschaftsdelikte im Vertrags- und Privatarztsektor, S. 55; vgl. *Roxin/Schroth*, in: Handbuch des Medizinstrafrechts, S. 185.

408 *Ulsenheimer*, in: Laufs/Kern, Handbuch des Arztrechts, § 151 Rn. 49; *ders.*, Arztstrafrecht in der Praxis, Rn. 1132; *Sommer/Tsambikakis*, in: MAH Medizinrecht, § 3 Rn. 143. *Schmidt*, medstra 2017, 79, 83, fordert ebenfalls die Berücksichtigung von Budgetüberschreitungen. Für die Berechnung des zurückzufordernden Honorars geben § 106a Abs. 1 S. 2 Hs. 2 SGB V und § 106d Abs. 2 S. 6 SGB V hingegen vor, dass Begrenzungsregelungen außer Betracht zu haben bleiben.

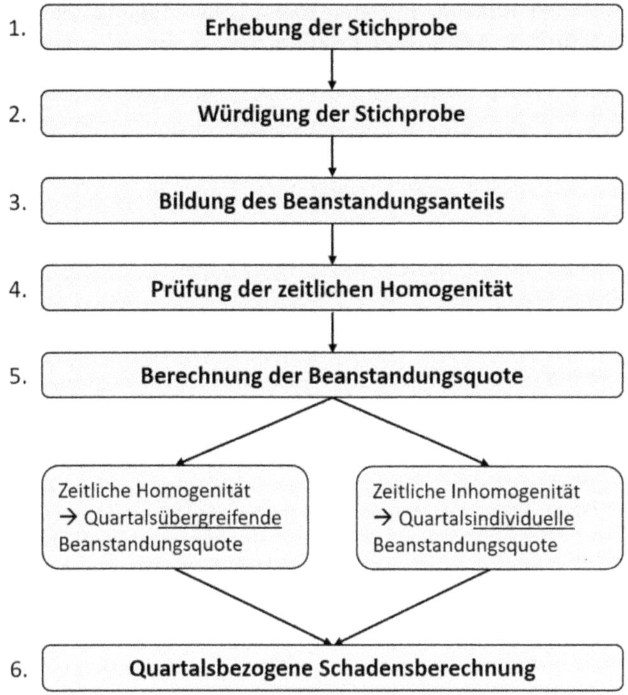

Skizze: Ablauf einer Schadenshochrechnung

VII. Initiativen zur automatisierten Schadenshochrechnung

Im Zeitalter der Digitalisierung überrascht es nicht, dass bereits erste Vorschläge für eine weitere Vereinfachung und Standardisierung der Schadenshochrechnung durch – zumindest teilweise – automatisierte Prozesse unterbreitet wurden. Diese Vorschläge gehen auf eine Initiative der saarländischen Polizei zurück, die gemeinsam mit dem Fraunhofer Institut für Techno- und Wirtschaftsmathematik erste Überlegungen zur Erstellung einer mathematischen Formel zur Berechnung des Garantieschadens angestellt haben. Diese könnte allen Polizeidienststellen zur Verfügung gestellt werden, die mit der Software „MEDICO" arbeiten. In diesem Programm lassen sich die Abrechnungen des Vertragsarztes getrennt nach Patienten und Gebührenziffern darstellen. Nach Auswertung der erhobenen Stichprobe könnte die Hochrechnung anhand der erstellten Formel sodann automatisch ablaufen. Bislang konnte die Initiative mangels Bewilligung der notwendigen finanziellen Mittel nicht umgesetzt werden.[409]

409 Zum Ganzen *Diederich*, Kriminalität im Gesundheitswesen, S. 61 f. Zu „MEDICO" existieren Praxisberichte, nach denen die mittels dieser Software erstellten Schadenshochrechnungen fehlerhaft sein sollen, vgl. *Deris*, Abrechnungsbetrug – Der Fall Dr. med. B., S. 47.

Zweites Kapitel: Alternativen zur und Beweggründe für eine Schadenshochrechnung

A. Alternativen zur Schadenshochrechnung

Die Schadenshochrechnung ermöglicht es den Ermittlungsbehörden und Tatrichtern Fälle systematischen Abrechnungsbetrugs mit – jedenfalls verhältnismäßig – geringem Aufwand zu erledigen, indem sie diese von der Notwendigkeit einer erschöpfenden Beweiserhebung befreit. Anstatt die Berechtigung jeder abgerechneten Position mittels Urkundenverlesung und Zeugenvernehmungen zu prüfen, genügt die Erhebung und Auswertung einer repräsentativen Stichprobe – die anschließende Hochrechnung kann auf Sachverständige ausgelagert werden. Die Strafprozessordnung stellt den Ermittlungsbehörden und Tatrichtern daneben weitere Instrumente zur Verfügung, mit denen umfangreiche Prozesse auf praktikable Weise erledigt werden können. Im Folgenden wird untersucht, inwiefern diese Instrumente in Fällen systematischen Abrechnungsbetrugs fruchtbar gemacht werden können, um damit bestenfalls auf eine Schadenshochrechnung insgesamt verzichten zu können.

I. Verständigung, § 257c StPO

Nicht selten basieren Verurteilungen wegen Abrechnungsbetrugs auf einer Verständigung im Sinne des § 257c StPO.[1] Bereits vor dessen Einführung im Jahr 2009 verständigten sich die Verfahrensbeteiligten insbesondere dann, wenn andernfalls eine umfängliche Beweisaufnahme erforderlich geworden wäre. In solchen Fällen kündigt das Gericht im Gegenzug für ein Geständnis des Angeklagten oder dessen Verzicht auf Beweisanträge eine Strafobergrenze an. Hierdurch können Hauptverhandlungen, die sich streitig geführt über viele Wochen oder Monate hinziehen würden, auf wenige Verhandlungstage verkürzt werden.[2]

Die Anwendung des § 257c StPO auf Fälle systematischen Abrechnungsbetrugs liegt in der Tat nahe. Der Gesetzgeber ging bei dessen Schaffung davon aus, dass die Verständigung aus dem Gerichtsalltag, insbesondere in umfangreichen

1 *Schmidt*, StV 2013, 589.
2 Vgl. *Hellmann/Herffs*, Der ärztliche Abrechnungsbetrug, Rn. 621.

und schwierigen Verfahren, mittlerweile nicht mehr hinwegzudenken ist.[3] Beide Aspekte treffen auf Strafverfahren wegen Abrechnungsbetrugs zu: Einerseits sind diese regelmäßig mit einem hohen Ermittlungsaufwand verbunden.[4] Andererseits ist die Materie an sich nicht nur wegen der Beeinflussung durch das sich stetig wandelnde System der gesetzlichen Krankenversicherung, sondern auch wegen der Einordnung von Behandlungen unter den Katalog des Einheitlichen Bewertungsmaßstabsäußerst komplex.[5] Diese Komplexität kann bei Staatsanwaltschaft und Gericht die Bereitschaft fördern, sich auf eine Verfahrensbeschleunigung durch konsensuale Verfahrensbeendigung einzulassen. Auf Seiten des Arztes kann ebenfalls ein ausgeprägtes Interesse an einer zügigen Verfahrenserledigung bestehen, um Reputationsschäden durch eine langwierige öffentliche Hauptverhandlung zu begrenzen.[6] Im Folgenden wird untersucht, inwiefern sich die Verständigung als Alternative zur Schadenshochrechnung eignet.

1. Voraussetzungen der Verständigung

Nach der Vorgabe des § 257c Abs. 2 S. 2 StPO soll Bestandteil jeder Verständigung ein Geständnis sein. Das Geständnis stellt den Dreh- und Angelpunkt des Abspracheverfahrens dar, weil es weitere Beweiserhebungen entbehrlich macht, die Hauptverhandlung abkürzt, die Juristen von Verantwortung entlastet und als aussichtslos angesehene Rechtsmittel verhindert.[7] Trotz dieser Bedeutung handelt es sich bei dem Geständnis nicht um einen unverzichtbaren Bestandteil,[8] sodass zwischen der Konstellation eines geständigen Beschuldigten und der eines schweigenden bzw. bestreitenden Beschuldigten zu differenzieren ist.

3 BT-Drs. 16/12310, S. 7.

4 *Schmidt*, StV 2013, 589; *Specht*, in: Steinhilper, Arzt und Abrechnungsbetrug, S. 71, 76; vgl. hierzu auch die Beispielsfälle aus der Praxis bei *Lüdders*, in: Steinhilper, Arzt und Abrechnungsbetrug, S. 165, 168 f.

5 *Schneider*, in: *Wienke/Janke/Kramer*, Der Vertragsarzt im Wirtschaftsstrafrecht, S. 57, 58. Teilweise stellen sogar Vertreter der Staatsanwaltschaft die These auf, dass Vertragsärzte aufgrund der nicht mehr überschaubaren Abrechnungsregelungen nicht mehr fehlerfrei abrechnen könnten, *Specht*, in: Steinhilper, Arzt und Abrechnungsbetrug, S. 71, 75.

6 Vgl. *Ellbogen*, ArztRecht 2010, 256.

7 *Eschelbach*, in: BeckOK StPO, § 257c Rn. 20.

8 *Jahn/Kudlich*, in: MüKo StPO, Bd. 2, § 257c Rn. 124.

a. Verständigung mit Geständnis

Um auf eine Schadenshochrechnung verzichten zu können, muss der Beschuldigte nicht nur die Abrechnungsmanipulation an sich einräumen, sondern darüber hinaus konkrete Angaben zum Umfang der unberechtigt geltend gemachten Abrechnungspositionen machen. Gibt er beispielsweise glaubhaft an, mindestens zwei Drittel der von ihm abgerechneten Positionen einer bestimmten Gebührenziffer seien nicht abrechnungsfähig gewesen,[9] etwa weil er diese Behandlungen tatsächlich nicht vorgenommen hat, so kann das Tatgericht den Schaden anhand dieser Größenangabe berechnen. Sofern es sich nicht lediglich um ein Formalgeständnis[10] handelt, besteht kein Bedürfnis nach Erhebung einer Stichprobe mit anschließender statistischer Hochrechnung.

Allerdings entfällt das Bedürfnis nach einer Schadenshochrechnung nicht vollständig. Die Option der Verständigung eröffnet sich den Verfahrensbeteiligten – wie sich bereits aus der Verortung des § 257c StPO im sechsten Abschnitt des zweiten Buchs der Strafprozessordnung ergibt – erst in der Hauptverhandlung. Wird einem Vertragsarzt systematischer Abrechnungsbetrug vorgeworfen, so wird der hierdurch verursachte Mindestschaden erstmals bereits im Ermittlungsverfahren hochgerechnet.[11] Hierauf kann mit Blick auf das etwaige Zustandekommen einer Verständigung der Verfahrensbeteiligten vor Gericht nicht verzichtet werden, da deren Gelingen im Ermittlungsverfahren nicht absehbar ist. Entsprechend wird die Hochrechnung infolge der Verständigung lediglich in der Hauptverhandlung, nicht aber während des Ermittlungsverfahrens entbehrlich.

b. Verständigung ohne Geständnis

Bei einer Verständigung ohne Geständnis bliebe das Bedürfnis nach einer Schadenshochrechnung hingegen auch in der Hauptverhandlung bestehen.[12] Der Amtsermittlungsgrundsatz verpflichtet das Tatgericht zur Feststellung der konkreten Schadenshöhe, da es sich um eine strafzumessungsrelevante Tatsache[13]

---

9 Dieses Beispiel wurde BGH NStZ 1993, 388, entlehnt.

10 Zum nicht ausreichenden Formalgeständnis BVerfG NJW 2013, 1058, 1063, sowie *Moldenhauer/Wenske*, in: KK StPO, § 257c Rn. 13 m.w.N.

11 Vgl. *Schmidt*, medstra 2017, 79, 83.

12 Zu den Fallgruppen, in denen eine Verständigung ohne Geständnis in Betracht kommt, siehe *Jahn/Kudlich*, in: MüKo StPO, Bd. 2, § 257c Rn. 125.

13 BGHSt 36, 320 322; BGH NStZ 2014, 457; 1999, 244, 245; *Perron*, in: Schönke/Schröder StGB, § 263 Rn. 187a.

handelt.[14] Räumt der Angeklagte den Umfang seiner systematischen Abrechnungsmanipulationen nicht ein, so muss das Tatgericht das Ausmaß des verursachten Schadens anderweitig feststellen. Hierzu bleibt dem Tatgericht regelmäßig allein die Hochrechnung.

2. Fazit

Das Verständigungsverfahren eignet sich nur mit erheblichen Einschränkungen als Alternative zur Schadenshochrechnung. Einerseits steht es den Verfahrensbeteiligten erst in der Hauptverhandlung offen, sodass es von vornherein ungeeignet ist, das Bedürfnis nach der Schadenshochrechnung während des vorgelagerten Ermittlungsverfahrens entfallen zu lassen. Für die Hauptverhandlung erübrigt sich die Schadenshochrechnung infolge einer Verständigung zudem nur, wenn sie mit einem glaubhaften Geständnis des Angeklagten verbunden ist, das Angaben zum Umfang der Abrechnungsmanipulationen beinhaltet. Verständigungen ohne ein solches Geständnis machen die Schadenshochrechnung indessen nicht verzichtbar, da der Amtsermittlungsgrundsatz das Tatgericht zur Aufklärung der Schadenshöhe verpflichtet.

II. Verfahrenseinstellung nach § 153 StPO oder § 153a StPO

Als weitere Alternative zur Schadenshochrechnung kommt die Verfahrenseinstellung aus Opportunitätsgründen, insbesondere gemäß § 153 Abs. 1 StPO oder § 153a Abs. 1 StPO in Betracht. Diese Möglichkeit besteht bereits während des Ermittlungsverfahrens, sodass auf eine Schadenshochrechnung bezüglich der eingestellten Tat(en) möglicherweise insgesamt verzichtet werden könnte.

1. Einheitlichkeit der Einstellungsentscheidung

Eine Verfahrenseinstellung nach diesen Vorschriften scheidet allerdings von vornherein hinsichtlich solcher Quartalsabrechnungen aus, deren Überprüfung Abrechnungsmanipulationen zu Tage gefördert haben, die einer Anklage zugeführt werden sollen. Für § 153 StPO und § 153a StPO gilt der prozessuale Tatbegriff, sodass sich die Einstellung auf die gesamte Tat bezieht.[15] Die prozessuale Tat beim vertragsärztlichen Abrechnungsbetrug liegt in der Einreichung der

---

14 Der Amtsermittlungsgrundsatz gilt gemäß § 257c Abs. 1 S. 2 StPO auch bei einer Verständigung.

15 Vgl. *Diemer*, in: KK StPO, § 153 Rn. 8 f.; *Peters*, in: MüKo StPO, Bd. 2, § 153 Rn. 9.

Sammelerklärung am Quartalsende.[16] Sie umfasst damit sämtliche abgerechneten Positionen, sodass bezüglich eines konkreten Quartals nur eine einheitliche, auf Anklage oder Einstellung lautende Entschließung der Staatsanwaltschaft erfolgen kann. Nicht möglich ist es indessen, lediglich einzelne Abrechnungspositionen zur Anklage zu bringen und bezüglich der übrigen Positionen derselben Abrechnung gemäß § 153 StPO oder § 153a StPO einzustellen.

Umfasst die anzuklagende Tat alle im Quartal abgerechneten Positionen, so sind sowohl die Staatsanwaltschaft als auch das Tatgericht durch den Amtsermittlungsgrundsatz zur Aufklärung des durch alle fehlerhaften Positionen verursachten Schadens verpflichtet.[17] Hinsichtlich anzuklagender Quartalsabrechnungen, die – wie üblicherweise – eine große Anzahl an abgerechneten Behandlungen aufweisen, entfällt das Bedürfnis nach der Schadenshochrechnung daher nicht.

2. *Vollständige Verfahrenseinstellung*

Es stellt sich damit lediglich die Frage, ob das Verfahren nach diesen Vorschriften vollständig eingestellt werden kann und eine Schadenshochrechnung somit überflüssig wird. Übergreifend ist zunächst festzuhalten, dass der Abrechnungsbetrug im Regelfall ein Vergehen im Sinne des § 12 Abs. 2 StGB darstellt und damit der Anwendungsbereich der §§ 153, 153a StPO eröffnet ist.[18] Lediglich im Ausnahmefall eines gewerbsmäßigen Bandenbetrugs gemäß § 263 Abs. 5 StGB ist die Einstellung nach diesen Vorschriften von vornherein ausgeschlossen, da es sich bei diesem um ein Verbrechen im Sinne des § 12 Abs. 1 StGB handelt.

a. *Einstellung nach § 153 Abs. 1 StPO*

Die Verfahrenseinstellung nach § 153 Abs. 1 StPO setzt voraus, dass die Schuld des Täters als gering anzusehen wäre. Es muss wahrscheinlich sein, dass auch nach Abschluss aller erforderlichen Ermittlungen nur eine geringe Schuld besteht.[19] Die Schuld – verstanden als Strafzumessungsschuld[20] – ist gering,

---

16 BGHSt 36, 320, 321; *Schuhr*, in: Spickhoff, Medizinrecht, § 263 StGB Rn. 81.

17 Zur Reichweite des Amtsermittlungsgrundsatzes für das Tatgericht siehe S. 187 ff. der vorliegenden Arbeit.

18 *Hellmann/Herffs*, Der ärztliche Abrechnungsbetrug, Rn. 573; vgl. auch *Feigen*, MedR 1988, 283, 285. Dies gilt auch für den oftmals wegen gewerbsmäßiger Begehung vorliegenden besonders schweren Fall des Abrechnungsbetrugs gemäß § 263 Abs. 3 S. 2 Alt. 1 StGB.

19 *Diemer*, in: KK StPO, § 153 Rn. 11.

20 *Schäfer/Sander/van Gemmeren*, in: Praxis der Strafzumessung, Rn. 35.

wenn die Tat aufgrund einer Gesamtbetrachtung aller wesentlichen ent- und belastenden Strafzumessungsumstände im unteren Bereich des gesetzlichen Strafrahmens anzusiedeln wäre.[21] Der Bereich der geringen Schuld wird grundsätzlich verlassen, wenn der Tatbestand eines besonders schweren Falls erfüllt ist.[22] Anderes gilt nur, wenn die Indizwirkung des Regelbeispiels durch andere Umstände ausgeglichen oder entkräftet wird.[23]

Demnach kann unter den Begriff der geringen Schuld zwar nicht auf abstrakter Ebene, sondern nur unter Berücksichtigung aller Umstände des konkreten Einzelfalls subsumiert werden.[24] Dennoch wird die Schuld bei dem Vorwurf des systematischen Abrechnungsbetrugs nicht mehr als gering angesehen werden können: Der systematische Abrechnungsbetrug bedeutet eine gewerbsmäßige Begehung und verwirklicht damit den besonders schweren Fall im Sinne des § 263 Abs. 3 S. 2 Nr. 1 StGB.[25] Zudem erstreckt sich systematischer Abrechnungsbetrug über mehrere Quartale und ist mit einem erheblichen Vertrauensmissbrauch auf Seiten des Vertragsarztes verbunden. Diese Umstände prägen den Schuldgehalt des Abrechnungsbetrugs maßgeblich.[26] Regelmäßig erfolgt in der Praxis eine Ahndung mit Freiheitsstrafen, deren Dauer zwei Jahre übersteigen.[27] Der Weg der Einstellung nach § 153 Abs. 1 StPO wird damit in Fällen des systematischen Abrechnungsbetrugs überwiegend nicht gangbar sein.

b. Einstellung nach § 153a StPO

Die Verfahrenseinstellung nach § 153a Abs. 1 StPO setzt unter anderem voraus, dass ihr die Schwere der Schuld nicht entgegensteht. Dies ermöglicht eine

---

21 *Peters*, in: MüKo StPO, Bd. 2, § 153 Rn. 22; *Beulke*, in: LR StPO, Bd. 5, § 153 Rn. 24; *Schäfer/Sander/van Gemmeren*, in: Praxis der Strafzumessung, Rn. 35.

22 *Beulke*, in: LR StPO, Bd. 5, § 153 Rn. 24.

23 *Peters*, in: MüKo StPO, Bd. 2, § 153 Rn. 22 m.w.N.

24 Vgl. auch *Hellmann/Herffs*, Der ärztliche Abrechnungsbetrug, Rn. 573.

25 Vgl. *Schmidt*, StV 2013, 589, 592; LG Saarbrücken, Urt. v. 19.05.2011 – 4 KLs 11/09 Rn. 970.

26 Vgl. BGHSt 36, 320, 322; *Schmidt*, StV 2013 589, 593. Diese Umstände können bereits bei der Bildung der Einzelstrafe für das jeweilige Quartal berücksichtigt werden, vgl. *Schmidt*, StV 2013 589, 593.

27 *Hellmann/Herffs*, Der ärztliche Abrechnungsbetrug, Rn. 638; vgl. auch BGH wistra 1992, 253, 255; 1992, 296 m.w.N. Selbstverständlich sind stets die Besonderheiten der Tat und der Persönlichkeit des Täters in die gebotene Gesamtwürdigung einzubeziehen, BGH wistra 1993, 300.

Einstellung nicht nur bei geringer, sondern auch bei mittlerer Schuld.[28] In Fällen schwerer Schuld scheidet eine Einstellung hingegen aus.[29] Teilweise wird die Anwendung des § 153a StPO nur dann als möglich angesehen, wenn im Fall der Verurteilung lediglich die Verhängung einer Geldstrafe in Betracht kommt.[30] Überwiegend wird indessen davon ausgegangen, dass die Anwendung des § 153a StPO auch bei einer zu erwartenden Freiheitsstrafe möglich bleibt. Sie komme erst dann nicht mehr in Betracht, wenn die Verhängung einer Freiheitsstrafe im Raum steht, deren Vollstreckung nicht mehr zur Bewährung ausgesetzt werden kann.[31]

Wie auch bei § 153 Abs. 1 StPO ist zur Bemessung der Schuld auf den jeweiligen Einzelfall abzustellen, weshalb sich eine abschließende Bewertung auf abstrakter Ebene verbietet. Es lässt sich allerdings wiederum festhalten, dass eine Verfahrenseinstellung bei dem Vorwurf des systematischen Abrechnungsbetrugs zumindest für gewöhnlich ausscheiden wird: In der Praxis werden solche Fälle regelmäßig mit Freiheitsstrafen geahndet, deren Dauer zwei Jahre übersteigen[32] und damit nicht mehr zur Bewährung ausgesetzt werden können. Anderes gilt nur bei Vorliegen außergewöhnlicher Umstände.[33] Im Regelfall bewegt sich der Vorwurf damit nicht mehr im Bereich der mittleren Schuld, sodass eine Einstellung nach § 153a StPO nur ausnahmsweise möglich ist.

3. *Fazit*

Die Anwendung der §§ 153 f. StPO scheidet regelmäßig bereits von vornherein aus, da der Verfahrenseinstellung die Schwere der Schuld entgegensteht. Kommt eine Verfahrenseinstellung nach diesen Vorschriften ausnahmsweise doch einmal in Betracht, so erübrigt sich die Schadenshochrechnung vollständig.

---

28 Der Begriff der Schuld ist wiederum im Sinne der Strafzumessungsschuld zu verstehen, vgl. *Peters*, in: MüKo StPO, Bd. 2, § 153a Rn. 12.

29 *Beulke*, in: LR StPO, Bd. 5, § 153a Rn. 32; *Peters*, in: MüKo StPO, Bd. 2, § 153a Rn. 12; vgl. auch BT-Drs. 12/1217, S. 34.

30 *Scheinfeld*, Die Verfahrenseinstellung in großen Wirtschaftsstrafsachen, Herzberg-FS, S. 843, 853 ff. m.w.N.

31 *Beulke*, in: LR StPO, Bd. 5, § 153a Rn. 32; *Peters*, in: MüKo StPO, Bd. 2, § 153a Rn. 12.

32 *Hellmann/Herffs*, Der ärztliche Abrechnungsbetrug, Rn. 638; vgl. auch BGH wistra 1992, 253, 255; 1992, 296 m.w.N.

33 Vgl. BGH wistra 1993, 300.

III. Verfahrensbeschränkung nach § 154 StPO und § 154a StPO

Zuletzt ist die Möglichkeit einer Beschränkung des Verfahrens gemäß §§ 154 f. StPO zu erörtern,[34] deren Anwendung der Bundesgerichtshof für andere Massenbetrugsfälle selbst angeregt hat.[35] Für die Gestaltung einer etwaigen Verfahrensbeschränkung bestünden zahlreiche denkbare Optionen, sodass sich die Frage stellt, wie eine sinnvolle Begrenzung des Verfahrensstoffs aussehen könnte: Welche Quartale und welche Gebührenziffern sollen aus dem Verfahren ausgeschieden werden? Dies lässt sich abschließend nur im jeweiligen Einzelfall anhand des konkret aufgekommenen Tatverdachts beantworten.

Zur Veranschaulichung der folgenden Auseinandersetzung mit den §§ 154 f. StPO wird beispielhaft auf die der Grundsatzentscheidung des Bundesgerichtshofs[36] zugrundeliegende Fallkonstellation zurückgegriffen. Der dortige Vorwurf des Abrechnungsbetrugs erstreckte sich auf die Jahre 1981 bis 1985, also auf einen Zeitraum von insgesamt fünf Jahren. Überprüft wurden indessen lediglich die letzten zwei Jahre[37], wobei die Überprüfung nicht durch eine Totalerhebung erfolgte, sondern durch die Erhebung einer Stichprobe mit anschließender Schadenshochrechnung, die auf die vorausgegangenen drei Jahre erstreckt wurde. Nachfolgend wird eruiert, ob die vorausgegangenen drei Jahre von der Verfolgung hätten ausgeklammert werden dürfen und für die folgenden zwei Jahre auf die Schadenshochrechnung hätte verzichtet werden können.

---

34 Diese Überlegung findet sich u.a. bei *Salditt*, StV 1990, 151, 153; *Krause*, StraFo 2002, 249, 250 und 251; *Badle*, NJW 2008, 1028, 1029; *Tsambikakis*, medstra 2017, 65; *Lindemann*, Voraussetzungen und Grenzen legitimen Wirtschaftsstrafrechts, S. 237; *Hancok*, Abrechnungsbetrug durch Vertragsärzte, S. 193 (dort die Fn. 737) sowie *Brockhaus*, in: Böttger, Wirtschaftsstrafrecht in der Praxis, Kap. 12 Rn. 46. Vgl. auch OLG Karlsruhe, Beschl. v. 8.8.1997 – 1 Ws 193/97. A.A. *Schmidt*, medstra 2017, 79, 81 sowie bei Massenbetrugsfällen *Hefendehl*, in: MüKo StGB, Bd. 5, § 263 Rn. 1015.

35 So soll den Notwendigkeiten der Prozessökonomie in Massenbetrugsfällen durch die Konzentration auf klare Fälle mit erheblicher Schadenshöhe mittels einer großzügigen Anwendung der hierfür vorgesehenen Einstellungs- und Beschränkungsmöglichkeiten nach §§ 154, 154a StPO entsprochen werden, vgl. BGH NStZ-RR 2017, 375, 376.

36 BGHSt 36, 320.

37 Die Fokussierung auf den zeitlich am wenigsten zurückliegenden Zeitraum bietet den Vorteil, dass die Erinnerungen der behandelten Patienten bzw. des vernommenen Praxispersonals verhältnismäßig frisch und damit zuverlässiger sind.

1. Absehen von der Verfolgung einzelner Quartalsabrechnungen nach § 154 StPO

Eine solche Begrenzung des Verfahrensstoffs setzt zunächst voraus, dass die Staatsanwaltschaft von der Verfolgung der Taten in den ersten drei Jahren hätte absehen dürfen. Die Einstellung des Verfahrens nach § 154 Abs. 1 StPO ist in Verfahren wegen Abrechnungsmanipulationen eröffnet, wenn sich diese – wie im gewählten Beispielsfall – über mehrere Abrechnungszeiträume erstrecken.[38] Des Weiteren erfordert die Einstellung gemäß § 154 Abs. 1 Nr. 1 StPO, dass die Strafe, zu der die Verfolgung führen kann, neben der Strafe, die der Beschuldigte wegen einer anderen Tat[39] zu erwarten hat, nicht beträchtlich ins Gewicht fällt. Ist die Verurteilung zu den genannten Rechtsfolgen wegen einer anderen Tat lediglich zu erwarten, muss abgeschätzt werden, welches Ausmaß diese Verurteilung im Vergleich zu der zu erwartenden Verurteilung in der gegenständlichen Sache haben würde.[40] Damit ist eine doppelte Prognose hinsichtlich der zu erwartenden Sanktionen vorzunehmen.[41]

Ob die Sanktion, die wegen der einzustellenden Tat verhängt werden soll, neben der Sanktion wegen der Bezugstat nicht beträchtlich ins Gewicht fällt, kann nur im Einzelfall unter Abwägung aller Umstände beurteilt werden.[42] Hierbei kommt es nicht allein auf quantitative Gesichtspunkte an.[43] Ist mit der wegen der Tat zu erwartenden Strafe eine Gesamtstrafe zu bilden, so wirkt die auszuscheidende Strafe sich nur dann beträchtlich aus, wenn durch sie die Gesamtstrafe in einem Maß erhöht würde, das als beträchtlich zu bewerten ist. Andernfalls kann die Strafverfolgung eingestellt werden, selbst wenn die Tat für sich alleine betrachtet eine beträchtliche Strafe zur Folge hätte.[44] Infolge der degressiven Wirkung der Gesamtstrafenbildung können dabei umso mehr Einzeltaten aus der Verfolgung ausgeschieden werden, je größer die Zahl der

---

38 *Hellmann/Herffs*, Der ärztliche Abrechnungsbetrug, Rn. 583.

39 Diese kann Gegenstand desselben Verfahrens sein, vgl. *Weßlau/Deiters*, in: SK StPO, Bd. III, § 154 Rn. 12; *Beulke*, in: LR StPO, Bd. 5, § 154 Rn. 16.

40 *Diemer*, in: KK StPO, § 154 Rn. 5.

41 Vgl. *Beulke*, in: LR StPO, Bd. 5, § 154 Rn. 14; *Teßmer*, in: MüKo StPO, Bd. 2, § 154 Rn. 37.

42 BT-Drs. 8/976, S. 39; *Teßmer*, in: MüKo StPO, Bd. 2, § 154 Rn. 40; *Diemer*, in: KK StPO, § 154 Rn. 7.

43 *Beulke*, in: LR StPO, Bd. 5, § 154 Rn. 18; *Teßmer*, in: MüKo StPO, Bd. 2, § 154 Rn. 40.

44 *Diemer*, in: KK StPO, § 154 Rn. 10; *Beulke*, in: LR StPO, Bd. 5, § 154 Rn. 20; *Weßlau/Deiters*, in: SK StPO, Bd. III, § 154 Rn. 18; vgl. auch BT-Drs. 8/976, S. 39.

dem Täter insgesamt zur Last gelegten Taten ist.[45] Fällt die Sanktion, die wegen der einzustellenden Tat verhängt werden soll, neben der Sanktion wegen der Bezugstat nach diesen Maßstäben nicht beträchtlich ins Gewicht, steht die Verfolgungsbeschränkung im pflichtgemäßen Ermessen der Staatsanwaltschaft.[46]

Bevor ergründet wird, ob von der Verfolgung der ersten drei Jahre, die mit dem Verdacht von Abrechnungsmanipulationen behaftet waren, nach § 154 Abs. 1 Nr. 1 StPO hätte abgesehen werden können, wird zunächst beleuchtet, welche Umstände für die Strafzumessung in Fällen des Abrechnungsbetrugs grundsätzlich bestimmend sind.

a. Besondere Strafzumessungsumstände bei Abrechnungsbetrug

Bei der Zumessung der für einen Abrechnungsbetrug zu verhängenden Strafe sind grundsätzlich alle Umstände zu berücksichtigen, die auch sonst für die Strafzumessung nach § 46 StGB bedeutsam sind.[47] Dies umfasst unter anderem die Höhe des verursachten Schadens, die bei Betrugstaten üblicherweise ein wesentlicher Strafzumessungsumstand ist.[48] Allerdings sieht der Bundesgerichtshof aufgrund der Besonderheiten des Abrechnungsbetrugs in erster Linie nicht die Schadenshöhe als maßgeblich an, sondern die aufgewandte kriminelle Energie, das Ausmaß des Vertrauensbruchs und die Dauer des Verhaltens.[49] Eine über viele Jahre bzw. Quartale hinweg praktizierte Falschabrechnung ärztlicher Leistungen offenbart angesichts des Vertrauens, das die Versichertengemeinschaft, die gesetzlichen Kassen und die Kassenärztlichen Vereinigungen dem Arzt aufgrund der Struktur des Abrechnungswesens entgegenzubringen haben, regelmäßig ein erhebliches Maß an Sozialschädlichkeit und persönlicher Schuld.[50] Dem Vertragsarzt ist deshalb hinsichtlich der ordnungsgemäßen Abrechnung zu vertrauen, weil die Richtigkeit seiner Abrechnungen systembedingt nur in engen Grenzen überprüft werden kann und Kontrollen mit erheblichem Aufwand und

45 *Beulke*, in: LR StPO, Bd. 5, § 154 Rn. 20.

46 *Diemer*, in: KK StPO, § 154 Rn. 15; *Beulke*, in: LR StPO, Bd. 5, § 154 Rn. 20; *Teßmer*, in: MüKo StPO, Bd. 2, § 154 Rn. 39.

47 *Hellmann/Herffs*, Der ärztliche Abrechnungsbetrug, Rn. 636.

48 Vgl. *Schmidt*, StV 2013, 589, 593; *Hefendehl*, in: Müko StGB, Bd. 5, § 263 Rn. 963; *Perron*, in: Schönke/Schröder, StGB, § 263 Rn. 187a m.w.N.

49 Vgl. BGHSt 36, 320, 322. Siehe auch OLG Karlsruhe, Beschl. v. 08.08.1997 – 1 Ws 193/97; *Schuhr*, in: Spickhoff, Medizinrecht, § 263 Rn. 84; vgl. auch *Ulsenheimer*, Arztstrafrecht in der Praxis, Rn. 1157.

50 Vgl. BGH wistra 1993, 300.

unsicheren Ergebnissen verbunden sind.[51] Der Missbrauch dieses Vertrauens sowie dessen Dauer haben bei der Strafzumessung maßgebliches Gewicht.[52]

Hinsichtlich der Bedeutung der Schadenshöhe für die Strafzumessung ist zudem zu beachten, dass diese zwar auf Tatbestandsebene anhand der streng formalen Betrachtungsweise zu ermitteln ist. Erbrachte Leistungen bleiben entsprechend unberücksichtigt, wodurch sich teils enorme Schadenssummen ergeben. Auf Strafzumessungsebene stellen erbrachte Leistungen jedoch einen bestimmenden Strafmilderungsgrund dar,[53] sodass sich die Bedeutung der Schadenshöhe im Rahmen der Strafzumessung gegenüber den Faktoren der kriminellen Energie, des Vertrauensbruchs und der Länge des Tatzeitraums weiter relativieren kann.

Weitere spezielle Strafzumessungsumstände des vertragsärztlichen Abrechnungsbetrugs sind die aufgrund der Tat zu verzeichnenden beruflichen, teils äußerst schwerwiegenden Konsequenzen. Einerseits ist bei fortgesetztem Abrechnungsbetrug regelmäßig mit der Entziehung der Vertragsarztzulassung gemäß § 95 Abs. 6 SGB V i.V.m. § 27 Ärzte-ZV zu rechnen.[54] Daneben kann der Abrechnungsbetrug sogar zum Widerruf der Approbation gemäß § 5 Abs. 2 S. 1 i.V.m. § 3 Abs. 1 S. 1 Nr. 2 BÄO führen,[55] der für den Arzt einer Existenzvernichtung gleichkommen kann.[56] Diesen beruflichen Nachteilen kommt als Folgen der Tat im Sinne des § 46 Abs. 1 S. 2 StGB strafmildernde Wirkung zu.[57]

b. Hypothetisches Gewicht der Strafe für die einzustellenden Quartale

Aufgrund der Abhängigkeit der Strafzumessung von den Einzelfallumständen kann der erforderliche Vergleich zwischen der Sanktion, die wegen der einzustellenden Tat verhängt werden soll, und der Sanktion wegen der Bezugstat auf abstrakter Ebene wiederum nicht abschließend erfolgen. Da die konkreten Strafzumessungserwägungen und die dazugehörigen Feststellungen des Landgerichts Frankenthals nicht bekannt sind, wird für die nachfolgende Erörterung des gewählten Beispielsfalls daher davon ausgegangen, dass neben der Höhe des

---

51 Vgl. BSG MedR 1998, 338; *Scholz*, in: BeckOK Sozialrecht, § 35 BMV-Ä Rn. 7; siehe auch *Grzesiek*, Wirtschaftsdelikte im Vertrags- und Privatarztsektor, S. 60; *Schmidt*, StV 2013 589, 593.

52 *Schmidt*, StV 2013, 589, 593.

53 BGH NStZ 1995, 85, 86; *Schmidt*, StV 2013, 589, 594 m.w.N.

54 Vgl. BSG MedR 1994, 206, 208.

55 Hierzu *Hellmann/Herffs*, Der ärztliche Abrechnungsbetrug, Rn. 645 f.

56 *Schmidt*, StV 2013, 589, 594.

57 Vgl. hierzu BGH StV 1991, 157; NStZ 1996, 539.

Garantieschadens und der Dauer des betrügerischen Verhaltens keine anderweitigen Strafzumessungsumstände vorlagen, denen erhebliches Gewicht zukam.

Dem Angeklagten wurden insgesamt 20 Taten, nämlich vier Abrechnungen in jedem der fünf verfahrensgegenständlichen Jahre, vorgeworfen. Zu überprüfen ist, ob die ersten zwölf Quartale im Hinblick auf die wegen der letzten acht Quartale zu erwartenden Strafe hätten eingestellt werden können. Der Verfahrenseinstellung stünde nicht von vornherein entgegen, dass damit mehr Quartale eingestellt als angeklagt werden sollen. Eine solche rein quantitative Bewertung findet gerade bei einer Gesamtstrafenbildung, wie sie hier aufgrund der zwischen den einzelnen Quartalen gegebenen Tatmehrheit erforderlich ist, nicht statt. Maßgeblich ist vielmehr, ob durch die auszuscheidende Strafe die Gesamtstrafe in einem Maß erhöht würde, das als beträchtlich zu bewerten wäre.[58] Hierbei ist der teils enorme Strafrabatt zu berücksichtigen, der aufgrund der degressiven Wirkung der Gesamtstrafe eintreten kann. Zur Verdeutlichung sei eine Entscheidung des Landgerichts Saarbrücken zum systematischen Abrechnungsbetrug über 18 Quartale angeführt, in der eine Gesamtfreiheitsstrafe von drei Jahren und neun Monaten ausgeurteilt wurde.[59] Diese Gesamtstrafe setzte sich unter anderem aus 14 Einzelfreiheitsstrafen zusammen, die jeweils zwischen einem halben Jahr und zwei Jahren lagen.[60] Die einfache Addierung aller Freiheitsstrafen hätte selbst ohne Berücksichtigung der ebenfalls verhängten Geldstrafen eine Freiheitsstrafe von 17 Jahren und neun Monaten bedeutet, sodass sich ein Strafrabatt von 14 Jahren ergab. Gleichzeitig ist zu verzeichnen, dass sich die Einsatzstrafe von zwei Jahren trotz Abrechnungsmanipulationen in weiteren 16 Quartalen nicht einmal verdoppelte, obgleich in diesen Quartalen teilweise in vergleichbarem Umfang fehlerhaft abgerechnet wurde. Dies zeigt, dass die Abrechnungsmanipulationen in weiteren Quartalen bei der Gesamtstrafenbildung neben dem Quartal, für das die Einsatzstrafe gebildet wurde, nur noch äußerst begrenzt ins Gewicht fallen. Noch weniger Gewicht kommt der für die auszuscheidenden Quartale zu bildenden Strafe zu, wenn nach der Verfahrenseinstellung – wie im Beispielsfall – nicht nur ein Quartal, sondern mehrere Quartale für die Gesamtstrafenbildung verbleiben.

---

58 *Diemer*, in: KK StPO, § 154 Rn. 10; *Beulke*, in: LR StPO, Bd. 5, § 154 Rn. 20, vgl. auch BT-Drs. 8/976, S. 39.

59 LG Saarbrücken, Urt. v. 19.05.2011 – 4 KLs 11/09 Rn. 994 ff. Ein ähnliches Bild zeigt sich anhand des Falls des Landgerichts Hamburg, Urt. v. 11. März 2019 – 618 KLs 2/17 Rn. 219 ff.

60 LG Saarbrücken, Urt. v. 19.05.2011 – 4 KLs 11/09 Rn. 982 ff.

Allerdings steht hiermit noch nicht fest, dass die wegen der einzustellenden Quartalsabrechnungen zu erwartende Strafe nicht doch zu einer beträchtlichen Erhöhung der Gesamtstrafe führen würde. Dies erklärt sich vor dem Hintergrund, dass der Bundesgerichtshof für die Strafzumessung in erster Linie auf das Ausmaß des Vertrauensbruchs und die Dauer des Verhaltens abhebt,[61] wobei diese Umstände bereits bei der Bemessung der Einzelstrafen berücksichtigt werden können.[62] Die Ausklammerung weiterer fehlerhafter Quartalsabrechnungen führt daher nicht nur zur Verringerung der Gesamtstrafe, sondern ebenso zu einer Verringerung der Einsatzstrafe, womit sich ebenfalls die hieraus zu bildende Gesamtstrafe verringert.

Die Auswirkungen dieses Effekts lassen sich jedoch begrenzen, wenn darauf geachtet wird, dass trotz der Einstellung eine ausreichende Zahl von Quartalen untersucht wird, die weiterhin das Bild eines systematischen, das heißt über einen längeren Zeitraum in erheblichem Umfang begangenen Abrechnungsbetrugs erkennen lassen. Für den gewählten Beispielsfall folgt hieraus, dass eine Verfahrensbeschränkung auf acht Quartale zu keinem beträchtlichen Abfall der Einzelstrafen und der sonst zu erwartenden Gesamtstrafe führen würde. Denn bereits der Nachweis eines systematischen Abrechnungsbetrugs über acht Quartale bedeutet einen massiven Vertrauensbruch, der sich über einen langen Zeitraum erstreckt, sodass mit einer empfindlichen Einsatzstrafe zu rechnen ist. Diese würde sich durch die Berücksichtigung weiterer fehlerhafter Quartalsabrechnungen nur verhältnismäßig gering erhöhen, sodass die wegen diesen Abrechnungen zu erwartenden Einzelstrafen die Gesamtfreiheitsstrafe nicht maßgeblich verschärfen würden.

Die im Beispielsfall wegen der weiteren Quartalsabrechnungen zu erwartende Strafe wäre daher neben der wegen der Bezugstat zu erwartenden Strafe nicht mehr beträchtlich ins Gewicht gefallen, sodass die Einstellungsmöglichkeit nach § 154 Abs. 1 Nr. 1 StPO eröffnet gewesen wäre.

2. Beschränkung der Verfolgung auf die erhobene Stichprobe nach § 154a StPO

Hätte bezüglich der drei vorausgegangenen Jahre von der Strafverfolgung abgesehen werden können, ist nunmehr die sich anschließende Frage zu beantworten,

---

61 BGHSt 36, 320, 322.

62 *Schmidt*, StV 2013, 589, 593; so auch zur Steuerhinterziehung gemäß § 370 Abs. 1 AO BGH NZWiSt 2018, 196, 197 m.w.N.

ob die Strafverfolgung bezüglich der überprüften Quartale zudem auf die erhobene Stichprobe hätte beschränkt und damit auf die Hochrechnung hätte verzichtet werden können. Hierfür setzt § 154a Abs. 1 S. 1 Nr. 1 StPO voraus, dass einzelne abtrennbare Teile einer Tat oder einzelne von mehreren Gesetzesverletzungen, die durch dieselbe Tat begangen worden sind, für die zu erwartende Strafe oder Maßregel der Besserung und Sicherung nicht beträchtlich ins Gewicht fallen.

a. Abtrennbare Teile einer Tat oder einzelne von mehreren Gesetzesverletzungen

Die Beschränkung der Verfolgung auf die im Zuge der Stichprobe überprüften Abrechnungspositionen erfordert zunächst, dass es sich bei diesen Abrechnungspositionen um einzelne abtrennbare Teile einer Tat oder einzelne von mehreren Gesetzesverletzungen handelt.

Einzelne abtrennbare Teilen einer Tat sind solche Handlungen, die im natürlichen Sinne in tatsächlicher Hinsicht in gewissem Umfang in sich abgeschlossen sind, infolge der rechtlichen Beurteilung aber mit anderen Handlungen zu einer rechtlichen Einheit, der prozessualen Tat, zusammengefasst werden. Das entscheidende Kriterium der Abtrennbarkeit nach dieser Alternative liegt in der Möglichkeit selbständiger Beurteilung des realen, tatsächlichen Geschehens, ohne dass durch das Ausscheiden die Gesamtwürdigung der Tat erheblich beeinträchtigt wird.[63] Dies ist unter anderem bei natürlicher Handlungseinheit, beispielsweise bei mehreren falschen Angaben innerhalb einer Zeugenaussage, der Fall.[64] Hingegen liegen mehrere Gesetzesverletzungen im Sinne der zweiten Alternative des § 154a Abs. 1 StPO vor, wenn durch ein und dieselbe Tat mehrere Straftatbestände erfüllt werden, die tateinheitlich zusammentreffen.[65] Beispielsweise können der tateinheitlich verwirklichte Hausfriedensbruch sowie die etwaige Sachbeschädigung bei einem Wohnungseinbruchsdiebstahl nach § 244 Abs. 1 Nr. 3 StGB abgetrennt werden.[66]

Die über die Stichprobe hinausgehenden Abrechnungspositionen stellen keine selbständigen Gesetzesverletzungen dar. Mit der Einreichung der

---

63 *Beulke*, in: LR StPO, Bd. 5, § 154a Rn. 6.

64 *Engländer*, Volk/Engländer Grundkurs StPO, § 12 Rn. 28; vgl. auch *Weßlau/Deiters*, in: SK StPO, Bd. III, § 154a Rn. 4; *Beulke*, in: LR StPO, Bd. 5, § 154a Rn. 6.

65 Vgl. *Diemer*, in: KK StPO, § 154a Rn. 4; *Weßlau/Deiters*, in: SK StPO, Bd. III, § 154a Rn. 5; *Beulke*, in: LR StPO, Bd. 5, § 154a Rn. 7.

66 *Beukelmann*, in: BeckOK StPO, § 154a Rn. 2.

Sammelerklärung wird lediglich ein einziger Betrug begangen, auch wenn die Erklärung mehrere falsche Positionen beinhaltet.[67] Bei den einzelnen Positionen handelt es sich jedoch um abtrennbare Teile dieser Betrugstat.[68] Die Tat kann bezogen auf einzelne Positionen selbständig gewürdigt werden, ohne dass ein strafrechtlich untrennbar zusammengehöriger Gesamtsachverhalt zerrissen würde: Den einzelnen Abrechnungspositionen liegt jeweils ein eigenständiger – im Falle der Luftleistung lediglich behaupteter – Behandlungsvorgang zugrunde, der sich ohne Berücksichtigung der sonstigen Positionen würdigen lässt. Entsprechend kann die Berechtigung der einzelnen Positionen ebenso ohne Rückgriff auf sonstige Abrechnungspositionen beurteilt werden.

b. Hypothetisches Gewicht der auszuscheidenden Abrechnungspositionen

Für die Ausscheidung der weiteren fehlerhaften Abrechnungspositionen kommt es nach § 154a Abs. 1 S. 1 Nr. 1 StPO darauf an, dass diese für die zu erwartende Strafe nicht beträchtlich ins Gewicht fallen. Hierbei gilt derselbe Maßstab wie bei § 154 Abs. 1 Nr. 1 StPO.[69] Es kommt also nicht darauf an, wie objektiv gewichtig der beschränkte Teil und die daran geknüpften Sanktionen sind, sondern wie gewichtig sich der Wegfall im Verhältnis zur Bezugssanktion im konkreten Einzelfall auswirkt.[70]

In Massenbetrugsfällen mit einem hohen Gesamtschaden, der sich aus einer sehr großen Anzahl von Kleinschäden zusammensetzt, wird eine Verfahrensbeschränkung teilweise von vornherein abgelehnt, da keine Taten mit höheren Einzelschäden vorhanden sind, auf die das Verfahren sinnvoll beschränkt werden könne.[71] Die Unrechtsdimension des Massenbetrugs ergebe sich gerade aus der Kumulation der Kleinschäden, sodass das vorausgesetzte Nicht-ins-Gewicht-Fallen einzelner Tatteile nicht gegeben sei.[72] Dies trifft zumindest in tatsächlicher Hinsicht für den systematischen Abrechnungsbetrug zu: Der Gesamtschaden setzt sich aus einer Unmenge[73] fehlerhaft abgerechneter Gebührenziffern

---

67 *Homann*, Betrug in der gesetzlichen Krankenversicherung, S. 39 f.; *Hefendehl*, in: MüKo StGB, Bd. 5, § 263 Rn. 995 m.w.N.

68 I.E. ebenso *Schmidt*, medstra 2017, 79, 82.

69 *Weßlau/Deiters*, in: SK StPO, Bd. III, § 154a Rn. 6.

70 *Teßmer*, in: MüKo StPO, Bd. 2, § 154a Rn. 17.

71 BGH NStZ 2013, 422, 423.

72 *Trüg*, HRRS 2015, 106, 107; *Kuhli*, StV 2016, 40, 42; *Hefendehl*, in: MüKo StGB, Bd. 5, § 263 Rn. 1015.

73 Vgl. bspw. BGH wistra 1992, 253: Dort wurden 48.532 fehlerhafte Abrechnungspositionen festgestellt.

zusammen, die einzeln oftmals nur mit geringfügigen, manchmal geradezu bagatellhaft anmutenden Beträgen vergütet werden, ohne dass einzelne fehlerhafte Abrechnungspositionen betragsmäßig hervorstechen. Insofern wird das Erfolgsunrecht des Abrechnungsbetrugs nicht adäquat durch den Vermögensschaden widergespiegelt, der allein durch die unberechtigte Geltendmachung einzelner Abrechnungspositionen verursacht wurde.[74]

Unabhängig davon, ob diese Überlegung einer Verfahrensbeschränkung in anderen Massenbetrugsfällen entgegenstünde,[75] ist für die Fälle des systematischen Abrechnungsbetrugs wiederum zu berücksichtigen, dass für die Strafzumessung in erster Linie nicht das (kumulierte) Erfolgsunrecht in Form der Schadenshöhe relevant ist. Vorrangige Bedeutung kommt der aufgewandten kriminellen Energie, dem Ausmaß des Vertrauensbruchs und der Dauer des Verhaltens zu, wobei diese Faktoren bereits in die Bildung der Einzelstrafen einfließen können. Wird für die untersuchten Quartale jeweils eine hinreichende Zahl an Abrechnungspositionen aufgeklärt, aus denen hervorgeht, dass es sich nicht lediglich um Einzelfälle fehlerhafter Abrechnung, sondern um einen systematischen Betrug des Beschuldigten handelt, erhält auch die Strafzumessung innerhalb eines Quartals ihre maßgebliche Prägung durch das hiermit erkennbare Ausmaß des Vertrauensmissbrauchs. Die über den so aufgeklärten Schaden hinaus eingetretene Schadenshöhe spielt für die Strafzumessung demgegenüber keine ausschlaggebende Rolle mehr. Aufgrund dieser Gewichtung der Strafzumessungsumstände ist nicht davon auszugehen, dass die Ermittlung der wahren Schadenshöhe[76] zu einer beträchtlichen Verschärfung der Strafe führen würde.[77]

---

74 I.E. ähnlich *Schmidt*, medstra 2017, 79, 81, der meint, das Erfolgsunrecht könne nur durch die Schadenshochrechnung hinreichend berücksichtigt werden.

75 Einschränkend etwa BGH NStZ 2019, 40, 41, wonach Verfahrensbeschränkungen zulässig seien, sofern der durch die ausgeschiedenen Tatteile verursachte Vermögensschaden dennoch bei der Strafzumessung berücksichtigt wird.

76 Für die Prognose der wegen der auszuscheidenden Abrechnungspositionen zu erwartenden Strafe kommt es nicht auf die Höhe des Garantieschadens, sondern auf die in aller Regel darüber hinausgehende tatsächliche Schadenshöhe an. Allerdings erhöht sich der durch die Stichprobe festgestellte Schaden bereits durch die Hochrechnung um ein Vielfaches. So fiel etwa die Schadenssumme nach der Hochrechnung des Landgerichts Saarbrücken (EUR 394.496,80) über zwanzig Mal so hoch aus wie der durch die Stichprobe ermittelte Schaden (EUR 18.365,51), vgl. LG Saarbrücken, Urt. v. 19.05.2011 – 4 KLs 11/09 Rn. 323 und 323.

77 Vgl. bspw. BGH, wistra 2011, 460, wonach bereits der vertragsärztliche Abrechnungsbetrug über drei Quartale mit einem festgestellten Vermögensschaden von ca.

Vielmehr wird bereits der durch die Stichprobe ermittelte Vermögensschaden in Verbindung mit den vorrangig zu berücksichtigenden Strafzumessungsumständen vielfach als Grundlage einer schuldangemessenen Strafe ausreichen.[78] Die weiteren Abrechnungspositionen fallen als abtrennbare Teile der Tat für die zu erwartende Strafe damit nicht beträchtlich ins Gewicht, sodass die Verfolgung auf die im Rahmen der Stichprobe[79] konkret überprüften Positionen beschränkt werden kann.

Ergibt sich die lange Dauer des betrügerischen Verhaltens ebenso wie die Erheblichkeit des vom Vertragsarzt begangenen Vertrauensbruchs wie im gewählten Beispielsfall bereits aus der stichprobenartigen Überprüfung der acht Quartale, kann das Verfahren im Übrigen nach § 154a Abs. 1 Nr. 1 StPO beschränkt werden.

Der Vollständigkeit halber sei erwähnt, dass die darüber hinausgehenden Abrechnungspositionen nicht strafschärfend berücksichtigt werden dürfen. Zwar erkennt die Rechtsprechung die – nicht unumstrittene[80] – Möglichkeit an, nach § 154 StPO eingestellte Taten bzw. nach § 154a StPO ausgeschiedene Tatteile in die Strafzumessung einfließen zu lassen.[81] Dies setzt zum einen voraus, dass das Tatgericht den Angeklagten zuvor auf die strafschärfende Berücksichtigung des ausgeschiedenen Verfahrensstoffs hingewiesen hat. Zum anderen müssen die ausgeschiedenen Taten bzw. Tatteile prozessordnungsgemäß festgestellt worden sein.[82] Ziel der Begrenzung des Verfahrensstoffs nach §§ 154 f. StPO ist es jedoch gerade, dass sich Ermittlungsbehörden und Tatgericht mit der Berechtigung der weiteren Abrechnungspositionen nicht auseinandersetzen müssen

---

EUR 3.500 zu einer Gesamtfreiheitsstrafe von einem Jahr und drei Monaten geführt hat, die allerdings auf Bewährung ausgesetzt wurde.

78 I.E. ebenso *Krause*, StraFo 2002, 249, 251; *Lindemann*, Voraussetzungen und Grenzen legitimen Wirtschaftsstrafrechts, S. 237; *Hancok*, Abrechnungsbetrug durch Vertragsärzte, S. 193 (dort die Fn. 737); *Luig*, Vertragsärztlicher Abrechnungsbetrug und Schadensbestimmung, S. 224; vgl. auch *Salditt*, StV 1990, 151, 153; *Badle*, NJW 2008, 1028, 1029; *Tsambikakis*, medstra 2017, 65.

79 Wird auf eine Hochrechnung verzichtet, spielt es keine Rolle, ob die überprüften Abrechnungspositionen repräsentativ für die Grundgesamtheit sind. Auf eine Zufallsauswahl kann daher verzichtet und sich auf etwaig verdächtige Positionen konzentriert werden.

80 *Haberstroh*, NStZ 1984, 289, 291 f., vgl. zudem *Beulke*, in: LR StPO, Bd. 5, § 154 Rn. 60 m.w.N.

81 BGH NStZ 2019, 40, 41; NStZ-RR 2015, 207; NStZ 2000, 594.

82 BGH NStZ 2019, 40, 41; NStZ 2000, 594.

und insbesondere auf eine Schadenshochrechnung verzichten können. Unterbleibt eine Auseinandersetzung mit diesen Positionen in der Hauptverhandlung, besteht allenfalls ein Verdacht der Begehung des Abrechnungsbetrugs in weiteren Quartalen bzw. des Vorliegens weiterer fehlerhafter Positionen in den teilweise geprüften Abrechnungen, zumal dessen Umfang ungeklärt bleibt. Die strafschärfende Berücksichtigung eines solchen bloßen Verdachts ist unzulässig.[83]

3. *Fazit*

Die Anwendung der §§ 154 f. StPO auf den gewählten Beispielsfall hat gezeigt, dass Strafverfahren wegen systematischen Abrechnungsbetrugs mittels dieser Vorschriften erheblich verschlankt werden können. Lässt sich bereits durch eine Stichprobe nachweisen, dass der Vertragsarzt über einen erheblichen Zeitraum systematisch falsch abgerechnet hat, so verleiht dieser Umstand der Strafzumessung ihre wesentliche Prägung. Die weitere Schadenshöhe fällt demgegenüber nicht beträchtlich ins Gewicht.

IV. Zusammenfassung

Soll der Beschuldigte wegen systematischen Abrechnungsbetrugs angeklagt, hierbei aber auf eine Schadenshochrechnung insgesamt verzichtet werden, so scheidet sowohl der Weg über die Verständigung nach § 257c StPO als regelmäßig auch über die Verfahrenseinstellung nach § 153 StPO oder § 153a StPO aus. Lediglich die Anwendung der §§ 154 f. StPO eröffnet die Möglichkeit, das anvisierte Ziel zu erreichen. Eine großflächige Verfahrenseinstellung konzentriert das Strafverfahren gegenüber einer Schadenshochrechnung noch weitreichender: Durch den Entfall der Schadenshochrechnung sowohl im Ermittlungs- als auch im Hauptverfahren kann das Strafverfahren deutlich verkürzt werden. Hinzu gesellt sich ein erheblicher finanzieller Einsparungseffekt, da auf die Beauftragung von kostspieligen Sachverständigen verzichtet werden könnte. Letztlich fände zudem eine Minimierung potenzieller Fehlerquellen statt. Basiert ein Urteil auf einer komplexen Berechnung des Garantieschadens, so wird es oftmals mehr Angriffsfläche für Rechtsmittel der Verteidigung bieten. Dem Ziel der Schadenshochrechnung, das Strafverfahren aus prozessökonomischen Gründen zu beschleunigen,[84] wäre mit der Anwendung der §§ 154 f. StPO daher in höherem Maße und zuverlässiger gedient.

---

83 Vgl. BGH NStZ 2019, 40, 41.

84 Vgl. *Freitag*, Ärztlicher und zahnärztlicher Abrechnungsbetrug im deutschen Gesundheitswesen, S. 124; *Salditt*, StV 1990, 151, 153; *Badle*, NJW 2008, 1028, 1029;

B. Weitere potenzielle Motive für die Hochrechnung des Vermögensschadens

Die Hochrechnung eines durch Abrechnungsbetrug verursachten Schadens ist nach dem Vorstehenden für die Ermittlungsbehörden und Tatgerichte nicht obligatorisch, sodass die Inkaufnahme des mit der Hochrechnung verbundenen Mehraufwands keine Selbstverständlichkeit darstellt. Nachfolgend werden daher potenzielle Gründe beleuchtet, die Ermittlungsbehörden und Tatgerichte trotz des damit verbundenen Mehraufwands zu einer Hochrechnung veranlassen könnten.

I. Prävention

Das staatliche Strafen dient unter anderem der Abschreckung Dritter bzw. der Allgemeinheit von der Begehung weiterer Straftaten (negative Generalprävention).[85] Insofern ließe sich für eine Hochrechnung des verursachten Schadens anführen, dass hiernach eine höhere Strafe ausgeurteilt und eine verstärkte Abschreckungswirkung erzielt werden könnte. Umgekehrt könnte die irrige Annahme, es handele sich bei einem festgestellten Abrechnungsfehler lediglich um einen Einzelfall mit geringer Schadenssumme, eine umfassende Tataufklärung verhindern und für den tatgeneigten Arzt ein günstiges Klima für die Begehung weiterer Straftaten schaffen.[86]

Angesichts der bereits zu §§ 154a f. StPO angestellten Überlegungen dürfte einer solchen Motivation zur Schadenshochrechnung indessen kein ausschlaggebendes Gewicht zukommen. Die Differenz zwischen dem anhand der Stichprobe ermittelten und dem hochgerechneten Vermögensschaden mag in absoluten Zahlen teils erheblich sein.[87] Aufgrund der Gewichtung der Strafzumessungsumstände beim vertragsärztlichen Abrechnungsbetrug ginge mit dem erhöhten Schaden jedoch weder eine beträchtliche Verschärfung der Strafe

---

Tsambikakis, medstra 2017, 65; *Brockhaus*, in: Böttger, Wirtschaftsstrafrecht in der Praxis, Kap. 12 Rn. 46.

85 Vgl. BVerfG NJW 1977, 1525, 1531; BGH NStZ 1995, 77; *Miebach/Maier*, in: MüKo StGB, Bd. 2, § 46 Rn. 38.

86 Vgl. *Badle*, NJW 2008, 1028, 1029, der statt der Schadenshochrechnung letztlich aber ebenfalls die Anwendung der §§ 154 f. StPO bevorzugt.

87 Die vom Landgericht Saarbrücken ermittelte Schadenssumme fiel nach der Hochrechnung (EUR 394.496,80) über zwanzig Mal so hoch aus wie der durch die Stichprobe festgestellte Schaden (EUR 18.365,51), vgl. LG Saarbrücken, Urt. v. 19.05.2011 – 4 KLs 11/09 Rn. 323 und 323.

noch eine bedeutsame Steigerung der Abschreckungswirkung einher. Mit der Schaffung eines günstigen Klimas für die Begehung weiterer Straftaten durch den tatgeneigten Arzt ist daher nicht zu rechnen – mit tatsächlichen Strafverfolgungslücken ohnehin nicht. Insofern unterscheidet sich die hier behandelte Fallgestaltung von der eingangs erwähnten (vollständigen) Verkennung eines systematisch begangenen Betrugs als vereinzelte Falschabrechnung, da die Systematik der Begehungsweise unabhängig von der Schadenshochrechnung festgestellt und bei der Strafzumessung berücksichtigt werden kann.

Die negative Generalprävention legt eine Hochrechnung des verursachten Vermögensschadens damit nicht nahe.

II. Einziehung des Erlangten bzw. des Werts des Erlangten

Die bisherige Erörterung der Hochrechnung stand durchweg unter dem Topos der Bedeutung der Schadenshöhe für die Strafzumessung. Möglicherweise finden sich jedoch außerhalb des Strafausspruchs liegende Gesichtspunkte, die eine Schadenshochrechnung als geboten oder gar notwendig erscheinen lassen.

1. Schätzung von Umfang und Wert des Erlangten gemäß § 73d Abs. 2 StGB

So spielt die Schadenshöhe beispielsweise für die Einziehung nach §§ 73 ff. StGB eine Rolle. Die Einziehung folgt seit dem Gesetz zur Reform der strafrechtlichen Vermögensabschöpfung[88] dem Legalitätsprinzip, ist also materiell-rechtlich zwingend vorgesehen.[89] Nach alter Rechtslage schied eine Einziehung aufgrund der bestehenden Rückforderungsansprüche der Kassenärztlichen Vereinigung noch regelmäßig nach § 73 Abs. 1 S. 2 StGB a.F. aus.[90] Diese als „Totengräber des Verfalls“[91] bezeichnete Regelung wurde mit der Reform der Vermögensabschöpfung gestrichen.[92] Seit der Reform ist die Einziehung aufgrund des Erstattungsanspruchs der Kassenärztlichen Vereinigung gemäß § 73e Abs. 1 StGB nur dann

88 Gesetz zur Reform der strafrechtlichen Vermögensabschöpfung vom 13.04.2017 (BGBl. I S. 872).

89 Vgl. *Rettke*, NZWiSt 2019, 281.

90 Vgl. *Schmidt*, StV 2013, 589, 590; *Schuhr*, in: Spickhoff, Medizinrecht, § 263 StGB Rn. 85.

91 *Eberbach*, NStZ 1987, 486, 491; *Trüg*, NJW 2017, 1913, 1914; BGH NJW 2000, 297, 300.

92 *Rettke*, NZWiSt 2019, 281; *Trüg*, NJW 2017, 1913, 1914.

ausgeschlossen, wenn der Anspruch bis zur tatrichterlichen Entscheidung[93] – etwa wegen Erfüllung gemäß § 362 BGB[94] – erloschen ist.[95]

Die heute geltende Pflicht zur Einziehung kommt bereits im Wortlaut des § 73 Abs. 1 StGB zum Ausdruck, der die Pflicht des Gerichts statuiert, die Einziehung des vom Täter durch die Tat Erlangten anzuordnen. Für den Abrechnungsbetrug bedeutet dies, dass das für die unberechtigt geltend gemachten Abrechnungspositionen erhaltene Honorar der Einziehung unterliegt.[96] Dieses wird dem Vertragsarzt auf das von ihm angegebene Honorarkonto überwiesen.[97] In aller Regel lässt sich das rechtmäßig und rechtswidrig überwiesene Honorar nicht trennen, sodass sich das durch den Abrechnungsbetrug Erlangte gegenständlich nicht identifizieren lässt.[98] Entsprechend kann die Einziehung des Auszahlungsanspruchs des Vertragsarztes gegen dessen Bank selbst nicht gemäß § 73 Abs. 1 StGB angeordnet werden.[99] Für die Fälle, in denen die Einziehung eines Gegenstandes nicht möglich ist, bestimmt § 73c S. 1 StGB, dass das Gericht die Einziehung eines Geldbetrages anzuordnen hat, der dem Wert des Erlangten entspricht.[100]

Bevor die Einziehung des Wertersatzes angeordnet werden kann, ist zunächst der Wert des durch den Abrechnungsbetrug Erlangten zu bestimmen. Unabhängig davon, ob und in welchem Ausmaß hierbei Aufwendungen des Vertragsarztes gemäß § 73d Abs. 1 StGB – beispielsweise in Form erbrachter Leistungen – in Ansatz zu bringen sind, ist in einem ersten Schritt zu ermitteln, was der Vertragsarzt brutto erhalten hat.[101] Um den Anteil des unrechtmäßig erhaltenen

---

93 BT-Drs. 18/9525, S. 54.

94 *Meißner*, NZWiSt 2018, 239, 244; *Eser/Schuster*, in: Schönke/Schröder, StGB, § 73e Rn. 2.

95 Dies gilt auch für das selbständige Einziehungsverfahren gemäß § 76a Abs. 1 Hs. 2 StGB, da bei Erfüllung des Erstattungsanspruchs die übrigen Voraussetzungen der Einziehung nicht vorliegen.

96 Zur aus einem Betrug erlangten Bereicherung allgemein, *Eser/Schuster*, in: Schönke/Schröder, StGB, § 73 Rn. 6.

97 *Heintz-Koch*, Vertragsärztlicher Abrechnungsbetrug, S. 72.

98 Dies gilt erst recht, wenn das Honorar mit Guthaben vermischt wird, welches sich bereits zuvor auf dem Konto befand.

99 Vgl. *Schmidt*, StV 2013, 589, 590.

100 Dies war nach alter Rechtslage etwa bei Vermischung von Geld der Fall, vgl. BGH, BeckRS 2001, 30220295.

101 Zu diesem zweistufigen Vorgehen bei der Ermittlung des einzuziehenden Erlangten, *Trüg*, NJW 2017, 1913, 1914.

Honorars zu identifizieren, müsste die Berechtigung aller abgerechneten Positionen überprüft werden. Diese Überprüfung könnte das Gericht einerseits auf dem konventionellen Weg, das heißt durch den Abgleich von Behandlungs- und Abrechnungsunterlagen bzw. Patienten- und Personalvernehmung bezüglich jeder einzelnen Abrechnungsposition vornehmen. Angesichts des damit verbundenen, von den Ermittlungsbehörden und Tatgerichten faktisch nicht zu leistenden Aufwands, ist ein solches Vorgehen nicht zu erwarten. Stattdessen werden Behörden und Gerichte auf die ihnen mit § 73d Abs. 2 StGB eingeräumte Befugnis zur Schätzung von Umfang und Wert des Erlangten einschließlich der abzuziehenden Aufwendungen zurückgreifen. Diese Befugnis steht ihnen zu, wenn feststeht, dass überhaupt ein Vermögenswert erlangt wurde.[102] Entgegen der vor der Reform der Vermögensabschöpfung im Schrifttum noch verbreitet anzutreffenden Auffassung zu den gesetzlichen Schätzklauseln[103] erlaubt § 73d Abs. 2 StGB nicht nur dann eine Schätzung, wenn die Ermittlung des Erlangten auf anderem Weg unmöglich ist. Ausweislich der Gesetzesbegründung soll die Schätzung zudem bei möglicher, aber prozessunökonomischer Ermittlung des Sachverhalts im Rahmen pflichtgemäßen Ermessens zulässig sein.[104] Da eine Aufklärung aller Abrechnungspositionen durch das Tatgericht faktisch nicht zu leisten ist,[105] könnten sich Staatsanwaltschaft und Tatgericht zur Bestimmung des Werts des Erlangten der Schätzung bedienen.

Wie das Tatgericht bei der Schätzung im Einzelnen vorzugehen, insbesondere welche Methode es hierbei anzuwenden hat, wird von § 73d Abs. 2 StGB nicht näher geregelt. Einigkeit besteht darüber, dass Schätzungen stets auf einer hinreichend sicheren Schätzungsgrundlage fußen müssen,[106] die im Urteil darzulegen ist.[107] Ist eine solche Grundlage festgestellt, ist der Tatrichter vom Strengbeweis

---

102 Vgl. *Eser/Schuster*, in: Schönke/Schröder, StGB, § 73d Rn. 8; zur alten Rechtslage *Joecks*, in: MüKo StGB, Bd. 2, § 73b Rn. 3.

103 *Hellmann*, GA 1997, 503, 514; *Krause*, StraFo 2002, 249, 250; *Hancok*, Abrechnungsbetrug durch Vertragsärzte, S. 193.

104 Vgl. BT-Drs. V/4095, S. 40 f. § 73d Abs. 2 StGB übernimmt den Regelungsgehalt des § 73b StGB, BT-Drs. 18/9525, S. 69. Dies entspricht der bereits vor der Gesetzesreform praktizierten Handhabung der gesetzlichen Schätzbefugnisse durch die Rechtsprechung, vgl. nur BVerfG NStZ-RR 2015, 335; BGH NStZ-RR 2017, 305; OLG Düsseldorf StV 1995, 643.

105 *Schmidt*, medstra 2017, 79, 80.

106 *Eser/Schuster*, in: Schönke/Schröder, StGB, § 73d Rn. 13; *Heuchemer*, in: BeckOK StGB, § 73d Rn. 4; *Fischer*, StGB, § 73d Rn. 11.

107 *Fischer*, StGB, § 73d Rn. 11; so zur alten Rechtslage auch *Saliger*, in: NK StGB, Bd. 1, § 73b Rn. 3.

nach § 244 StPO entbunden und darf sich mit einer vermutlichen Wertannahme begnügen.[108] Eine Schadenshochrechnung, die auf einer repräsentativen Stichprobe beruht, eignet sich als Schätzungsmethode zur Bestimmung des durch den Abrechnungsbetrug erlangten Honorars. Eine nähere Begründung dieser These erfolgt an dieser Stelle (noch) nicht, um den maßgeblichen Teil dieser Arbeit nicht vorwegzunehmen.[109] Erkennt man die Schadenshochrechnung als taugliche Schätzungsmethode im Sinne des § 73d Abs. 2 StGB an, so könnte man für die Hochrechnung des Schadens in Bezug auf den Strafausspruch ins Feld führen, dass hiermit zugleich der ohnehin bestehenden Pflicht aus § 73c S. 1 StGB nachgekommen wird, den Wert des Erlangten zu bestimmen.

2. *Absehen von der Einziehung*

Die Pflicht zur Einziehung und damit auch die Notwendigkeit einer Schätzung des Werts des Erlangten könnte entfallen, sollten die über die erhobene Stichprobe hinausgehenden Taten bzw. Tatteile ausgeschieden werden. Wird das Verfahren unter Anwendung der §§ 154 f. StPO[110] beschränkt, sieht § 76a Abs. 3 StGB jedoch die – jedenfalls materiell-rechtlich[111] – zwingende[112] Durchführung des selbständigen Einziehungsverfahrens vor. Die Schadenshochrechnung erscheint auf den ersten Blick daher auch im Falle einer weitgehenden Verfahrensbeschränkung nach §§ 154 f. StPO sinnvoll, um damit der Pflicht zur Bestimmung des Werts des Erlangten nachzukommen.

Allerdings hängt die Einleitung des selbständigen Einziehungsverfahrens gemäß § 435 Abs. 1 S. 1 StPO von einem Antrag der Staatsanwaltschaft – oder des hier nicht weiter relevanten Privatklägers – ab.[113] Ausweislich des Wortlauts „kann“ gilt für die Beantragung des selbständigen Einziehungsverfahrens das

108 *Fischer*, StGB, § 73d Rn. 11; vgl. *Eser/Schuster*, in: Schönke/Schröder, StGB, § 73d Rn. 13; *Heuchemer*, in: BeckOK StGB, § 73d Rn. 4; zur alten Rechtslage *Joecks*, in: MüKo StGB, Bd. 2, § 73b Rn. 8; *Saliger*, in: NK StGB, Bd. 1, § 73b Rn. 3.

109 Zu der Vereinbarkeit der Schadenshochrechnung mit den Vorgaben der Strafprozessordnung wird auf die S. 132 125 ff. der vorliegenden Arbeit verwiesen.

110 Selbiges gilt für die bei systematischem Abrechnungsbetrug nur ausnahmsweise in Betracht kommende Einstellung nach § 153a StPO.

111 Vgl. *Rettke*, NZWiSt 2019, 281, 287. Die §§ 73 ff. StGB richten sich lediglich an das Gericht, das die Einziehung anordnen muss, sofern deren Voraussetzungen vorliegen, *Gössel*, in: LR StPO, Bd. 8, § 435 Rn. 23.

112 *Fischer*, StGB, § 76a Rn. 8; *Eser/Schuster*, in: Schönke/Schröder, StGB, § 76a Rn. 8.

113 *Köhler*, in: Meyer-Goßner/Schmitt, StPO, § 435 Rn. 4; *Schmidt*, in: KK StPO, § 435 Rn. 2.

Opportunitätsprinzip.[114] Die Entscheidung über die Einleitung steht damit in prozessualer Hinsicht im – gerichtlich nicht nachprüfbaren[115] – pflichtgemäßen Ermessen der Staatsanwaltschaft.[116] Für die Ermessensausübung gibt § 435 Abs. 1 S. 2 StPO vor, dass die Staatsanwaltschaft insbesondere von dem Antrag absehen kann, wenn das Erlangte nur einen geringen Wert hat oder das Verfahren einen unangemessenen Aufwand erfordern würde.

Angesichts der oftmals sechsstelligen Schäden des Abrechnungsbetrugs kann der Wert des Erlangten nicht als gering bezeichnet werden, zumal die Geringwertigkeitsgrenze bereits bei EUR 150,00[117] gezogen wird.

Unangemessen ist der Kosten- oder Zeitaufwand, wenn er zu der Bedeutung der Einziehung in keinem sinnvollen Verhältnis steht.[118] Dabei hat die Staatsanwaltschaft zu berücksichtigen, ob ein Bedürfnis für die Abschöpfungsmaßnahme besteht und ob ihre Bedeutung und Wirkung in einem angemessenen Verhältnis zu dem Umfang und dem Gewicht der zu entscheidenden Tat- und Rechtsfragen stehen.[119] Eine Maßnahme, die sich bei verständiger Abwägung aller Umstände als mehr oder weniger unbedeutend erweist, braucht die Staatsanwaltschaft nicht zu beantragen.[120]

In der Praxis wird ein Bedürfnis für die Durchführung des selbständigen Einziehungsverfahrens allenfalls in seltenen Ausnahmefällen bestehen. Kann dem Vertragsarzt systematischer Abrechnungsbetrug nachgewiesen werden, so wird die rechtmäßige Vermögenszuordnung regelmäßig von den Kassenärztlichen Vereinigungen wiederhergestellt, die zu viel gezahltes Honorar zurückfordern.[121] Die Kassenärztliche Vereinigung ist in solchen Fällen nicht nur

114 *Scheinfeld/Langlitz*, in: MüKo StPO, Bd. 3/1, § 435 Rn. 8; *Köhler*, in: Meyer-Goßner/Schmitt, StPO, § 435 Rn. 6; *Schmidt*, in: KK StPO, § 435 Rn. 10; *Temming*, in: BeckOK StPO, § 435 Rn. 7.

115 *Temming*, in: BeckOK StPO, § 435 Rn. 7; *Burghart*, in: Satzger/Schluckebier/Widmaier, StPO, § 435 Rn. 4.

116 BT-Drs. 18/11640, S. 89; *Scheinfeld/Langlitz*, in: MüKo StPO, Bd. 3/1, § 435 Rn. 8; vgl. *Schmidt*, in: KK StPO, § 435 Rn. 10; *Burghart*, in: Satzger/Schluckebier/Widmaier, StPO, § 435 Rn. 4.

117 *Scheinfeld/Langlitz*, in: Müko StPO, Bd. 3/1, § 435 Rn. 25 mit Verweis auf *Putzke/Scheinfeld*, in: MüKo StPO, Bd. 3/1, § 421 Rn. 19 m.w.N.

118 *Schmidt*, in: KK StPO, § 421 Rn. 5.

119 *Scheinfeld/Langlitz*, in: MüKo StPO, Bd. 3/1, § 435 Rn. 8; vgl. *Schmidt*, in: KK StPO, § 435 Rn. 10.

120 So auch zu §§ 430 ff. StPO a.F. BGH NJW 1955, 1160.

121 Vgl. *Weber/Droste*, NJW 1990, 2281.

berechtigt, sondern verpflichtet, den Honorarbescheid nachträglich aufzuheben, das Honorar neu festzusetzen und überhöht ausgezahlte Beträge zurückzufordern.[122] Ermessen ist ihr in Fällen des Abrechnungsbetrugs nicht eingeräumt.[123] Aufgrund dieser Verpflichtung der Kassenärztlichen Vereinigung ist mit hinreichender Sicherheit absehbar, dass die rechtmäßige Vermögensordnung praktisch auch ohne selbständige Einziehung wiederhergestellt wird. Der mit einem selbständigen Einziehungsverfahren verbundene Mehraufwand, der insbesondere zur Bestimmung des Werts des Erlangten betrieben werden müsste, sowie die damit verbundenen Kosten der Sachverständigen[124] kann daher als unangemessen, da nicht erforderlich bezeichnet werden. Hieraus folgt, dass die Staatsanwaltschaft gemäß § 435 Abs. 1 S. 2 Alt. 2 StPO von dem Antrag auf selbständige Einziehungsanordnung absehen kann. Bedarf es der Durchführung des selbständigen Einziehungsverfahrens im Falle weitgehender Verfahrensbegrenzung nach §§ 154 f. StPO nicht, so entfällt hiermit die Notwendigkeit der Bestimmung des Werts des durch den Abrechnungsbetrug insoweit Erlangten durch eine Schadenshochrechnung als Schätzung im Sinne des § 73d Abs. 2 StGB.

3. *Fazit*

Wurde der Verfahrensstoff zuvor nach §§ 154 f. StPO beschränkt, ist eine Schadenshochrechnung aufgrund der Einziehungsvorschriften nicht angezeigt. In diesen Fällen kann die Staatsanwaltschaft von dem Antrag auf Einleitung des selbständigen Einziehungsverfahrens aufgrund des ihr zustehenden Ermessens nach § 435 Abs. 1 S. 2 Alt. 2 StPO absehen. Das Bedürfnis, den Wert des durch den Abrechnungsbetrug Erlangten gemäß § 73d Abs. 2 StGB zu schätzen, erübrigt sich hiermit.

III. Synergien zum sozialrechtlichen Verfahren

Ein weiteres Motiv, den verursachten Schaden im Strafverfahren hochzurechnen, könnte sich aus den potenziellen Synergien ergeben, die hiermit für das sozialrechtliche Verfahren erzielt werden könnten. Synergien sind zu vermuten,

---

122 Vgl. *Steinhilper*, in: Schnapp/Wigge, Handbuch des Vertragsarztrechts, § 16 Rn. 15; *Weber/Droste*, NJW 1990, 2281, 2283.

123 *Weber/Droste*, NJW 1990, 2281, 2283 m.w.N.

124 Zu diesen als Abwägungsaspekt *Scheinfeld/Langlitz*, in: Müko StPO, Bd. 3/1, § 435 Rn. 25 mit Verweis auf *Putzke/Scheinfeld*, in: MüKo StPO, Bd. 3/1, § 421 Rn. 25; *Schmidt*, in: KK StPO, § 421 Rn. 5.

da die Schadensschätzung kein ausschließlich im Strafverfahren praktiziertes Vorgehen ist und daher angedacht werden könnte, den im Strafverfahren berechneten Mindestschaden im sozialrechtlichen Verfahren zu verwerten.[125]

1. Die Hochrechnung bei der eingeschränkten Einzelfallprüfung

Eine Schadenshochrechnung findet etwa bei der eingeschränkten Einzelfallprüfung statt, bei der die Wirtschaftlichkeit der abgerechneten Behandlungen anhand der vom Arzt gestellten und dokumentierten Diagnose überprüft wird[126]. Die Überprüfung wird in der Regel auf einen Teil der Behandlungsfälle beschränkt und hiervon ausgehend eine Hochrechnung auf die Gesamtfallzahl vorgenommen.[127] Synergien ließen sich erzielen, wenn der im Strafverfahren berechnete Garantieschaden im sozialrechtlichen Verfahren herangezogen und dem Rückforderungsanspruch der Kassenärztlichen Vereinigung zugrunde gelegt werden könnte. Eigene Ermittlungen und Hochrechnungen der Kassenärztlichen Vereinigung würden auf diesem Weg verzichtbar.[128] Einer Verwertung des berechneten Garantieschadens könnte allerdings die unterschiedliche Ausgestaltung der mathematisch-statistischen Abläufe einer Hochrechnung im Strafverfahren und im sozialrechtlichen Verfahren entgegenstehen.[129]

a. Unterschiedliche Anforderungen an die Stichprobe

So setzt die Hochrechnung im Zuge der eingeschränkten Einzelfallprüfung grundsätzlich voraus, dass mindestens 100 Fälle und zugleich 20 Prozent aller

---

125 Vgl. hierzu *GKV-Spitzenverband*, Stellungnahme zur öffentlichen Anhörung vor dem Ausschuss für Recht und Verbraucherschutz des Deutschen Bundestages am 2.12.2015, S. 14.

126 BSG BeckRS 2007, 48597 m.w.N.; *Scholz*, in: Becker/Kingreen, SGB V, Gesetzliche Krankenversicherung, § 106 Rn. 15; *Plagemann*, in: MAH Sozialrecht, § 18 Rn. 182.

127 *Steinhäuser*, in: Schnapp/Wigge, Handbuch des Vertragsarztrechts, § 18 Rn. 49; *Clemens*, in: Laufs/Kern, Handbuch des Arztrechts, § 40 Rn. 14; *Gerlach*, in: Krauskopf, Soziale Krankenversicherung, Pflegeversicherung, § 106a SGB V Rn. 45.

128 *Weber/Droste*, NJW 1990, 2281, berichten, dass ein derartiges Vorgehen der Kassenärztlichen Vereinigungen in der Vergangenheit häufig anzutreffen war.

129 Die verschiedenen Anforderungen bzw. Berechnungsmethoden lassen sich dabei mit den ebenfalls unterschiedlichen Zwecken von Straf- und sozialgerichtlichem Verfahren erklären. Hierzu vertiefend *Wiegand*, medstra 2017, 85, 88.

Behandlungs- bzw. Verordnungsfälle einzeln geprüft wurden.[130] Nur wenn diese Vorgaben zur Stichprobe infolge von Gründen unterschritten werden, die in der Sphäre des Vertragsarztes liegen, ist die Hochrechnung auf Basis einer kleineren Stichprobe zulässig.[131]

Dermaßen konkrete Vorgaben für den Mindestumfang der Stichprobe hat der Bundesgerichtshof nicht postuliert. Die Entscheidung, ob die Stichprobe für eine Hochrechnung ausreichend groß bemessen ist, hat er vollständig dem sachverständig beratenen Tatgericht überlassen.[132] Es erscheint damit zumindest denkbar, dass die im Strafverfahren erhobene Stichprobe in manchen Fällen schon den aufgezeigten Anforderungen des Bundessozialgerichts nicht genügt. Ist dies der Fall, verbietet sich die Übernahme des berechneten Garantieschadens zur Bezifferung des Rückforderungsanspruchs der Kassenärztlichen Vereinigung schon aus diesem Grund.

b. Unterschiedliche Hochrechnungsmethode

Neben den unterschiedlichen Vorgaben für die Stichprobe werden zudem verschiedene Hochrechnungsmethoden angewandt. So erfolgt die sozialrechtliche Hochrechnung ohne Anlegung eines Sicherheitsniveaus im Wege eines einfachen Dreisatzes: Die Beanstandungsquote, das heißt das Verhältnis zwischen insgesamt in einer Abrechnung und dort fehlerhaft abgerechneten Positionen, wird schlicht mit dem ermittelten Beanstandungsanteil, also dem Verhältnis zwischen innerhalb der Stichprobe insgesamt und dort fehlerhaft abgerechneten Positionen, gleichgesetzt.[133] Diese Berechnungsmethode birgt erhebliche statistische Unsicherheiten und gibt daher keine verlässliche Auskunft über die Mindestanzahl fehlerhaft abgerechneter Positionen.[134] Aufgrund dessen verlangt das

---

130 *Clemens*, in: Laufs/Kern, Handbuch des Arztrechts, § 40 Rn. 14; *Gerlach*, in: Krauskopf, Soziale Krankenversicherung, Pflegeversicherung, § 106 SGB V Rn. 45; BSG MedR 2015, 454, 455 f. m.w.N.

131 Hierzu BSG MedR 2015, 454, 456. Vgl. auch *Gerlach*, in: Krauskopf, Soziale Krankenversicherung, Pflegeversicherung, § 106 SGB V Rn. 45 m.w.N. Des Weiteren müssen die zu prüfenden Einzelfälle nach generellen Kriterien ermittelt werden und die Überprüfung eine ständig wiederkehrende Verhaltensweise des Arztes erkennen lassen, die von den Prüfgremien als unwirtschaftlich beurteilt wird, BSG MedR 2015, 454, 455 f. m.w.N.

132 BGHSt 36, 320, 327.

133 Vgl. BSGE 70, 246, 255.

134 BSG MedR 2015, 454, 456. Vgl. *Ruckdeschel/von Ossietzky/Franke/Erlwein-Sayer/Massini*, medstra 2017, 67, 68.

Bundessozialgericht, abschließend einen pauschalen Sicherheitsabschlag von 25 Prozent des als unwirtschaftlich ermittelten Gesamtbetrages vorzunehmen.[135]

Im Strafverfahren wird demgegenüber eine weitaus komplexere Methode angewandt, bei der ein zuvor festgelegtes Sicherheitsniveau implementiert wird.[136] Dieses Sicherheitsniveau gewährleistet, dass der Garantieschaden unabhängig von der Größe der im Einzelfall erhobenen Stichprobe mit einer Sicherheit von 99,5 Prozent den mindestens verursachten Vermögensschaden wiedergibt. Als weiterer Unterschied ist zudem zu berücksichtigen, dass die sozialrechtliche Schätzung einheitlich für den betroffenen Gesamtzeitraum, nicht also für individuelle Quartale erfolgt.[137] Bei der Schadenshochrechnung wird eine einheitliche Beanstandungsquote für den gesamten Tatzeitraum hingegen nur dann ermittelt, wenn der Vertragsarzt stets im selben Umfang fehlerhaft abgerechnet hat.[138] Ist diese Voraussetzung nicht gegeben, sind quartalsbezogene Sicherheitsabschläge vorzunehmen, die gegenüber der einheitlichen Berechnung stärker ins Gewicht fallen.[139] Aufgrund der unterschiedlichen Berechnungsmethoden wird der im Strafverfahren ermittelte Schaden in der Regel deutlich niedriger ausfallen als im sozialrechtlichen Verfahren.[140]

2. *Weitere Anwendungsbereiche der Schätzung im sozialrechtlichen Verfahren*

Die Schätzung der Höhe des Rückforderungsanspruchs kommt ebenso bei den weiteren bereits dargestellten Prüfmethoden[141] zum Zuge, dort jedoch nicht im Wege der Hochrechnung. So beruht die bei der Durchschnittsprüfung praktizierte Schätzung auf ermittelten Durchschnittswerten.[142] Bei der

---

135 BSGE 70, 246, 255.

136 Im Einzelnen zur Hochrechnung siehe S. 76 ff. der vorliegenden Arbeit.

137 Vgl. bspw. LG Saarbrücken, Urt. v. 19.05.2011 – 4 KLs 11/09 Rn. 501 f.

138 Der Nachweis dessen anhand des Chi-Quadrat-Homogenitätstests ist zweifelhaft, siehe S. 165 der vorliegenden Arbeit.

139 Vgl. *Ruckdeschel/von Ossietzky/Franke/Erlwein-Sayer/Massini*, medstra 2017, 67, 73 f.

140 Vgl. auch *Wiegand*, medstra 2017, 85, 89, die davon auszugehen scheint, dass der von der Kassenärztlichen Vereinigung berechnete Schaden nur im Einzelfall den berechneten Garantieschaden unterschreiten wird, was sich allenfalls mit sozialrechtlichen Besonderheiten erklären ließe. Insofern besteht eine Parallele zur Schätzung im Steuer- und Steuerstrafverfahren. Dort fällt die Schätzung im Steuerverfahren ebenfalls regelmäßig höher aus, *Schmitz/Wulf*, in: MüKo StGB, Bd. 7, § 370 AO Rn. 200 m.w.N.

141 Hierzu siehe S. 41 ff. der vorliegenden Arbeit.

142 Vgl. *Wiegand*, medstra 2017, 85, 87.

sachlich-rechnerischen Richtigstellung kann dem abrechnenden Arzt hingegen im Wege pauschalisierender Schätzung ein Honorar in Höhe des Fachgruppendurchschnitts – oder in Bezirken der Kassenärztlichen Vereinigungen mit hohen Fallwerten eventuell niedriger – zuerkannt werden.[143] Die methodischen Unterschiede zur Hochrechnung im Strafverfahren fallen damit noch größer aus als im Falle der eingeschränkten Einzelfallprüfung. Entsprechend können sich enorme Unterschiede zwischen dem im Strafverfahren berechneten Garantieschaden und dem seitens der Kassenärztlichen Vereinigung zurückgeforderten Betrag ergeben. In einem Fall des Landgerichts Saarbrückens wurde beispielsweise ein Vermögensschaden in Höhe von EUR 394.496,80 errechnet. Der lediglich für einen Teil dieses Zeitraums geltend gemachte Regressanspruch der Kassenärztlichen Vereinigung Saarland belief sich demgegenüber auf insgesamt EUR 671.031,82.[144] Angemerkt sei allerdings, dass nicht mitgeteilt wird, mit welcher Methode die Kassenärztliche Vereinigung die Höhe des zurückgeforderten Betrags geschätzt hat.

3. *Fazit*

Ergibt die Schätzung durch die Kassenärztlichen Vereinigungen aufgrund der unterschiedlichen Berechnungsmethoden regelmäßig einen höheren Betrag als die Schadenshochrechnung, so scheidet die Übernahme des berechneten Garantieschadens zur Bezifferung des Rückforderungsanspruchs aus.[145] Um den Rückforderungsanspruch vollständig durchzusetzen, muss die Kassenärztliche Vereinigung vielmehr eine eigene Schätzung vornehmen.[146] Die Übernahme ist ebenso ausgeschlossen, wenn schon die seitens der Sozialgerichte geforderten Anforderungen an die Stichprobe nicht erfüllt sind.

IV. Zusammenfassung

Die vorstehenden Ausführungen haben gezeigt, dass sich für die Schadenshochrechnung letztlich keine zwingenden Beweggründe anführen lassen. So bedarf es dieser weder aus Gründen der negativen Spezialprävention, noch um die Schätzung des Werts des durch den Abrechnungsbetrugs Erlangten im Sinne des

143 BSG MedR 1998, 338, 339.

144 Vgl. LG Saarbrücken, Urt. v. 19.05.2011 – 4 KLs 11/09 Rn. 500 ff.

145 I.E. ebenso *Wiegand*, medstra 2017, 85, 88.

146 Ein Abstellen auf den berechneten Garantieschaden kommt nur in dem von *Wiegand*, medstra 2017, 85, 88 f. genannten Ausnahmefall in Betracht.

§ 73d Abs. 2 StGB auszukleiden. Ebenso wenig lassen sich durch die Schadenshochrechnung Synergien zum sozialrechtlichen Verfahren erzielen, da die dort vorgenommene Schätzung eigenen Regeln folgt. Dem Verzicht auf die Schadenshochrechnung durch die Anwendung der §§ 154 f. StPO stehen damit keine gewichtigen Gründe entgegen.

Drittes Kapitel: Die Zulässigkeit der Schadenshochrechnung im Strafverfahren

A. Die derzeitige Gesetzeslage

Die Untersuchung der Zulässigkeit der Schadenshochrechnung beginnt mit der Betrachtung der derzeitigen Gesetzeslage, das heißt mit der Frage nach der gesetzlichen Grundlage einer Schadenshochrechnung. Existiert eine solche, erübrigt sich die Klärung der grundsätzlichen Zulässigkeit der Schadenshochrechnung. Lediglich die Modalitäten der Schadenshochrechnung wären noch daraufhin zu überprüfen, ob diese den Anforderungen der Ermächtigungsgrundlage sowie den (verfassungsrechtlichen) Anforderungen an das Strafverfahren genügt.

I. Keine ausdrückliche Ermächtigungsgrundlage

Eine ausdrückliche Ermächtigung zur Hochrechnung oder sonstigen Schätzung eines Vermögensschadens im Sinne des § 263 StGB sieht weder die Strafprozessordnung noch das Strafgesetzbuch vor. Eine solche Grundlage vermochte bereits der Bundesgerichtshof in seinem Grundsatzurteil zur Schadenshochrechnung nicht zu benennen, sodass er sich zu einer Anlehnung an die im Strafgesetzbuch vorgesehenen gesetzlichen Befugnisse zur Schätzung – seinerzeit die §§ 40 Abs. 3, 74c Abs. 3 StGB sowie § 73b StGB a.F. – gezwungen sah.[1] Die gesetzliche Ausgangslage, auf die der Bundesgerichtshof im Jahr 1989 bei seiner Entscheidung traf, hat sich auch über dreißig Jahre später nicht substanziell verändert.[2] Es fehlt weiterhin an einer expliziten strafprozessualen Ermächtigung zur Hochrechnung eines Vermögensschadens.[3]

---

1 Vgl. BGHSt 36, 320, 327 ff.

2 Aus § 73b StGB wurde § 73d Abs. 2 StGB.

3 Die Problematik einer fehlenden gesetzlichen Ermächtigung zur Schadenshochrechnung im Strafverfahren wird auch von *Zopfs*, StV 2000, 601, 602 (insb. Fn. 14), *Krause*, StraFo 2002, 249, 250; *Hofmann*, StraFo 2003, 70; *Hancok*, Abrechnungsbetrug durch Vertragsärzte, S. 193, und *Lindemann*, Voraussetzungen und Grenzen legitimen Wirtschaftsstrafrechts, S. 235, angedeutet.

II. Vorschriften des Sachverständigenbeweises

Mangels einer ausdrücklichen Ermächtigung zur Schätzung bzw. Hochrechnung ist zu prüfen, ob die Schadenshochrechnung auf allgemeine Vorschriften der Strafprozessordnung gestützt werden kann. In Betracht kämen etwa die gesetzlichen Regelungen des Sachverständigenbeweises. Insofern ist zunächst klarzustellen, dass der Schaden in der Praxis zwar oftmals, jedoch nicht stets durch einen Sachverständigen hochgerechnet wird.[4] Rechnet die Staatsanwaltschaft bzw. das Tatgericht den Schaden selbst hoch, so liegt die Untauglichkeit der §§ 72 ff. StPO als Ermächtigungsgrundlage auf der Hand.

Diese Regelungen fungieren daneben ebenso wenig im Falle der Beauftragung eines Sachverständigen als gesetzliche Grundlage der Schadenshochrechnung. Denn die §§ 72 ff. StPO dienen lediglich als Ermächtigung zur Heranziehung eines Sachverständigen für solche Fragestellungen, deren Beantwortung eine besondere Sachkunde erfordert, über die der Tatrichter selbst nicht verfügt: Der Sachverständige vermittelt auf Grundlage seiner fachlichen Qualifikation dem Gericht das „wissenschaftliche Rüstzeug" und unterstützt es bei der Feststellung von Tatsachen, die nur vermöge seines Sonderwissens erschöpfend wahrgenommen, verstanden und beurteilt werden können.[5] Zwar wird der Tatrichter – zumindest in aller Regel – nicht die für eine Schadenshochrechnung erforderliche mathematische bzw. statistische Sachkunde aufweisen,[6] sodass die §§ 72 ff. StPO auf den ersten Blick die Beauftragung eines Sachverständigen erlauben könnten. Jedoch verfügt der Tatrichter über die Kenntnisse, die für die Erhebung und Würdigung der für den Tatnachweis tatsächlich zur Verfügung stehenden Beweismittel erforderlich sind, sodass die Feststellung des Umfangs des Vermögensschadens an sich keiner besonderen Sachkunde und damit

---

4 *Traut*, AusR 2002, 164 f.; *Krause/Caspary*, in: Cramer/Cramer, Anwalts-Handbuch Strafrecht, S. 432. Bereits *Salditt*, StV 1990, 149, 152 wies im unmittelbaren zeitlichen Anschluss an die Grundsatzentscheidung des Bundesgerichtshofs auf Anhaltspunkte hin, wonach Staatsanwaltschaften und Gerichte auf Sachverständigengutachten verzichten und unter Verweis auf die eigene Sachkunde die Hochrechnung selbst vornehmen würden. Auch in der Literatur wird die Beauftragung eines Sachverständigen mit der Hochrechnung nicht durchweg als zwingend erachtet, vgl. *Hilgendorf*, in: Wabnitz/Janovsky, Handbuch Wirtschafts- und Steuerstrafrecht, 13. Kap. Rn. 86; *Ott/Bundschuh*, JA 2005, 453, 454, sowie *Schmidt*, medstra 2017, 79, 83, der die Hinzuziehung eines Sachverständigen nur „in der Regel" für erforderlich hält.

5 *Trück*, in: MüKo StPO, Bd. 1, § 72 Rn. 2; *Neuhaus*, in: Dölling/Duttge/König/Rössner, Gesamtes Strafrecht, § 72 StPO Rn. 6; BGH NJW 1993, 3081, 3082 m.w.N.

6 Vgl. *Schmidt*, medstra 2017, 79, 83 sowie *Traut*, AusR 2002, 164 f.

auch nicht der Beauftragung eines Sachverständigen bedürfte.[7] Der eigentliche Zweck der Beauftragung eines Sachverständigen mit der Schadenshochrechnung, die Umgehung der Erhebung der eigentlich verfügbaren Beweismittel,[8] ist von dem Regelungsgegenstand der §§ 72 ff. StPO damit nicht gedeckt. Dies zeigt sich umso mehr daran, als mit der Schadenshochrechnung eine Abweichung von den gesetzlichen Vorgaben der Strafprozessordnung, namentlich des Amtsaufklärungsgrundsatzes gemäß § 244 Abs. 2 StPO verbunden ist.[9] Die Vorschriften des Sachverständigenbeweises sollen dem Tatrichter erlauben, seinen Auftrag zur Sachverhaltsaufklärung aus § 244 Abs. 2 StPO auch dann zu erfüllen, wenn ihm die hierfür erforderliche Sachkunde fehlt.[10] Dieses Ziel würde in sein Gegenteil verkehrt, wenn die §§ 72 ff. StPO als Ermächtigungsgrundlage zu einer Beschränkung des Amtsermittlungsgrundsatzes herangezogen würden.[11]

III. Anwendung der strafgesetzlichen Schätzklauseln

Die Hochrechnung des Schadens lässt sich ferner nicht auf die Vorschriften des Strafgesetzbuchs stützen, die dem Tatrichter eine Schätzung erlauben. Die Strafprozessordnung sieht solche Schätzklauseln schon nicht vor.

a. Direkte Anwendung der §§ 40 Abs. 3, 73d Abs. 2, 74c Abs. 3 StGB

Im Strafgesetzbuch finden sich zwar mit den §§ 40 Abs. 3, 73d Abs. 2, 74c Abs. 3 StGB Vorschriften, die dem Tatgericht die Befugnis zur Schätzung einräumen.[12] Diese erlauben ihrem Regelungsgegenstand nach jedoch nicht die Schätzung bzw. Hochrechnung eines Vermögensschadens als Tatbestandsmerkmal des § 263 Abs. 1 StGB, sodass sie eine Hochrechnung jedenfalls nicht in direkter Anwendung erlauben.

---

7 In diese Richtung auch *Tsambikakis*, medstra 2017, 65 f.

8 Vgl. nur *Salditt*, StV 1990, 151, 153; *Otte*, Schätzungen im Rahmen der Schuldfeststellung, S. 253 ff.

9 Hierzu siehe S. 199 ff. der vorliegenden Arbeit.

10 Vgl. *Trüg/Habetha*, in: MüKo StPO, Bd. 2, § 244 Rn. 62.

11 Von einer Beschränkung des Amtsermittlungsgrundsatzes durch die Schadenshochrechnung sprechen auch *Hancok*, Abrechnungsbetrug durch Vertragsärzte, S. 192; *Lindemann*, Voraussetzungen und Grenzen legitimen Wirtschaftsstrafrechts, S. 235; *Krause*, StraFo 2002, 249, 250; *Hofmann*, StraFo 2003, 70, 75 f.; *Schmidt*, medstra 2017, 79, 82.

12 Weitere Schätzklauseln finden sich bspw. in § 81 Abs. 4 S. 4 GWB, § 29a Abs. 4 S. 1 OWiG, § 8 WistG 1954 und § 56 Abs. 2 S. 2 GwG.

b. Analoge Anwendung der §§ 40 Abs. 3, 73d Abs. 2, 74c Abs. 3 StGB

Scheitert die direkte Anwendbarkeit der §§ 40 Abs. 3, 73d Abs. 2, 74c Abs. 3 StGB, ist die Möglichkeit einer analogen Anwendung zu untersuchen.[13] Diesem Gedanken stünde das Analogieverbot des Art. 103 Abs. 2 GG nicht entgegen, da es nach der in Rechtsprechung und Literatur vorherrschenden Ansicht[14] grundsätzlich keine Geltung für strafverfahrensrechtliche Vorschriften[15] beanspruchen soll. Ob diese Ansicht überzeugt, bedarf für die weitere Bearbeitung indessen keiner weiteren Erörterung, da bereits die allgemeinen Voraussetzungen einer Analogie nicht erfüllt sind. Eine Analogie setzt den Bestand einer planwidrigen Regelungslücke sowie die Vergleichbarkeit der Interessenlagen voraus.[16] Dabei gilt es bei der Untersuchung der analogen Anwendbarkeit der §§ 40 Abs. 3, 73d Abs. 2, 74c Abs. 3 StGB in grundsätzlicher Hinsicht zu berücksichtigen, dass diese Vorschriften eine Einschränkung des Amtsermittlungsgrundsatzes nach § 244 Abs. 2 StPO bedeuten.[17] Die Ermittlung des wahren Sachverhalts ist jedoch das zentrale Ziel des Strafverfahrens,[18] sodass Einschränkungen dieses Grundsatzes die Ausnahme bleiben müssen. Eine analoge Anwendung der §§ 40 Abs. 3, 73d Abs. 2, 74c Abs. 3 StGB kommt daher nur in sehr engen, vorsichtig und zurückhaltend zu steckenden Grenzen in Betracht, wollte man eine Analogie aufgrund der herausragenden Bedeutung des Amtsermittlungsgrundsatzes nicht von vornherein ausschließen.[19]

---

13 Der Bundesgerichtshof lehnte sich in seiner Grundsatzentscheidung lediglich lose an § 40 Abs. 3 StGB und §§ 73b, 74c Abs. 3 StGB a.F. an, ohne eine analoge Anwendung zu erörtern.

14 BVerfG NJW 2005, 1338, 1339; NJW 1969, 1059, 1061; *Wolff*, in: Hömig/Wolff, GG, Art. 103 Rn. 13; *Kudlich*, in: MüKo StPO, Bd. 1, Einl. Rn. 96 ff.; zum Meinungsstand *Remmert*, in: Maunz/Dürig, GG, 84. EL August 2018, Art. 103 Rn. 75 f.

15 Die hier angeführten Schätzklauseln sind zwar im Strafgesetzbuch eingebettet, der Sache nach handelt es sich aber um Vorschriften des Strafverfahrensrechts, *Hellmann*, GA 1997, 503, 504 f.

16 *Reimer*, Juristische Methodenlehre, S. 251. Vgl. ferner *Moellers*, Juristische Methodenlehre, S. 228; *Puppe*, Kleine Schule des juristischen Denkens, S. 171 ff.; *Kramer*, Juristische Methodenlehre, S. 211 ff.

17 So zu § 40 Abs. 3 StGB: *Fischer*, StGB, § 40 Rn. 19; *Radtke*, in: MüKo StGB, Bd. 2, § 40 Rn. 104; *Schmitt*, in: Meyer-Goßner/Schmitt, StPO, § 244 Rn. 14; *Tsambikakis*, in: Alsberg/Nüse/Meyer, Der Beweisantrag im Strafprozess, Rn. 1586 m.w.N.

18 BVerfGE 57, 250, 275; 63, 45, 61; *Trüg/Habetha*, in: MüKo StPO, Bd. 2, § 244 Rn. 47; *Schmitt*, in: Meyer-Goßner/Schmitt, StPO, § 244 Rn. 11.

19 So spricht sich auch *Hancok*, Abrechnungsbetrug durch Vertragsärzte, S. 193, aufgrund der hiermit verbundenen Einschränkung des Amtsermittlungsgrundsatzes gegen eine

(1) Planwidrige Regelungslücke

Wie bereits festgestellt, findet sich keine gesetzliche Grundlage für die Schadenshochrechnung im Strafverfahren, sodass eine Regelungslücke besteht. Deren Planwidrigkeit erscheint jedoch zweifelhaft. Die grundlegende Entscheidung des Bundesgerichtshofs aus dem Jahr 1989 liegt nunmehr drei Jahrzehnte zurück, sodass der Gesetzgeber im Zuge der seitdem zahlreich durchgeführten Strafrechtsreformen ausgiebig Gelegenheit zur Schaffung einer gesetzlichen Grundlage gehabt hätte. Obgleich er sich in dieser Zeit mit dem Phänomen des Abrechnungsbetrugs und dessen teilweise enormen Schäden mehrfach befasste,[20] hat der Gesetzgeber von der Einführung einer gesetzlichen Grundlage der Schadenshochrechnung abgesehen. Es ist daher nicht davon auszugehen, dass die Regelungslücke auf Planwidrigkeit beruht.

(2) Vergleichbarkeit der Interessenlagen

Eine vertiefte Untersuchung der Planwidrigkeit der Regelungslücke ist indessen nicht geboten, da eine analoge Anwendung der §§ 40 Abs. 3, 73d Abs. 2, 74c Abs. 3 StGB jedenfalls an der nicht gegebenen Vergleichbarkeit der Interessenlagen scheitert.

Die fehlende Vergleichbarkeit ergibt sich dabei zwar nicht bereits daraus, dass die Schätzung auf Grundlage des § 40 Abs. 3 StGB nach einer in der Literatur[21] anzutreffenden Meinung nur nach Ausschöpfung aller verfügbaren Beweismittel zulässig sei, nicht aber aus prozessökonomischen Erwägungen heraus erfolgen dürfe. Die Befürworter einer solchen restriktiven Auslegung des § 40 Abs. 3 StGB berufen sich zur Untermauerung ihrer Ansicht häufig auf die in den Gesetzesmaterialien beschriebene Funktion der Schätzung als „*ultima ratio*".[22] In der Tat wies der Sonderausschuss des Bundestages bei der Neufassung des § 40 Abs. 3 StGB darauf hin, dass dieser den Richter nicht davon befreie, die ihm zur Verfügung stehenden Beweismittel voll auszuschöpfen und die Bemessungsgrundlagen nur insoweit zu schätzen, als solche Beweismittel fehlen.[23]

---

beliebige Ausdehnung des § 40 Abs. 3 StGB aus. Zustimmend *Lindemann*, Voraussetzungen und Grenzen legitimen Wirtschaftsstrafrechts, S. 235.

20 Als Beispiel sind u.a. die Ausarbeitung des Wissenschaftlichen Dienstes des Bundestages „Illegale Abrechnungspraktiken im Gesundheitswesen" vom 05.11.2010 oder die 2016 aufgekommene Debatte zum Abrechnungsbetrug durch Pflegedienste zu nennen.

21 Vgl. etwa *Hellmann*, GA 1997, 503, 514.

22 Vgl. *Krause*, StraFo 2002, 249, 250; *Hancok*, Abrechnungsbetrug durch Vertragsärzte, S. 193.

23 BT-Drs. V/4095, S. 21.

Dem entgegengesetzt haben Rechtsprechung und Teile des Schrifttums § 40 Abs. 3 StGB jedoch seit jeher weiter ausgelegt. Sie sehen die Vorschrift auch in solchen Fällen als anwendbar an, in denen der Angeklagte keine, unvollständige oder unrichtige Angaben zu seinen wirtschaftlichen Verhältnissen macht und die Ausschöpfung der an sich zur Verfügung stehenden Beweismittel zu einer unangemessenen Verzögerung des Verfahrens führen würde oder deren Erhebung in Relation zu der Höhe der zu erwartenden Geldstrafe unangemessen wäre.[24] Daneben hat aber auch der Gesetzgeber selbst den Anwendungsbereich der gesetzlichen Schätzklauseln nicht durchweg auf Fälle nichtexistenter Beweismittel beschränkt. So soll die Schätzung gemäß § 73b StGB a.F., des Vorgängers des heutigen § 73d Abs. 2 StGB, ausweislich der Gesetzesbegründung bei möglicher, aber prozessunökonomischer Ermittlung des Sachverhalts im Rahmen pflichtgemäßen Ermessens zulässig sein.[25] Die Schätzung aus prozessökonomischen Gründen ist den gesetzlichen Schätzklauseln daher weder der Praxis noch dem Willen des Gesetzgebers nach fremd, sodass die Interessenlage der §§ 40 Abs. 3, 73d Abs. 2, 74c Abs. 3 StGB und der Schadenshochrechnung unter diesem Aspekt noch vergleichbar sind.

Die Hochrechnung eines durch Abrechnungsbetrug verursachten Vermögensschadens ist jedoch aus anderen Gründen mit den in §§ 40 Abs. 3, 73d Abs. 2, 74c Abs. 3 StGB geregelten Konstellationen nicht vergleichbar. Die gesetzlichen Schätzklauseln betreffen ausschließlich die Rechtsfolgen einer Straftat, beispielsweise die Bemessung der Tagessatzhöhe oder die Bestimmung des Wertes des Erlangten bei der Einziehung.[26] In einem vorgelagerten Schritt hat das Tatgericht sowohl die Schuld als auch den Umfang der Schuld unter Ausschöpfung der verfügbaren Beweismittel bereits konkret festgestellt;[27] die Schätzung berührt damit die Schuld des Täters in keiner Weise.[28] Die Auswirkungen der Hochrechnung

---

24 BVerfG NStZ-RR 2015, 335; BGH NStZ-RR 2017, 305; OLG Düsseldorf StV 1995, 643; *Radtke*, in: MüKo StGB, Bd. 2, § 40 Rn. 119.

25 Vgl. BT-Drs. V/4095, S. 40 f. § 73d Abs. 2 StGB übernimmt den Regelungsgehalt des § 73b StGB, BT-Drs. 18/9525, S. 69.

26 Vgl. *Frister*, in: SK StPO, Bd. IV, § 244 Rn. 26b.

27 Vgl. *Krause*, StraFo 2002, 249, 251, der zutreffend feststellt, dass sich der Beschuldigte gegen die Schätzung nach § 40 Abs. 3 StGB wehren kann, ohne damit sein Schweigen zur Sache aufzugeben. Zustimmend auch *Hancok*, Abrechnungsbetrug durch Vertragsärzte, S. 194.

28 *Hancok*, Abrechnungsbetrug durch Vertragsärzte, S. 193. Dies gilt auch für die Schätzung nach § 40 Abs. 3 StGB. Obwohl sich die Schätzung letztlich auf die Höhe der Geldstrafe auswirkt, bleiben die Schuldfeststellungen unberührt, da lediglich die Anzahl der Tagessätze schuldabhängig zu bemessen ist, vgl. *Fischer*, StGB, § 40 Rn. 2.

des verursachten Schadens reichen hingegen weit über diejenigen der Schätzung der vorgenannten Parameter hinaus: Die Schadenshochrechnung betrifft einen Umstand, der für den Umfang der vom Täter verwirklichten Schuld unmittelbar von Bedeutung ist.[29] Die Schuld des Täters wiederum ist nach § 46 Abs. 1 S. 1 StGB die Grundlage der der Strafzumessung, wobei die Höhe des verursachten Vermögensschaden als verschuldete Auswirkung im Sinne des § 46 Abs. 2 S. 2 StGB zu berücksichtigen ist.[30] Der Feststellung der Schuld als solcher, aber auch der Ermittlung ihres Umfangs, kommt bei der Strafzumessung demnach ausschlaggebende Bedeutung zu. Abweichungen von den Vorgaben des Amtsermittlungsgrundsatzes bei der Schuldfeststellung – insbesondere solche, die sich potenziell durch eine überhöhte Berechnung des Schadens auch zu Lasten des Beschuldigten auswirken könnten[31] – sind daher besonders sensibel und wiegen deutlich schwerer als Schätzungen, die wie die §§ 40 Abs. 3, 73d Abs. 2, 74c Abs. 3 StGB den Umfang der verwirklichten Schuld unberührt lassen.

(3) Fazit

Die Interessenlage der gesetzlich geregelten Schätzklauseln und der Hochrechnung eines Vermögensschadens sind daher nicht vergleichbar. Die §§ 40 Abs. 3, 73d Abs. 2, 74c Abs. 3 StGB können nicht in analoger Anwendung als gesetzliche Grundlage der Schadenshochrechnung herangezogen werden.[32]

IV. Ergebnis

Weder das Strafgesetzbuch noch die Strafprozessordnung halten eine – spezielle oder allgemeine – gesetzliche Grundlage für die Bestimmung eines

---

29 Dieser Umstand wurde bereits von *Salditt*, StV 1990, 151, 152, angedeutet und von *Hancok*, Abrechnungsbetrug durch Vertragsärzte, S. 193, ausdrücklich hervorgehoben. Zwar stellt *Hancok* fragwürdig darauf ab, die Schadenshochrechnung solle die Anzahl der Täuschungshandlungen bestimmen. Treffender ist die Formulierung, die Schadenshochrechnung betreffe nicht nur die Rechtsfolgen der Straftat, sondern auch den Umfang der Verwirklichung der objektiven Tatbestandsmerkmale, da die Schadenshochrechnung den Umfang des verursachten Schadens sowie vorgelagert den Umfang von Täuschung, Irrtum, Vermögensverfügung und Kausalität zwischen den objektiven Tatbestandsmerkmalen bestimmt.

30 Vgl. *Beukelmann*, in: BeckOK StGB, § 263 Rn. 94 ff.

31 Siehe hierzu S. 218 ff. der vorliegenden Arbeit.

32 *Frister*, in: SK StPO, Bd. IV, § 244 Rn. 26c.

Vermögensschadens im Wege der Hochrechnung bereit.[33] Ebenso wenig können die gesetzlichen Befugnisse zur Schätzung aus §§ 40 Abs. 3, 73d Abs. 2, 74c Abs. 3 StGB – direkt oder analog – angewendet werden.

B. Vereinbarkeit der Schadenshochrechnung mit den verfassungsrechtlichen und einfachrechtlichen Vorgaben für das Strafverfahren

Mangels einer gesetzlichen Grundlage der Schadenshochrechnung ist deren Zulässigkeit im Folgenden nicht allein anhand der verfassungsrechtlichen Vorgaben, sondern auch an den einfachrechtlichen Vorgaben für das Strafverfahren zu messen. Dennoch konzentriert sich die Untersuchung überwiegend auf die einfachrechtlichen Vorgaben, da diese die verfassungsrechtlichen Grundsätze regelmäßig konkretisieren.

I. Die Vereinbarkeit mit der Rechtsprechung des Bundesverfassungsgerichts zur Schadensermittlung im Landoswky- und Al-Quaida-Beschluss

Geht es um die Anforderungen an die Ermittlung eines Vermögensschadens im Sinne des § 263 Abs. 1 StGB, so wenden sich die Gedanken des Strafrechtlers unvermeidlich den Beschlüssen des Bundesverfassungsgerichts vom 23.06.2010 („Landowsky“)[34] und 07.12.2011 („Al-Quaida“)[35] zu. In diesen Beschlüssen von höchster Relevanz für Theorie und Praxis[36] hat das Bundesverfassungsgericht unter dem Gesichtspunkt des strikten strafrechtlichen Bestimmtheitsgebots des Art. 103 Abs. 2 GG grundlegende Anforderungen von entscheidender Bedeutung an die Ermittlung eines Vermögensschadens im Sinne der §§ 263, 266 StGB aufgestellt.[37] Inwiefern die den Beschlüssen des Bundesverfassungsgerichts zeitlich

---

33 Vgl. auch *Hofmann*, StraFo 2003, 70, der ebenfalls davon ausgeht, dass es an einer speziellen gesetzlichen Regelung für die Schätzung im Bereich des Schuld- und Strafausspruchs fehlt. Vgl. zudem *Krause*, StraFo 2002, 249, 250, *Ott/Bundschuh*, JA 2005, 453, 454 sowie *Hinrichs*, wistra 2013, 161, 165. Auch *Tsambikakis*, medstra 2017, 65, erkennt, dass es an normativen Vorgaben für die Schadenshochrechnung fehlt.

34 BVerfGE 126, 170.

35 BVerfGE 130, 1.

36 Vgl. *Kuhlen*, JR 2011, 246, 247.

37 Vgl. *Dierlamm*, in: MüKo StGB, Bd. 2, § 266 Rn. 14 m.w.N.; *Krüger*, NStZ 2011, 369, 372.

vorausgegangene Grundsatzentscheidung des Bundesgerichtshofs[38] zur Hochrechnung eines Vermögensschadens mit diesen Vorgaben in Einklang steht, wurde bislang weder in der Rechtsprechung[39] noch im Schrifttum geklärt.[40]

Im Fortgang der Untersuchung werden daher die in den beiden Beschlüssen des Bundesverfassungsgerichts entwickelten Anforderungen an die Schadensermittlung zunächst zusammengefasst, soweit diese für die hier zu behandelnde Problemstellung bedeutsam sind. Sodann wird überprüft, ob die herausgearbeiteten Grundsätze auf die Konstellation der Hochrechnung eines Vermögensschadens zu übertragen sind.

1. Zusammenfassung der Beschlüsse des Bundesverfassungsgerichts

Im Fokus des Landowsky-Beschlusses als auch des Al-Quaida-Beschlusses standen die Grundsätze der Ermittlung eines Nachteils bzw. Schadens im Sinne des Untreue- bzw. Betrugstatbestands.[41] In beiden Fällen spielte die Figur der konkreten bzw. schadensgleichen Vermögensgefährdung eine zentrale Rolle.[42] Die Handhabung dieser Figur durch die Fachgerichte veranlasste das Bundesverfassungsgericht, zu den aus Art. 103 Abs. 2 GG folgenden tatbestandlichen Grenzen des Nachteils- bzw. Schadensmerkmals grundlegend Stellung zu beziehen.

Diesbezüglich betonte das Bundesverfassungsgericht, dass bei der Auslegung des Nachteils- bzw. Schadensmerkmals insbesondere das von diesen Tatbeständen geschützte Rechtsgut, nämlich das Vermögen, zu berücksichtigen sei.[43] Die hierzu im Landowsky-Beschluss entwickelten Grundsätze bezogen sich zunächst nur auf den Untreuetatbestand, wurden später vom Bundesverfassungsgericht in seinem Al-Quaida-Beschluss aber auch auf den

---

38 BGHSt 36, 320.

39 Nach dem Landowsky-Beschluss ist zur Schadenshochrechnung nur die Entscheidung des Landgerichts Saarbrücken (Urt. v. 19.05.2011 - 4 KLs 11/09) veröffentlicht worden. In dieser wird auf die Vorgaben des Bundesverfassungsgerichts jedoch nicht eingegangen.

40 *Tsambikakis*, medstra 2017, 65, 66. An der Vereinbarkeit zweifelnd *Kraatz*, Arztstrafrecht, S. 182. Gegen eine Vereinbarkeit *Grzesiek*, Wirtschaftsdelikte im Vertrags- und Privatarztsektor, S. 129 f.

41 Vgl. *Schlösser*, NStZ 2012, 473, 476.

42 *Wostry*, Schadensbezifferung und bilanzielle Berechnung des Vermögensschadens bei dem Tatbestand des Betrugs (§ 263 StGB), S. 44. Vgl. hierzu *Satzger*, in: Satzger/Schluckebier/Widmaier, StGB, § 263 Rn. 245 ff.; *Kindhäuser*, in: NK StGB, Bd. 2, § 263 Rn. 298.

43 BVerfGE 126, 170, 200 f.

Betrugstatbestand übertragen.[44] Zu den Anforderungen an die Ermittlung eines Vermögensschadens führte das Bundesverfassungsgericht im Einzelnen aus, dass zur Wahrung des Vollendungserfordernisses eigenständige Feststellungen zum Vorliegen eines Schadens geboten seien. Von einfach gelagerten und eindeutigen Fällen – etwa bei einem ohne weiteres greifbaren Mindestschaden – abgesehen, würden die Strafgerichte den von ihnen angenommenen Schaden der Höhe nach beziffern und dessen Ermittlung in wirtschaftlich nachvollziehbarer Weise in den Urteilsgründen darlegen müssen. Die gebotene konkrete Ermittlung des Schadens dürfe dabei insbesondere nicht aus der Erwägung heraus unterbleiben, dass sie mit praktischen Schwierigkeiten verbunden ist. Wenn und soweit in der wirtschaftlichen Praxis geeignete Methoden zur Bewertung von Vermögenspositionen entwickelt worden sind, müssten die Gerichte diese – gegebenenfalls über die Hinzuziehung eines Sachverständigen – ihrer Beurteilung zugrunde legen. Dabei gehe es darum, die Schadensfeststellung auf eine sichere Grundlage zu stellen, sie rational nachvollziehbar zu machen und sich zu vergewissern, ob im Einzelfall eine hinreichend sichere Grundlage für die Feststellung eines Vermögensnachteils überhaupt existiert oder ob man sich in einem Bereich bewegt, in dem von einem zahlenmäßig fassbaren Schaden noch nicht die Rede sein kann. Normative Gesichtspunkte könnten dabei durchaus eine Rolle spielen, dürften aber, solle der Charakter der Untreue als Vermögens- und Erfolgsdelikt bewahrt bleiben, wirtschaftliche Überlegungen nicht verdrängen.[45] Das Bundesverfassungsgericht hob zudem mehrfach hervor, dass die im Falle der vorzunehmenden Bewertung unvermeidlich verbleibenden Prognose- und Beurteilungsspielräume durch eine „vorsichtige" Schätzung auszufüllen seien, wobei im Zweifel freigesprochen werden müsse.[46]

Die Notwendigkeit der Bezifferung des Vermögensschadens soll demnach verhindern, dass die Strafgerichte dieses Tatbestandsmerkmal bei bloß diffusen oder sich in so niedrigen Bereichen bewegenden Verlustwahrscheinlichkeiten als verwirklicht ansehen, bei denen der Eintritt eines realen Schadens ungewiss bleibt.[47] Die Strafgerichte dürfen sich bei der Annahme eines Schadens daher nicht mit dem bloßen Verweis auf Verlustwahrscheinlichkeiten begnügen. Sie müssen diese Verlustwahrscheinlichkeiten vielmehr einerseits präzise darlegen,

---

44 Vgl. BVerfGE 130, 1, 47 f.

45 Zum Ganzen BVerfGE 126, 170, 211 f.

46 BVerfGE 126, 170, 212 und 229 f.

47 So auch *Krüger*, NStZ 2011, 369, 374 f.; vgl. auch *Bittmann*, wistra 2013, 1, 3 f. sowie *Schlösser*, NStZ 2012, 473, 476.

da die Schadenshöhe entscheidend von der Wahrscheinlichkeit und dem Risiko eines zukünftigen Verlusts abhängt. Andererseits müssen sie den Schaden nachvollziehbar anhand einer grundsätzlich wirtschaftlichen Betrachtung beziffern.[48]

2. *Übertragung der Anforderungen auf die Schadenshochrechnung*

a. *Verbot der Schadensschätzung bei möglicher konkreter Schadensermittlung*

Zwischen den dargestellten Vorgaben des Bundesverfassungsgerichts und der Schadenshochrechnung wird teilweise ein Widerspruch gesehen.[49] Das Bundesverfassungsgericht wird dabei so verstanden, dass Schätzungen nur zulässig seien, sofern der Schaden nicht anderweitig berechnet werden kann. Die Berechnung des durch Abrechnungsbetrug verursachten Vermögensschadens sei jedoch anhand der Regelungen des Einheitlichen Bewertungsmaßstabs möglich, sodass das Gericht zur genauen Schadensbestimmung verpflichtet sei.[50] Auf die gebotene konkrete Ermittlung des Schadens dürfe hingegen nicht aus der Erwägung heraus verzichtet werden, dass sie mit praktischen Schwierigkeiten verbunden ist. Dem Gedanken der Prozessökonomie, der zur Legitimation der Schadenshochrechnung bemüht wird, habe das Bundesverfassungsgericht damit eine Absage erteilt.[51]

b. *Differenzierung zwischen Tatsachenfeststellung und Tatsachenbewertung*

Diesem Verständnis und der hieraus gezogenen Schlussfolgerung kann allerdings nicht uneingeschränkt gefolgt werden. Von zentraler Bedeutung ist hierbei die folgende Unterscheidung: Die im Zentrum der bundesverfassungsgerichtlichen Entscheidungen stehenden Vorgaben zur Schadensermittlung beziehen sich ausschließlich auf die Art und Weise der Bewertung von bereits festgestellten Tatsachen, die im konkreten Fall einen Schaden begründen könnten.[52] Sie

48 BVerfGE 126, 170, 177.

49 *Grzesiek*, Wirtschaftsdelikte im Vertrags- und Privatarztsektor, S. 129; *Tsambikakis*, medstra 2017, 65, 66; ebenfalls kritisch *Kölbel*, in: Achenbach/Ransiek/Rönnau, Handbuch Wirtschaftsstrafrecht, 1. Kap. Rn. 167 f. und *Ehret*, in: Breyer/Endler, Anwaltsformulare Strafrecht, Kap. 13 Rn. 25.

50 *Grzesiek*, Wirtschaftsdelikte im Vertrags- und Privatarztsektor, S. 129.

51 Vgl. *Tsambikakis*, medstra 2017, 65, 66.

52 Vgl. auch *Wostry*, Schadensbezifferung und bilanzielle Berechnung des Vermögensschadens bei dem Tatbestand des Betrugs (§ 263 StGB), S. 58 ff., der die Rechtsprechung des Bundesverfassungsgerichts ebenfalls nicht im Prozessrecht, insbesondere

betreffen die Ermittlung des Werts von Vermögenspositionen,[53] die im Rahmen der Schadensermittlung sodann zu saldieren sind.[54] Diese Bewertung der tatsächlichen Umstände – beispielsweise einer Verlustwahrscheinlichkeit oder des Ausfallrisikos einer Forderung – soll nach dem Bundesverfassungsgericht vornehmlich anhand wirtschaftlicher Maßstäbe erfolgen und grundsätzlich die konkrete Bestimmung, das heißt die Bezifferung der Höhe des Schadens bzw. Nachteils verlangen.[55] Wenn und soweit in der wirtschaftlichen Praxis geeignete Methoden zur Bewertung von Vermögenspositionen entwickelt worden sind, müssen die Gerichte diese auch ihrer Beurteilung zugrunde legen.[56] Entsprechend betrifft auch die seitens des Bundesverfassungsgerichts[57] unter bestimmten Voraussetzungen zugelassene Schätzung ausschließlich die Ebene der Bewertung bereits festgestellter Tatumstände, nicht jedoch den vorgelagerten Bereich der vom Strafgericht zu treffenden tatsächlichen Feststellungen: Eine Schätzung des Schadens bzw. Mindestschadens ist nach dem Bundesverfassungsgericht nur zulässig, soweit bei der wirtschaftlichen Bewertung Unsicherheiten verbleiben.[58] Sie darf nur die Prognose- und Beurteilungsspielräume ausfüllen, die selbst bei Anwendung der anerkannten Bewertungsverfahren und -maßstäbe unvermeidlich sind.[59] Geschätzt wird damit allein, ob die vom Tatgericht festgestellten Tatsachen einen Vermögensschaden bedeuten.[60]

Die Schätzung des Vermögensschadens im Wege der Hochrechnung hingegen betrifft die prozessuale Feststellung von tatsächlichen Umständen,[61] nämlich die Anzahl der fehlerhaften Abrechnungspositionen innerhalb eines Quartals. Während die Feststellungen bezüglich der für die Stichprobe zufällig

nicht in der Überzeugungsbildung gemäß § 261 StPO, sondern ausschließlich im strafrechtlichen Bestimmtheitsgebot des Art. 103 Abs. 2 GG begründet sieht.

53 Vgl. BVerfGE 126, 170, 206 f.: Das Vermögen sei eine wirtschaftliche Größe. Das Nachteilsmerkmal werfe die Auslegungsfrage auf, welche Vermögenspositionen in die Wertbestimmung einfließen und wie deren Wert zu ermitteln ist.

54 Zum Saldierungsprinzip *Hefendehl*, in: MüKo StGB, Bd. 2, § 263 Rn. 528 ff.

55 BVerfGE 126, 170, 211 f.; 130, 1, 47 f.

56 BVerfGE 126, 170, 211 f.

57 BVerfGE 126, 170, 212 und 229 f.; 130, 1, 47 f.

58 BVerfGE 126, 170, 212; 130, 1, 47 f.

59 BVerfGE 126, 170, 229 f.

60 Diese Einordnung der Schätzung wird durch den Nichtannahmebeschluss des Bundesverfassungsgerichts vom 20.03.2007 (2 BvR 162/07) gestützt.

61 So schreibt auch *Joecks*, in: MüKo StGB, Bd. 2, § 73b Rn. 2, der insoweit vergleichbaren gesetzlichen Schätzklausel des § 73b StGB a.F. einen primär prozessualen Charakter zu.

ausgewählten Abrechnungspositionen anhand der Abrechnungs- und Behandlungsunterlagen sowie der Vernehmung von Patienten und Personal bzw. Kollegen des beschuldigten Arztes erfolgt, werden die Feststellungen für die übrigen Abrechnungspositionen eines Quartals mittels statistischer Hochrechnung getroffen. Die Hochrechnung betrifft darüber hinaus jedoch nicht die sich erst im nächsten Schritt anschließende rechtliche Bewertung der festgestellten fehlerhaften Abrechnungspositionen als Vermögensschaden im Sinne des § 263 Abs. 1 StGB.[62] Diese Bewertung erfolgt vielmehr anhand der in der Rechtsprechung vorherrschenden streng formalen Betrachtungsweise[63] und lässt sich in rechtlicher Hinsicht regelmäßig problemlos vornehmen. Ebenso wenig stellt das Erfordernis der Bezifferung des Vermögensschadens die Tatgerichte vor größere Herausforderungen: Im Grunde besteht der Vermögensschaden bei dem vertragsärztlichen Abrechnungsbetrug in der Summe des Geldwerts aller im jeweiligen Quartal unrechtmäßig abgerechneten Leistungen.[64]

Die vorstehende Differenzierung zwischen den zwei Arten der Schätzung – Schätzung zur Feststellung der zu würdigenden Tatsachen; Schätzung zur Würdigung der festgestellten Tatsachen – wird durch einen Nichtannahmebeschluss[65]

---

62 An dieser Stelle ist auf die terminologische Ungenauigkeit des Begriffs der Schadenshochrechnung hinzuweisen. Hochgerechnet wird in erster Linie nicht der durch die Stichprobe nachgewiesene Schaden, sondern die hierdurch nachgewiesenen fehlerhaften Abrechnungspositionen (vgl. BGHSt 36, 320, 322; *Schmidt*, medstra 2017, 79, 83; *Hancok*, Abrechnungsbetrug durch Vertragsärzte, S. 189 f.). Entsprechend betrifft die hier aufgeworfene Frage streng genommen nicht unmittelbar die Überzeugung von der Schadenshöhe, sondern die logisch vorgelagerte Überzeugung von der Anzahl der fehlerhaften Abrechnungspositionen. Allerdings übernehmen die Sachverständigen in der Praxis teils gleichzeitig die komplizierte Berechnung des durch die hochgerechnete Zahl fehlerhafter Abrechnungen verursachten Vermögensschadens (vgl. *Ruckdeschel/von Ossietzky/Franke/Erlwein-Sayer/Massini*, medstra 2017, 67, 75). Dieses Vorgehen hat das Bundesverfassungsgericht (Beschl. v. 31.08.2007 – 2 BvR 1681/07) nicht beanstandet, vgl. auch *Erlinger/Warntje/Bock*, in: MAH Strafverteidigung, § 50 Rn. 156.

63 Zu der Vereinbarkeit der streng formalen Betrachtungsweise mit den dargestellten, aus Art. 103 Abs. 2 GG fließenden Vorgaben *Graf*, Das Vermögensstrafrecht vor den Schranken des Verfassungsrechts, S. 233 ff.; *Heintz-Koch*, Vertragsärztlicher Abrechnungsbetrug, S. 171 ff.; *Grzesiek*, Wirtschaftsdelikte im Vertrags- und Privatarztsektor, S. 120 ff.; *Krüger/Burgert*, ZWH 2012, 213, 216. Das Bundesverfassungsgericht selbst erkannte in einem Nichtannahmebeschluss von 1997 keine Verletzung des Art. 103 Abs. 2 GG, BVerfG NJW 1998, 810.

64 BGH NStZ 1993, 388, 389; *Schmidt*, medstra 2017, 79; *Satzger*, in: Satzger/Schluckebier/Widmaier, StGB, § 263 Rn. 266.

65 BVerfG, Beschl. v. 20.03.2007 – 2 BvR 162/07.

des Bundesverfassungsgerichts gestützt, der nur etwa drei Jahre vor dem Landowsky-Beschluss erging. Der Beschwerdeführer war unter anderem wegen betrügerischer Abrechnung von Privatleistungen verurteilt worden.[66] Die Höhe des hierdurch verursachten Schadens sowie die Verteilung auf die einzelnen Patienten hatte das Tatgericht auf Grundlage der Einlassung des Beschuldigten geschätzt. Diese Vorgehensweise rügte der Beschwerdeführer mit seiner Verfassungsbeschwerde. Hierbei machte er eine Verletzung des strafrechtlichen Analogieverbots, also des Art. 103 Abs. 2 GG, geltend. Das Bundesverfassungsgericht maß die Beschwerde jedoch an den aus Art. 20 Abs. 3 GG i.V.m. Art. 2 Abs. 2 GG fließenden Grundsätzen des fairen Verfahrens: Der Sache nach sei es dem Beschwerdeführer mit dem Vortrag, das Tatgericht habe keine oder unzutreffende tatsächliche Feststellungen zu dem Tatbestandsmerkmal des Vermögensschadens getroffen, um eine Verletzung der Pflicht des Tatgerichts zur umfassenden Sachverhaltserforschung und sachgerechten Beweiswürdigung gegangen.[67] Aus dieser Einordnung folgt, dass nicht jegliche Schätzung im Zusammenhang mit einem Vermögensschaden am strafrechtlichen Bestimmtheitsgebot des Art. 103 Abs. 2 GG zu messen ist. Geht es nicht um die tatbestandlichen Grenzen des Betrugstatbestands, sondern um die umfassende Sachverhaltserforschung, das heißt die Ermittlung der sodann rechtlich zu würdigenden Tatsachen, so fließt der verfassungsrechtliche Prüfungsmaßstab aus dem Rechtsstaatsprinzip gemäß Art. 20 Abs. 3 GG i.V.m. Art. 2 Abs. 2 GG.[68]

Es lässt sich zusammenfassend festhalten, dass die dargestellten Entscheidungen des Bundesverfassungsgerichts Vorgaben zur Bewertung festgestellter Tatsachen enthalten. Hingegen betrifft die Schadenshochrechnung die dieser Bewertung vorgelagerte prozessuale Feststellung der zu bewertenden Tatsachen. Diese Differenzierung ist für die Anwendbarkeit des Art. 103 Abs. 2 GG von maßgeblicher Bedeutung. Die den Entscheidungen des Bundesverfassungsgerichts zugrundeliegende Frage der Bewertung einer mit Verlustwahrscheinlichkeiten behafteten Position als Vermögenschaden weist einen unmittelbaren Bezug zur Auslegung des Betrugs- bzw. Untreuetatbestands auf und ist daher an den Voraussetzungen des strikten Bestimmtheitsgebot des Art. 103 Abs. 2 GG zu messen.[69] Das Bestimmtheitsgebot wird dabei verletzt, wenn Gerichte tatsächliche

66 BGH NStZ 2007, 269.

67 Vgl. BVerfG, Beschl. v. 20.03.2007 – 2 BvR 162/07.

68 Nach den Ausführungen des Bundesverfassungsgerichts folgt der einfachrechtliche Prüfungsmaßstab hingegen aus § 244 StPO sowie § 261 StPO.

69 Vgl. *Saliger*, NJW 2010, 3195, 3196 f.

Umstände als Vermögensschaden bewerten, obwohl diese bei der grundsätzlich gebotenen wirtschaftlichen Betrachtung tatsächlich keinen Vermögensschaden begründen.[70] Die Schätzung eines Vermögensschadens im Wege der Hochrechnung betrifft hingegen mit der Art und Weise der prozessualen Feststellung der tatsächlichen Umstände des Sachverhalts ausschließlich einen strafverfahrensrechtlichen Aspekt. Dieser berührt die Bewertung der festgestellten Umstände als Vermögensschaden im Sinne des Betrugstatbestands nicht. Die rechtliche Bewertung schließt sich vielmehr in einem hiervon unabhängigen Schritt an die Feststellung der Tatsachen an. Berührt die Schadenshochrechnung damit nicht die Auslegung eines der Merkmale des Betrugstatbestands, verletzt diese auch nicht den Schutzbereich des Art. 103 Abs. 2 GG. Entsprechend lassen sich auch die Anforderungen des Bundesverfassungsgerichts, die ausschließlich aus dem Blickwinkel des strikten Bestimmtheitsgebots des Art. 103 Abs. 2 GG heraus entwickelt wurden, nicht auf die Konstellation der Schadenshochrechnung übertragen.

Insofern können auch die Bedenken gegen die Schadenshochrechnung, die teilweise in der Literatur[71] aus der grundsätzlichen Absage des Bundesverfassungsgerichts an den Verzicht auf die gebotene konkrete Ermittlung des Vermögensschadens aufgrund damit verbundener praktischer Schwierigkeiten gefolgert werden, jedenfalls nicht mit Blick auf Art. 103 Abs. 2 GG geteilt werden.[72]

3. *Ergebnis*

Die von dem Bundesverfassungsgericht aus dem strikten Bestimmtheitsgebot des Art. 103 Abs. 2 GG entwickelten Anforderungen an die Schadensermittlung sind nicht auf die Konstellation der Schadenshochrechnung übertragbar.

---

70 Vgl. BVerfGE 126, 170, 194 sowie 218 ff.

71 *Grzesiek*, Wirtschaftsdelikte im Vertrags- und Privatarztsektor, S. 129; *Tsambikakis*, medstra 2017, 65, 66; vgl. auch *Kraatz*, Arztstrafrecht, S. 182.

72 I.E. ebenso *Wostry*, Schadensbezifferung und bilanzielle Berechnung des Vermögensschadens bei dem Tatbestand des Betrugs (§ 263 StGB), S. 103, der die Schadenshochrechnung für zulässig hält. Einschränkend hingegen *Kölbel*, in: Achenbach/Ransiek/Rönnau, Handbuch Wirtschaftsstrafrecht, 1. Kap. Rn. 168. *Badorff*, Abrechnungsbetrug von ambulanten Pflegediensten, S. 132, und *Schicker*, rescriptum 2013, 41, 47, meinen gar, die skizzierten Entscheidungen des Bundesverfassungsgerichts würden die Rechtsprechung des Bundesgerichtshofs zur Schadenshochrechnung bestätigen. Anscheinend ebenso *Mohammadi/Hampe*, NZWiSt 2012, 417, 419.

Die Schadenshochrechnung betrifft ausschließlich die strafprozessuale Feststellung der Anzahl der fehlerhaften Abrechnungspositionen, nicht aber die sich anschließende rechtliche Bewertung dieser Tatsachen als Schaden. Letztere erfolgt vielmehr anhand der in der Rechtsprechung vorherrschenden streng formalen Betrachtungsweise. Daher weist die Schadenshochrechnung keinen Bezug zur materiell-rechtlichen Auslegung des Tatbestandsmerkmals des Schadens im Sinne des Betrugs auf, sodass das strikte Bestimmtheitsgebot des Art. 103 Abs. 2 GG nicht anwendbar ist.

II. Die Vereinbarkeit der Schadenshochrechnung mit der freien richterlichen Beweiswürdigung gemäß § 261 StPO

Eine der tragenden Säulen des rechtsstaatlichen Strafverfahrens ist der Grundsatz der freien richterlichen Beweiswürdigung gemäß § 261 StPO. Hiernach entscheidet das Gericht über das Ergebnis der Beweisaufnahme nach seiner freien, aus dem Inbegriff der Verhandlung geschöpften Überzeugung. Damit kommen neben der Freiheit der Beweiswürdigung die weiteren die Hauptverhandlung tragenden Verfahrensmaximen der Unmittelbarkeit sowie der Mündlichkeit zum Ausdruck,[73] die allerdings die Frage der Zulässigkeit der Schadenshochrechnung nicht berühren. Die folgende Untersuchung konzentriert sich daher auf die Vereinbarkeit der Schadenshochrechnung mit dem Grundsatz der freien richterlichen Beweiswürdigung.

1. Grundlagen

Zwecks übersichtlicher Darstellung wird die Erörterung der Grundlagen der freien richterlichen Beweiswürdigung in zwei Abschnitte unterteilt: Der erste Abschnitt bezieht sich auf den Vorgang der Überzeugungsbildung. Der Gesetzestext spricht dabei von der „Schöpfung" der Überzeugung, die amtliche Überschrift von der Beweiswürdigung. In einem zweiten Abschnitt sind die Anforderungen an die zu bildende Überzeugung selbst darzulegen. Diese Anforderungen betreffen den Maßstab der Überzeugung des Gerichts, also den Grad an Gewissheit des Richters, der für die Überzeugung im Sinne des § 261 StPO erforderlich ist.[74]

---

73 Vgl. BGH NStZ 1988, 374; *Roxin/Schünemann*, Strafverfahrensrecht, § 44 Rn. 3; *Ott*, in: KK StPO, § 261 Rn. 1.

74 Diese Unterteilung in zwei Abschnitte erfolgt im Wesentlichen aus Gründen der Übersichtlichkeit der Darstellung. Hierin soll nicht die Auffassung zum Ausdruck kommen,

Eng verbunden mit der Frage der richterlichen Überzeugung ist der Grundsatz *„in dubio pro reo“*,[75] der sogenannte Zweifelssatz: Verbleiben nach der Beweiswürdigung Zweifel des Tatrichters am Vorliegen einer den Beschuldigten belastenden Tatsache, so ist der Maßstab der Überzeugung im Sinne des § 261 StPO nicht erreicht. Entsprechend ist zugunsten des Angeklagten davon auszugehen, dass diese Tatsache nicht gegeben ist.[76]

a. Grundlagen der richterlichen Überzeugungsbildung

Bei der Schöpfung der Überzeugung, das heißt bei der Beweiswürdigung, ist der Tatrichter nach dem Wortlaut des Gesetzes frei. Einschränkende Vorgaben an die Beweiswürdigung sieht § 261 StPO nicht vor. In Rechtsprechung und Schrifttum besteht jedoch Einigkeit darüber, dass die Würdigung der Beweise durch den Tatrichter nicht völlig frei von Regeln erfolgen darf, da der Beschuldigte andernfalls der nicht revisiblen Willkür des Gerichts ausgesetzt wäre.[77] Es entspricht daher einhelliger Auffassung, der Gesetzgeber habe mit der Freiheit der Beweiswürdigung lediglich zum Ausdruck bringen wollen, dass der Tatrichter weder an Beweisregeln noch an Beweisvermutungen gebunden ist.[78] Von ihm gezogene Schlussfolgerungen müssen nur möglich, nicht aber zwingend sein.[79] Die gesetzliche Begrifflichkeit der freien Beweiswürdigung entbindet die richterliche Überzeugungsbildung indessen nicht von dem Erfordernis einer rational-objektiven Grundlage.[80] Die Grenzen der Freiheit der richterlichen

---

der Vorgang der Überzeugungsbildung und der Maßstab der Überzeugung ließen sich stets scharf voneinander trennen.

75 *Sander*, in: LR StPO, Bd. 6/2, § 261 Rn. 103; *Luig*, Vertragsärztlicher Abrechnungsbetrug und Schadensbestimmung, S. 220.

76 Vgl. *Schmitt*, in: Meyer-Goßner/Schmitt, StPO, § 261 Rn. 26; *Ott*, in: KK StPO, § 261 Rn. 4.

77 Vgl. *Miebach*, in: MüKo StPO, Bd. 2, § 261 Rn. 94; *Sander*, in: LR StPO, Bd. 6/2, § 261 Rn. 41; *Knierim*, in: Esser/Rübenstahl/Saliger/Tsambikakis, Wirtschaftsstrafrecht, § 261 Rn. 19.

78 BGHSt 39, 291, 295; StV 1988, 239; *Miebach*, in: MüKo StPO, Bd. 2, § 261 Rn. 91; *Sander*, in: LR StPO, Bd. 6/2, § 261 Rn. 41.

79 BGH NStZ 2012, 441, 443; 1998, 366, 368; *Knierim*, in: Esser/Rübenstahl/Saliger/Tsambikakis, Wirtschaftsstrafrecht, § 261 Rn. 18; *Julius/Beckemper*, in: Gercke/Julius/Temming/Zöller, StPO, § 261 Rn. 8 m.w.N.

80 Vgl. BGH, Beschl. v. 08.11.1996 – 2 StR 534/96; BGH StV 1993, 510511; *Fezer*, StV 1995, 95, 100; *Miebach*, in: MüKo StPO, Bd. 2, § 261 Rn. 61 ff.; *Ott*, in: KK StPO, § 261 Rn. 3.

Überzeugungsbildung finden sich daher in den der Überzeugung entgegenstehenden zwingenden Gesetzen der Logik (sogenannte Denkgesetze), den feststehenden Erkenntnissen der Wissenschaft und den dem Zweifel enthobenen Tatsachen der Lebenserfahrung.[81] Aufgrund dieser Grenzen wird eine lückenhafte, unklare oder widersprüchliche Beweiswürdigung des Tatrichters den Anforderungen des § 261 StPO nicht gerecht.[82]

b. Maßstab der richterlichen Überzeugung

Die richterliche Überzeugung im Sinne des § 261 StPO verlangt sodann die persönliche Überzeugung des Richters von dem Vorliegen eines bestimmten Sachverhalts.[83] Welche Anforderungen im Einzelnen an die richterliche Überzeugung zu stellen sind, wird in Rechtsprechung und Literatur nicht einheitlich beantwortet.[84] Einigkeit besteht zumindest insofern, als die richterliche Überzeugung jedenfalls eine objektiv hohe Wahrscheinlichkeit der Richtigkeit des Beweisergebnisses voraussetzt.[85] Überwiegend wird dieses objektive Beweismaß um ein subjektives Beweiswürdigungskriterium ergänzt, da selbst eine hohe Wahrscheinlichkeit die innere Gewissheit des Richters von der Richtigkeit seiner Annahmen nicht ersetzen könne.[86] Verblieben auch nur leise Zweifel des Tatrichters an Täterschaft oder Schuld des Angeklagten, fehle es an der zur Verurteilung erforderlichen Überzeugung daher auch dann, wenn schwerwiegende Verdachtsmomente vorliegen.[87]

Allerdings darf der Tatrichter keine übertriebenen Anforderungen an den Maßstab der erforderlichen Überzeugung stellen.[88] Die richterliche Überzeugung

---

81 BGHSt 29, 18, 20 f.; *Miebach*, in: MüKo StPO, Bd. 2, § 261 Rn. 94 ff.; *Ott*, in: KK StPO, § 261 Rn. 46 ff.; *Schluckebier*, in: Satzger/Schluckebier/Widmaier, StPO, § 261 Rn. 19 ff.

82 Vgl. BGH NStZ 1982, 478, 479; *Julius/Beckemper*, in: Gercke/Julius/Temming/Zöller, StPO, § 261 Rn. 50; *Ott*, in: KK StPO, § 261 Rn. 49 f.; *Miebach*, in: MüKo StPO, Bd. 2, § 261 Rn. 108 ff.

83 BGH NStZ 1983, 277, 278; *Ott*, in: KK StPO, § 261 Rn. 2.

84 Einen prägnanten Überblick über die diesbezügliche Entwicklung der Rechtsprechung sowie die einschlägigen Literaturansichten bietet *Otte*, Schätzungen im Rahmen der Schuldfeststellung, S. 28 ff.

85 BGH NStZ 1988, 236, 237; 1990, 353; *Herdegen*, NStZ 1987, 193, 198; *Ott*, in: KK StPO, § 261 Rn. 4; *Miebach*, in: MüKo StPO, Bd. 2, § 261 Rn. 52.

86 Vgl. *Sander*, in: LR StPO, Bd. 6/2, § 261 Rn. 9 ff.; *Ott*, in: KK StPO, § 261 Rn. 4.

87 *Miebach*, in: MüKo StPO, Bd. 2, § 261 Rn. 52; *Sander*, in: LR StPO, Bd. 6/2, § 261 Rn. 7 m.w.N.

88 BGH NStZ 1982, 478, 479 m.w.N.; *Miebach*, in: MüKo StPO, Bd. 2, § 261 Rn. 59; *Ott*, in: KK StPO, § 261 Rn. 4.

erfordert keine absolute oder mathematische Gewissheit.[89] Es genügt vielmehr ein nach der Lebenserfahrung ausreichendes Maß an Sicherheit, demgegenüber vernünftige und nicht bloß auf denktheoretischen Möglichkeiten gegründete Zweifel nicht mehr aufkommen.[90] Damit schließt der Begriff der Überzeugung die Möglichkeit eines anderen, auch gegenteiligen Sachverhalts nicht aus. Es gehört gerade zu ihrem Wesen, dass sie sehr häufig objektiv möglichen Zweifeln ausgesetzt bleibt.[91] Hat der Tatrichter trotz einer objektiv hohen Wahrscheinlichkeit für einen bestimmten Sachverhalt Zweifel an dessen Vorliegen, so darf er den Angeklagten demnach nicht freisprechen, wenn seine Zweifel bloß denktheoretischer Natur sind. Andernfalls würde er die Anforderungen an die richterliche Überzeugung überspannen und sein Urteil für die Revision durch Staatsanwaltschaft und Nebenklage angreifbar machen.[92] Liegen hingegen vernünftige Zweifel vor, so stehen diese bereits der Annahme einer hohen Wahrscheinlichkeit für die Richtigkeit des Beweisergebnisses entgegen, weshalb keine Verurteilung erfolgen darf.[93]

2. *Statistische Hochrechnung menschlichen Verhaltens als Verstoß gegen Denkgesetze oder Erfahrungssätze*

Diese Grundlagen vorweggeschickt, gilt es nun, die Bestimmung der Schadenshöhe durch statistische Hochrechnung an den aufgezeigten Grenzen der richterlichen Überzeugungsbildung zu messen. Statistische Methoden stellen in gerichtlichen Verfahren grundsätzlich keine Fremdkörper dar, sondern kommen dort zahlreich zum Einsatz. So erklärte bereits der Bundesgerichtshof in seiner Grundsatzentscheidung aus dem Jahr 1989[94], dass von gesicherten Tatsachenfeststellungen ausgehende statistische Wahrscheinlichkeitsrechnungen zu den Mitteln logischer Schlussfolgerung gehörten, derer sich der Tatrichter bedienen dürfe. Als Beleg führte der vierte Senat einige der Felder an, in denen

89 BGH, Urt. v. 06.08.2013 – 1 StR 201/13; *Luig*, Vertragsärztlicher Abrechnungsbetrug und Schadensbestimmung, S. 220 f.; *Miebach*, in: MüKo StPO, Bd. 2, § 261 Rn. 52; *Schmitt*, in: Meyer-Goßner/Schmitt, StPO, § 261 Rn. 2.

90 BGH NStZ 1988, 236, 237; *Schmitt*, in: Meyer-Goßner/Schmitt, StPO, § 261 Rn. 2.

91 BGH NStZ-RR 2004, 238, 240; *Miebach*, in: MüKo StPO, Bd. 2, § 261 Rn. 60; *Ott*, in: KK StPO, § 261 Rn. 2.

92 BGH NStZ-RR 2016, 380, 381; *Eschelbach*, in: BeckOK StPO, § 261 Rn. 45.

93 BGH NStZ 1988, 236, 237; 1990, 353; *Herdegen*, NStZ 1987, 193, 198; *Miebach*, in: MüKo StPO, Bd. 2, § 261 Rn. 58.

94 BGHSt 36, 320, 326.

typischerweise statistische Methoden angewendet werden. Diese umfassten damals unter anderem den Nachweis der Abstammung mit Hilfe biostatistischer Wahrscheinlichkeitsrechnung[95] oder die Bestimmung der alkoholbedingten Fahruntüchtigkeit[96]. Die statistische Wahrscheinlichkeitsrechnung kommt zudem bei der Anfertigung morphologischer Identitätsgutachten[97], dem kriminaltechnischen Klassiker der Daktyloskopie[98] sowie der Bestimmung von Wirkstoffmengen in Betäubungsmitteln[99] zum Zuge. Den heutzutage wohl prominentesten Anwendungsfall statistischer Wahrscheinlichkeitsrechnungen stellt die molekulargenetische Untersuchung gemäß § 81e StPO dar.[100] Angesichts dieser Verbreitung und allseitigen Anerkennung statistischer Wahrscheinlichkeitsrechnung in gerichtlichen Verfahren erschließt sich zumindest nicht auf den ersten Blick, weshalb die Bestimmung der Höhe eines Vermögensschadens mittels Hochrechnung die aufgezeigten Grenzen der Überzeugungsbildung verlassen könnte.

Die an dieser Stelle verborgene Problematik wird durch die ganz überwiegend verwendete Terminologie der „Schadenshochrechnung" verdeckt. Diese verschleiert, dass es sich nicht ausschließlich um die Hochrechnung einer objektiven Größe, nämlich des durch Abrechnungsbetrug verursachten Vermögensschadens handelt: Tatsächlich wird die Zahl der fehlerhaften, das heißt unberechtigt geltend gemachten Abrechnungspositionen hochgerechnet.[101] Diese beruhen jeweils auf einer Handlung des beschuldigten Arztes, der jede Abrechnungsposition einzeln in die Quartalsabrechnung eingetragen hat. Obgleich die maßgebliche Tat- und Täuschungshandlung aus strafrechtlicher Sicht allein in der

95 BGHZ 61, 165, 172; BGHSt 5, 34, 35.

96 BGHSt 21, 157, 160 f.

97 Vgl. hierzu BGH NStZ 1991, 596; OLG Zweibrücken BeckRS 2018, 3979; OLG Brandenburg NJ 2016, 209; *Rösing/Quarch/Danner*, NStZ 2012, 548.

98 Zur erkennungsdienstlichen Behandlung ermächtigt § 81b StPO die Strafverfolgungsbehörden, Fingerabdrücke des Beschuldigten aufzunehmen.

99 BGH StV 2008, 9.

100 Das Ergebnis der molekulargenetischen Untersuchung ist eine biostatistische Wahrscheinlichkeitsaussage, *Trück*, in: MüKo StPO, Bd. 1, § 81e Rn. 28. Diese Untersuchung beruht auf der Annahme, dass die Wahrscheinlichkeit einer Übereinstimmung bei mehreren Menschen 1 zu 30 Milliarden beträgt, vgl. *Goers*, in: BeckOK StPO, § 81e Rn. 4.

101 BGHSt 36, 320, 322; *Schmidt*, medstra 2017, 79, 83; *Hancok*, Abrechnungsbetrug durch Vertragsärzte, S. 189 f.

Einreichung der Quartalsabrechnung bei der Kassenärztlichen Vereinigung zu sehen ist,[102] setzt sich eine Abrechnung bei natürlicher Betrachtung daher aus einer Vielzahl an menschlichen Einzelhandlungen zusammen.[103] Bei der Schadenshochrechnung wird demgemäß nicht allein der Umfang des verursachten Vermögensschadens ermittelt. Vielmehr wird durch die statistische Hochrechnung die Anzahl menschlicher Handlungen bestimmt.[104] Insofern unterscheidet sich die Schadenshochrechnung von den sonst im Strafverfahren anzutreffenden, zuvor genannten Anwendungsbereichen der statistischen Wahrscheinlichkeitsrechnung, die ausschließlich die Feststellung von äußeren Umständen oder Wirkungszusammenhängen betreffen.[105]

Diesen Unterschied zu den von ihm beispielhaft angeführten Anwendungsbereichen statistischer Wahrscheinlichkeitsrechnung hat auch der Bundesgerichtshof nicht verkannt.[106] Dieser konstatierte, das Landgericht Frankenthal habe mit Hilfe einer mathematisch-statistischen Methode das über einen längeren Zeitraum hinweg andauernde Verhalten eines Menschen festgestellt. Grundlage des Taterfolgs seien nämlich die zahlreichen unrichtigen Eintragungen auf den eingereichten Krankenscheinen gewesen. Nach der Auffassung des Bundesgerichtshofs ist allerdings auch ein solches Verhalten einer mengenmäßigen Erfassung durch statistische Wahrscheinlichkeitsrechnung zugänglich: Die unrichtigen Eintragungen auf den Krankenscheinen seien nicht Ausfluss singulärer Willensentscheidungen gewesen, denen ein unverwechselbares persönliches Gepräge angehaftet habe. Sie hätten ihren Sinn vielmehr durch massenhafte Wiederholung erhalten, weil für den Beschuldigten allein dadurch ein nennenswerter Betrag zu erzielen gewesen sei. Dieser Umstand hätte es von vornherein nahegelegt, dass der Angeklagte typisierte Verhaltensmuster entwickelt, welche ihm selbst oder seinem Personal die schematische Wiederholung erleichtern. Ein solches Verhalten sei

---

102 Vgl. BGHSt 36, 320, 321; *Schuhr*, in: Spickhoff, Medizinrecht, § 263 StGB Rn. 81.

103 Vgl. *Hancok*, Abrechnungsbetrug durch Vertragsärzte, S. 189 f.

104 Vgl. nur *Salditt*, StV 1990, 151, 152 f.; *Krause*, StraFo 2002, 249, 253; *Hofmann*, StraFo 2003, 70, 71; *Hancok*, Abrechnungsbetrug durch Vertragsärzte, S. 189 f.; *Luig*, Vertragsärztlicher Abrechnungsbetrug und Schadensbestimmung, S. 222; *Lindemann*, Voraussetzungen und Grenzen legitimen Wirtschaftsstrafrechts, S. 235; *Krause/Caspary*, in: Cramer/Cramer, Anwalts-Handbuch Strafrecht, S. 431.

105 Vgl. *Krause*, StraFo 2002, 249, 252; *Luig*, Vertragsärztlicher Abrechnungsbetrug und Schadensbestimmung, S. 222.

106 BGHSt 36, 320, 326.

für den Zweck der Schadensberechnung mit einer statistischen Hochrechnung quantitativ erfassbar, wenn gesichert ist, dass der Täter sein Verhalten über den untersuchten Zeitraum hinweg gleichmäßig beibehalten hat oder wenn Veränderungen zuverlässigen Eingang in die Rechnung finden. Ist dies gesichert, so würden für die statistische Erfassung von Handlungen eines einzelnen Menschen nach den Gesetzen der Logik keine Besonderheiten gelten. Allerdings seien an den Nachweis, der Täter habe sein Verhalten nicht verändert, hohe Anforderungen zu stellen, da bereits geringe Abweichungen erhebliche Auswirkungen auf die Hochrechnung haben könnten.[107]

Der Ansicht des Bundesgerichtshofs, die mengenmäßige Erfassung menschlichen Verhaltens durch statistische Wahrscheinlichkeitsrechnung sei nach den Gesetzen der Logik zulässig, ist im Schrifttum überwiegend mit Kritik begegnet worden.[108] Ausgangspunkt der geäußerten Kritik ist oftmals der Vorwurf, die Hochrechnung beruhe – jedenfalls bei einem bestreitenden Beschuldigten – auf dem rational nicht nachvollziehbaren Schluss, dass derjenige, der sich nachgewiesenermaßen auf eine bestimmte Weise verhalten habe, sich auch in anderen Fällen auf dieselbe Weise verhalten habe.[109] Ein solcher Erfahrungssatz bestehe nicht,[110] sodass dieser Schluss zwar richtig sein könne, angesichts der unregelmäßigen, keinen zwingenden Gesetzmäßigkeiten folgenden Motivationen menschlichen Verhaltens aber nicht richtig sein müsse.[111] Anders sei die Zulässigkeit der Methode der Schadenshochrechnung zu beurteilen, wenn der Beschuldigte die Tat gestanden und dabei auch die systematisch fehlerhafte Abrechnung dezidiert eingeräumt habe. Das

107 Zum Ganzen BGHSt 36, 320, 326 ff.

108 Zustimmung erfuhr der Bundesgerichtshof etwa durch *Freitag*, Ärztlicher und zahnärztlicher Abrechnungsbetrug im deutschen Gesundheitswesen, S. 126 ff.; *Hilgendorf*, in: Wabnitz/Janovsky, Handbuch Wirtschafts- und Steuerstrafrecht, 13. Kap. Rn. 86; *Miebach*, in: MüKo StPO, Bd. 2, § 261 Rn. 375; *Mohammadi/Hampe*, NZWiSt 2012, 417, 419; *Frister*, in: SK StPO, Bd. IV, § 244 Rn. 26d; anders aber wohl *derselbe*, Arztstrafrecht, S. 206.

109 *Krause*, StraFo 2002, 249, 253; *Hancok*, Abrechnungsbetrug durch Vertragsärzte, S. 190; *Luig*, Vertragsärztlicher Abrechnungsbetrug und Schadensbestimmung, S. 222.

110 *Lindemann*, Voraussetzungen und Grenzen legitimen Wirtschaftsstrafrechts, S. 235; *Hancok*, Abrechnungsbetrug durch Vertragsärzte, S. 190; *Krause*, StraFo 2002, 249, 253.

111 *Hancok*, Abrechnungsbetrug durch Vertragsärzte, S. 190; *Luig*, Vertragsärztlicher Abrechnungsbetrug und Schadensbestimmung, S. 222.

Geständnis bilde in einem solchen Fall eine für die Schadenshochrechnung hinreichende objektive Grundlage.[112] Der Vorwurf gegen die Anwendung der Schadenshochrechnung in Fällen, in denen der Beschuldigte die systematische Falschabrechnung nicht eingeräumt hat, lässt sich dahingehend zusammenfassen, die Rechtsprechung wende hiermit einen Erfahrungssatz an, der tatsächlich nicht bestehe.[113] Dies würde einen sachlich-rechtlichen Fehler darstellen, der sich mit der Revision rügen ließe.[114]

Auch der Bundesgerichtshof geht in seiner Entscheidung davon aus, dass Schuldfeststellungen im Wege der Hochrechnung nicht auf die Tatsache gegründet werden dürften, der Täter habe sich schon einmal so verhalten. Ein früheres strafbares Verhalten könne nur ein Indiz dafür sein, dass die vorgeworfene Tat nicht persönlichkeitsfremd sei. Als alleiniger Tatnachweis sei dieser Umstand jedoch nicht geeignet. Dies würde vielmehr zu einer – unzulässigen – Verdachtsstrafe führen.[115] Hierauf aufbauend schloss der Bundesgerichtshof indessen nicht die Schadenshochrechnung insgesamt, sondern nur die sogenannte Extrapolation[116] aus: Das Landgericht durfte die Hochrechnung des Vermögensschadens

112 *Krause*, StraFo 2002, 249, 253; *Hancok*, Abrechnungsbetrug durch Vertragsärzte, S. 191; *Luig*, Vertragsärztlicher Abrechnungsbetrug und Schadensbestimmung, S. 222. Auch *Salditt*, StV 1990, 151, 152 f. hält ein Geständnis für zwingend, da es andernfalls am „gesetzlichen Beweis" der Schuld im Sinne des Art. 6 Abs. 2 EMRK fehle. Ein solcher Fall, in dem das Landgericht eine „Hochrechnung" – auch – auf der Grundlage des Geständnisses des Beschuldigten vorgenommen hat, lag BGHR StPO § 261 Geständnis 1 (zu § 370 Abs. 1 AO) sowie BGH NStZ 1993, 388 zugrunde. Das Bundeverfassungsgericht (Beschl. v. 20.03.2007 – 2 BvR 162/07 Rn. 11) hat entschieden, dass die Schätzung eines durch Abrechnungsbetrug verursachten Vermögensschadens auf Grundlage der Einlassung des Beschuldigten aus verfassungsrechtlicher Sicht nicht zu beanstanden ist.

113 Am deutlichsten in diese Richtung wird *Hancok*, Abrechnungsbetrug durch Vertragsärzte, S. 190, die meint, im Einzelfall gebe es keine hinreichend sichere Grundlage für die Hochrechnung durch statistische oder sonstige Erfahrungssätze.

114 BGHSt 39, 291, 294; NStZ-RR 2010, 51, 52; *Albrecht*, NStZ 1983, 486, 489 f.; *Sander*, in: LR StPO, Bd. 6/2, § 261 Rn. 49; *Ott*, in: KK StPO, § 261 Rn. 47; *Eschelbach*, in: BeckOK StPO, § 261 Rn. 3.1.

115 BGHSt 36, 320, 323 unter Berufung auf BGH, Urt. v. 17.05.1978 – 2 StR 18/78 (bei *Holtz*, MDR 1978, 803).

116 Zum Begriff: *Ruckdeschel/von Ossietzky/Franke/Erlwein-Sayer/Massini*, medstra 2017, 67, 73; *Schmidt*, medstra 2017, 79, 82; BGHSt 36, 320, 323.

nicht auf Abrechnungsquartale erstrecken, für die keine Stichprobe erhoben wurde.[117]

Auf den ersten Blick scheint die bei der Hochrechnung im Übrigen gezogene Schlussfolgerung ebenfalls auf diesem nicht-existenten Erfahrungssatz zu beruhen: Von den durch die Stichprobe als fehlerhaft nachgewiesenen Abrechnungspositionen schließt der Bundesgerichtshof auf weitere fehlerhafte Positionen innerhalb derselben Abrechnung. Die Entscheidung des Bundesgerichtshofs mutet daher in sich widersprüchlich an, da die Hochrechnung für die Jahre 1981 bis 1983 mangels eines solchen Erfahrungssatzes abgelehnt, für die Jahre 1984 und 1985 hingegen zugelassen wird.

Dieser Widerspruch lässt sich nicht mit der vom Bundesgerichtshof[118] hervorgehobenen Unterscheidung zwischen solchen Feststellungen, die wie die Hochrechnung bezüglich der Jahre 1981 bis 1983 die Schuld an sich betreffen, und solchen, die wie die Hochrechnung bezüglich der Jahre 1984 und 1985 lediglich den Umfang der Schuld betreffen, auflösen.[119] Ob Feststellungen die Schuld an sich oder den Schuldumfang betreffen, ist als reine Rechtsfrage für die Existenz eines Erfahrungssatzes unerheblich. Erfahrungssätze sind vielmehr tatsächlicher Natur. Sie sind empirisch aus der Beobachtung und Verallgemeinerung individuell selbst gemachter oder berichteter Erfahrungen und nicht durch reines Denken gewonnene Einsichten.[120]

a. Schadenshochrechnung als Anlehnung an den Indizienbeweis

Zur Auflösung des vermeintlichen Widerspruchs ist zu berücksichtigen, dass der Bundesgerichtshof den von ihm gezogenen Schluss auf weitere fehlerhafte Positionen innerhalb des überprüften Quartals nicht nur auf die nachgewiesenermaßen fehlerhaft abgerechneten Positionen, sondern auf zusätzliche Umstände stützen konnte. Dieses Vorgehen des Bundesgerichtshofs lässt

117 BGHSt 36, 320, 323 f.; vertiefend hierzu siehe S. 181 ff. der vorliegenden Arbeit.

118 BGHSt 36, 320, 323 f.

119 In diese Richtung aber *Freitag*, Ärztlicher und zahnärztlicher Abrechnungsbetrug im deutschen Gesundheitswesen, S. 127, sowie *Luig*, Vertragsärztlicher Abrechnungsbetrug und Schadensbestimmung, S. 219.

120 *Miebach*, in: MüKo StPO, Bd. 2, § 261 Rn. 99; *Sander*, in: LR StPO, Bd. 6/2, § 261 Rn. 45; *Velten*, in: SK StPO, Bd. V, § 261 Rn. 42.

sich als Indizienbeweis[121] oder jedenfalls dem Indizienbeweis ähnlich[122] bezeichnen.

Aufgrund der jedenfalls gegebenen Ähnlichkeit zwischen Indizienbeweis und der Beweisführung mittels Schadenshochrechnung sei die Funktion des Indizienbeweises an dieser Stelle knapp erläutert. Der Indizien- oder Anzeichenbeweis ist ein Beweis, bei dem von einer nur mittelbar bedeutsamen Tatsache (Indizien- oder Nebentatsache) auf eine unmittelbar entscheidungserhebliche Tatsache, die sogenannte Haupttatsache, geschlossen wird.[123] Vom direkten Beweis unterscheidet er sich nur dadurch, dass er mehr Schlüsse als dieser erfordert.[124] Die einzelnen Indizien müssen dabei zweifelsfrei und prozessordnungsgemäß erwiesen sein.[125] Liegen mehrere Indizien vor, so genügt es nicht, diese einzeln abzuhandeln. Vielmehr sind alle vorhandenen Indizien in eine Gesamtwürdigung einzustellen.[126] Dabei muss die Gesamtwürdigung der Indizien keine Gewähr, sondern nur eine hohe Wahrscheinlichkeit für das Vorliegen der Haupttatsache ergeben.[127] Der Indizienbeweis darf sich allerdings nicht ausschließlich auf solche mittelbar bedeutsamen Tatsachen stützen, die in keiner unmittelbaren Beziehung zur Tat stehen oder ihr weit vorgelagert sind. Zu diesen Indizien von äußerst geringem Beweiswert zählen etwa Vorstrafen oder die Erwägung, dass

---

121 *Luig*, Vertragsärztlicher Abrechnungsbetrug und Schadensbestimmung, S. 221. So auch für andere Anwendungsbereiche der Schätzung *Zopfs*, StV 2001, 601, 603, und *Miebach*, in: MüKo StPO, Bd. 2, § 261 Rn. 379.

122 *Krause*, StraFo 2002, 249; *Hancok*, Abrechnungsbetrug durch Vertragsärzte, S. 190. Lediglich von einer Ähnlichkeit zum Indizienbeweis zu sprechen ließe sich aufgrund einer Besonderheit der Schadenshochrechnung rechtfertigen. Diese liegt darin, dass der gezogene Schluss durch eine mathematisch-statistische Berechnung der Mindestanzahl fehlerhafter Abrechnungspositionen ausgefüllt wird. Hierbei kann im Einzelnen nicht zugeordnet werden, welche konkreten Abrechnungspositionen als unberechtigt angesehen werden.

123 *Ott*, in: KK StPO, § 261 Rn. 51.

124 *Miebach*, in: MüKo StPO, Bd. 2, § 261 Rn. 119.

125 BGHSt 36, 286, 290; *Miebach*, in: MüKo StPO, Bd. 2, § 261 Rn. 119; *Schmitt*, in: Meyer-Goßner/Schmitt, StPO, § 261 Rn. 25.

126 *Eschelbach*, in: BeckOK StPO, § 261 Rn. 13; *Ott*, in: KK StPO, § 261 Rn. 51; *Miebach*, in: MüKo StPO, Bd. 2, § 261 Rn. 119.

127 Vgl. BGH NStZ 2017, 486; *Freitag*, Ärztlicher und zahnärztlicher Abrechnungsbetrug im deutschen Gesundheitswesen, S. 126.

der Angeklagte bereits früher wegen gleichartiger Taten in Verdacht geraten ist.[128]

b. Die unmittelbar bedeutsame Tatsache

Bei der Übertragung dieser Grundlagen des Indizienbeweises auf die Funktion der Schadenshochrechnung ist zunächst klärungsbedürftig, worin die unmittelbar bedeutsame bzw. die Haupttatsache zu sehen ist.

(1) Gleichförmigkeit des Abrechnungsfehlverhaltens

Die Grundsatzentscheidung des Bundesgerichtshofs wird in der Literatur oftmals dahingehend aufgefasst, die Schadenshochrechnung sei nur bei einem gleichförmigen Verhalten des Beschuldigten zulässig.[129] Demzufolge wäre die Haupttatsache in der Gleichförmigkeit des Abrechnungsfehlverhaltens zu sehen.

In der Tat sieht der Bundesgerichtshof in dem gleichförmigen bzw. gleichmäßigen Verhalten des Beschuldigten eine wesentliche Voraussetzung der Schadenshochrechnung, weshalb an den Nachweis, der Beschuldigte habe sein Verhalten nicht geändert, hohe Anforderungen zu stellen seien.[130] Den Begriff der Gleichförmigkeit des Verhaltens bzw. der Handlungsweisen des Beschuldigten verwendet der Bundesgerichtshof in seiner Grundsatzentscheidung dabei mehrfach.[131] Teilweise spricht er stattdessen von der gleichmäßigen Beibehaltung des Verhaltens.[132] Was er unter den Begriffen der Gleichförmigkeit bzw. Gleichmäßigkeit des Verhaltens versteht, teilt der Bundesgerichtshof indessen nicht ausdrücklich mit.

Anhaltspunkte für das Begriffsverständnis des Bundesgerichtshofs lassen sich aus der Relevanz gewinnen, die er der Auswertung der erhobenen Stichprobe beimisst: Ergeben sich aus der Stichprobe Auffälligkeiten,

---

128 BGH, Urt. v. 12.07.1979 – 4 StR 291/79 (bei *Pfeiffer*, NStZ 1981, 295, 296); *Schmitt*, in: Meyer-Goßner/Schmitt, StPO, § 261 Rn. 25; *Ott*, in: KK StPO, § 261 Rn. 51; *Miebach*, in: MüKo StPO, Bd. 2, § 261 Rn. 120.

129 *Hellmann/Herffs*, Der ärztliche Abrechnungsbetrug, Rn. 631; *Heintz-Koch*, Vertragsärztlicher Abrechnungsbetrug, S. 174; *Luig*, Vertragsärztlicher Abrechnungsbetrug und Schadensbestimmung, S. 222; *Erlinger/Warntje/Bock*, in: MAH Strafverteidigung, § 50 Rn. 155; vgl. auch *Hilgendorf*, in: Wabnitz/Janovsky, Handbuch Wirtschafts- und Steuerstrafrecht, 13. Kap. Rn. 86; *Kraatz*, Arztstrafrecht, S. 182.

130 BGHSt 36, 320, 326 f.

131 BGHSt 36, 320, 324.

132 BGHSt 36, 320, 326.

etwa Unterbrechungen der Handlungsreihe oder Häufungen in bestimmten Zeiträumen, werde eine Hochrechnung problematisch.[133] Insbesondere der Begriff „Häufungen" deutet an, dass dem Bundesgerichtshof ein quantitativer Bezugspunkt der Gleichförmigkeit vorschwebte, gleichförmig also meine, der Beschuldigte habe stets im selben Umfang fehlerhaft abgerechnet. Bezugspunkt der Gleichförmigkeit des Abrechnungsfehlverhaltens nach dem Bundesgerichtshof wäre damit die zeitliche Homogenität der Beanstandungsquote.[134] Die derart verstandene Gleichförmigkeit bzw. Gleichmäßigkeit wäre sowohl bei Unterbrechungen der Handlungsreihe – beispielsweise bei Quartalen, in denen der Beschuldigte die untersuchte Gebührenziffer gar nicht, nur vereinzelt fehlerhaft oder ausschließlich korrekt abgerechnet hat[135] – als auch bei temporären Häufungen[136] nicht gegeben.[137]

Ein weiterer Anhaltspunkt dafür, dass der Bundesgerichtshof unter dem gleichmäßigen bzw. gleichförmigen Verhalten eine zeitlich homogene Beanstandungsquote versteht, ergibt sich daraus, dass das Landgericht Frankenthal für die Jahre 1984 und 1985 eine einheitliche Beanstandungsquote ermittelt hatte[138]. Wie dargelegt,[139] ist die Bildung einer einheitlichen Beanstandungsquote nur bei gegebener zeitlicher Homogenität möglich. Liegt eine solche nicht vor, ist die Beanstandungsquote individuell für jedes Quartal zu ermitteln.[140]

---

133 BGHSt 36, 320, 327.

134 Ebenso scheinen den Bundesgerichtshof *Schmidt*, medstra 2017, 79, 82, sowie *Ruckdeschel/von Ossietzky/Franke/Erlwein-Sayer/Massini*, medstra 2017, 67, 72, zu verstehen.

135 Zu der dann unter Umständen gegebenen Möglichkeit, den betrachteten Zeitraum in kürzere Zeitabschnitte zu unterteilen, siehe *Ruckdeschel/von Ossietzky/Franke/Erlwein-Sayer/Massini*, medstra 2017, 67, 73.

136 Als Ursache für solche werden bspw. Grippewellen genannt, vgl. *Kraatz*, Arztstrafrecht, S. 182.

137 Weiter scheint das Landgericht Saarbrücken den Begriff der Gleichförmigkeit aufzufassen. Dieses bezieht die Gleichförmigkeit insbesondere auf die Art und den Umfang des Abrechnungsverhaltens. Obgleich es diesbezüglich zunächst auf die zeitliche Homogenität der Beanstandungsquote abstellt, führt es zusätzliche, explizit neben der zeitlichen Homogenität stehende Belege für die Gleichförmigkeit des Abrechnungsfehlverhaltens an, LG Saarbrücken, Urt. v. 19.05.2011 – 4 KLs 11/09 Rn. 884 ff.

138 BGHSt 36, 320, 322 f. Zudem wurde der Schaden für den gesamten Zeitraum von 1984 bis 1985 hochgerechnet, ohne dass den einzelnen Quartalen Einzelbeträge zugewiesen wurden, BGH, Urt. v. 14.12.1989 – 4 StR 419/89 Rn. 27 (zitiert nach juris; in BGHSt 36, 320 nicht abgedruckt).

139 Siehe S. 88 ff. der vorliegenden Arbeit.

140 *Ruckdeschel/von Ossietzky/Franke/Erlwein-Sayer/Massini*, medstra 2017, 67, 73.

Sähe man die Haupttatsache in der Gleichförmigkeit des Abrechnungsfehlverhaltens des Beschulidgten, käme es demnach auf die zeitliche Homogenität der Beanstandungsquote an.

(2) Zeitlich homogene Beanstandungsquote keine Voraussetzung zuverlässiger Schadenshochrechnung

Aus mathematisch-statistischer Sicht erfordert die Schadenshochrechnung jedoch nicht zwingend eine zeitlich homogene Beanstandungsquote.[141] Diese ist nur erforderlich, um mehrere Quartale, bei denen von einer konstanten Beanstandungsquote ausgegangen werden kann, zusammenzufassen. Durch die mit der Zusammenfassung verbundene Erweiterung der Stichprobe können präzisere Ergebnisse bei der Hochrechnung erzielt werden, da die zufällige Streubreite mit zunehmender Größe der Stichprobe sinkt.[142] Bei einer nicht homogenen Beanstandungsquote müsste die Hochrechnung hingegen separat für die individuellen Quartale unter Inkaufnahme größerer Sicherheitsabschläge vorgenommen werden. Hierdurch wird der berechnete zwar meist niedriger als der tatsächliche Schaden ausfallen. Das Sicherheitsniveau beträgt aber dennoch 99,5 Prozent.[143] Dementsprechend hängt von der zeitlichen Homogenität der Beanstandungsquote nicht die Zulässigkeit der Schadenshochrechnung an sich, sondern allein die Wahl der Hochrechnungsmethode ab.

Der Bundesgerichtshof geht in seiner Grundsatzentscheidung – anders als in der Literatur oftmals anklingt – ebenfalls davon aus, dass die Gleichförmigkeit des Abrechnungsfehlverhaltens keine unerlässliche Voraussetzung der Schadenshochrechnung darstellt. Unterbrechungen der Handlungsreihe und Häufungen in bestimmten Zeiträumen würden die Hochrechnung nur „problematisch" gestalten.[144] Sie bleibe zulässig, wenn Verhaltensänderungen des Beschuldigten zuverlässigen Eingang in die Rechnung finden.[145] Diesen Anforderungen des Bundesgerichtshofs wird durch die vorbezeichnete quartalsbezogene Hochrechnung Genüge getan, bei der die erhöhte Streubreite der Stichprobe durch größere Sicherheitsabschläge berücksichtigt wird. Hierdurch wird die geforderte

---

141 *Ruckdeschel/von Ossietzky/Franke/Erlwein-Sayer/Massini*, medstra 2017, 67, 73 f.; siehe auch S. 88 ff. der vorliegenden Arbeit.
142 *Ruckdeschel/von Ossietzky/Franke/Erlwein-Sayer/Massini*, medstra 2017, 67, 72.
143 *Ruckdeschel/von Ossietzky/Franke/Erlwein-Sayer/Massini*, medstra 2017, 67, 72 ff.
144 BGHSt 36, 320, 327.
145 BGHSt 36, 320, 326.

Zuverlässigkeit der Berechnung gewährleistet, da letztendlich ebenfalls ein Sicherheitsniveau von 99,5 Prozent erzielt wird.

(3) Folgerung für den Begriff der Gleichförmigkeit

Stellt die Gleichförmigkeit des Abrechnungsfehlverhaltens keine zwingende Voraussetzung der Schadenshochrechnung dar, so ist ihre Erhebung zur unmittelbar bedeutsamen Tatsache nicht sinnvoll.[146] Stattdessen müssen die mittelbar bedeutsamen Umstände lediglich den Schluss tragen, dass der Beschuldigte die untersuchte Gebührenziffer des Einheitlichen Bewertungsmaßstabs auch außerhalb der Stichprobe in erheblichem Umfang fehlerhaft abgerechnet hat.

Die Besonderheit der Schadenshochrechnung gegenüber dem gewöhnlichen Indizienbeweis liegt in der Natur des sodann zu ziehenden, weiteren Schlusses: Steht fest, dass der Beschuldigte weitere Positionen zu Unrecht abgerechnet hat, wird die Mindestzahl an fehlerhaften Positionen in der Quartalsabrechnung berechnet, ohne dass im Einzelnen zugeordnet werden könnte, welche konkreten Abrechnungspositionen fehlerhaft sind.

c. Die mittelbar bedeutsamen Tatsachen

Zu den am häufigsten anzutreffenden mittelbar bedeutsamen Tatsachen, die den Schluss auf diese Haupttatsache stützen könnten, zählen:

- Die kriminalistische Erfahrung des Abrechnungsbetrugs als auf massenhafte Begehung angelegte Straftat,
- der Umfang und die Dauer des Abrechnungsfehlverhaltens,
- ein gleichbleibendes „Tatmuster“,
- eine zeitliche Homogenität der Beanstandungsquote,
- die Aussagen des Praxispersonals sowie
- die Einlassung des Beschuldigten.

Diese Umstände werden nachfolgend im Einzelnen abgehandelt.

(1) Abrechnungsbetrug als auf massenhafte Begehung angelegte Straftat

Zu den heranzuziehenden Indizien zählt in grundlegender Hinsicht die Erkenntnis, dass Abrechnungsbetrug häufig eine Vielzahl an Abrechnungspositionen

---

146 Versteht man unter der Gleichförmigkeit eine zeitlich homogene Beanstandungsquote, folgt ihre Untauglichkeit als Haupttatsache auch daraus, dass die Homogenität nicht mit der hinreichenden Sicherheit nachgewiesen werden kann, hierzu siehe S. 165 f. der vorliegenden Arbeit.

betrifft, da sich nur durch massenhafte Falschabrechnung wirtschaftlich nennenswerte Einnahmen erzielen lassen.[147] Die individuellen ärztlichen Leistungen werden nur geringfügig vergütet, sodass sich vereinzelte fehlerhafte Abrechnungen kaum merklich auf die Honorarverteilung auswirken würden.[148] Die Schlussfolgerung des Bundesgerichtshofs[149], dass fehlerhaft abrechnende Ärzte zur Steigerung ihres Ertrags typisierte Verhaltensmuster entwickeln, um ihnen sowie ihrem Personal die fehlerhafte Abrechnung durch schematische Wiederholungen zu erleichtern, erscheint damit durchaus naheliegend und plausibel. Sie wird zudem durch die praktische Erfahrung der Strafverfolgungsbehörden bestätigt, wonach es sich bei Abrechnungsbetrug oftmals nicht um eine einmalige, sondern auf massenhafte Wiederholung angelegte Tat handelt.[150] Der Abrechnungsbetrug im Vertragsarztwesen stellt sich somit insgesamt als ein Delikt dar, bei der schematische Begehungsweisen grundsätzlich naheliegen.[151]

Das Gericht darf sich als Grundlage seiner Überzeugung allerdings nicht ausschließlich auf Beweisanzeichen stützen, denen nach allgemeiner Bewertung nur ein geringer Beweiswert zukommt. Dies ist etwa der Fall, wenn sie in keiner unmittelbaren Beziehung zur Tat stehen oder ihr weit vorgelagert sind, sodass sich das Ergebnis der Bewertung als bloße Vermutung erweist.[152] Die Erkenntnis, dass Abrechnungsbetrug in der Regel über die massenhafte unberechtigte Geltendmachung von Abrechnungspositionen begangen wird, steht in keiner unmittelbaren Beziehung zu der konkreten Tat des im Einzelfall Beschuldigten. Es handelt sich vielmehr um eine abstrakte Bewertung eines Kriminalitätsfeldes, aus der nicht gefolgert werden kann, ausnahmslos jeder Abrechnungsbetrug erfolge durch systematisch fehlerhafte Abrechnung. Mithin vermag dieser Umstand den erforderlichen Nachweis, der konkrete Beschuldigte habe weitere unberechtigte Abrechnungspositionen geltend gemacht, bei isolierter Betrachtung nicht zu erbringen.

---

147 BGHSt 36, 320, 326. Zustimmend *Badle*, NJW 2008, 1028, 1029; *Freitag*, Ärztlicher und zahnärztlicher Abrechnungsbetrug im deutschen Gesundheitswesen, S. 124; *Luig*, Vertragsärztlicher Abrechnungsbetrug und Schadensbestimmung, S. 217; *Hancok*, Abrechnungsbetrug durch Vertragsärzte, S. 186.

148 BGHSt 36, 320, 326.

149 BGHSt 36, 320, 326.

150 *Freitag*, Ärztlicher und zahnärztlicher Abrechnungsbetrug im deutschen Gesundheitswesen, S. 124; *Badle*, NJW 2008, 1028, 1029; vgl. im Einzelnen die Erkenntnisse der Studien von *Homann*, Betrug in der gesetzlichen Krankenversicherung, S. 231 ff.

151 *Hancok*, Abrechnungsbetrug durch Vertragsärzte, S. 186.

152 BGH NStZ 1986, 373; vgl. *Miebach*, in: MüKo StPO, Bd. 2, § 261 Rn. 120.

(2) Umfang und Dauer des Abrechnungsfehlverhaltens

Weitere Umstände, die darauf hindeuten, dass der Beschuldigte über die untersuchte Stichprobe hinaus Abrechnungspositionen unberechtigt geltend gemacht hat, sind der Umfang und die Dauer des Abrechnungsfehlverhaltens. So belegte das Landgericht Saarbrücken[153] die von ihm angenommene Gleichförmigkeit des Abrechnungsfehlverhaltens unter anderem mit dem erheblichen Umfang der festgestellten fehlerhaften Abrechnungen, die sich über den gesamten Tatzeitraum[154] hinaus erstreckten. Hieraus folge, dass der Angeklagte seine vertragsärztliche Stellung zum Zwecke des Abrechnungsbetruges durchgängig missbraucht habe und es sich gerade nicht um ein zeitlich beschränktes bzw. vorübergehendes Fehlverhalten bei einzelnen ausgesuchten Patienten gehandelt habe.

Hat der Beschuldigte über einen längeren Zeitraum hinweg gehäuft und nicht nur vereinzelt fehlerhaft abgerechnet, legt dies nahe, dass er weitere in diesen Zeitraum fallende, aber im Zuge der Stichprobe nicht überprüfte Abrechnungspositionen unberechtigt geltend gemacht hat. Umgekehrt gewendet: Es liegt in einem solchen Fall fern, dass mit der Stichprobe sämtliche fehlerhaften Abrechnungspositionen entdeckt wurden und der Beschuldigte im Übrigen korrekt abgerechnet hat. Ein erheblicher Umfang und eine längere Dauer des Abrechnungsfehlverhaltens stellen demnach gewichtige Indizien dafür dar, dass der Beschuldigte über die Stichprobe hinaus ebenfalls fehlerhaft abgerechnet hat.

(3) Gleichbleibendes „Tatmuster"

Des Weiteren führt das Landgericht Saarbrücken[155] für die Gleichförmigkeit des Abrechnungsfehlverhaltens an, der Beschuldigte habe stets nach demselben Tatmuster falsch abgerechnet. Was das Landgericht unter dem Begriff des Tatmusters versteht, teilt es nicht mit. Aus dem Zusammenhang folgt jedoch, dass hiermit beispielsweise für die Gebührenziffer 202 des Einheitlichen Bewertungsmaßstabs gemeint ist, der Beschuldigte habe diese stets auch dann abgerechnet, wenn der erforderliche Arzt-Patienten-Kontakt nicht stattgefunden hatte. Das von dem Landgericht angeführte Tatmuster bestünde demnach darin, dass der Beschuldigte stets denselben Abrechnungsfehler implementiert, also

153 LG Saarbrücken, Urt. v. 19.05.2011 – 4 KLs 11/09 Rn. 888.

154 Betroffen waren die Quartale 2/2000 bis 2/2004 sowie teilweise 3/2004, also insgesamt 18 Quartale, vgl. LG Saarbrücken, Urt. v. 19.05.2011 – 4 KLs 11/09 Rn. 326 ff.

155 LG Saarbrücken, Urt. v. 19.05.2011 – 4 KLs 11/09 Rn. 888.

beispielsweise die Behandlungen trotz Verstoßes gegen die Pflicht zur persönlichen Leistungserbringung abgerechnet hat.[156]

Rückschlüsse von dem so verstandenen, gleichbleibenden Tatmuster beruhen auf der – so bereits vom Bundesgerichtshof[157] angedeuteten – Überlegung, dass der Beschuldigte zur Vereinfachung seiner massenhaften Falschabrechnungen bestimmte, wiederkehrende Verschleierungsformen gewählt habe. Hieraus ergibt sich allerdings kein Indiz, dem gegenüber dem Umfang und der Dauer des Abrechnungsfehlverhaltens deutlich gesteigertes Gewicht zukäme. Maßgeblich wird bei dem Tatmuster ebenfalls darauf abgestellt, dass es sich um wiederkehrende, also innerhalb eines bestimmten Zeitraums gehäuft auftretende Abrechnungsfehler handelt. Tritt ein Abrechnungsfehler hingegen nur vereinzelt auf, kann aus dem Umstand, dass es sich stets um denselben Fehler handelt, nicht auf das Vorliegen weiterer fehlerhafter Abrechnungspositionen geschlossen werden. Ein gesteigerter Beweiswert aufgrund der durchgehenden Beibehaltung desselben Abrechnungsfehlers ist damit erst dann gegeben, wenn dieser nicht nur vereinzelt, sondern ebenfalls in erheblichem Umfang über einen längeren Zeitraum auftritt. In einem solchen Fall weist die stete Anwendung desselben Fehlers auf ein regelmäßiges Fehlverhalten des Beschuldigten hin.

(4) Homogenität der Beanstandungsquote

Ein weiterer Umstand, der den Schluss von den festgestellt fehlerhaften Abrechnungspositionen auf weitere unberechtigte Positionen zu stützen vermag, ist das konkrete Ergebnis der erhobenen Stichprobe. Ergibt sich hieraus, dass der Beschuldigte eine bestimmte Gebührenziffer in einer gewissen, über die Quartale konstant bleibenden Häufigkeit fehlerhaft abgerechnet hat, bestärkt dies die Annahme, der Beschuldigte habe ebenso außerhalb der Stichprobe liegende Abrechnungspositionen derselben Gebührenziffer unberechtigt geltend gemacht. Diese quartalsübergreifende Konstanz wird in der Statistik mit dem Begriff der zeitlichen Homogenität bezeichnet.[158]

---

156 Diese Deutung stimmt überein mit den Ausführungen des Bundesgerichtshof zu den „typisierten Verhaltensmustern" des Täters, vgl. BGHSt 36, 320, 326. Dieser gibt als solches etwa das „splitting" an. Ebenso verstehen den Bundesgerichtshof *Kraatz*, Arztstrafrecht, S. 182; *Schmidt*, medstra 2017, 79, 82, und *Badle*, NJW 2008, 1028, 1029.

157 BGHSt 36, 320, 326.

158 Vgl. hierzu *Ruckdeschel/von Ossietzky/Franke/Erlwein-Sayer/Massini*, medstra 2017, 67, 72 f.

Der Nachweis einer zeitlich homogenen Beanstandungsquote liefert einen gewichtigen Anhaltspunkt dafür, dass der Beschuldigte nicht nur massenhaft, sondern nach einem bestimmten System fehlerhaft abgerechnet hat. Ist ein systematisches Abrechnungsfehlverhalten nachgewiesen, stützt dies den Schluss, der Beschuldigte habe dieses System auch außerhalb der Stichprobe angewandt.

(5) Aussage des Praxispersonals

Der Bundesgerichtshof[159] bemühte als weiteres Indiz die Bekundungen des Personals des beschuldigten Vertragsarztes. Dies ist in der Literatur überwiegend als ungenügend kritisiert worden. Die Angaben des Personals seien zu pauschal, da die Mitarbeiter zu den fehlerhaften Abrechnungen[160] im Einzelnen nicht Stellung nehmen könnten. Selbst eine detaillierte Schilderung des Personals beziehe sich nur auf die Gleichförmigkeit des Verhaltens des Beschuldigten im Allgemeinen und erlaube daher keine Rückschlüsse auf einzelne Taten.[161] In der Konsequenz wird als zwingende Voraussetzung der Schadenshochrechnung ein Geständnis des Beschuldigten gefordert, in dem dieser dezidiert die Gleichförmigkeit der fehlerhaften Abrechnung einräumt.[162]

Bevor auf die Berechtigung der vorgebrachten Kritik eingegangen wird, ist zunächst klarzustellen, dass aus der Entscheidung des Bundesgerichtshofs nicht hervorgeht, welchen Grad an Substantiierung dieser bezüglich der Angaben des Praxispersonals als notwendig erachtet hat. Einzelne Stellen der Entscheidung lassen allenfalls vermuten, dass der Bundesgerichtshof statt pauschaler Angaben des Praxispersonals zum allgemeinen Abrechnungsverhalten konkrete Angaben gerade zum Abrechnungsfehlverhalten des Beschuldigten verlangt haben könnte: So teilt der Bundesgerichtshof zunächst mit, das Landgericht habe hinsichtlich der gleichförmigen Anwendung des systematischen Abrechnungsfehlverhaltens auf die Bekundungen des Personals abgehoben, das „mit vielen Einzelheiten" geschildert habe, wie der Beschuldigte über die Jahre hinweg verfahren sei.[163] Dies deutet auf einen hohen Grad an Substantiierung der Aussagen

---

159 Der Bundesgerichtshof geht davon aus, dass das Tatgericht zunächst aus anderen Beweismitteln die Überzeugung von einem gleichförmigen Abrechnungsverhalten erlangen muss, welche sodann durch die Vernehmung des Praxispersonals bestätigt wird, vgl. BGHSt 36, 320, 323 f.

160 Gemeint sind wohl die einzelnen Positionen einer Abrechnung.

161 *Hancok*, Abrechnungsbetrug durch Vertragsärzte, S. 189.

162 *Krause*, StraFo 2002, 249, 253; *Hancok*, Abrechnungsbetrug durch Vertragsärzte, S. 191; *Luig*, Vertragsärztlicher Abrechnungsbetrug und Schadensbestimmung, S. 222.

163 BGHSt 36, 320, 327.

des Personals. Des Weiteren führt der Bundesgerichtshof aus, dass dem Tatrichter als Beweisgrundlage seiner Überzeugung, eine bestimmte Gebührenziffer sei pro Quartal mindestens auf einer bestimmten Anzahl an Krankenscheinen „zu Unrecht“ eingetragen worden, die Bekundungen des Praxispersonals zur Verfügung stünden.[164] Die Anzahl zu Unrecht eingetragener Gebührenziffern lässt sich über die Vernehmung des Praxispersonals dabei nur in Erfahrung bringen, wenn das Personal die Umstände mitteilt, die für die Bewertung als unberechtigte Eintragung erforderlich sind. Ob sich der Bundesgerichtshof tatsächlich mit pauschalen Angaben des Personals begnügt hat, bleibt damit unklar.

Losgelöst vom konkreten Fall ist den in der Literatur vorgebrachten Bedenken zumindest teilweise zuzustimmen. Grundlage einer tragfähigen Schadenshochrechnung ist nicht das allgemeine Abrechnungsverhalten des beschuldigten Arztes, sondern speziell die Geltendmachung unberechtigter Abrechnungspositionen. Um als zusätzliches Indiz herangezogen werden zu können, müssen die Angaben des Praxispersonals daher ergeben, dass der Beschuldigte über die Stichprobe hinaus fehlerhaft abgerechnet hat. Diesbezüglich genügt schon die Mitteilung der Angestellten, der Beschuldigte habe den im Rahmen der Stichprobe festgestellten Abrechnungsfehler auch bei nicht überprüften Patienten angewandt. Folgt aus den Angaben zudem, dass der Beschuldigte nicht nur vereinzelt, sondern in erheblichem Umfang dermaßen verfahren ist, können die Angaben als weitere mittelbar bedeutsame Tatsache verwertet werden. Die Herstellung des in der Literatur[165] teils geforderten Bezugs zu individuellen Abrechnungspositionen außerhalb der Stichprobe ist hingegen nicht erforderlich, um den Angaben des Personals einen indiziellen Beweiswert zu verschaffen.

Eine diesen Anforderungen entsprechende Aussage des Praxispersonals ist denkbar, wenn das Personal ausreichenden Einblick sowohl in die Erbringung der ärztlichen Leistungen als auch in ihre nachfolgende Abrechnung durch den Beschuldigten hatte. Zur Veranschaulichung soll eine Variante des Abrechnungsbetrugs, das sogenannte „Splitting“[166], dienen: In dieser Konstellation wäre die Aussage des Personals erforderlich, der Beschuldigte habe Behandlungen bei der Abrechnung in einem bestimmten Umfang „gesplittet“, das heißt als an zwei Tagen erfolgt abgerechnet, obwohl er die jeweilige Behandlung an nur einem Tag vorgenommen hat. Die hierfür erforderliche Kenntnis des vernommenen Angestellten von der Zahl der tatsächlich je Patient stattgefundenen

164 BGHSt 36, 320, 321.

165 *Hancok*, Abrechnungsbetrug durch Vertragsärzte, S. 189.

166 Zum Begriff des „splitting“ *Ulsenheimer*, Arztstrafrecht in der Praxis, Rn. 1099.

Behandlungstermine kann aus verschiedenen Quellen folgen. So kann der Angestellte an der bzw. den Behandlungen selbst beteiligt gewesen sein.[167] Daneben ist eine mittelbare Kenntniserlangung aus entsprechenden Mitteilungen seiner Kollegen oder Eintragungen im Terminkalender der Praxis denkbar. Das Wissen des Angestellten um die Art und Weise der Abrechnungen kann entweder daraus herrühren, dass er den Beschuldigten bei der Abrechnung unterstützt hat oder dass der Beschuldigte ihm sein Abrechnungssystem offenbart hat.[168] Verfügt das Personal indessen nicht über die zur Bewertung der Berechtigung der geltend gemachten Abrechnungspositionen erforderlichen Kenntnisse, ist seine Aussage auf das allgemeine Abrechnungsverhalten des Beschuldigten beschränkt. Im Falle des Vorwurfs des systematischen „Splittings" bleibt etwa die Aussage, der Beschuldigte habe bei seinen Abrechnungen häufiger angegeben, Behandlungen seien an zwei Tagen erfolgt, zu vage. Sie schafft keinen ausreichenden Bezug zu dem für die Bewertung als unberechtigte Geltendmachung erforderlichen Umstand, dass die Behandlungen tatsächlich jeweils nur an einem Tag stattgefunden haben. Weist der Angestellte hingegen die erforderlichen Kenntnisse auf und geht aus seinen Angaben hervor, dass der Beschuldigte Behandlungen bei der Abrechnung etwa „üblicherweise", „regelmäßig" oder gar „massenhaft" gesplittet hat, stützt dies die Annahme, der Beschuldigte habe auch außerhalb der Stichprobe in erheblichem Umfang fehlerhaft abgerechnet.

Aus praktischen Gründen dürfte jedoch mit solchen Aussagen des Praxispersonals eher selten zu rechnen sein: Der Beschuldigte wird seine Angestellten kaum einmal in seine fehlerhafte Abrechnungsmethodik aufgrund der für ihn damit verbundenen strafrechtlichen Verfolgungsrisiken einweihen. Hat das Personal seine Kenntnis hingegen über eine eigene Mitwirkung an der Erstellung der Abrechnung erlangt, so dürfte das Personal aufgrund des Risikos einer eigenen

167 In dem der Entscheidung des Landgerichts Saarbrücken zugrundeliegenden Fall war das Praxispersonal teils in die Tatbegehung eingebunden, indem es in unzulässiger Weise delegierte Behandlungen übernahm, LG Saarbrücken, Urt. v. 19.05.2011 – 4 KLs 11/09 Rn. 1.

168 So war das vernommene Personal etwa auch in dem der Grundsatzentscheidung des Bundesgerichtshofs zugrundeliegenden Fall teilweise selbst in die Tatbegehung verstrickt, da es von dem Beschuldigten zur Eintragung tatsächlich nicht stattgefundener Behandlungen angewiesen worden war, BGHSt 36, 320, 324. Gleiches gilt im Falle des OLG Koblenz, wistra 1997, 280.

Strafbarkeit wegen Beihilfe zum Abrechnungsbetrug regelmäßig von seinem Auskunftsverweigerungsrecht gemäß § 55 Abs. 1 StPO Gebrauch machen.[169]

(6) Einlassung des Beschuldigten

Wie bereits erwähnt, wird die Zulässigkeit der Schadenshochrechnung in der Literatur teilweise an ein dezidiertes Geständnis des Beschuldigten geknüpft.[170] Dieses bilde eine ungleich sicherere Grundlage für die Hochrechnung des Schadensumfangs.[171] Als Beispiel für eine auf einem Geständnis beruhende Hochrechnung wird eine Entscheidung des Bundesgerichtshofs aus dem Jahr 1993[172] angeführt. Der dortige Beschuldigte hatte eingeräumt, mindestens zwei Drittel der von ihm abgerechneten Magnetfeldbehandlungen seien nicht abrechnungsfähig gewesen. Auf Grundlage dieses Geständnisses schätzte das Landgericht den Schaden, was der Bundesgerichtshof nicht beanstandete.[173]

Allerdings lässt die Verwendung des Begriffs der Schadensschätzung angesichts der begrifflichen Differenzierung zwischen der Schätzung im Allgemeinen und der Hochrechnung aufhorchen. In der Tat enthalten die Entscheidungsgründe keinen Hinweis darauf, dass neben dem Geständnis des Beschuldigten eine Stichprobe erhoben und hierauf aufbauend der verursachte Schaden hochgerechnet worden wäre. Hierfür bestand aufgrund des eingeräumten und konkret bezifferten Umfangs unberechtigt abgerechneter Behandlungen kein Bedarf. Die Entscheidung des Bundesgerichtshofs kann demnach nicht als Beispiel für eine Schadenshochrechnung angeführt werden, die auf einem Geständnis beruht. Verallgemeinernd kann festgehalten werden, dass eine Schadenshochrechnung nach einem konkret bezifferten Geständnis des Beschuldigten nicht notwendig ist, da der verursachte Mindestschaden – mit weit weniger Aufwand – durch

---

169 Die Entscheidungen des Bundesgerichtshofs und des Landgerichts Saarbrücken belegen jedoch, dass es trotz Involvierung des Personals zu Aussagen kommen kann, vgl. BGHSt 36, 320, 321 sowie LG Saarbrücken, Urt. v. 19.05.2011 – 4 KLs 11/09 Rn. 1.

170 *Krause*, StraFo 2002, 249, 253; *Hancok*, Abrechnungsbetrug durch Vertragsärzte, S. 191; *Luig*, Vertragsärztlicher Abrechnungsbetrug und Schadensbestimmung, S. 222; *Salditt*, StV 1990, 151, 152 f.; Auch *Traut*, AusR 2002, 164, 165, hat keine Bedenken gegen die Schadenshochrechnung auf Grundlage eines Geständnisses.

171 *Hancok*, Abrechnungsbetrug durch Vertragsärzte, S. 191.

172 BGH NStZ 1993, 388.

173 Ebenso unbeanstandet blieb die auf einem Geständnis beruhende Schadensschätzung, die dem Nichtannahmebeschluss des Bundesverfassungsgerichts vorausgegangen war, BVerfG, Beschl. v. 20.03.2007 – 2 BvR 162/07.

eine allgemeine, auf dem eingeräumten Umfang basierende Schätzung ermittelt werden kann.[174]

Der Vollständigkeit halber sei darauf hingewiesen, dass für eine Schadenshochrechnung ebenso wenig Anlass besteht, wenn der verursachte Schaden aufgrund des Geständnisses konkret berechnet werden kann. Illustrierend sei etwa der Fall genannt, in dem der Beschuldigte einräumt, er habe die einer bestimmten Gebührenziffer zugrundeliegenden Behandlungen stets oder in bestimmten Quartalen durch sein hierzu nicht berechtigtes Personal erbringen lassen. Eine Schadenshochrechnung erübrigt sich: Der verursachte Schaden liegt in der Geldsumme sämtlicher Positionen, die der Beschuldigte bezüglich dieser Gebührenziffer in dem betroffenen Zeitraum abgerechnet hat. Der Verurteilung ist daher der wahre Schaden – unter Umständen ergänzt um den für die übrigen Gebührenziffern berechneten Garantieschaden – zugrunde zu legen.[175]

Enthält das Geständnis hingegen keine konkreten, sondern nur pauschale[176] Angaben zum Umfang der fehlerhaften Abrechnungspositionen, so kann es als weiteres Indiz dafür herangezogen werden, dass der Beschuldigte auch außerhalb der Stichprobe falsch abgerechnet hat. Insofern gelten die bereits zu den Bekundungen des Praxispersonals angestellten Überlegungen entsprechend.

(7) Fazit

Es existiert eine Vielzahl möglicher mittelbar bedeutsamer Umstände, die den Schluss stützen können, der Beschuldigte habe auch außerhalb der Stichprobe Abrechnungspositionen unberechtigt geltend gemacht. Ob dieser Schluss tragfähig ist, ist aufgrund einer Gesamtwürdigung aller im Einzelfall vorliegender

---

174 Räumt das Praxispersonal des Beschuldigten den konkreten Umfang der unberechtigten Abrechnungspositionen glaubhaft ein, wird sich eine Schadenshochrechnung ebenfalls erübrigen, da sodann eine Schätzung möglich ist. Eine entsprechende Aussage des Personals wird praktisch jedoch eine absolute Ausnahmekonstellation darstellen. Neben die zu erwartende Aussageverweigerung tritt hinzu, dass das Personal nur selten belastbare, konkrete Angaben machen können wird. Hierzu müsste es einen Überblick über alle Abrechnungspositionen des Beschuldigten und gleichzeitig eine zuverlässige Erinnerung an die zurückliegenden Abrechnungsquartale haben.

175 Hierzu sowie zu ähnlichen Fällen, in denen der „Echtschaden“ zugrunde zu legen bzw. einzuberechnen ist, vgl. *Ruckdeschel/von Ossietzky/Franke/Erlwein-Sayer/Massini*, medstra 2017, 67, 76.

176 Beispielhaft kann eine Einlassung des Beschuldigten angeführt werden, in der dieser einräumt, einen bestimmten Abrechnungsfehler auch außerhalb der Stichprobe „üblicherweise“, „regelmäßig“ oder gar „massenhaft“ verwendet zu haben.

Umstände zu beurteilen. Eine Schadenshochrechnung und damit die Gesamtwürdigung der vorgenannten Umstände erübrigt sich jedoch, wenn der Beschuldigte den Umfang der von ihm fehlerhaft abgerechneten Positionen substantiiert einräumt und der Mindestschaden durch eine weniger aufwendige Schätzung ermittelt oder gar konkret berechnet werden kann.

d. Die richterliche Überzeugung vom Vorliegen der einzelnen mittelbar bedeutsamen Umstände

Bevor die vorgenannten Umstände in die Gesamtwürdigung eingestellt werden können, muss sich das Tatgericht davon überzeugen, welche der vorgenannten Umstände im konkret zu entscheidenden Einzelfall gegeben sind.

(1) Geltung der allgemeinen Grundsätze der richterlichen Überzeugungsbildung

Hinsichtlich der richterlichen Überzeugung vom Vorliegen der einzelnen Umstände gelten die bereits dargestellten allgemeinen Grundsätze.[177] Insbesondere ist der Zweifelssatz auf die mittelbar bedeutsamen Tatsachen, auf denen die Schadenshochrechnung beruht, uneingeschränkt anzuwenden.[178] Dies ergibt sich bereits aus der jedenfalls gegebenen Ähnlichkeit der Schadenshochrechnung zum Indizienbeweis. Hier wie dort darf der Schluss von mittelbar bedeutsamen Tatsachen auf die Haupttatsache nicht gezogen werden, wenn die den Beschuldigten belastende mittelbar bedeutsame Tatsache nicht zweifelsfrei feststeht. Denn aus bloßen Möglichkeiten oder Wahrscheinlichkeiten kann keine Gewissheit begründet werden.[179] Dementsprechend müssen die Tatsachen, die die Grundlage der Schadenshochrechnung bilden, zur Überzeugung des Tatgerichts feststehen.

Soweit zu Schätzungen im Allgemeinen ausgeführt wird, dass vernünftige Zweifel hinsichtlich der Schätzungsgrundlage nicht zwingend zur Anwendung des Zweifelssatzes und damit zur Unterstellung des dem Beschuldigten

---

177 Siehe S. 142 der vorliegenden Arbeit.

178 *Krause*, StraFo 2002, 249, 253 f.; *Wostry*, Schadensbezifferung und bilanzielle Berechnung des Vermögensschadens bei dem Tatbestand des Betrugs (§ 263 StGB), S. 103. So auch zu den im Strafgesetzbuch vorgesehenen Schätzungen *Krehl*, in: KK StPO, § 244 Rn. 60; *Trüg/Habetha*, in: MüKo StPO, Bd. 2, § 244 Rn. 33; *Kelnhofer*, in: Radtke/Hohmann, StPO, § 244 Rn. 49.

179 Vgl. BGH NStZ 1990, 121, 122; vgl. auch *Miebach*, in: MüKo StPO, Bd. 2, § 261 Rn. 119; *Ott*, in: KK StPO, § 261 Rn. 53.

günstigsten Sachverhalts führen müssten, sondern durch Sicherheitsabschläge angemessen berücksichtigt werden könnten,[180] ist dem für die Schadenshochrechnung entgegenzutreten. Die als Beleg für diese Ansicht zitierte Entscheidung des Bundesgerichtshofs[181] bezog sich auf eine Schätzung, deren Grundlage ihrerseits bereits auf Grund einer Wahrscheinlichkeitsbetrachtung zu ermitteln war. Die Schadenshochrechnung stellt hingegen einen speziellen Unterfall der Schätzung dar, bei der die Grundlagen der Schätzung durch Mittel des Strengbeweises konkret ermittelt werden können. Vernünftige Zweifel an der fehlenden Berechtigung einzelner Abrechnungspositionen lassen sich ohne Schwierigkeiten für das Tatgericht durch den Schluss auf die Berechtigung der Position berücksichtigen,[182] sodass es keine Veranlassung gibt, das Hochrechnungsergebnis durch unnötige Sicherheitsabschläge zu verwässern. Dieses Vorgehen entspräche zudem nicht der aufgezeigten strukturellen Ähnlichkeit der Schadenshochrechnung zum Indizienbeweis, bei dem der Zweifelssatz auf die einzelnen Indizien anwendbar ist.

Zweifelbehafteten Abrechnungspositionen mit einem Sicherheitsabschlag zu begegnen stehen zudem methodische Erwägungen entgegen. In der Regel wird gerade aus dem erheblichen Umfang und der Dauer des Abrechnungsfehlverhaltens der Schluss auf weitere fehlerhafte Abrechnungspositionen gezogen werden können. Bei der Vornahme eines Sicherheitsabschlags bestünde in Grenzfällen die Gefahr, dass sich erst anhand der zweifelbehafteten, aber dennoch als unberechtigt behandelten Abrechnungspositionen das Bild nicht lediglich eines vereinzelten, sondern eines seinem Umfang nach erheblichen Abrechnungsfehlverhaltens des Beschuldigten ergibt. Da sich ein massenhaftes Abrechnungsfehlverhalten nicht zweifellos nachweisen ließe, wäre eine Schadenshochrechnung in einem solchen Fall jedoch bereits dem Grunde nach ausgeschlossen. Ein etwaiger Sicherheitsabschlag, der eine Korrektur der Auswirkungen der zweifelbehafteten Positionen auf das Hochrechnungsergebnis bewirken soll, vermag den durch eine dennoch vorgenommene Schadenshochrechnung begangenen grundsätzlichen Fehler nicht zu korrigieren.

Aus der Anwendbarkeit des Zweifelssatzes auf die einzelnen Abrechnungspositionen ergibt sich auch der rechtlich einwandfreie Umgang mit sogenannten

---

180 BGH NStZ 2008, 106, 108; *Miebach*, in: MüKo StPO, Bd. 2, § 261 Rn. 376; a.A. *Trüg/Habetha*, in: MüKo StPO, Bd. 2, § 244 Rn. 32.

181 BGH NStZ 2008, 106, 108.

182 Vgl. auch *Wostry*, Schadensbezifferung und bilanzielle Berechnung des Vermögensschadens bei dem Tatbestand des Betrugs (§ 263 StGB), S. 103.

„Drop-Outs". Unter solchen „Antwortausfällen" versteht man einen für die Stichprobe zufällig ausgewählten Patienten, der zu den erhaltenen Behandlungsleistungen nicht befragt werden kann.[183] Verbleiben in einem solchen Fall auch nach Sichtung der Behandlungsunterlagen Zweifel an der Fehlerhaftigkeit der bezüglich des nicht vernehmbaren Patienten abgerechneten Positionen, so müssen diese als zutreffend abgerechnet erachtet werden.[184] Die in der Literatur[185] stattdessen teilweise vorgeschlagene Verfahrensweise, der Patient fiele aus der Stichprobe hinaus und ein anderer zufällig ausgewählter Patient rücke nach, vermag nicht zu überzeugen. Dieses Vorgehen birgt die erhebliche Gefahr der Verfälschung des Ergebnisses der Hochrechnung: Rückt für den „ausgefallenen" Patient, dessen Behandlung zutreffend abgerechnet wurde, ein Patient nach, dessen Behandlung fehlerhaft abgerechnet wurde, so würde die fehlerhaft abgerechnete Position durch die Hochrechnung potenziert. Dies steht in Widerspruch dazu, dass Positionen, deren Berechtigung nicht mehr aufgeklärt werden kann, bei einer Totalerhebung im Zweifel als zutreffend abgerechnet zu bewerten wären. Die in der Literatur vorgeschlagene Behandlung der „Drop-Outs" vernachlässigt folglich, dass sich in der Praxis nicht alle abgerechneten Positionen nachträglich zweifelsfrei aufklären lassen. Eine Stichprobe, bei der „Drop-Outs" durch nachrückende Patienten ausgetauscht werden, könnte daher nicht mehr als repräsentativ angesehen werden. Keine Bedenken bestünden indessen gegen die – ohnehin jederzeit zulässige[186] – Erweiterung der Stichprobe um zusätzliche Patienten, sofern die „Drop-Outs" weiterhin Bestandteil der Stichprobe bleiben und als korrekt abgerechnet berücksichtigt werden.[187]

---

183 *Schmidt*, medstra 2017, 79, 82. Vgl. zum Begriff *Ruckdeschel/von Ossietzky/Franke/Erlwein-Sayer/Massini*, medstra 2017, 67, 72; LG Saarbrücken, Urt. v. 19.05.2011 – 4 KLs 11/09 Rn. 880 ff. Teilweise werden solche Ausfälle als „nonresponse" bezeichnet, *Diaz-Bone*, Statistik für Soziologen, S. 162.

184 So auch LG Saarbrücken, Urt. v. 19.05.2011 – 4 KLs 11/09 Rn. 883.

185 *Schmidt*, medstra 2017, 79, 82.

186 Eine Erweiterung der Stichprobe führt stets zu einem genaueren Ergebnis, vgl. *Ruckdeschel/von Ossietzky/Franke/Erlwein-Sayer/Massini*, medstra 2017, 67, 72, 74 und 78. Hierdurch wird eine weitere Annäherung an den tatsächlich verursachten Vermögensschaden erzielt. Im Lichte des Amtsermittlungsgrundsatzes des § 244 Abs. 2 StPO, der die Ermittlung des wahren Schadens fordert (vgl. S. 199 f. der vorliegenden Arbeit), sind Erweiterungen daher als stets zulässig anzusehen.

187 Das von *Ruckdeschel/von Ossietzky/Franke/Erlwein-Sayer/Massini*, medstra 2017, 67, 70 und 72, vorgeschlagene Nachziehen im Falle von „Drop-Outs" lässt offen, ob die nachgezogenen Patienten die „Drop-Outs" verdrängen.

In seiner Grundsatzentscheidung zur Schadenshochrechnung geht auch der Bundesgerichtshof davon aus, dass statistische Wahrscheinlichkeitsrechnungen zu den Mitteln logischer Schlussfolgerungen gehören, sofern sie von gesicherten Tatsachenfeststellungen ausgehen.[188] Als gesichert kann eine Feststellung nach dem Ausgeführten jedoch nur gelten, wenn sie keinen vernünftigen Zweifeln begegnet. Damit ist der Zweifelssatz uneingeschränkt auf die tatsächlichen Grundlagen der Schadenshochrechnung anzuwenden. Das Gericht muss von den einzelnen mittelbar bedeutsamen Umständen nach allgemeinen Grundsätzen überzeugt sein.

(2) Die Überzeugung von der zeitlichen Homogenität der Beanstandungsquote

Die Anwendung der allgemeinen Grundsätze wirft für die überwiegende Zahl der einzelnen mittelbar bedeutsamen Umstände keine Probleme auf, die den Besonderheiten der Hochrechnung geschuldet wären. Eine Ausnahme stellt der Nachweis der zeitlichen Homogenität der Beanstandungen dar.

Die zeitliche Homogenität der Beanstandungen wird mit dem Chi-Quadrat-Homogenitätstest überprüft.[189] Hierzu werden in einem ersten Schritt die Hypothesen aufgestellt, wobei die Nullhypothese allgemein formuliert davon ausgeht, dass das zu untersuchende Element in den verschiedenen Grundgesamtheiten identisch verteilt ist.[190] Konkret für die Schadenshochrechnung lautet die Nullhypothese, dass die Beanstandungsquote der überprüften Gebührenziffer in den einzelnen untersuchten Quartalen jeweils identisch ist.

Bevor auf die diesbezügliche Aussagekraft des Chi-Quadrat-Homogenitätstests eingegangen wird, sei zunächst klargestellt, dass die aufgestellte Hypothese an sich bereits lebensfern anmutet. Angesichts der von Quartal zu Quartal variierenden Zahl an Patienten, die eine bestimmte Behandlungsleistung erhalten haben, würde es sehr überraschen, wenn der Anteil der zu Unrecht geltend gemachten Behandlungen quartalsübergreifend tatsächlich völlig konstant bliebe. Dies wäre nur in dem zwar denktheoretisch möglichen, realistisch betrachtet indessen kaum zu erwartenden Fall gegeben, in dem der Beschuldigte vor der Erstellung der einzelnen Abrechnungserklärungen die Beanstandungsquote der letzten Abrechnung heranzieht und mit dieser bezogen auf die Zahl der von ihm im aktuellen Quartal behandelten Patienten die exakte

---

188 BGHSt 36, 320, 325.

189 Hierzu vertiefend siehe S. 83 ff.

190 Vgl. *Rinne*, Taschenbuch der Statistik, S. 562.

Anzahl unrechtmäßig abzurechnender Leistungen ermitteln würde. Ohne ein solches planmäßiges Vorgehen des Vertragsarztes wird die Beanstandungsquote hingegen von Quartal zu Quartal – wenn auch unter Umständen nur leichte – Schwankungen aufweisen.

Abgesehen von diesem grundsätzlichen Einwand gegen die aufgestellte Nullhypothese begegnet der Chi-Quadrat-Homogenitätstest weiteren Bedenken, die sich aus seiner Aussagekraft ergeben: Das zur Überprüfung der Nullhypothese in der Praxis angelegte Signifikanzniveau von fünf Prozent drückt aus, dass in einem von zwanzig Fällen fehlerhaft davon ausgegangen wird, die Beanstandungsquote sei nicht homogen, wohingegen tatsächlich eine Homogenität vorliegt (Fehler erster Art bzw. sogenannter α-Fehler).[191] Zwar erscheint eine Irrtumswahrscheinlichkeit von fünf Prozent für ein Strafverfahren recht hoch. Allerdings belastet die fälschliche Verwerfung der Annahme einer homogenen Beanstandungsquote den Beschuldigten nicht: Wird die Hypothese zeitlicher Homogenität fälschlich verworfen, wird der Schaden nicht einheitlich für den gesamten Tatzeitraum, sondern quartalsbezogen berechnet. Die Sicherheitsabschläge fallen hierbei stärker ins Gewicht, weshalb der berechnete Schaden niedriger ausfällt.[192]

Keine Aussagekraft kommt dem angelegten Signifikanzniveau indessen hinsichtlich eines Fehlers zweiter Art (sogenannter β-Fehler) zu,[193] dessen Relevanz für den Beschuldigten deutlich kritischer ist: Wie hoch die Wahrscheinlichkeit ist, aufgrund der Anwendung des Chi-Quadrat-Homogenitätstests fälschlich davon auszugehen, die Beanstandungsquote sei homogen, lässt sich nicht feststellen. Zwischen den Fehlern erster und zweiter Art ist lediglich ein Zusammenhang dergestalt feststellbar, dass die Wahrscheinlichkeit, einen Fehler zweiter Art zu begehen, umso höher ist, je geringer die Wahrscheinlichkeit ist, einen Fehler erster Art zu begehen.[194] Hieraus folgt, dass die Wahrscheinlichkeit, fälschlich von einer homogenen Beanstandungsquote auszugehen, mit einem abnehmenden Signifikanzniveau steigt. Zudem ergibt sich aus der Wahrscheinlichkeit eines Fehlers erster Art eine Obergrenze für einen Fehler zweiter Art, die sich

---

191 Vgl. *Diaz-Bone*, Statistik für Soziologen, S. 172 f.; *Hedderich/Sachs*, Angewandte Statistik, S. 448.

192 Hierzu siehe S. 90 der vorliegenden Arbeit.

193 Vgl. *Tschirk*, Bayes-Statistik für Human- und Sozialwissenschaften, S. 7. *Hedderich/Sachs*, Angewandte Statistik, S. 456, wonach der Fehler, der möglicherweise in der Beibehaltung der Nullhypothese liegt, nicht unter statistischer Kontrolle ist.

194 *Arrenberg*, Wirtschaftsstatistik für Bachelor, S. 230; *Tschirk*, Bayes-Statistik für Human- und Sozialwissenschaften, S. 7.

mathematisch wie folgt darstellen lässt: $1 - \alpha$.[195] Bei einem Signifikanzniveau von fünf Prozent (0,05) kann die Wahrscheinlichkeit eines Fehlers zweiter Art daher bis zu 95 Prozent (0,95) betragen.

Die fehlende Quantifizierbarkeit der Fehlerwahrscheinlichkeit hat bei der Annahme einer homogenen Beanstandungsquote in der bisherigen Diskussion keine Beachtung gefunden. Der Bundesgerichtshof spricht diese in seiner Grundsatzentscheidung überhaupt nicht an. Das Landgericht Saarbrücken[196] hingegen ist der Annahme des Sachverständigen, das Abrechnungsverhalten des Beschuldigten sei zeitlich homogen, schlicht gefolgt – eine Auseinandersetzung mit der Begründung dieser Annahme lässt das Urteil nicht erkennen. Im Schrifttum[197] taucht der Begriff der zeitlichen Homogenität nur vereinzelt auf, wobei die fehlende Quantifizierbarkeit der Wahrscheinlichkeit eines Fehlers zweiter Art ebenso wenig thematisiert wird. Einzig in einer Fußnote eines Beitrags wird klargestellt, dass der Chi-Quadrat-Homogenitätstest die aufgestellte Nullhypothese nicht beweist. Der Test ergebe nur, dass die Annahme der zeitlichen Homogenität eine „brauchbare Arbeitshypothese" darstelle und die vorhandenen Daten ihr nicht widersprechen.[198]

Vor diesem Hintergrund ist zu konstatieren, dass der Chi-Quadrat-Homogenitätstest der aufgestellten Hypothese einer homogenen Beanstandungsquote nicht zu einer neuen Qualität verhilft: Die Hypothese bleibt eine bloße Annahme bzw. Vermutung. Ob diese zutrifft, lässt sich mit einem statistischen Test wie dem Chi-Quadrat-Homogenitätstest nicht feststellen.[199] Insbesondere folgt aus dem Umstand, dass der Test der Nullhypothese nicht widerspricht, umgekehrt nicht ihr Zutreffen.[200] Wie hoch das Risiko einer wahrheitswidrigen Nullhypothese und damit das Maß verbleibender Zweifel im Sinne des § 261 StPO ist, lässt sich nicht quantifizieren.[201] Umgekehrt lässt sich ebenso wenig beziffern, wie hoch die Wahrscheinlichkeit ist, dass die Nullhypothese zutrifft. Damit kann schon das für die richterliche Überzeugung benötigte objektive Element, nämlich die hohe Wahrscheinlichkeit einer homogenen

---

195 *Arrenberg*, Wirtschaftsstatistik für Bachelor, S. 231.

196 LG Saarbrücken, Urt. v. 19.05.2011 – 4 KLs 11/09 Rn. 885.

197 *Ruckdeschel/von Ossietzky/Franke/Erlwein-Sayer/Massini*, medstra 2017, 67, 72 ff.

198 *Ruckdeschel/von Ossietzky/Franke/Erlwein-Sayer/Massini*, medstra 2017, 67, 73 (dort Fn. 26).

199 Vgl. *Bosch*, Großes Lehrbuch der Statistik, S. 437; *Arrenberg*, Wirtschaftsstatistik für Bachelor, S. 231; *Tschirk*, Bayes-Statistik für Human- und Sozialwissenschaften, S. 7.

200 Vgl. *Bosch*, Großes Lehrbuch der Statistik, S. 437.

201 *Tschirk*, Bayes-Statistik für Human- und Sozialwissenschaften, S. 7.

Beanstandungsquote, nicht festgestellt werden.[202] Dies wird insbesondere offensichtlich, führt man sich vor Augen, dass die Wahrscheinlichkeit der fehlerhaften Beibehaltung der Nullhypothese bis zu 95 Prozent betragen kann.

Eine hohe Wahrscheinlichkeit für eine zeitlich homogene Beanstandungsquote lässt sich ebenso wenig mit den übrigen vorgenannten mittelbar bedeutsamen Umständen erzielen. Diesen kommt nur insoweit ein Beweiswert zu, als sie darauf hindeuten, dass der Beschuldigte überhaupt außerhalb der Stichprobe fehlerhaft abgerechnet hat. Ob dies quartalsübergreifend in konstant bleibendem oder variierendem Umfang geschah, geht hieraus hingegen nicht hervor.

Sollte sich der Tatrichter dennoch aufgrund des Chi-Quadrat-Homogenitätstests vom Vorliegen einer homogenen Beanstandungsquote überzeugt zeigen, so wäre dies rechtsfehlerhaft und damit revisibel. Es würde sich um eine irrationale Beweiswürdigung handeln, die auf der Annahme beruht, dass nicht widerlegte Vermutungen als belegt zu behandeln sind. Tatsächlich existieren indessen immense und damit vernünftige Zweifel, die einer Überzeugung von der Homogenität der Beanstandungsquote entgegenstehen. Ist der Tatrichter subjektiv dennoch von der zeitlichen Homogenität überzeugt, so begründet dies indes daneben keinen Verstoß gegen den Zweifelssatz. Dieser wird nicht schon dadurch verletzt, dass der Richter am Vorliegen der Tatsache nicht gezweifelt hat, obwohl Zweifel angezeigt gewesen wären.[203]

Auf die vermeintliche Homogenität der Beanstandungsquote darf das Tatgericht bei seiner weiteren Beweiswürdigung in keinem Fall abstellen.

(3) Fazit

Die einzelnen mittelbar bedeutsamen Umstände, auf denen die Schadenshochrechnung beruht, müssen zur Überzeugung des Tatgerichts feststehen. Dies gilt insbesondere für die Anzahl der fehlerhaften Abrechnungspositionen. Zweifel an der fehlenden Berechtigung einzelner Abrechnungspositionen sind nicht – wie für Schätzungen im Allgemeinen vorgeschlagen – durch Sicherheitsabschläge, sondern durch den Schluss auf die Berechtigung der Position zu berücksichtigen. Die Anwendung der allgemeinen Grundsätze des § 261 StPO auf die Überzeugung von den mittelbar bedeutsamen Umständen wirft dabei nur hinsichtlich der Feststellung einer homogenen Beanstandungsquote besondere Probleme

202 Statistiker wollen bei einer nicht signifikanten Stichprobe den Zweifelssatz anwenden, da die Nullhypothese nicht bewiesen wird, *Hedderich/Sachs*, Angewandte Statistik, S. 456.

203 Vgl. *Ott*, in: KK StPO, § 261 Rn. 64 m.w.N.

auf, da diese durch die Anwendung des Chi-Quadrat-Homogenitätstests nicht belegt wird. Der Test besagt vielmehr lediglich, dass die Daten der Hypothese einer homogenen Beanstandungsquote nicht widersprechen. Wie hoch das Risiko ist, hiermit einer Fehlannahme zu unterliegen, lässt sich nicht beziffern, sodass schon die für die richterliche Überzeugung objektiv hohe Wahrscheinlichkeit der Homogenität nicht festgestellt werden kann. Die zeitliche Homogenität der Beanstandungen darf daher in die Gesamtwürdigung der mittelbar bedeutsamen Umstände nicht einfließen.

e. *Die Gesamtwürdigung der mittelbar bedeutsamen Umstände*

Stehen die individuellen Umstände fest, von deren Vorliegen sich das Tatgericht hat überzeugen können, sind diese in ihrer Gesamtheit zu würdigen, um zu beurteilen, ob sie den Schluss auf weitere fehlerhafte Positionen in den betroffenen Abrechnungen tragen. Es ist also zu erörtern, welchen Umständen bzw. welcher Kombination von Umständen im Einzelfall ein hinreichender Beweiswert zukommen kann, um eine hohe Wahrscheinlichkeit dafür zu begründen, dass der gezogene Schluss auf die Haupttatsache zutrifft.

Der Schluss auf weitere fehlerhafte Abrechnungspositionen in erheblichem Umfang findet – wie bereits erwähnt – kein hinreichendes Fundament in dem kriminalistischen Erfahrungswert, dass Abrechnungsbetrug regelmäßig massenhaft begangen wird. Dieser Umstand weist eine zu große Distanz zu der konkreten Einzeltat und damit eine zu geringe Aussagekraft auf.

Ein mittelbar bedeutsamer Umstand von einigem Gewicht liegt indessen in der Feststellung eines erheblichen Umfangs fehlerhafter Abrechnungen, die sich über einen längeren Zeitraum erstrecken. Ob bereits aus Umfang und Dauer der Schluss auf die unberechtigte Geltendmachung weiterer Abrechnungspositionen außerhalb der Stichprobe geschlossen werden kann, hängt von der konkreten Menge fehlerhafter Abrechnungspositionen sowie der Zahl der Quartale ab, über die sich die fehlerhafte Abrechnungspraxis erstreckt. Je größer die Anzahl und je länger der Zeitraum, desto eher kann hieraus auf weiteres erhebliches Abrechnungsfehlverhalten des Beschuldigten geschlossen werden. Erstreckt sich das Abrechnungsfehlverhalten beispielsweise bei einem festgestellten Beanstandungsanteil von circa zwei Drittel über neun Quartale, so stellt dies eine hinreichend sichere Tatsachengrundlage für den gezogenen Schluss dar. In einem solchen Fall beruht der gezogene Schluss auf die ungeprüften Abrechnungspositionen nicht mehr auf dem schlichten, so nicht-existenten Erfahrungssatz, wer sich einmal auf eine bestimmte Weise verhalten habe, habe sich auch bei anderen Gelegenheiten dermaßen verhalten. Vielmehr wird der gebildete Satz um eine maßgebliche Voraussetzung ergänzt und auf einen bestimmten Zeitraum eingegrenzt: Wer sich bei einzelnen überprüften Gelegenheiten innerhalb eines abgegrenzten Zeitraums in erheblichem Umfang auf eine bestimmte Weise verhalten hat, hat sich innerhalb desselben Zeitraums auch bei anderen, nicht überprüften Gelegenheiten auf dieselbe Weise verhalten. Bezogen auf die konkrete Konstellation des Abrechnungsbetrugs lautet der gebildete Erfahrungssatz also: Bei einem Vertragsarzt, dem durch die erhobene Stichprobe die fehlerhafte Abrechnung in erheblichem Umfang über eine bestimmte Anzahl an Quartalen nachgewiesen werden konnte, ist davon auszugehen, dass er bezüglich der ungeprüften Abrechnungspositionen innerhalb dieses Zeitraums ebenfalls in erheblichem Umfang fehlerhaft abgerechnet hat. Dieser modifizierte Satz ist an sich logisch nachvollziehbar: Ist ein bestimmtes Verhaltensschema eines Menschen für einen abgegrenzten Zeitraum nachgewiesen, so verliert der Einwand der lediglich grundsätzlich nicht gegebenen Gesetzmäßigkeit des menschlichen Verhaltens an Gewicht. Es dürfte außer Frage stehen, dass Menschen durchaus in der Lage sind, ein Verhaltensschema zu entwickeln und sich diesem entsprechend zu verhalten.

Erstreckt sich die Dauer des Abrechnungsfehlverhaltens hingegen nur auf wenige, beispielsweise ein oder zwei Quartale, bedarf der Schluss auf weiteres erhebliches Abrechnungsfehlverhalten zusätzlicher untermauernder Umstände. Einem etwaigen gleichbleibenden Tatmuster, also der steten Anwendung desselben Abrechnungsfehlers, käme gegenüber Umfang und Dauer der fehlerhaften Abrechnungen ein nur geringfügig gesteigertes Gewicht zu. Maßgeblich wird bei dem Tatmuster nämlich ebenfalls darauf abgestellt, dass es sich um wiederkehrende, also über einen bestimmten Zeitraum gehäuft auftretende Abrechnungsfehler handelt: Lediglich wenn der Abrechnungsfehler über einen längeren Zeitraum in nennenswertem Umfang auftritt, stützt dies die Feststellung eines regelmäßigen Abrechnungsfehlverhaltens. Ist ein erhebliches Ausmaß an fehlerhaften Abrechnungen indessen nicht gegeben, wäre die Aussage des Praxispersonals bzw. die Einlassung des Beschuldigten erforderlich, er habe auch außerhalb der Stichprobe in erheblichem Umfang fehlerhaft abgerechnet. Ist diese Angabe glaubhaft, begründet dies die erforderliche hohe Wahrscheinlichkeit für das Zutreffen des gezogenen Schlusses.

Die Schadenshochrechnung verstößt weder gegen Denkgesetze noch gesicherte Erfahrungssätze, wenn aufgrund des Stichprobenergebnisses im Wege bzw. ähnlich des Indizienbeweises geschlossen werden kann, der Beschuldigte habe mit hoher Wahrscheinlichkeit außerhalb der Stichprobe liegende, das heißt nicht überprüfte, Abrechnungspositionen in erheblichem Umfang unberechtigt geltend gemacht. Dies ist einerseits der Fall, wenn die Stichprobe ein

Abrechnungsfehlverhalten von erheblichem Umfang sowie längerer Dauer offenbart, insbesondere, wenn stets derselbe Abrechnungsfehler festgestellt wurde. Erstreckt sich das Abrechnungsfehlverhalten hingegen nur auf wenige Quartale, muss die Annahme weiteren Abrechnungsfehlverhaltens des Beschuldigten durch seine eigenen oder die Angaben seines Praxispersonals bestätigt werden. Liegen solche Umstände vor, wird hierdurch der Einwand entkräftet, der Schadenshochrechnung liege der nicht-existente Erfahrungssatz zugrunde, wer sich einmal auf eine bestimmte Weise verhalten habe, habe sich auch bei anderen Gelegenheiten dermaßen verhalten.

f. Die richterliche Überzeugung vom hochgerechneten Garantieschaden

Lässt die Gesamtwürdigung der mittelbar bedeutsamen Umstände den vorbezeichneten Schluss zu, folgt die mathematisch-statistische Hochrechnung des verursachten Vermögensschadens. Aus juristischer Perspektive gilt es zunächst zu untersuchen, ob der Tatrichter von dem Eintritt eines Vermögensschadens in Höhe des hochgerechneten Garantieschadens im Sinne des § 261 StPO überzeugt sein muss. Bejahendenfalls ist zu erörtern, ob die Berechnung des Garantieschadens mit einem Sicherheitsniveau von 99,5 Prozent dem Maß der richterlichen Überzeugung genügt.

(1) Geltung der allgemeinen Grundsätze richterlicher Überzeugungsbildung

Die Notwendigkeit der richterlichen Überzeugung im Sinne des § 261 StPO entfiele jedenfalls nicht aufgrund der zumindest zweifelhaften[204] These des Bundesgerichtshofs[205], die Schadenshochrechnung betreffe allein die Rechtsfolgenentscheidung, insbesondere die Strafzumessung.[206] Denn die Strafzumessungstatsachen müssen grundsätzlich ebenso zur Überzeugung des Gerichts feststehen wie die für den Schuldspruch an sich bedeutsamen Umstände.[207]

Für Schätzungen im Allgemeinen ist umstritten, ob der Maßstab der richterlichen Überzeugung sowie der Zweifelssatz auf das Schätzungsergebnis anzuwenden sind. Teilweise wird der Zweifelssatz ohne nähere Begründung hinsichtlich des Ergebnisses als anwendbar

---

204 Hierzu siehe *Hancok*, Abrechnungsbetrug durch Vertragsärzte, S. 193 f. sowie *Krause*, StraFo 2002, 249, 251.

205 BGHSt 36, 320, 325.

206 Vgl. *Frister*, in: SK StPO, Bd. IV, § 244 Rn. 26c.

207 *Schäfer/Sander/van Gemmeren*, in: Praxis der Strafzumessung, Rn. 1297 m.w.N.

angesehen.[208] Nach anderen Stimmen soll der Zweifelssatz jedenfalls bei den im Strafgesetzbuch vorgesehenen Schätzklauseln nicht auf die Schätzung als solche anwendbar sein.[209] Diese Sichtweise wird – ohne nähere Begründung – vereinzelt auf die Schadenshochrechnung erstreckt.[210] Mithin ist zu ergründen, ob letztere Auffassung auch für die Schadenshochrechnung zutrifft.

Hinsichtlich der Schätzungen auf Grundlage der §§ 40 Abs. 3, 73d Abs. 2, 74c Abs. 3 StGB gilt es zu berücksichtigen, dass diese in der Regel nicht durch eine mathematisch-statistische Berechnung anhand von zuvor erhobenen Stichproben erfolgen. Es handelt sich im Regelfall daher letztlich um bloße Versuche der Annäherung an die Wahrheit[211], denen stets Ungewissheit bzw. Zweifel anhaften.[212] Insofern überzeugt, dass sich der Tatrichter in den vom Gesetz vorgesehenen Fällen der Schätzung mit einer vermutlichen Wertannahme begnügen kann,[213] ohne bei den naturgemäß verbleibenden Zweifeln den dem Beschuldigten günstigsten Schluss ziehen zu müssen.

Diese Räson lässt sich auf die Schadenshochrechnung allerdings nicht übertragen. Dies folgt zunächst daraus, dass das Strafverfahrensrecht für den Bereich der Schadenshochrechnung keine Befreiung des Tatrichters von der Maxime des Zweifelssatzes vorsieht, da es an einer den §§ 40 Abs. 3, 73d Abs. 2, 74c Abs. 3 StGB entsprechenden gesetzlichen Grundlage mangelt.[214] Insofern wäre der Verzicht auf die Anwendbarkeit des Zweifelssatzes und die damit verbundene Abweichung von dem Maßstab der Überzeugung des § 261 StPO zumindest rechtfertigungsbedürftig, wenn nicht gar schlechthin verfahrensrechtswidrig.

Zudem können die verbleibenden Unsicherheiten am Eintritt eines Vermögensschadens in Höhe des Garantieschadens quantifiziert werden. Zur

---

208 *Krause*, StraFo 2002, 249, 254. So auch generell zu Schätzungen BGH NStZ 2010, 635, 636; *Frister*, in: SK StPO, Bd. IV, § 244 Rn. 26c; *Ott*, in: KK StPO, § 261 Rn. 76; *Wostry*, Schadensbezifferung und bilanzielle Berechnung des Vermögensschadens bei dem Tatbestand des Betrugs (§ 263 StGB), S. 99.

209 BVerfGE 105, 135, 167; BGH NStZ 1989, 361; *Detter*, NStZ 1989, 465, 472; *Hellmann*, GA 1997, 503, 505; *Joecks*, in: MüKo StGB, Bd. 2, § 73b Rn. 9; *Heuchemer*, in: BeckOK StGB, § 73d StGB Rn. 4; *Volk*, Zur Schätzung im Steuerstrafrecht, Kohlmann-FS, S. 579, 581 f.

210 *Hancok*, Abrechnungsbetrug durch Vertragsärzte, S. 192 (Fn. 728).

211 *Fischer*, StraFo 2012, 429. Vgl. *Hellmann*, GA 1997, 503, 504 sowie *Krause*, StraFo 2002, 249, 254.

212 Vgl. *Volk*, Zur Schätzung im Steuerstrafrecht, Kohlmann-FS, S. 579, 584.

213 *Joecks*, in: MüKo StGB, Bd. 2, § 73b Rn. 8; *Fischer*, StGB, § 73d Rn. 5.

214 Siehe hierzu S. 125 ff. der vorliegenden Arbeit.

Berechnung des Garantieschadens wird ein im Vorhinein festgelegtes statistisches Sicherheitsniveau angelegt, das sich beziffern lässt. Anhand des gewählten Sicherheitsniveaus kann sodann geprüft werden, ob die für die richterliche Überzeugung erforderliche objektiv hohe Wahrscheinlichkeit gegeben ist, der wahre Schaden liege nicht unter dem berechneten Garantieschaden. Bei der Schadenshochrechnung resultiert aus der Natur der Schätzung demgemäß nicht die kategorische Unmöglichkeit der Subsumtion des Hochrechnungsergebnisses unter den Begriff der richterlichen Überzeugung im Sinne des § 261 StPO. Lässt sich damit überprüfen, ob das Hochrechnungsergebnis den Anforderungen der richterlichen Überzeugung im Sinne des § 261 StPO genügt, besteht kein Anlass, von diesen abzuweichen und den Zweifelssatz nicht anzuwenden.

In der Konsequenz muss das Sicherheitsniveau eine objektiv hohe Wahrscheinlichkeit dafür gewährleisten, dass der wahre Schaden nicht unter dem berechneten Garantieschaden liegt. Ist das gewählte Sicherheitsniveau hierfür zu niedrig, so darf der Garantieschaden aufgrund des Zweifelssatzes der Verurteilung nicht zugrunde gelegt werden. Eine Verurteilung hätte dann entweder allein aufgrund des durch die Stichprobe ermittelten Schadens zu erfolgen[215] oder das Tatgericht müsste erneut einen Sachverständigen mit der Berechnung beauftragen, der ein ausreichendes Sicherheitsniveau anzuwenden hätte.

(2) Betrachtung des angelegten mathematisch-statistischen Sicherheitsniveaus

Steht damit fest, dass die Überzeugung des Tatrichters von dem Vorliegen des Hochrechnungsergebnisses an dem Maßstab des § 261 StPO zu messen ist, bedarf nunmehr die Frage der näheren Betrachtung, ob das Ergebnis der Schadenshochrechnung diesem Maßstab genügt. Ausgehend von einem Sicherheitsniveau von 99,5 Prozent könnte dies zunächst fraglich erscheinen. Denn der tatsächlich eingetretene Vermögensschaden liegt bei einem solchen Niveau mit einer Wahrscheinlichkeit von 0,5 Prozent, das heißt in einem von 200 Fällen, unterhalb des ermittelten Garantieschadens.[216] Umstände, aufgrund derer das Tatgericht ausschließen könnte, dass ihm nicht dieser Ausnahmefall, sondern vielmehr einer der 199 übrigen Fälle zur Entscheidung vorliegt, existieren nicht. Mithin erscheint fragwürdig, ob das Tatgericht von dem ermittelten Garantieschaden überzeugt sein kann, obwohl es sich der Fehlerwahrscheinlichkeit bewusst ist und die damit einhergehenden Zweifel nicht überwinden kann.

---

215 Im Übrigen wäre das Verfahren gemäß §§ 154 f. StPO zu beschränken.

216 *Ruckdeschel/von Ossietzky/Franke/Erlwein-Sayer/Massini*, medstra 2017, 67, 69.

Auch in der Literatur wird in Bezug auf Schätzungen eingewandt, der Richter könne nicht von der Richtigkeit eines Schätzungsergebnisses überzeugt sein.[217] Denn „schätzen" bedeute, auf ungewisser Tatsachengrundlage durch Vermutungen und Wahrscheinlichkeitserwägungen zu einem Ergebnis zu gelangen, das allenfalls zufällig der Wahrheit entspreche.[218] Der Richter könne lediglich eine Überzeugung von der wahrscheinlichen Wahrheit erlangen.[219] Diese generelle Absage an die Möglichkeit einer richterlichen Überzeugung von Schätzungsergebnissen bedarf hier indessen nur der eingeschränkten Würdigung. Denn für die Schadenshochrechnung gelten als Unterfall der Schätzung zweierlei Besonderheiten: Zunächst erfolgt die Schadenshochrechnung nicht auf einer unsicheren Tatsachengrundlage, da die fehlerhaften Abrechnungspositionen im Zuge der Stichprobe durch Mittel des Strengbeweises zur Überzeugung des Tatrichters festgestellt werden müssen.[220] Daneben wird der Garantieschaden als untere Grenze des eingetretenen Vermögensschadens mit einem Sicherheitsniveau von 99,5 Prozent ermittelt. Dieses hohe Sicherheitsniveau widerlegt den Einwand, die Schätzung stimme höchstens zufällig mit der Wahrheit überein.[221] Es ist vielmehr umgekehrt so, dass sich die Unterschreitung des ermittelten Garantieschadens in lediglich einem von 200 Fällen als zufällig darstellt. Die Hochrechnung als Instrument zur Bestimmung des Mindestschadens ist damit gegenüber der kritisierten allgemeinen Schätzung deutlich präziser, sofern man statt des konkret verursachten Schadens lediglich die untere Grenze des eingetretenen Schadens in den Blick nimmt.

Nach der hier vertretenen Auffassung steht es der richterlichen Überzeugung daher nicht grundlegend entgegen, dass bei einer Hochrechnungen Abweichungen von der Wirklichkeit bewusst in Kauf genommen werden, also stets

---

217 So konkret zur Schadenshochrechnung *Salditt*, StV 1990, 151, 152 f.; zu Schätzungen allgemein *Otte*, Schätzungen im Rahmen der Schuldfeststellung, S. 44 f.

218 *Hellmann*, GA 1997, 503, 504; *Trüg/Habetha*, in: MüKo StPO, Bd. 2, § 244 Rn. 32. Auch *Ott/Bundschuh*, JA 2005, 453, 454, gehen davon aus, die Schätzung könne nicht zur richterlichen Überzeugung führen, da begriffsnotwendig immer eine über die tatsächliche Schuld hinausgehende Verurteilung möglich wäre. Vgl. hierzu ferner *Noll*, in: Fischer/Hoven/Huber/u.a., Dogmatik und Praxis des strafrechtlichen Vermögensschadens, S. 313, 323.

219 *Otte*, Schätzungen im Rahmen der Schuldfeststellung, S. 257.

220 Siehe hierzu S. 162 ff. der vorliegenden Arbeit.

221 A.A. *Salditt*, StV 1990, 151, 152 f., der trotz des hohen Sicherheitsniveaus von einem bloßen Verdacht bzw. einer bloßen Vermutung spricht. Ihm wohl zustimmend *Kondziela*, Kriminalistik 2004, 377, 383.

Zweifel verbleiben. Andernfalls wären auch sonstige auf Wahrscheinlichkeitsaussagen beruhende Erkenntnisse im Strafprozess unverwertbar.[222] Maßgeblich ist vielmehr das Ausmaß der verbleibenden Zweifel. Lässt sich das Maß der verbleibenden Zweifel zahlenmäßig bestimmen, stellt sich die Frage, ab welcher Prozentzahl der richterlichen Überzeugung der Boden entzogen, die erforderliche objektiv hohe Wahrscheinlichkeit also nicht erreicht wird.[223] Der Festlegung auf eine konkrete Prozentzahl bedarf es im vorliegenden Kontext nicht: Neben dem Bundesgerichtshof[224] geht auch der überwiegende Teil des Schrifttums davon aus, dass jedenfalls das Sicherheitsniveau von 99,5 Prozent die erforderliche objektiv hohe Wahrscheinlichkeit leistet.[225] Dem ist zuzustimmen, da sich das Sicherheitsniveau dem – nicht erforderlichen – Grad an mathematischer Sicherheit von 100 Prozent stark annähert und damit von einer absoluten Gewissheit nur marginal entfernt liegt.[226] Die verbleibende objektive Möglichkeit der Unterschreitung des Garantieschadens ist bei ausschließlicher Betrachtung des statistischen Sicherheitsniveaus dem Bereich bloßer denktheoretischer Zweifel zuzuweisen, die der richterlichen Überzeugung nicht entgegenstehen.[227]

(3) Einbeziehung des Risikos etwaiger Fehlklassifikationen

Die tatsächliche Sicherheitsschwelle wird allerdings mit dieser mathematischen nicht stets übereinstimmen. Das Sicherheitsniveau wird durch das Risiko gemindert, dass sich etwaige Fehlklassifikationen aus der Stichprobe durch die

---

222 Dies beträfe beispielsweise die praktisch äußerst bedeutsame Bestimmung bzw. „Rückrechnung" von Blutalkoholkonzentrationen.

223 Vgl. hierzu etwa den mathematischen Ansatz von *Hoyer*, ZStW 105 (1993), 533, 548.

224 BGHSt 36, 320, 327.

225 *Luig*, Vertragsärztlicher Abrechnungsbetrug und Schadensbestimmung, S. 220 f.; *Freitag*, Ärztlicher und zahnärztlicher Abrechnungsbetrug im deutschen Gesundheitswesen, S. 127; *Schmidt*, medstra 2017, 79, 83; vgl. auch *Krause*, StV 2002, 249, 254; *Frister*, in: SK StPO, Bd. IV, § 244 Rn. 26d; a.A. *Salditt*, StV 1990, 151, 152; *Gollwitzer*, in: LR StPO, Bd. 4, 25. Aufl. 2001, § 261 Rn. 113.

226 Den Anforderungen des § 261 StPO soll nach t.v.A. sogar ein niedrigeres Niveau genügen, *Schmidt*, medstra 2017, 79, 83.

227 Im Falle der Zulässigkeit der Schadenshochrechnung folgt aus § 261 StPO die Pflicht des Tatrichters zur Schadenshochrechnung, vgl. *Krause*, StV 2002, 249, 252. Denn mit der Schadenshochrechnung bestünde ein Mittel zur Sachverhaltsaufklärung, das aufgrund der mit ihr verbundenen hohen Wahrscheinlichkeit der Richtigkeit des Hochrechnungsergebnisses geeignet ist, die richterliche Überzeugung von dem Garantieschaden zu begründen und sich so der von § 244 StPO geforderten Ermittlung der wahren Schadenshöhe zu nähern.

Hochrechnung potenzieren: Geht das Tatgericht nach fehlerhafter Würdigung der Aussage eines Patienten unzutreffend davon aus, der Beschuldigte habe die Vergütung für die Behandlung dieses Patienten unberechtigt geltend gemacht, so vervielfältigt sich diese Fehlklassifikation durch die Hochrechnung.[228] Solche Fehlklassifikationen werden durch das angelegte statistische Sicherheitsniveau nicht berücksichtigt, da dieses allein dem Ausgleich der Streubreite der zufällig gezogenen Stichprobe dient.

Zum Umgang mit diesem Risiko stehen dem Tatgericht – neben dem grundsätzlichen, hier nicht weiter zu erörternden Verzicht auf die Schadenshochrechnung – mehrere Optionen zur Verfügung.

(a) Vornahme eines Sicherheitsabschlags

Als Korrektiv für etwaige Fehlklassifikationen kommt zunächst die Vornahme eines prozentualen Sicherheitsabschlags nach erfolgter Hochrechnung in Betracht.[229] So gibt etwa das Bundessozialgericht für die bei der Abrechnungsprüfung praktizierten eingeschränkten Einzelfallprüfung vor, das Hochrechnungsergebnis um einen Sicherheitsabschlag in Höhe von 25 Prozent zu kürzen.[230] Indes erschiene eine Orientierung des Tatrichters an einem Sicherheitsabschlag jedenfalls in dieser Höhe aufgrund der methodischen Unterschiede zwischen der Hochrechnung in Strafverfahren und Sozialrecht nicht angezeigt. Die sozialrechtliche Hochrechnung erfolgt ohne Anlegung eines Sicherheitsniveaus: Die Beanstandungsquote, das heißt das Verhältnis zwischen insgesamt in einer Abrechnung und dort fehlerhaft abgerechneten Positionen, wird vielmehr mit dem ermittelten Beanstandungsanteil, also dem Verhältnis zwischen innerhalb der Stichprobe insgesamt und dort fehlerhaft abgerechneten Positionen, gleichgesetzt. Die Schadenshochrechnung findet also letztlich auf der Basis eines einfachen Dreisatzes statt. Diese Berechnungsmethode birgt jedoch erhebliche statistische Unsicherheiten und gibt daher keine verlässliche Auskunft über

---

228 Dabei sind die Auswirkungen eines solchen sogenannten „Ausreißers“ zumeist allerdings beschränkt, *Ruckdeschel/von Ossietzky/Franke/Erlwein-Sayer/Massini*, medstra 2017, 67, 71.

229 Ein Sicherheitsabschlag wird auch in der Literatur vorgeschlagen, vgl. *Hilgendorf*, in: Wabnitz/Janovsky, Handbuch Wirtschafts- und Steuerstrafrecht, 13. Kap. Rn. 86 sowie *Frister*, in: SK StPO, Bd. IV, § 244 Rn. 26d. Hierzu auch *Ruckdeschel/von Ossietzky/Franke/Erlwein-Sayer/Massini*, medstra 2017, 67, 78.

230 BSG NZS 1992, 113, 117; *Scholz*, in: Becker/Kingreen, SGB V, Gesetzliche Krankenversicherung, § 106 Rn. 15.

die Mindestanzahl fehlerhaft abgerechneter Positionen.[231] Mangels Anwendung eines Sicherheitsniveaus bedarf es daher bei der sozialrechtlichen Hochrechnung des beträchtlichen Sicherheitsabschlags in Höhe von 25 Prozent. Der Abschlag zielt damit nicht auf den Ausgleich etwaiger Beweiswürdigungsfehler innerhalb der Stichprobe, sondern auf die Reduzierung der statistischen Unsicherheiten bei einer Hochrechnung ohne Sicherheitsniveau. Die Höhe eines im Strafverfahren etwaig vorzunehmenden Sicherheitsabschlags sollte sich stattdessen vorzugsweise im Einzelfall nach der Größe der erhobenen Stichprobe im Verhältnis zu der Anzahl insgesamt abgerechneter Positionen richten. Hierbei wäre darauf zu achten, dass der Sicherheitsabschlag groß genug bemessen ist, um etwaige Fehlklassifikationen auszugleichen. Der Wahl der konkreten Höhe des vorzunehmenden Sicherheitsabschlags würde dabei allerdings stets eine gewisse Willkür anhaften.[232] Es ließe sich beispielsweise nicht letztgültig begründen, ob der Sicherheitsabschlag eine oder mehrere potenzielle Fehlklassifikationen kompensieren können müsse.

(b) Mathematisch-statistische Berücksichtigung während der Hochrechnung

Alternativ zu einem Sicherheitsabschlag könnte das Tatgericht auf eines der in der Statistik bereitstehenden Modelle zurückgreifen, die für den Umgang mit solchen Fehlklassifikationen entwickelt wurden.[233] Etwaige Fehlklassifikationen werden hierdurch im Unterschied zu den vorgenannten Sicherheitsabschlägen nicht erst nach erfolgter Hochrechnung, sondern bereits während der Hochrechnung als solcher berücksichtigt. Dies erfordert indessen wiederum die Festlegung eines bestimmten Prozentsatzes an Klassifikationen, die als fehlerhaft angesehen werden sollen.[234] Dabei ließe sich die Wahl des Prozentsatzes ebenso wenig wie die Bestimmung der Höhe des Sicherheitsabschlags letztgültig begründen.

(c) Konsequente Anwendung des Zweifelssatzes

Der Gefahr der Potenzierung von Fehlklassifikationen kann zuletzt schlicht durch eine besonders kritische Würdigung der Stichprobe in Verbindung mit

231 Vgl. *Ruckdeschel/von Ossietzky/Franke/Erlwein-Sayer/Massini*, medstra 2017, 67, 68.

232 Insofern zutreffend *Ott/Bundschuh*, JA 2005, 453, 454; *Noll*, in: Fischer/Hoven/Huber/u.a., Dogmatik und Praxis des strafrechtlichen Vermögensschadens, S. 313, 323.

233 *Ruckdeschel/von Ossietzky/Franke/Erlwein-Sayer/Massini*, medstra 2017, 67, 70.

234 *Ruckdeschel/von Ossietzky/Franke/Erlwein-Sayer/Massini*, medstra 2017, 67, 70.

der konsequenten Anwendung des Zweifelssatzes begegnet werden. Hat sich das Tatgericht die nach § 261 StPO erforderliche Überzeugung von der fehlenden Berechtigung der einzelnen Abrechnungspositionen dermaßen verschafft, so zwingt der Zweifelssatz das Tatgericht nicht zu einem weiteren Sicherheitsabschlag.[235]

Diese Vorgehensweise vermeidet nicht nur die Legitimationsschwierigkeiten bei der Festsetzung der konkreten Höhe des Sicherheitsabschlags bzw. Prozentsatzes. Darüber hinaus führt sie zu den präzisesten Ergebnissen, da nur bei konkreten Zweifeln des Tatgerichts an der fehlenden Berechtigung einzelner Abrechnungspositionen von deren Berechtigung ausgegangen wird. Besteht im Einzelfall hingegen kein Anlass zu solchen Zweifeln, würde die Vornahme eines Sicherheitsabschlags bzw. die Einbeziehung eines bestimmten Prozentsatzes an Fehlklassifikationen das Hochrechnungsergebnis ohne Not verzerren.[236] Aufgrund dieser Vorteile dürfte die besonders sorgfältige Beweiswürdigung unter konsequenter Anwendung des Zweifelssatzes den vorzugswürdigen Umgang mit dem Risiko von Fehlklassifikationen darstellen.

(d) Keine maßgebliche Minderung des Sicherheitsniveaus durch das Risiko von Fehlklassifikationen

Unabhängig davon, welche der genannten Alternativen das Tatgericht wählt, lässt sich festhalten, dass das Risiko von Fehlklassifikationen das Sicherheitsniveau der Schadenshochrechnung nicht maßgeblich mindert. Zudem sorgen andere Faktoren – wie das Ignorieren nur selten abgerechneter Positionen[237] – in der praktischen Anwendung dafür, dass das Sicherheitsniveau letztlich sogar über 99,5 Prozent liegt.[238] Verbleibende Zweifel des Tatgerichts an dem Hochrechnungsergebnis sind damit trotz des Risikos von Fehlklassifikationen dem Bereich des Denkmöglichen zuzuordnen. Demgemäß kann das Tatgericht davon im Sinne des § 261 StPO überzeugt sein, dass der Beschuldigte mindestens einen Vermögensschaden in Höhe des berechneten Garantieschadens verursacht hat.

---

235 I.E. ebenso *Ruckdeschel/von Ossietzky/Franke/Erlwein-Sayer/Massini*, medstra 2017, 67, 70.

236 Vgl. hierzu auch *Ruckdeschel/von Ossietzky/Franke/Erlwein-Sayer/Massini*, medstra 2017, 67, 70.

237 *Ruckdeschel/von Ossietzky/Franke/Erlwein-Sayer/Massini*, medstra 2017, 67, 75.

238 *Ruckdeschel/von Ossietzky/Franke/Erlwein-Sayer/Massini*, medstra 2017, 67, 69.

Aufgrund derselben Erwägungen verstößt die Schadenshochrechnung bei einem Sicherheitsniveau von 99,5 Prozent ebenso wenig gegen den Zweifelssatz.[239]

(4) Fazit

Der Tatrichter muss von dem Eintritt eines Vermögensschadens in Höhe des berechneten Garantieschadens im Sinne des § 261 StPO überzeugt sein. Eine Abweichung von den Grundsätzen der richterlichen Überzeugung wäre im Gegensatz zu Schätzungen allgemeiner Art, deren Ergebnis naturgemäß mit nicht quantifizierbaren Zweifeln behaftet ist, nicht gerechtfertigt, da sich die Wahrscheinlichkeit der Berechnung eines zu hohen Garantieschadens anhand des angelegten Sicherheitsniveaus beziffern lässt.

Das Sicherheitsniveau von 99,5 Prozent liefert eine nahezu an Sicherheit grenzende Wahrscheinlichkeit dafür, dass der berechnete Garantieschaden den tatsächlich eingetretenen Schaden nicht überschreitet. Das Risiko von Fehlklassifikationen mindert dieses Sicherheitsniveau nicht maßgeblich, wenn der Zweifelssatz bei der Überprüfung der zu beanstandenden Abrechnungspositionen konsequent angewendet wird.

g. Weitere Einwände gegen die Schadenshochrechnung

Des Weiteren wird unter dem Blickwinkel der freien richterlichen Beweiswürdigung im Sinne des § 261 StPO vorgebracht, eine Schadenshochrechnung aufgrund prozessökonomischer Erwägungen sei rational nicht zu begründen, da zuverlässigere Beweismittel zur Hand stünden.[240]

Dem ist zuzugestehen, dass der Verzicht auf die Erhebung weiterer Beweismittel grundsätzlich rechtsfehlerhaft sein kann. Der Umfang der Beweisaufnahme im Einzelfall orientiert sich allerdings nicht am Maßstab der freien

239 So i.E. auch *Krause*, StV 2002, 249, 254; *Schmidt*, medstra 2017, 79, 80; *Luig*, Vertragsärztlicher Abrechnungsbetrug und Schadensbestimmung, S. 220 f.; vgl. zudem *Frister*, in: SK StPO, Bd. IV, § 244 Rn. 26d; a.A. *Salditt*, StV 1990, 151, 152 f.; *Ott/Bundschuh*, JA 2005, 453, 454.

240 *Krause*, StraFo 2002, 249, 251. Der von *Krause* zur Veranschaulichung bemühte Vergleich, wonach niemand die Auffassung vertreten würde, die Bestimmung des Wirkstoffgehalts von Betäubungsmitteln aus Gründen der Prozessökonomie zu schätzen, obwohl tatsächlich zuverlässigere Beweismittel zur Verfügung stehen, geht fehl. So hat mittlerweile der Bundesgerichtshof die Hochrechnung des in einer Stichprobe festgestellten Wirkstoffs auf die Gesamtmenge an Betäubungsmitteln zugelassen, BGH StV 2008, 9. Siehe hierzu auch: *Ott*, in: KK StPO, § 261 Rn. 76; *Bachler*, in: BeckOK StPO, § 244 Rn. 12.

Beweiswürdigung nach § 261 StPO, sondern an dem des Amtsermittlungsgrundsatzes des § 244 Abs. 2 StPO.[241] Der Vorwurf der Irrationalität lässt sich im Falle der Schadenshochrechnung zudem unabhängig von der konkreten rechtlichen Einordnung unter § 261 StPO oder § 244 Abs. 2 StPO widerlegen: Stoßen die Tatgerichte bei der Aufklärung eines systematischen Abrechnungsbetrugs durch einen Vertragsarzt aufgrund dessen immensen Ausmaßes an faktische Grenzen,[242] so wäre die Alternative der Schadenshochrechnung nicht die Erhebung der im Übrigen verfügbaren Beweismittel, sondern der Verzicht auf weitere Beweiserhebungen. Stehen die weiteren Beweismittel zwar an sich zur Verfügung, ist ihre erschöpfende Erhebung aber faktisch unmöglich, so kann der Verzicht auf die Erhebung nicht als unvernünftig bezeichnet werden. Irrational wird die Schadenshochrechnung anstelle des unmittelbaren Tatnachweises erst dann, wenn die Totalerhebung für das Tatgericht in der Praxis zu bewältigen wäre. Dies wird bei dem Vorwurf des systematischen Abrechnungsbetrugs, der sich über mehrere Quartale erstreckt und damit die Vernehmung mehrerer tausend Patienten erfordern würde, aufgrund der Ressourcenknappheit der Justiz in aller Regel ausgeschlossen sein.

Ferner wird gegen die Schadenshochrechnung eingewandt, die Kontrolle der Größe der Stichprobe durch das Tatgericht sei problematisch.[243] Zudem bestehe bei der Schadenshochrechnung die Gefahr der Missachtung technischer Anforderungen.[244] Beide Einwände lassen einen konkreten Bezug gerade zur Schadenshochrechnung vermissen. Sie betreffen vielmehr generelle Bedenken gegen den Sachverständigenbeweis, wie etwa die Notwendigkeit der Überprüfung und Würdigung des vom Sachverständigen erstatteten Gutachtens durch das selbst nicht sachkundige Gericht. Dem Sachverständigenbeweis ist es daneben immanent, dass dem Sachverständigen bei der Erstellung seines Gutachtens Fehler unterlaufen können. Da es sich um generelle Bedenken gegenüber dem Sachverständigenbeweis handelt, die bereits in anderen Bearbeitungen[245] ausführlich

241 Hierzu *Bachler*, in: BeckOK StPO, § 244 Rn. 11 m.w.N.

242 Vgl. *Schmidt*, medstra 2017, 79, 80.

243 *Salditt*, StV 1990, 151, 153; *Krause*, StraFo 2002, 249, 253.

244 *Luig*, Vertragsärztlicher Abrechnungsbetrug und Schadensbestimmung, S. 222. Zu den möglichen Fehlerquellen bei der Schadenshochrechnung vgl. auch *Traut*, AusR 2002, 164 ff.

245 Zu diesen generellen Schwierigkeiten des Sachverständigenbeweises vgl. *Eicker*, Die Prinzipien der "materiellen Wahrheit" und der "freien Beweiswürdigung" im Strafprozeß, S. 73 ff. Einen knappen Überblick liefert *Neuhaus*, in: Dölling/Duttge/König/Rössner, Gesamtes Strafrecht, § 72 StPO Rn. 8 m.w.N.

dargestellt wurden und der Sachverständigenbeweis für das Strafverfahren letztlich unverzichtbar ist, wird hierauf im Zuge der vorliegenden Bearbeitung nicht näher eingegangen.

h. Zusammenfassung

Die Schadenshochrechnung ist mit den Anforderungen der freien richterlichen Beweiswürdigung gemäß § 261 StPO vereinbar. Ähnlich des Indizienbeweises wird von den festgestellten mittelbar bedeutsamen Umständen darauf geschlossen, der Beschuldigte habe auch außerhalb der Stichprobe Abrechnungspositionen in erheblichem Umfang fehlerhaft abgerechnet. Zu den einzelnen mittelbar bedeutsamen Umständen zählen insbesondere ein erheblicher Umfang und eine längere Dauer des durch die Stichprobe festgestellten Abrechnungsfehlverhaltens. Sind Umfang und Dauer im Einzelfall nicht geeignet, um den Schluss zu tragen, so sind stützende Angaben des Praxispersonals oder des Beschuldigten erforderlich. Durch diese Umstände wird der Einwand entkräftet, die Schadenshochrechnung basiere auf dem nicht-existenten Erfahrungssatz, wer sich einmal auf eine bestimmte Weise verhalten habe, habe sich auch bei anderen Gelegenheiten dermaßen verhalten.

Dieser Schluss wird sodann durch die mathematisch-statistische Hochrechnung ausgefüllt. Hierdurch wird die Mindestanzahl fehlerhafter Abrechnungspositionen berechnet, wobei der ermittelte Beanstandungsanteil durch das angelegte Sicherheitsniveau von der Streubreite der zufällig ausgewählten Stichprobe befreit wird. Anhand dieser Mindestanzahl lässt sich der Garantieschaden bestimmen.

Das Tatgericht muss sich bei dieser Vorgehensweise sowohl vom Vorliegen der einzelnen mittelbar bedeutsamen Umstände sowie von dem Eintritt eines Vermögensschadens mindestens in Höhe des berechneten Garantieschadens im Sinne des § 261 StPO überzeugen. Für Letzteres liefert das Sicherheitsniveau von 99,5 Prozent eine an Sicherheit grenzende Wahrscheinlichkeit. Das Risiko von Fehlklassifikationen mindert dieses Sicherheitsniveau nicht maßgeblich, sofern der Zweifelssatz bei der Überprüfung der zu beanstandenden Abrechnungspositionen konsequent angewendet oder das Risiko durch sonstige angemessene Maßnahmen berücksichtigt wird.

3. Verbot der Extrapolation

Bei der sogenannten Extrapolation wird die Schadenshochrechnung auf Quartale erstreckt, die zwar in den mutmaßlichen Tatzeitraum fallen, aber nicht mittels Stichprobe überprüft wurden.[246] Diese Vorgehensweise war bis zur der Grundsatzentscheidung des Bundesgerichtshofs geübte Praxis der Ermittlungsbehörden.[247] In der Literatur wird sie hingegen durchweg als unzulässig erachtet, da für die nicht überprüften Quartale kein Beanstandungsanteil ermittelt wird.[248] Auch der Bundesgerichtshof[249] befasste sich in seiner Grundsatzentscheidung mit der Thematik der Extrapolation. Ihm stellte sich die Frage, ob das Landgericht Frankenthal die für die Jahre 1984 und 1985 ermittelte Beanstandungsquote auf die Jahre 1981 bis 1983 übertragen durfte, obwohl es für diese keine Stichprobe erhoben hatte. Dies lehnte der Bundesgerichtshof im konkreten Fall zwar ab. Ob er die Extrapolation damit kategorisch oder nur für den Regelfall ausschließen wollte, gab der Bundesgerichtshof jedoch nicht eindeutig zu erkennen.

Zunächst scheint es, als gehe der Bundesgerichtshof von der generellen Unzulässigkeit der Extrapolation aus.[250] Er legt dar, dass dem Landgericht für die nicht überprüften Quartale in den Jahren 1981 bis 1983 keine durch andere Beweismittel überprüfte Hochrechnung oder umgekehrt kein durch die Hochrechnung untermauertes Ergebnis von Zeugenvernehmungen zur Verfügung stand. Eine aus der Vernehmung des Praxispersonals erlangte Überzeugung, der Beschuldigte habe sich stets, das heißt auch in den Jahren 1981 bis 1983 gleichartig verhalten, dürfe als Voraussetzung der Hochrechnung nicht zugleich ihrer Bestätigung dienen. Dies erweckt den Eindruck, der Bundesgerichtshof erachte eine

---

246 Zum Begriff: BGHSt 36, 320, 323; *Ruckdeschel/von Ossietzky/Franke/Erlwein-Sayer/Massini*, medstra 2017, 67, 73.

247 *Steinhilper*, in: Brennpunkte des Sozialrechts, S. 1, 10. Vgl. auch *Lüdders*, in: Steinhilper, Arzt und Abrechnungsbetrug, S. 165, 168 ff., der über das entsprechende Vorgehen der Staatsanwaltschaft Bonn im Jahr 1987 berichtet.

248 *Ruckdeschel/von Ossietzky/Franke/Erlwein-Sayer/Massini*, medstra 2017, 67, 73; *Schmidt*, medstra 2017, 79, 82; *Krause/Caspary*, in: Cramer/Cramer, Anwalts-Handbuch Strafrecht, S. 431; vgl. auch *Hilgendorf*, in: Wabnitz/Janovsky, Handbuch Wirtschafts- und Steuerstrafrecht, 13. Kap. Rn. 87; *Kölbel*, in: Achenbach/Ransiek/Rönnau, Handbuch Wirtschaftsstrafrecht, 1. Kap. Rn. 163; i.E. ebenso *Luig*, Vertragsärztlicher Abrechnungsbetrug und Schadensbestimmung, S. 219.

249 BGHSt 36, 320, 323 f.

250 In diese Richtung deutet die vom Bundesgerichtshof zitierte Entscheidung BGH, Urt. v. 17.05.1978 – 2 StR 18/78 (bei *Holtz*, MDR 1978, 803), in der eine Hochrechnung nicht als ausreichende Grundlage für den Tatnachweis angesehen wird. Allerdings hatte das Landgericht in dem zugrundeliegenden Fall anscheinend nicht die eingeräumten Tathandlungen der Beschuldigten, sondern die Irrtümer und Verfügungen der Opfer hochgerechnet.

Hochrechnung nur bei einem kumulativen Zusammentreffen von Stichprobe und weiteren, die Gleichförmigkeit des Abrechnungsfehlverhaltens belegenden Beweismitteln als zulässig. Unter Verwendung der – vom Bundesgerichtshof nicht herangezogenen – Begrifflichkeiten des Indizienbeweises ließe sich diese Gedankenführung wie folgt beschreiben: Die für den Indizienbeweis zu fordernde objektiv hohe Wahrscheinlichkeit des Vorliegens der Haupttatsache sei nur gegeben, wenn sich aus der Stichprobe ein systematisches Abrechnungsfehlverhalten des Beschuldigten ergibt und die gleichförmige Beibehaltung zusätzlich durch die Vernehmung des Praxispersonals bestätigt wird. Isoliert betrachtet sei die Aussage des Praxispersonals indessen ebenso wenig geeignet, den hohen Anforderungen an den Beweis der Gleichförmigkeit zu genügen, wie die aus der Stichprobe hervorgegangene Systematik des Abrechnungsfehlverhaltens.[251]

Hätte der Bundesgerichtshof ein kategorisches Verbot der Extrapolation postulieren wollen, so hätte er es hiermit bewenden lassen können: Das Landgericht Frankenthal hatte keine Stichprobe für die Quartale in den Jahren 1981 bis 1983 erhoben und damit eine der kumulativen Voraussetzungen der Hochrechnung nicht erfüllt. Stattdessen setzte sich der Bundesgerichtshof im folgenden Absatz mit der Beweiswürdigung des Landgerichts eingehender auseinander. Das Landgericht hatte aus den Aussagen des Praxispersonals die Überzeugung gewonnen, dass der Beschuldigte in den Jahren 1981 bis 1983 in gleicher Weise wie in den Jahren 1984 und 1985 tätig geworden sei. Diesbezüglich monierte der Bundesgerichtshof, dass die Erinnerungen des vernommenen Praxispersonals die erforderliche Unterscheidung und zeitliche Zuordnung von Tatphasen kaum gestattet hätte. Deswegen hätte die Annahme des Landgerichts, die Erinnerung des vernommenen Personals sei auch für die nicht mittels Stichprobe überprüften Quartale zuverlässig gewesen, einer näheren Begründung bedurft. Da das Landgericht festgestellt hatte, dass die Tatserie im Jahr 1981 begann, wäre es für die Quartale der Jahre 1981 bis 1983 zudem nicht ungewöhnlich gewesen, wenn der Angeklagte zunächst zögernd, mit Unterbrechungen und Modifizierungen vorgegangen wäre und die vom Praxispersonal beobachtete Gleichförmigkeit erst allmählich entwickelt hätte.[252] Aufgrund dieser Sachlage hätte es nach der Ansicht des Bundesgerichtshofs tatnäherer Beweismittel bedurft.[253]

---

251 So auch *Freitag*, Ärztlicher und zahnärztlicher Abrechnungsbetrug im deutschen Gesundheitswesen, S. 125 f.; *Luig*, Vertragsärztlicher Abrechnungsbetrug und Schadensbestimmung, S. 220.

252 Zustimmend *Ruckdeschel/von Ossietzky/Franke/Erlwein-Sayer/Massini*, medstra 2017, 67, 73.

253 Zum Ganzen BGHSt 36, 320, 324.

Dieser zweite Absatz erweckt den Eindruck, der Bundesgerichtshof wolle der Extrapolation für Sachlagen ein Hintertürchen offen halten, in denen kein konkreter Anlass zur Besorgnis von Verhaltensänderungen des Beschuldigten besteht und die Zuverlässigkeit der Erinnerung des Praxispersonals ausnahmsweise zweifelsfrei gesichert ist.

Eine Extrapolation wäre allerdings selbst in einer solchen – praktisch ohnehin nur als absolute Ausnahme denkbaren – Konstellation äußerst bedenklich. Bei der Extrapolation wird die Beanstandungsquote, die für die mittels Stichprobe untersuchten Quartale berechnet wurde, auf die vorausgegangenen Quartale erstreckt. Dies setzt voraus, dass die ermittelte Beanstandungsquote ebenfalls für die vorausgegangenen Quartale zutrifft, der Beschuldigte also während der nicht überprüften Quartale in demselben Umfang fehlerhaft abgerechnet hat wie während der überprüften Quartale.[254] Die Basis einer Extrapolation ist demnach die Annahme der zeitlichen Homogenität der Beanstandungsquote.

Eine zeitliche Homogenität lässt sich nach hiesiger Auffassung allerdings schon für solche Quartale nicht ermitteln, für die durch die Stichprobe ein konkreter Beanstandungsanteil ermittelt wurde.[255] Ebenso wenig ließe sich demnach feststellen, ob sich die zeitliche Homogenität darüber hinaus auf vorausgegangene Quartale erstreckt.

Die zeitliche Homogenität für die vorausgegangenen Quartale ließe sich darüber hinaus auch dann nicht nachweisen, wenn man dem Chi-Quadrat-Homogenitätstest eine entsprechende Aussagekraft unterstellen würde. Dessen Anwendung würde nämlich voraussetzen, dass der jeweilige Beanstandungsanteil für die vorausgegangenen Quartale ermittelt wurde. Nur, wenn diese bekannt sind, können sie in die Formel des Tests eingesetzt werden. Ein konkreter Beanstandungsanteil wird aus den Angaben des Praxispersonals jedoch nicht hervorgehen. Allenfalls wird das Praxispersonal eine Größenordnung der fehlerhaften Abrechnungspositionen mitteilen können, die dem tatsächlichen Umfang bestenfalls nahekommt. Solche unpräzisen Angaben genügen für die Feststellung der Homogenität jedoch nicht. Anhand dieser ließe sich nicht verlässlich überprüfen, ob die Beanstandungsanteile der vorausgegangenen Quartale signifikant von den Folgequartalen abweichen.

---

254 Vgl. *Steinhilper*, in: Brennpunkte des Sozialrechts, S. 1, 10. Ebenso hatten die vom Landgericht Frankenthal beauftragten Sachverständigen erklärt, dass die Extrapolation nur unter der Voraussetzung „gleichartigen Fehlverhaltens" durchgeführt werden könne, BGHSt 36, 320, 322.

255 Siehe hierzu S. 165 ff. der vorliegenden Arbeit.

Eine Extrapolation wird daneben auch im Falle eines Geständnisses des Beschuldigten – zumindest in der Praxis – ausscheiden. Beinhaltet das Geständnis konkrete Angaben zum Umfang der fehlerhaft abgerechneten Positionen, so kann der verursachte Schaden durch die weniger aufwendige Schätzung ermittelt werden. Höchstwahrscheinlich wird es daher in dieser Konstellation schon nicht zu einer Stichprobenerhebung und nachfolgenden Schadenshochrechnung kommen, sodass sich die Problematik der Extrapolation nicht stellt. Liegt hingegen ein Geständnis mit nur pauschalen Angaben zum Umfang der fehlerhaften Abrechnung vor, würde es für die nicht mittels Stichprobe überprüften Quartale jedenfalls am Nachweis der Gleichförmigkeit des Abrechnungsfehlverhaltens fehlen.

Es lässt sich somit festhalten, dass eine Extrapolation auf nicht überprüfte Quartale kategorisch abzulehnen ist, da diese auf der nicht nachweisbaren Prämisse einer zeitlichen Homogenität beruht. Hiermit erübrigt sich die mit erheblichen Unsicherheiten behaftete Folgefrage, auf wie viele vorausgegangene Quartale die Extrapolation im Einzelfall erstreckt werden dürfte.[256]

III. Die Vereinbarkeit der Schadenshochrechnung mit dem Amtsermittlungsgrundsatz gemäß § 244 Abs. 2 StPO

Zentrales und von Verfassung wegen übergeordnetes Anliegen des Strafverfahrens ist die Ermittlung des wahren Sachverhalts.[257] Dieses aus dem materiellen Schuldprinzip folgende und im Rechtsstaatsprinzip verankerte Ziel findet seine einfachrechtliche Ausprägung in dem in § 244 Abs. 2 StPO niedergelegten Amtsermittlungsgrundsatz.[258] Nach dieser Kernvorschrift des Strafverfahrens[259] hat das Gericht zur Erforschung der Wahrheit die Beweisaufnahme von Amts wegen auf alle Tatsachen und Beweismittel zu erstrecken, die für seine Entscheidung von Bedeutung sind. Damit verpflichtet der Amtsermittlungsgrundsatz das Tatgericht zur erschöpfenden Untersuchung sämtlicher Tatsachen und

256 Für die Inkaufnahme einer solchen bestünde angesichts der Möglichkeit, nicht mittels Stichprobe überprüfte Quartale nach § 154 Abs. 1 StPO aus dem Verfahren auszuscheiden (hierzu siehe S. 103 ff. der vorliegenden Arbeit), kein praktischer Bedarf.

257 BVerfG NJW 2013, 1058, 1060; BGHSt 23, 176, 187 f.; *Trüg/Habetha*, in: MüKo StPO, Bd. 2, § 244 Rn. 4; *Becker*, in: LR StPO, Bd. 6/1, § 244 Rn. 39.

258 BVerfG NJW 2013, 1058, 1060; *Trüg/Habetha*, in: MüKo StPO, Bd. 2, § 244 Rn. 4; *Krehl*, in: KK StPO, § 244 Rn. 28.

259 *Trüg/Habetha*, in: MüKo StPO, Bd. 2, § 244 Rn. 1.

Erfahrungssätze, die für die Entscheidung über die in der Anklage bezeichneten Taten im prozessualen Sinne des § 264 Abs. 1 StPO von Bedeutung sind.[260]

Die Schadenshochrechnung soll dem Gericht aus prozessökonomischen Erwägungen heraus ermöglichen, auf die Erhebung der eigentlich zur Verfügung stehenden Beweismittel zu verzichten.[261] Konflikte mit dem Amtsermittlungsgrundsatz sind damit vorprogrammiert. Der Bundesgerichtshof führte in seiner Grundsatzentscheidung hierzu schlicht aus, die Vernehmung aller Patienten des Angeklagten hätte im Ermittlungsverfahren zu großen Verzögerungen geführt und den zeitlichen und personellen Rahmen einer dem Gewicht des Anklagevorwurfs entsprechenden Hauptverhandlung gesprengt.[262] Eine darüber hinausgehende Auseinandersetzung zur Vereinbarkeit von Schätzungen und Amtsermittlungsgrundsatz sucht man vergeblich: So geht der gen Ende zu findende Verweis auf die vorausgegangene Entscheidung BGH NJW 1958, 1244,[263] in der angeblich die Zulässigkeit der Schätzung in Betrugsverfahren etabliert worden sein soll, fehl. Weder bezog sich die in diesem Verfahren vorgenommene Schätzung auf den Tatbestand des Betrugs, noch wurde deren Zulässigkeit argumentativ begründet.[264] Es findet sich dort lediglich die Aussage, die Schätzung „sei Sache des Tatrichters und mit Rechtsgründen nur angreifbar, wenn er bei ihr von unzutreffenden Erwägungen ausgegangen ist".[265] Ebenso wenig enthält die weitere vom Bundesgerichtshof in Bezug genommene Entscheidung BGHR AO § 370 Abs. 1 Nr. 2 Steuerschätzung 1-3, welche die Schätzung hinterzogener Beiträge im Sinne von § 370 Abs. 1 AO betraf, eine Auseinandersetzung mit den hiermit verbundenen Implikationen für die Amtsermittlungspflicht des Tatgerichts. Stattdessen erkennt der Bundesgerichtshof die sich dem Tatgericht bei der Sachverhaltsaufklärung stellenden Schwierigkeiten kurzerhand an und gesteht

260 *Becker*, in: LR StPO, Bd. 6/1, § 244 Rn. 40; *Trüg/Habetha*, in: MüKo StPO, Bd. 2, § 244 Rn. 52, vgl. auch BGH NStZ 1994, 247, 248.

261 Vgl. *Freitag*, Ärztlicher und zahnärztlicher Abrechnungsbetrug im deutschen Gesundheitswesen, S. 124; *Otte*, Schätzungen im Rahmen der Schuldfeststellung, S. 253; Salditt, StV 1990, 151, 153; *Badle*, NJW 2008, 1028, 1029; *Tsambikakis*, medstra 2017, 65; *Mohammadi/Hampe*, NZWiSt 2012, 417, 418 f.

262 BGHSt 36, 320, 328.

263 BGHSt 36, 320, 328.

264 Ebenso wenig findet sich ein Verweis auf weitere Entscheidungen, in denen die Zulässigkeit der Schätzung unter dem Blickwinkel des § 244 Abs. 2 StPO begründet worden wäre.

265 BGH NJW 1958, 1244, 1245.

dem Tatrichter zu, sich mit Mindestfeststellungen begnügen zu können.[266] Nur am Rande sei darauf aufmerksam gemacht, dass der Bundesgerichtshof die Amtsermittlungspflicht des Gerichts daneben noch weiter aufweicht, indem er etwa die Entscheidung über die Aufklärung der Abrechnung von Hausbesuchen vollständig dem Ermessen des Tatrichters überlässt.[267]

Im Folgenden wird untersucht, ob die Schadenshochrechnung den Anforderungen des Amtsaufklärungsgrundsatzes gemäß § 244 Abs. 2 StPO genügt. Zwar verlangt auch die aus § 264 StPO fließende allgemeine Kognitionspflicht von dem Gericht, die Tat unter allen tatsächlichen Gesichtspunkten zu untersuchen und aufzuklären.[268] Dennoch liegt der Fokus der folgenden Untersuchung auf der Amtsermittlungspflicht, da die Kognitionspflicht jedenfalls nicht weiter reicht als die Amtsermittlungspflicht: In der Literatur wird entweder von einer Deckungsgleichheit zwischen der Kognitionspflicht des Tatgerichts und seiner Amtsermittlungspflicht ausgegangen[269] oder aber eine Diskrepanz dergestalt erkannt, dass die Reichweite der Kognitionspflicht hinter der Amtsermittlungspflicht zurückbleibt. Die Kognitionspflicht beschränke sich nämlich – wie bereits dem Wortlaut des § 264 Abs. 1 StPO zu entnehmen sei – auf die tatsächliche und rechtliche Ausschöpfung der prozessualen Tat als solcher, wohingegen die Amtsermittlungspflicht auch die Feststellung darüber hinausgehender Umstände fordern könne.[270]

1. *Die Reichweite des Amtsermittlungsgrundsatzes*

In einem ersten Schritt der Untersuchung wird die Reichweite des Amtsermittlungsgrundsatzes dargelegt. Diese lässt sich in die Bezugspunkte Gegenstand und Umfang unterteilen.[271]

---

266 BGHSt 36, 320, 321. Eine Rechtfertigung für diese Begrenzung der Amtsermittlungspflicht des Gerichts sucht man in der hierzu vor und nach der Grundsatzentscheidung ergangenen Rechtsprechung vergeblich.

267 BGHSt 36, 320, 321 f.

268 *Ott*, in: KK StPO, § 244 Rn. 28 m.w.N.

269 Vgl. *Stuckenberg*, in: LR StPO, Bd. 6/2, § 264 Rn. 37.

270 Hierzu vgl. *Velten*, in: SK StPO, Bd. V, § 264 Rn. 5 und 51 ff.

271 Zu dieser Unterteilung *Trüg/Habetha*, in: MüKo StPO, Bd. 2, § 244 Rn. 52 ff.; *Sättele*, in: Satzger/Schluckebier/Widmaier, StPO, § 244 Rn. 28 ff. Diese Unterteilung ist bereits im Gesetzeswortlaut angelegt, der einerseits von „Tatsachen“ (Gegenstand) und andererseits von „Beweismitteln“ (Umfang) spricht.

a. Gegenstand des Amtsermittlungsgrundsatzes

Der Gegenstand des Amtsermittlungsgrundsatzes legt fest, welche Tatsachen der Tatrichter zu ermitteln hat.[272] Das Gesetz verlangt die Erstreckung der Beweisaufnahme auf alle Tatsachen, die für die Entscheidung von Bedeutung sind. Zu der durch die Anklage bezeichneten Tat sind daher erschöpfend alle Tatsachen festzustellen, die für die Anwendung des materiellen Strafrechts maßgeblich sind.[273] Dies erfordert zunächst die Feststellung der Tatsachen, die die Grundlage für die Entscheidung bilden, ob der Angeklagte zu verurteilen oder freizusprechen ist.[274] Darüber hinaus sind alle Umstände aufzuklären, die für die Entscheidung über Art und Maß der Rechtsfolgen von Bedeutung sind.[275]

b. Umfang des Amtsermittlungsgrundsatzes

Der Umfang des Amtsermittlungsgrundsatzes gibt dagegen Auskunft darüber, in welchem Ausmaß das Tatgericht verfügbare Beweismittel zur Feststellung der in gegenständlicher Hinsicht zu erforschenden Tatsachen erheben muss.[276] Das Gesetz sieht vor, dass die Beweisaufnahme auf alle Beweismittel zu erstrecken ist, die für die Entscheidung von Bedeutung sind.

Zum Umfang der Amtsermittlungspflicht finden sich in der Rechtsprechung zahlreiche Formulierungen, mit denen der Bundesgerichtshof die überragende Bedeutung des Amtsermittlungsgrundsatzes für das Strafverfahren hervorzuheben sucht. Hierzu wird oftmals der Superlativ bemüht: So habe das Tatgericht im Rahmen des Möglichen und Zulässigen die Aufgabe der Stoffsammlung in optimaler Weise zu erfüllen.[277] Es müsse sich des erreichbaren, nicht durch ein Beweiserhebungs- oder -verwertungsverbot ausgeschlossenen[278], sachnächsten[279] Beweismittels bedienen und es in der nach den Umständen bestmöglichen

---

272 Vgl. *Trüg/Habetha*, in: MüKo StPO, Bd. 2, § 244 Rn. 52; *Sättele*, in: Satzger/Schluckebier/Widmaier, StPO, § 244 Rn. 28.

273 *Becker*, in: LR StPO, Bd. 6/1, § 244 Rn. 40; *Trüg/Habetha*, in: MüKo StPO, Bd. 2, § 244 Rn. 52; vgl. BGH NStZ 1994, 247, 248.

274 *Becker*, in: LR StPO, Bd. 6/1, § 244 Rn. 40; *Trüg/Habetha*, in: MüKo StPO, Bd. 2, § 244 Rn. 52; vgl. *Krehl*, in: KK StPO, § 244 Rn. 33.

275 *Becker*, in: LR StPO, Bd. 6/1, § 244 Rn. 41 f.; *Trüg/Habetha*, in: MüKo StPO, Bd. 2, § 244 Rn. 53.

276 Vgl. *Trüg/Habetha*, in: MüKo StPO, Bd. 2, § 244 Rn. 54; *Sättele*, in: Satzger/Schluckebier/Widmaier, StPO, § 244 Rn. 32 ff.

277 BGHSt 1, 94, 96; 10, 116, 118; 23, 176, 187; 29, 109, 112; 34, 209, 210.

278 BGHSt 56, 127, 134.

279 BGH NJW 2000, 2517, 2519.

Form verwenden[280]. Alle nicht von vornherein aussichtslosen Schritte müssten unternommen werden, um zu einer möglichst zuverlässigen Beweisgrundlage zu gelangen.[281]

Aus diesen Formulierungen heraus hat es die Rechtsprechung bisher jedoch nicht vermocht, einheitliche, konsistente rechtliche Kriterien für die Bestimmung des konkreten Umfangs der Amtsermittlungspflicht herauszuarbeiten.[282] Der Bundesgerichtshof sieht die Tatgerichte teilweise in der Pflicht, bekannte oder erkennbare Beweismittel bereits dann zu erschöpfen, wenn deren Gebrauch auch nur die entfernte Möglichkeit einer Änderung der durch die bereits durchgeführten Beweisaufnahme begründeten Vorstellung des Gerichts von dem zu beurteilenden Sachverhalt beinhaltet.[283] Gleichzeitig wird in anderen Entscheidungen die mit dieser denkbar strengen Vorgabe nicht zu vereinbarende[284] Formel verwendet, bekannte oder erkennbare Umstände müssten das Gericht zur Erhebung von Beweisen drängen oder diese nahelegen.[285] Dabei soll die Abwägung, ob die vom Gericht mittels der verwendeten Beweismittel gewonnene Überzeugungsgrundlage ausreicht oder ob zu ihrer Absicherung oder Überprüfung weitere Beweismittel heranzuziehen sind, auf der Grundlage von Verfahrensablauf und Beweislage des Einzelfalls zu beurteilen sein. Je weniger gesichert ein Beweisergebnis erscheint, je wichtiger die Unsicherheitsfaktoren und je mehr Widersprüche bei der Beweiserhebung zu Tage getreten sind, desto größer sei der Anlass für das Gericht, trotz der erlangten Überzeugung weitere erkennbare Beweismöglichkeiten zu benutzen.[286]

Die Unstimmigkeiten der beiden in der Rechtsprechung anzutreffenden Formeln deuten darauf hin, dass sich der konkrete Umfang des Amtsermittlungsgrundsatzes nur im jeweiligen Einzelfall bestimmen lässt.[287] Eine vom bisherigen Beweisergebnis losgelöste abstrakte Beurteilung der Frage, unter welchen

---

280 BGHSt 46, 73, 79; vgl. auch BVerfGE 57, 250, 277.

281 BGHSt 31, 148, 152.

282 *Trüg/Habetha*, in: MüKo StPO, Bd. 2, § 244 Rn. 54; *Sättele*, in: Satzger/Schluckebier/Widmaier, StPO, § 244 Rn. 32; *Sommer*, in: AnwK StPO, § 244 Rn. 24.

283 BGHSt 23, 176, 188; BGH 7.2.1980 – 4 StR 680/79, bei *Pfeiffer/Miebach*, NStZ 1983, 210.

284 Obwohl die beiden genannten Formeln beträchtlich voneinander abweichen, lassen sich sogar Entscheidungen des Bundesgerichtshofs finden, in denen diese kombiniert werden, vgl. BGH NStZ 1990, 384.

285 BGH NStZ 2013, 725; 1992, 450.

286 BGH NStZ 2017, 96; 2013, 725; NStZ-RR 2003, 205.

287 Vgl. *Sättele*, in: Satzger/Schluckebier/Widmaier, StPO, § 244 Rn. 32.

Umständen bekannte oder erkennbare Umstände das Tatgericht zur Ausschöpfung weiterer Beweismöglichkeiten drängen, erscheint nicht möglich.[288] Die Konkretisierung des Umfangs der Amtsermittlungspflicht erfordert vielmehr eine umfassende und verständige Würdigung der Sach- bzw. Prozesslage, wobei mögliche in Betracht kommende Beweismittel und deren zu erwartender Beweiswert den bisher in der Beweisaufnahme gewonnenen Beweisergebnissen und möglichen Folgerungen hieraus gegenüberzustellen sind.[289] Grundlage der Beurteilung ist demnach eine einzelfallbezogene Bewertung der Relation zwischen dem Beweisthema sowie dem Wert des in Betracht kommenden Beweismittels einerseits, und dem Beweisergebnis der bisherigen Beweisaufnahme und dessen Würdigung andererseits.[290]

c. *Einschränkung der Reichweite des Amtsermittlungsgrundsatzes durch prozessökonomische Erwägung*

Der Bundesgerichtshof stellt in seiner Grundsatzentscheidung zur Schadenshochrechnung fest, die Vernehmung aller Patienten des Angeklagten hätte im Ermittlungsverfahren zu großen Verzögerungen geführt und den zeitlichen und personellen Rahmen einer dem Gewicht des Anklagevorwurfs entsprechenden Hauptverhandlung gesprengt.[291] Hierin kommt zum Ausdruck, dass der Bundesgerichtshof den Umfang der in der Hauptverhandlung erforderlichen Beweisaufnahme als auf ein dem Gewicht des Anklagevorwurfs angemessenes Maß begrenzt ansieht. Den Umfang der Beweisaufnahme bestimmt der Bundesgerichtshof damit – jedenfalls unter anderem – durch eine Abwägung zwischen dem mit der Beweiserhebung verbundenen Aufwand bzw. der mit ihr verbundenen Verlängerung des Verfahrens und dem Gewicht des Anklagevorwurfs. Diese Ausführungen zum Verzicht auf Zeugenvernehmungen aufgrund prozessökonomischer Erwägungen veranlassen zur Erörterung der Frage, ob die bereits abstrakt definierte Reichweite des Amtsermittlungsgrundsatzes *a priori* durch den Grundsatz der Prozessökonomie beeinflusst, insbesondere begrenzt wird.[292]

---

288 *Trüg/Habetha*, in: MüKo StPO, Bd. 2, § 244 Rn. 54; vgl. auch *Bachler*, in: BeckOK StPO, § 244 Rn. 11.

289 *Trüg/Habetha*, in: MüKo StPO, Bd. 2, § 244 Rn. 55; vgl. *Herdegen*, NStZ 1984, 97, 98.

290 *Becker*, in: LR StPO, Bd. 6/1, § 244 Rn. 47; *Krehl*, in: KK StPO, § 244 Rn. 33; vgl. BGH NJW 1989, 3291, 3293; 1951, 283.

291 BGHSt 36, 320, 328.

292 Die Ausführungen des Bundesgerichtshofs sind nicht zwingend in die Richtung einer *a priori* Beschränkung der Reichweite des Amtsermittlungsgrundsatzes zu verstehen. Sie erlauben ebenso das Verständnis, die mit der Schadenshochrechnung verbundene

(1) *Verbot der überschießenden Sachverhaltsaufklärung*

Der Gedanke der Begrenzung der tatrichterlichen Pflicht zur Sachverhaltsaufklärung aus prozessökonomischen Gründen scheint auf den ersten Blick fernliegend. Die Inanspruchnahme von Zeit und Kosten mag eine unangenehme Begleiterscheinung der Aufklärungstätigkeit sein, grundsätzlich dürfte die Wahrheitsfindung durch sie aber nicht eingeengt werden.[293] Einigkeit besteht allerdings noch insoweit, dass der Amtsermittlungsgrundsatz das Tatgericht in gegenständlicher Hinsicht jedenfalls nicht zu einer überschießenden Sachverhaltsaufklärung verpflichtet.[294] Tatsachen, die weder die Entscheidung über Schuld- oder Freispruch, den Rechtsfolgenausspruch noch verfahrensrechtlich erhebliche Tatsachen betreffen, muss das Gericht daher nicht ermitteln. Dies stünde vielmehr im Widerspruch zum Grundsatz der Prozessökonomie.[295] Dieser begrenzt die Pflicht zur Sachverhaltsaufklärung auf den Punkt, an welchem dem Gericht eine sichere abschließende Entscheidung möglich ist.[296]

(2) *Weitergehende Beschränkung der Amtsermittlungspflicht durch prozessökonomische Erwägungen*

Die zitierten Ausführungen des Bundesgerichtshofs bieten darüber hinaus Anlass zur Erörterung weitergehender immanenter Begrenzungen des Amtsermittlungsgrundsatzes durch prozessökonomische Erwägungen. Dabei kommen

---

Einschränkung des Amtsermittlungsgrundsatzes sei aus prozessökonomischen Gründen gerechtfertigt.

293 *Wenner*, Die Aufklärungspflicht gem. § 244 Abs. 2 StPO, S. 96.

294 *Becker*, in: LR StPO, Bd. 6/1, § 244 Rn. 43; *Trüg/Habetha*, in: MüKo StPO, Bd. 2, § 244 Rn. 57; *Schmitt*, in: Meyer-Goßner/Schmitt, § 244 Rn. 13; *Bachler*, in: BeckOK StPO, § 244 Rn. 11; vgl. BGH NStZ 1994, 247, 248.

295 *Becker*, in: LR StPO, Bd. 6/1, § 244 Rn. 43. Das Verbot überschießender Sachverhaltsaufklärung aufgrund der Prozessökonomie dürfte indessen die eingangs abstrakt definierte Reichweite der Pflicht des Tatgerichts zur Amtsermittlung nicht begrenzen. Gemäß § 244 Abs. 2 StPO bezieht sich die Amtsermittlungspflicht nur auf Tatsachen, die für die Entscheidung von Bedeutung sind, *Trüg/Habetha*, in: MüKo StPO, Bd. 2, § 244 Rn. 57. Mangelt es an einer solchen Bedeutung der Tatsache, ist das Gericht nach § 244 Abs. 2 StPO schon nicht zu ihrer Ermittlung verpflichtet. Entsprechend setzt die Prozessökonomie nicht der Amtsermittlungspflicht, sondern einer über diese Pflicht hinausgehenden Sachverhaltsaufklärung Grenzen.

296 *Trüg/Habetha*, in: MüKo StPO, Bd. 2, § 244 Rn. 57; *Becker*, in: LR StPO, Bd. 6/1, § 244 Rn. 43; *Schmitt*, in: Meyer-Goßner/Schmitt, StPO, § 244 Rn. 13; vgl. BGH NStZ 1994, 247, 248.

Beschränkungen sowohl hinsichtlich des Gegenstands als auch des Umfangs des Amtsermittlungsgrundsatzes in Betracht. Ob prozessökonomische Aspekte bei der Bestimmung der Reichweite der Amtsermittlungspflicht Berücksichtigung finden dürfen, ist durch Auslegung des § 244 Abs. 2 StPO zu ermitteln.

(a) *Weitergehende Beschränkung des Gegenstands des Amtsermittlungsgrundsatzes*

Für eine weitergehende Beschränkung des Amtsermittlungsgrundsatzes in gegenständlicher Hinsicht bietet der Gesetzeswortlaut keine Anhaltspunkte. § 244 Abs. 2 StPO enthält die Verpflichtung des Gerichts, die Beweisaufnahme auf Tatsachen zu erstrecken, die für die Entscheidung von Bedeutung sind. Tatsachen sind demnach zu ermitteln, wenn diese die abschließende Entscheidung des Gerichts zu beeinflussen vermögen.[297] Einen solchen Einfluss können indessen auch Tatsachen haben, deren Ermittlung mit außerordentlichem Aufwand und einer spürbaren Verlängerung des Verfahrens verbunden wäre. Eine Quantifizierung oder Relativierung des Begriffs der Bedeutung, beispielsweise auf eine „erhebliche" oder „wesentliche" Bedeutung der Tatsache, die die Bestimmung der Reichweite des Amtsermittlungsgrundsatzes einer Abwägung im Einzelfall zugänglich machen würde, sieht § 244 Abs. 2 StPO nicht vor.[298] Demgemäß verpflichtet der § 244 Abs. 2 StPO nach seinem Wortlaut die Tatgerichte zur Ermittlung sämtlicher für die Entscheidung bedeutsamer Tatsachen, ohne dass der mit der Ermittlung verbundene Aufwand auf ein Maß begrenzt ist, welches der Schwere der vorgeworfenen Tat angemessen wäre.

Dieses dem Gesetzeswortlaut entnommene Ergebnis wird durch die systematische Auslegung gestützt. In dieser Hinsicht ist zunächst der Vergleich zwischen Strafverfahren und Bußgeldverfahren aufschlussreich, da letzteres ebenfalls vom Amtsermittlungsgrundsatz beherrscht wird.[299] Im Gegensatz zu § 244 Abs. 2 StPO stellt § 77 Abs. 1 OWiG jedoch explizit klar, dass das Gericht den Umfang[300] der Beweisaufnahme bestimmt, wobei es auch die Bedeutung der

297 Vgl. *Trüg/Habetha*, in: MüKo StPO, Bd. 2, § 244 Rn. 52.

298 Auch *Sättele*, in: Satzger/Schluckebier/Widmaier, StPO, § 244 Rn. 70, geht davon aus, dass eine geringe Bedeutung der angeklagten Straftat nicht zu einer Einschränkung des Amtsermittlungsgrundsatzes führt.

299 Vgl. *Hettenbach*, in: BeckOK OWiG, § 77 Rn. 1; *Senge*, in: KK OWiG, § 77 Rn. 1b.

300 Der Gesetzeswortlaut „Umfang" ist nach der hiesig verwendeten Terminologie mit dem Begriff der „Reichweite" gleichzusetzen, da dieser sich auch auf die zu erforschenden Tatsachen bezieht, vgl. *Senge*, in: KK OWiG, § 77 Rn. 5.

Sache berücksichtigt. Hierdurch wird dem Gericht ein Ermessen bei der Beweisaufnahme eingeräumt,[301] das nicht auch bei der geringfügigsten Sache jede nur denkbare Erkenntnisquelle bis auf den letzten Rest ausschöpfen müssen soll.[302] Solche Einschränkungen des Amtsermittlungsgrundsatzes hat der Gesetzgeber in § 244 Abs. 2 StPO nicht vorgesehen; er wollte die Gerichte im Bereich der Ordnungswidrigkeiten bewusst etwas freier stellen.[303] Dies erlaubt den Umkehrschluss, dass die Reichweite des Amtsermittlungsgrundsatzes im Strafverfahren nicht durch die Bedeutung der Sache begrenzt wird.

Die Strafprozessordnung erlaubt Einschränkungen des Amtsermittlungsgrundsatzes aufgrund prozessökonomischer Erwägungen[304] hingegen an gesonderter Stelle: Der Gesetzgeber hat den Ermittlungsbehörden und Tatgerichten etwa in § 154 StPO und § 154a StPO die Möglichkeit eingeräumt, Unwesentliches aus dem Verfahren auszuscheiden und das Verfahren dadurch klarer zu gestalten, es zu vereinfachen und zu beschleunigen.[305] Im Interesse besserer Aufklärung soll das Verfahren auf die wesentlichen Teile, das heißt die wesentlichen Taten bzw. Gesetzesverletzungen, konzentriert werden können. Um dieses Ziel der Verfahrensverschlankung zu erreichen, soll einerseits von der Verfolgung abgesehen werden können, wenn die Strafe, zu der die Verfolgung führen kann, neben einer Strafe, die gegen den Beschuldigten wegen einer anderen Tat rechtskräftig verhängt worden ist oder die er wegen einer anderen Tat zu erwarten hat, nicht beträchtlich ins Gewicht fällt (§§ 154 Abs. 1 Nr. 2, 154a Abs. 1 S. 2 StPO) oder ein Urteil wegen dieser Tat in angemessener Frist nicht zu erwarten ist und wenn eine Strafe, die gegen den Beschuldigten rechtskräftig verhängt worden ist oder die er wegen einer anderen Tat zu erwarten hat, zur Einwirkung auf den Täter und zur Verteidigung der Rechtsordnung ausreichend erscheint (§§ 154 Abs. 1 Nr. 1, 154a Abs. 1 S. 1 StPO). Eben jene Gedanken des fehlenden Gewichts der weiteren fehlerhaften Abrechnungspositionen für die zu erwartende Strafe bzw. die mit der Aufklärung verbundene Verlängerung des Strafverfahrens bemühte der Bundesgerichtshof, indem er die Schadenshochrechnung damit rechtfertigte, dass die Vernehmung aller Patienten im

---

301 *Bohnert*, in: Krenberger/Krumm, OWiG, § 77 Rn. 3.

302 BT-Drs. 10/2652, S. 22.

303 BT-Drs. 12/1217, S. 35.

304 *Pott*, Die Außerkraftsetzung der Legalität durch das Opportunitätsdenken in den Vorschriften der §§ 154, 154a StPO, S. 49 ff.

305 *Wenner*, Die Aufklärungspflicht gem. § 244 Abs. 2 StPO, S. 96 f.; vgl. auch *Teßmer*, in: MüKo StPO, Bd. 1, § 154a Rn. 1.

Ermittlungsverfahren zu großen Verzögerungen geführt und den zeitlichen und personellen Rahmen einer dem Gewicht des Anklagevorwurfs entsprechenden Hauptverhandlung gesprengt hätte. Diese Rechtfertigung kann angesichts der gesetzgeberischen Entscheidung, diesen Erwägungen lediglich bei der Anwendung der §§ 154 f. StPO – und dort durch partiellen Strafverfolgungsverzicht ausschließlich zugunsten des Beschuldigten[306] – Beachtung zu schenken, nicht überzeugen. Nach der Systematik der Strafprozessordnung beschränkt sich die Amtsermittlungspflicht erst nach der Einstellung gemäß §§ 154 f. StPO auf die verbliebenen wesentlichen Teile.[307] Zuvor wird die Reichweite der Amtsermittlungspflicht von den dargestellten prozessökonomischen Erwägungen nicht berührt. Die Amtsermittlungspflicht erstreckt sich daher auch auf solche Tatsachen, die für die später ausgeschiedenen Taten bzw. Teile der Tat relevant sind. Die §§ 154 f. StPO belegen damit, dass prozessökonomischen Erwägungen zur Bestimmung der gegenständlichen Reichweite des Amtsermittlungsgrundsatzes im Sinne des § 244 Abs. 2 StPO keine Bedeutung zukommt.[308]

Für den hier zu untersuchenden Bereich der Schätzungen lässt sich zudem aus den §§ 40 Abs. 3, 73d Abs. 2, 74c Abs. 3 StGB ein weiteres systematisches Argument gegen die Berücksichtigung prozessökonomischer Erwägungen zur Bestimmung der Reichweite des Amtsermittlungsgrundsatzes entwickeln. Diese gesetzlichen Schätzklauseln befreien den Tatrichter davon, alle für die Berechnung der Rechtsfolgen notwendigen oder denkbaren Ermittlungen anzustellen.[309] Eine solche Befreiung kommt nicht nur bei fehlender Verfügbarkeit der notwendigen Beweismittel, sondern auch aus prozessökonomischen Erwägungen in Betracht.[310] Diese speziellen gesetzlichen Grundlagen der Schätzungen stellen eine Modifikation des Amtsermittlungsgrundsatzes dar.[311] Modifiziert

---

306 Vgl. *Salditt*, StV 1990, 151, 153.

307 Vgl. *Wenner*, Die Aufklärungspflicht gem. § 244 Abs. 2 StPO, S. 97.

308 So sieht auch *Krause*, StraFo 2002, 249, 250, prozessökonomische Erwägungen nur im Bereich des Opportunitätsprinzips als zulässig an. Ebenso: *Badle*, NJW 2008, 1028, 1029; *Schmitt*, in: Meyer-Goßner/Schmitt, StPO, § 244 Rn. 13a.

309 *Krehl*, in: KK StPO, § 244 Rn. 61.

310 Vgl. BT-Drs. V/4095, S. 40 f.; *Becker*, in: LR StPO, Bd. 6/1, § 244 Rn. 11; *Frister*, in: SK StPO, Bd. IV, § 244 Rn. 26a; *Fischer*, in: KK StPO, 6. Aufl. 2008, § 244 Rn. 61; *Schmitt*, in: Meyer-Goßner/Schmitt, StPO, § 244 Rn 15a; *Trüg/Habetha*, in: MüKo StPO, Bd. 2, § 244 Rn. 32; a.A. *Krehl*, in: KK StPO, § 244 Rn. 61.

311 *Maul*, Die gerichtliche Aufklärungspflicht im Lichte der Rechtsprechung des Bundesgerichtshofs, Peters-FS, S. 47, 51; *Krause*, StraFo 2002, 249, 250; *Hofmann*, StraFo 2003, 70, 75; *Trüg/Habetha*, in: MüKo StPO, Bd. 2, § 244 Rn. 32; *Schmitt*, in: Meyer-Goßner/

wird zunächst der Gegenstand des Amtsermittlungsgrundsatzes, da es sich bei der Schätzung nur um einen Annäherungsversuch[312] an das tatsächliche Ausmaß des für die jeweilige Rechtsfolge relevanten Bezugsobjekts, beispielsweise die Höhe des Erlangten im Sinne des § 73d Abs. 2 StGB, handelt. Die tatsächliche Größe des Bezugsobjekts wird indessen allenfalls zufällig ermittelt.[313] Mit dieser gegenständlichen Einschränkung des Amtsermittlungsgrundsatzes geht zudem eine Beschränkung dessen Umfangs einher, da die für die Ermittlung des tatsächlichen Ausmaßes des Bezugsobjekts zur Verfügung stehenden Beweismittel nicht ausgeschöpft werden müssen.[314] Hat der Gesetzgeber für bestimmte Bereiche spezielle gesetzliche Grundlagen erlassen, um den Tatgerichten die Schätzung aus Gründen der Prozessökonomie zu ermöglichen, erlaubt dies den Rückschluss, dass der Umfang der Amtsermittlungspflicht grundsätzlich nicht durch die Prozessökonomie begrenzt wird.[315] Denn wäre der Tatrichter von vornherein aufgrund prozessökonomischer Erwägungen von den strengen Vorgaben des § 244 Abs. 2 StPO befreit und zu Schätzungen befugt, hätte es der Schaffung dieser speziellen gesetzlichen Grundlagen nicht bedurft.

Letztlich lässt sich auch der Telos des § 244 Abs. 2 StPO mit einer Einschränkung des Amtsermittlungsgrundsatzes aufgrund prozessökonomischer Erwägungen nicht in Einklang bringen. Der verfassungsrechtlich verbürgte, dem Strafverfahren übergeordnete Zweck des Amtsermittlungsgrundsatzes liegt in der Erforschung des wahren Sachverhalts, das heißt in der Wahrheitsfindung.[316] Beschränkungen des Amtsermittlungsgrundsatzes aus prozessökonomischen

---

Schmitt, StPO, § 244 Rn. 14 ff.; *Krehl*, in: KK StPO, § 244 Rn. 61; *Tsambikakis*, in: Alsberg/Nüse/Meyer, Rn. 1586 m.w.N.; vgl. auch *Hellmann*, GA 1997, 503, 505 ff.

312 Vgl. *Hellmann*, GA 1997, 503, 504: Schätzen bedeute, auf ungewisser Tatsachengrundlage durch Vermutungen und Wahrscheinlichkeitserwägungen zu einem Ergebnis zu gelangen, das allenfalls zufällig der Wahrheit entspreche, ihr in aller Regel aber nur mehr oder weniger nahe kommen könne. Vgl. auch *Krause*, StraFo 2002, 249, 254.

313 *Hellmann*, GA 1997, 503, 504.

314 Vgl. *Frister*, in: SK StPO, Bd. IV, § 244 Rn. 26a; *Trüg/Habetha*, in: MüKo StPO, Bd. 2, § 244 Rn. 32 m.w.N.

315 Ein ähnlicher Umkehrschluss könnte aus § 287 ZPO gezogen werden, wonach Eintritt und Höhe eine Schadens im Zivilverfahren geschätzt werden dürfen.

316 BVerfG NJW 2013, 1058, 1060; BGHSt 23, 176, 187 f.; *Trüg/Habetha*, in: MüKo StPO, Bd. 2, § 244 Rn. 4; *Becker*, in: LR StPO, Bd. 6/1, § 244 Rn. 39.

Erwägungen gehen mit einem Defizit an Sachverhaltsaufklärung einher und widersprechen damit dem Ziel des § 244 Abs. 2 StPO.[317]

Auch die Berücksichtigung der Prozessökonomie als Verfassungsgrundsatz und des sich hieraus ableitenden Beschleunigungsgebots[318] im Wege einer verfassungskonformen Auslegung des § 244 Abs. 2 StPO führen zu keinem anderen Ergebnis.[319] Bei richtigem Verständnis können beide Prinzipien schon nicht in Widerstreit geraten,[320] da die Amtsermittlungspflicht keine überschießenden Ermittlungen fordert,[321] die mit einer Verfahrensverlängerung über Gebühr verbunden wären. Ist indessen die weitere Sachaufklärung nach den bereits dargelegten Grundsätzen aufgrund ihrer Bedeutung für die abschließende Entscheidung des Gerichts erforderlich, so verstößt die hiermit verbundene Verlängerung des Verfahrens nicht gegen den Beschleunigungsgrundsatz.[322] Zudem bestünde für eine verfassungskonforme Berücksichtigung des Beschleunigungsgebots bei der Auslegung des § 244 Abs. 2 StPO kein Bedürfnis, da mit den §§ 154 f. StPO ausreichende Möglichkeiten für eine Konzentration des Verfahrens zur Verfügung stehen.[323]

Die Gesetzesauslegung führt damit zu der Erkenntnis, dass die Amtsermittlungspflicht ihrem Gegenstand nach nicht von vornherein aus Gründen der Prozessökonomie begrenzt ist, sondern nur in den gesetzlich vorgesehenen Fällen auf ein prozessökonomisches Maß beschränkt werden kann.[324]

---

317 Dieses Spannungsverhältnis zwischen einer umfassenden Sachaufklärung und der Erledigung des Strafverfahrens in absehbarer Zeit erkennt auch *ter Veen*, Beweisumfang und Verfahrensökonomie im Strafprozeß, S. 204 m.w.N.

318 Hierzu vgl. BVerfGE 63, 45, 69; NStZ 2006, 680, 681 m.w.N.; *Fischer*, in: KK StPO, Einl. Rn. 33.

319 A.A. *Perron*, Das Beweisantragsrecht des Beschuldigten im deutschen Strafprozeß, S. 46 f., der die Beweisaufnahme aufgrund funktionaler Erfordernisse zeitlich und ökonomisch begrenzen will. Dagegen so wie hier *Tiedemann*, Die Auslegung des Strafprozeßrechts, Peters-FS, S. 131, 133 m.w.N. Allgemein zur Überlegung, dieses Spannungsverhältnis über die Normauslegung zu berücksichtigen *ter Veen*, Beweisumfang und Verfahrensökonomie im Strafprozeß, S. 13 ff.

320 *Becker*, in: LR StPO, Bd. 6/1, § 244 Rn. 57.

321 *Becker*, in: LR StPO, Bd. 6/1, § 244 Rn. 43; *Trüg/Habetha*, in: MüKo StPO, Bd. 2, § 244 Rn. 57; *Schmitt*, in: Meyer-Goßner/Schmitt, § 244 Rn. 13; *Bachler*, in: BeckOK StPO, § 244 Rn. 11; vgl. BGH NStZ 1994, 247, 248.

322 *Becker*, in: LR StPO, Bd. 6/1, § 244 Rn. 57; *Sättele*, in: Satzger/Schluckebier/Widmaier, StPO, § 244 Rn. 70.

323 Zur Anwendung der §§ 154 f. StPO siehe S. 102 ff. der vorliegenden Arbeit.

324 Für die Reichweite des Amtsermittlungsgrundsatzes insgesamt i.E. ebenso: *Becker*, in: LR StPO, Bd. 6/1, § 244 Rn. 57; *Herdegen*, in: KK StPO, 5. Aufl. 2003, § 244 Rn. 25b;

(b) *Weitergehende Beschränkung des Umfangs des Amtsermittlungsgrundsatzes*

Des Weiteren könnte die Amtsermittlungspflicht ihres Umfangs nach *a priori* auf eine prozessökonomische Beweisaufnahme beschränkt sein, das heißt auf eine Beweiserhebung, deren Aufwand in einem angemessenen Verhältnis zu dem zu erwartenden Beweiswert der konkreten Tatsache bzw. weitergehend zu dem – wie der Bundesgerichtshof[325] formuliert – Gewicht des Anklagevorwurfs steht. Der erforderliche Umfang der Beweisaufnahme wäre dann nicht durch eine Würdigung der Sach- und Prozesslage zu bestimmen, die allein auf die in Betracht kommenden Beweismittel und bereits erhobenen Beweisergebnisse abstellt. Sie wäre zudem von dem hiermit verbundenen prozessualen Aufwand sowie dem Gewicht der vorgeworfenen Tat abhängig zu machen.[326] Die Zulässigkeit der Berücksichtigung solcher prozessökonomischer Erwägungen bei der Bestimmung des Umfangs der Amtsermittlungspflicht ist wiederum durch Auslegung des § 244 Abs. 2 StPO zu ermitteln.

Aus dem Gesetzeswortlaut des § 244 Abs. 2 StPO ergibt sich gegenüber dem zum Gegenstand des Amtsermittlungsgrundsatzes Festgestellten keine Abweichung: Hier wie da kommt es ausschließlich auf die Bedeutung der Tatsache bzw. des Beweismittels an, ohne dass prozessökonomische Erwägungen anklingen. Demgemäß verpflichtet der Wortlaut des § 244 Abs. 2 StPO die Tatgerichte zur Erhebung sämtlicher für die Entscheidung bedeutsamer Beweismittel. Auf die Angemessenheit des Aufwands der Beweiserhebung im Verhältnis zur Schwere der vorgeworfenen Tat kommt es nicht an.

Nicht nur der Wortlaut des § 244 Abs. 2 StPO, sondern auch die Gesetzessystematik spricht gegen eine *a priori* Begrenzung der richterlichen Pflicht zur Sachverhaltsaufklärung durch den mit der Beweiserhebung verknüpften Aufwand.

Dies wird zunächst wiederum durch den Vergleich zur Ausgestaltung des Amtsermittlungsgrundsatzes im Bußgeldverfahren gestützt. In der Gesetzesbegründung zum Änderungsgesetz des Ordnungswidrigkeitengesetzes äußerte der Gesetzgeber seine Auffassung, das Gericht müsse im Falle des § 244 Abs. 2 StPO

Krause, StraFo 2002, 249, 250 sowie konkret zur Schadenshochrechnung *Hancok*, Abrechnungsbetrug durch Vertragsärzte, S. 192. A.A. indessen *Freitag*, Vertragsärztlicher und zahnärztlicher Abrechnungsbetrug, S. 128.

325 BGHSt 36, 320, 328.

326 In diese Richtung: *Gollwitzer*, in: LR StPO, 25. Aufl. 2001, Bd. 4, § 244 Rn. 57. A.A. *Becker*, in: LR StPO, Bd. 6/1, § 244 Rn. 57; *Herdegen*, in: KK StPO, 5. Aufl. 2003, § 244 Rn. 25b.

„jedes Beweismittel über eine entscheidungserhebliche Tatsache heranziehen, gleichviel welchen Wert das Beweismittel hat.“[327] Eine Abstufung zwischen einzelnen bedeutsamen Beweismitteln soll also nach seinem Willen bei § 244 Abs. 2 StPO gerade nicht stattfinden.

Des Weiteren lässt sich das zu der gegenständlichen Reichweite der Amtsermittlungspflicht aus den §§ 40 Abs. 3, 73d Abs. 2, 74c Abs. 3 StGB entwickelte *argumentum e contrario* gegen die Berücksichtigung prozessökonomischer Erwägungen bei der Bestimmung des Umfangs der Amtsermittlungspflicht fruchtbar machen. Die gesetzlichen Schätzklauseln befreien den Tatrichter aus prozessökonomischen Erwägungen[328] davon, alle für die Bemessung der Rechtsfolgen notwendigen oder denkbaren Ermittlungen anzustellen,[329] was eine Einschränkung des Amtsermittlungsgrundsatzes auch dem Umfang nach bedeutet. Wird der Umfang der Amtsermittlungspflicht erst aufgrund dieser Regelungen durch prozessökonomische Überlegungen begrenzt, folgt hieraus im Umkehrschluss, dass dies außerhalb der normierten Bereiche nicht der Fall ist.

Hinsichtlich der teleologischen Auslegung kann ebenfalls auf die Ausführungen zur gegenständlichen Beschränkung der Amtsermittlungspflicht verwiesen werden. Für den Umfang der Amtsermittlungspflicht ergeben sich demgegenüber keinerlei Besonderheiten, sodass die Begrenzung des Umfangs der Amtsermittlungspflicht aufgrund prozessökonomischer Erwägungen dem Zweck des § 244 Abs. 2 StPO widerspräche.

---

327 BT-Drs. 10/2652, S. 22. A.A. *Bohnert*, in: Krenberger/Krumm, OWiG, § 77 Rn. 6, der § 77 Abs. 1 S. 2 OWiG keinen eigenen Regelungsgehalt zuspricht. Kritisch auch *Senge*, in: KK OWiG, § 77 Rn. 3, allerdings lediglich in Bezug auf die Erstreckung der Beweisaufnahme auf nicht „notwendige und nutzlose“ Beweismittel. Der Bundesgerichtshof formuliert zurückhaltender: Jedenfalls im Bußgeldverfahren brauche sich der Tatrichter umso weniger zu einer Beweisaufnahme gedrängt zu sehen, je geringer die Bedeutung einer weiteren Aufklärung im Blick auf das Ergebnis ist, BGH NJW 2005, 1381, 1382. In der Literatur wird aus § 77 Abs. 1 S. 2 OWiG indessen überwiegend ein größerer Ermessensspielraum des Tatgerichts gefolgert, vgl. hierzu *Hettenbach*, in: BeckOK OWiG, § 77 Rn. 5 m.w.N.

328 Vgl. BT-Drs. V/4095, S. 40 f.; *Becker*, in: LR StPO, Bd. 6/1, § 244 Rn. 14; *Fischer*, KK StPO, 6. Aufl. 2008, § 244 Rn. 61; *Schmitt*, in: Meyer-Goßner/Schmitt, StPO, § 244 Rn 15a; *Trüg/Habetha*, in: MüKo StPO, Bd. 2, § 244 Rn. 32; a.A. *Krehl*, in: KK StPO, § 244 Rn. 61.

329 *Krehl*, in: KK StPO, § 244 Rn. 61.

Der Amtsermittlungsgrundsatz ist nach der Auslegung des Gesetzes daher auch seinem Umfang nach nicht auf eine prozessökonomische Beweiserhebung begrenzt.

(c) Fazit

Aus der Gesetzesauslegung folgt somit, dass prozessökonomische Erwägungen den Amtsermittlungsgrundsatz weder dem Gegenstand noch dem Umfang nach begrenzen.[330]

2. Schadenshochrechnung als Modifikation des Amtsermittlungsgrundsatzes

Ist die Reichweite des Amtsermittlungsgrundsatzes umrissen, ist nunmehr zu erörtern, ob die Hochrechnung eines Vermögensschadens diesen Anforderungen gerecht wird oder ob von den Vorgaben des § 244 Abs. 2 StPO abgewichen wird. Hierbei ist zwischen der Konstellation, in der dem Tatgericht Beweismittel vorliegen, die den Nachweis des Vermögensschadens ohne Hochrechnung ermöglichen, und Fallgestaltungen ohne solche Beweismittel zu unterscheiden.[331]

a. Bewertung bei verfügbaren Beweismitteln

Des Weiteren ist aufgrund der Eigenarten der Schadenshochrechnung wiederum zwischen den beiden Bezugspunkten des Amtsermittlungsgrundsatzes, das heißt zwischen Gegenstand und Umfang, zu unterscheiden.

(1) Modifikation des Gegenstands des Amtsermittlungsgrundsatzes

Wie bereits ausgeführt, verpflichtet der Amtsermittlungsgrundsatz den Tatrichter zur Aufklärung aller Umstände, die für die Entscheidung über Art und Maß

330 I.E. ebenso: *Becker*, in: LR StPO, Bd. 6/1, § 244 Rn. 57; *Herdegen*, in: KK StPO, 5. Aufl. 2003, § 244 Rn. 25b; *Krause*, StraFo 2002, 249, 250; vgl. auch *Sättele*, in: Satzger/Schluckebier/Widmaier, StPO, § 244 Rn. 70; a.A. *Frister*, in: SK StPO, Bd. IV, § 244 Rn. 23. In der Literatur wird zudem darauf hingewiesen, dass es an verbindlichen Maßstäben eines prozessökonomischen Strafverfahrens fehle, *Krause*, StraFo 2002, 249, 251, sowie ihm folgend *Lindemann*, Voraussetzungen und Grenzen legitimen Wirtschaftsstrafrechts, S. 235; *Hancok*, Abrechnungsbetrug durch Vertragsärzte, S. 192, und *Noll*, in: Fischer/Hoven/Huber/u.a., Dogmatik und Praxis des strafrechtlichen Vermögensschadens, S. 313, 323.

331 Vgl. zu dieser Unterteilung bereits *Tsambikakis*, medstra 2017, 65.

der Rechtsfolgen von Bedeutung sind.[332] Primäre Rechtsfolge des Abrechnungsbetrugs ist die Sanktionierung des Täters durch Auferlegung einer Geld- oder Freiheitsstrafe. Grundlage der Bemessung der zu verhängenden Strafe ist gemäß § 46 Abs. 1 S. 1 StGB die Schuld des Täters. Zu den für die Erfassung des Schuldgehalts bedeutsamen Umständen zählt als verschuldete Auswirkung der Tat im Sinne des § 46 Abs. 2 S. 2 StGB auch die Schadenshöhe.[333] Der Amtsermittlungsgrundsatz verpflichtet das Tatgericht in gegenständlicher Hinsicht demnach nicht nur zur Ermittlung des Eintritts eines Vermögensschadens an sich, sondern darüber hinaus zur Aufklärung der Schadenshöhe.[334] Zwar erklärte der Bundesgerichtshof in seiner Grundsatzentscheidung, dass die Schadenshöhe bei der Strafzumessung eine untergeordnete Rolle spiele: Maßgeblich seien in erster Linie die aufgewandte kriminelle Energie, das Ausmaß des Vertrauensbruchs und die Dauer des Verhaltens.[335] Selbst unter Zugrundelegung dieser - nicht unumstrittenen[336] – Gewichtung der Schadenshöhe für die Strafzumessung entfiele die Bedeutung für die vom Tatgericht zu treffende Entscheidung jedoch nicht gänzlich. Aufgrund der verbleibenden Relevanz der wahren Schadenshöhe handelt es sich bei deren Ermittlung nicht um eine überschießende, sondern um eine von § 244 Abs. 2 StPO geforderte Sachverhaltsaufklärung.

Das hiernach vorgegebene Ziel der Ermittlung des wahren Schadens lässt sich mit dem Instrument der Schadenshochrechnung nicht erreichen. Ergebnis der Schadenshochrechnung ist ausschließlich der sogenannte Garantieschaden, der die untere Grenze des eingetretenen Schadens zu beschreiben versucht. Hinter

---

332 *Becker*, in: LR StPO, Bd. 6/1, § 244 Rn. 41 f.; *Trüg/Habetha*, in: MüKo StPO, Bd. 2, § 244 Rn. 53.

333 Vgl. BGHSt 36, 320 322; BGH NStZ 2014, 457; 1999, 244, 245; *Perron*, in: Schönke/Schröder, StGB, § 263 Rn. 187a. Zu den weiteren bedeutsamen Strafzumessungsumständen *Schuhr*, in: Spickhoff, Medizinrecht, § 263 StGB Rn. 84; *Schmidt*, StV 2013, 589, 592 ff.

334 Vgl. *Schmidt*, medstra 2017, 79, 80. Hiervon geht auch der Bundesgerichtshof in seiner Grundsatzentscheidung eingangs der rechtlichen Würdigung aus, BGHSt 36, 320, 321. Das Oberlandesgericht Koblenz hingegen ist der Auffassung, dass die Feststellung des exakten Schadens nicht Aufgabe des Strafverfahrens sei. Es genüge, dass ein Schaden entstanden sei, OLG Koblenz, wistra 1997, 280.

335 BGHSt 36, 320, 321.

336 Die Schadenshöhe wird grundsätzlich als wesentlicher Umstand bei der Strafzumessung aufgefasst, vgl. *Perron*, in: Schönke/Schröder, StGB, § 263 Rn. 187a; BGH NStZ 2014, 457 („ganz wesentliches Strafzumessungskriterium"). Dies soll nach *Schmidt*, medstra 2017, 79, 81; *ders.*, StV 2013, 589, 593, auch im Falle des Abrechnungsbetrugs der Fall sein.

dem Begriff des Garantieschadens, der in der Praxis üblicherweise anhand eines Sicherheitsniveaus von 99,5 Prozent berechnet wird, steckt die Wahrscheinlichkeitsaussage, der eingetretene Schaden liege im Schnitt in 199 von 200 Fällen nicht unterhalb der hochgerechneten Schadenssumme.[337] Über den nach oben hin tatsächlich eingetretenen Schaden trifft die Hochrechnung hingegen keine Aussage,[338] vielmehr wird das tatsächliche Ausmaß des eingetretenen Schadens zumeist – weit – über dem berechneten Garantieschaden liegen.[339] Umgekehrt wird der wahre Schaden durchschnittlich in einem von 200 Fällen hinter dem berechneten Garantieschaden zurückbleiben.[340] Dabei ist erneut darauf hinzuweisen, dass der Amtsermittlungsgrundsatz seinem Gegenstand nach nicht von vornherein aus Gründen der Prozessökonomie auf die Ermittlung lediglich des Garantieschadens gerichtet ist.[341] Wie gezeigt,[342] hat die Prozessökonomie keinerlei Einfluss auf die Bestimmung der im Strafverfahren zu erforschenden Tatsachen.

Festzuhalten gilt es damit, dass bei der Schadenshochrechnung mit der wahren Schadenshöhe ein für die Strafzumessung bedeutsamer Umstand ungeklärt bleibt. Insofern könnte man geneigt sein, von einer Beschränkung des Gegenstands des Amtsermittlungsgrundsatzes zu sprechen. Der Begriff der Beschränkung könnte jedoch leicht dahingehend missverstanden werden, die Aufklärung der Höhe des Schadens sei unterblieben, um die der wahre Schaden den im Wege der Hochrechnung ermittelten Garantieschaden überschreitet. Wie gezeigt, kann der wahre Schaden den Garantieschaden jedoch sowohl über- als in seltenen Fällen auch unterschreiten. Treffender ist daher von einer Modifikation[343] des Amtsermittlungsgrundsatzes zu sprechen. Dieser Begriff bringt die eigentliche Funktionsweise der Schadenshochrechnung präziser zum Ausdruck: An die

---

337 *Ruckdeschel/von Ossietzky/Franke/Erlwein-Sayer/Massini*, medstra 2017, 67, 69.

338 Vgl. *Ruckdeschel/von Ossietzky/Franke/Erlwein-Sayer/Massini*, medstra 2017, 67, 69.

339 Vgl. LG Saarbrücken, Urt. v. 19.05.2011 – 4 KLs 11/09 Rn. 903. Das Landgericht führt an dieser Stelle auch weitere Ursachen für einen den wahren Schaden unterschreitenden Garantieschaden auf. Zu diesen siehe auch *Ruckdeschel/von Ossietzky/Franke/Erlwein-Sayer/Massini*, medstra 2017, 67, 71. Vgl. zudem *Hellmann/Herffs*, Der ärztliche Abrechnungsbetrug, S. 204, die hieraus folgern, die Schadenshochrechnung könne sich für den Beschuldigten als günstig erweisen.

340 *Ruckdeschel/von Ossietzky/Franke/Erlwein-Sayer/Massini*, medstra 2017, 67, 69.

341 A.A. *Fischer*, StraFo 2012, 429, 432.

342 Siehe hierzu S. 191 ff. der vorliegenden Arbeit.

343 So zu den gesetzlich vorgesehenen Schätzungen auch *Becker*, in: LR StPO, Bd. 6/1, § 244 Rn. 13, *Trüg/Habetha*, in: MüKo StPO, Bd. 2, § 244 Rn. 32.

Stelle der vom Gesetz vorgesehenen Ermittlung der wahren Schadenshöhe tritt die Ermittlung des Garantieschadens, sodass der gegenständliche Anknüpfungspunkt des Amtsermittlungsgrundsatzes nicht beschränkt, sondern ausgetauscht wird.[344]

Damit genügt der Tatrichter den Anforderungen seiner Amtsermittlungspflicht in gegenständlicher Hinsicht nicht, wenn er seinem Urteil den berechneten Garantieschaden zugrunde legt, anstatt den wahren Schaden zu ermitteln.[345]

(2) Beschränkung des Umfangs des Amtsermittlungsgrundsatzes

Neben dieser gegenständlichen Modifikation des Amtsermittlungsgrundsatzes ist zudem eine Beschränkung des Umfangs des Amtsermittlungsgrundsatzes zu erörtern. Eine Beschränkung des Amtsermittlungsgrundsatzes liegt nahe, wenn das Tatgericht von der über die Stichprobe hinaus möglichen Vernehmung der Patienten sowie der Verlesung der dazugehörigen Abrechnungs- und Behandlungsunterlagen absieht.[346] Die zum Nachweis der Höhe des wahren Schadens verfügbaren Beweismittel werden somit nicht erschöpfend erhoben. Dies wird in

---

344 Die Schadenshochrechnung ohne Differenzierung nach Gegenstand und Umfang als Einschränkung des Amtsermittlungsgrundsatzes ansehend: *Hancok*, Abrechnungsbetrug durch Vertragsärzte, S. 192 ff.; *Lindemann*, Voraussetzungen und Grenzen legitimen Wirtschaftsstrafrechts, S. 235; *Krause*, StraFo 2002, 249, 250; *Hofmann*, StraFo 2003, 70, 75 f.; *Tsambikakis*, medstra 2017, 65, 66; *Schmidt*, medstra 2017, 79, 80; wohl ebenso *Frister/Lindemann/Peters*, in: Arztstrafrecht, S. 206. *Fischer*, StraFo 2012, 429, 432, sieht Schätzungen im Allgemeinen als Beschränkung des Amtsermittlungsgrundsatzes.

345 Ebenso zweifelnd *Grzesiek*, Wirtschaftsdelikte im Vertrags- und Privatarztsektor, S. 130. Anders dürfte *Hancok*, Abrechnungsbetrug durch Vertragsärzte, S. 195, zu verstehen sein, die die Schadenshochrechnung obgleich des von ihr im Übrigen angenommenen Verstoßes gegen den Amtsermittlungsgrundsatz im Falle eines Geständnisses als zulässig erachtet. Dem ist entgegenzuhalten, dass auch das Geständnis des Beschuldigten nicht zu einer Veränderung des Gegenstands des Amtsermittlungsgrundsatzes führt.

346 Dieser Aspekt steht bei der im Schrifttum anzutreffenden Bewertung der Schadenshochrechnung mit Blick auf § 244 Abs. 2 StPO im Vordergrund, vgl. *Hancok*, Abrechnungsbetrug durch Vertragsärzte, S. 192; *Lindemann*, Voraussetzungen und Grenzen legitimen Wirtschaftsstrafrechts, S. 235; *Krause*, StraFo 2002, 249, 250; *Hofmann*, StraFo 2003, 70, 75 f.; *Schmidt*, medstra 2017, 79, 82; wohl ebenso *Frister/Lindemann/Peters*, in: Arztstrafrecht, S. 206. Die Modifikation des gegenständlichen Anknüpfungspunkts des Amtsermittlungsgrundsatzes wird dagegen nur selten erwähnt und, soweit ersichtlich, nicht bewertet.

der Literatur – ebenso wie bei den gesetzlichen Schätzklauseln[347] – als Beschränkung des Amtsermittlungsgrundsatzes eingeordnet.[348]

Ginge man von der wahren Schadenshöhe als dem gegenständlichen Bezugspunkt des Amtsermittlungsgrundsatzes aus, so läge in der Schadenshochrechnung eine Beschränkung des Umfangs des Amtsermittlungsgrundsatzes: Da die Ermittlung des wahren Schadens durch die Schadenshochrechnung nicht zu leisten ist, müsste sich das Tatgericht zur Vernehmung aller Patienten sowie der Verlesung sämtlicher Abrechnungs- und Behandlungsunterlagen gedrängt sehen.

Sähe man den Gegenstand der tatrichterlichen Amtsermittlungspflicht bei der Schadenshochrechnung hingegen in dem berechneten Garantieschaden, so ließe sich an einer Beschränkung des Umfangs der Amtsermittlungspflicht zweifeln. Um eine Beschränkung des Umfangs würde es sich bei einer solchen Betrachtungsweise nur handeln, wenn sich das Tatgericht unter Anwendung der eingangs zitierten Abwägungsformel zu einer weiteren Absicherung des bereits gefundenen Beweisergebnisses gedrängt sehen musste. Angesichts des hohen Sicherheitsniveaus von 99,5 Prozent des Garantieschadens, das beinahe einer absoluten Sicherheit gleichkommt, erschiene das Erfordernis nach einer weiteren Absicherung dieses Ergebnisses zumindest fragwürdig.[349]

Die vorgenannte, vom Garantieschaden als Gegenstand des Amtsermittlungsgrundsatzes ausgehende Betrachtungsweise lässt sich jedoch mit der gesetzlichen Vorgabe des § 244 Abs. 2 StPO nicht in Einklang bringen. Zwar handelt es sich bei dem berechneten Garantieschaden um das von dem Tatgericht tatsächlich gefundene Beweisergebnis, sodass es auf den ersten Blick plausibel scheinen mag, die Erforderlichkeit der weitergehenden Absicherung anhand dieses tatsächlich gefundenen Beweisergebnisses zu betrachten. § 244 Abs. 2 StPO knüpft

---

347 Vgl. *Frister*, in: SK StPO, Bd. IV, § 244 Rn. 26a; *Trüg/Habetha*, in: MüKo StPO, Bd. 2, § 244 Rn. 32 m.w.N.

348 *Hancok*, Abrechnungsbetrug durch Vertragsärzte, S. 192; *Lindemann*, Voraussetzungen und Grenzen legitimen Wirtschaftsstrafrechts, S. 235; *Krause*, StraFo 2002, 249, 250; *Hofmann*, StraFo 2003, 70, 75 f.; *Schmidt*, medstra 2017, 79, 82; wohl ebenso *Frister/Lindemann/Peters*, in: Arztstrafrecht, S. 206. Vgl. auch *Grzesiek*, Wirtschaftsdelikte im Vertrags- und Privatarztsektor, S. 130.

349 Anderes könnte nach dem vom Bundesgerichtshof teilweise angelegten strengeren Maßstab gelten, wonach bereits die entfernte Möglichkeit einer Änderung der durch die bereits durchgeführte Beweisaufnahme begründeten Vorstellung des Gerichts von dem zu beurteilenden Sachverhalt zur weiteren Beweiserhebung verpflichtet, vgl. BGHSt 23, 176, 188; BGH, Urt. v. 7.2.1980 – 4 StR 680/79 (bei *Pfeiffer/Miebach*, NStZ 1983, 210).

als zu ermittelnde Tatsache jedoch an die wahre Schadenshöhe an, sodass die Erforderlichkeit weiterer Beweiserhebung an dieser, nicht aber an dem berechneten Garantieschaden zu messen ist. Zu einem eigenmächtigen, das heißt ohne gesetzliche Grundlage erfolgenden Austausch des Gegenstands – und der damit verbundenen Lockerung der Anforderungen an den Umfang – seiner Amtsermittlungspflicht ist das Tatgericht nicht berechtigt. Dies geht aus dem bereits erwähnten Umkehrschluss zu den gesetzlichen Schätzklauseln hervor: Sah der Gesetzgeber es als notwendig an, für Schätzungen und die damit verbundene Modifikation der Aufklärungspflicht des Tatgerichts spezielle gesetzliche Grundlagen zu schaffen, bedeutet dies, dass das Tatgericht hierzu ohne Gesetz nicht befugt ist. Dies muss für die Schadenshochrechnung insbesondere deswegen gelten, da diese anders als die gesetzlichen Schätzklauseln nicht allein die Rechtsfolgen einer Straftat, sondern die Bemessung des Umfangs der verwirklichten Schuld des Täters betrifft.

b. Bewertung bei nicht vorhandenen Beweismitteln

Eine Modifikation bzw. Beschränkung des Amtsermittlungsgrundsatzes begründet die Schadenshochrechnung allerdings dann nicht, wenn dem Tatgericht keine außerhalb der Stichprobe liegenden Beweismittel zur Ermittlung des wahren Schadens zur Verfügung stehen.[350] Denn zur Erhebung von nicht existenten Beweismitteln verpflichtet der Amtsermittlungsgrundsatz nicht.[351]

c. Gleichstellung der kapazitätsbedingt unmöglichen Beweiserhebung mit der Konstellation nicht vorhandener Beweismittel

Unter Wertungsgesichtspunkten könnte der vorgenannten Konstellation der nicht vorhandenen Beweismittel die beim systematischen Abrechnungsbetrug regelmäßig anzutreffende Situation gleichzustellen sein, in der die Erhebung aller verfügbaren Beweismittel mangels ausreichender Kapazitäten des Tatgerichts faktisch nicht möglich ist. Eine Gleichstellung erscheint erörterungswürdig, da sich dem Tatgericht die Ermittlung des wahren Schadens letztlich in beiden Fällen als unmöglich präsentiert.

Eine solche Gleichstellung würde zunächst die Frage aufwerfen, aus welchem Grund die faktische Grenze der Beweisaufnahme die Berechnung eines

350 *Krause*, StV 2002, 249, 250.

351 Vgl. *Becker*, in: LR StPO, Bd. 6/1, § 244 Rn. 40. *Otte*, Schätzungen im Rahmen der Schuldfeststellung, S. 264, spricht in solchen Fällen davon, dass die Schätzung die Aufklärungspflicht erst ermöglicht.

Garantieschadens bedingen sollte, anstatt die Amtsermittlungspflicht des Gerichts auf die Feststellung des Schadens in der sich aus der Stichprobe ergebenden Höhe zu beschränken. Dies ließe sich noch mit der aus dem Rechtsstaatsprinzip gemäß Art. 20 Abs. 3 GG folgenden Pflicht des Tatgerichts beantworten, den Vermögensschaden auch der Höhe nach soweit wie möglich aufzuklären: Die Schadenshochrechnung führt gegenüber dem aus der Stichprobe ersichtlichen Schaden zu einer weiteren Annäherung an den tatsächlich eingetretenen Schaden.

Die Gleichstellung der kapazitätsbedingten Unmöglichkeit der Erhebung aller verfügbaren Beweismittel mit der Konstellation nicht verfügbarer Beweismittel ließe sich im Ansatz allerdings nur dann begründen, wenn es dem Tatgericht für jede weitere Beweiserhebung an Kapazitäten fehlen würde. Dies bedeutet, dass eine Schadenshochrechnung erst dann zulässig wäre, wenn das Tatgericht über die erhobene Stichprobe hinaus keine einzige weitere Abrechnungsposition überprüfen könnte. Eine solche Vorgehensweise würde allerdings aufgrund der Einzelfallabhängigkeit der Ermittlungen nicht nur die Gefahr materieller Ungerechtigkeit bergen: Beispielsweise hätte ein Arzt, dessen Verfahren vor einem weniger ausgelasteten Gericht verhandelt wird, mit der Feststellung eines hohen Schadens und einer entsprechend schärferen Strafe zu rechnen. Demgegenüber käme einem Arzt, dessen vergleichbares Verfahren vor einem ausgelasteten Gericht verhandelt wird, der verfahrensexterne Umstand der erschöpften Ressourcen zu Gute, da nur ein niedrigerer Schaden festgestellt und in der Folge nur eine mildere Strafe verhängt werden könnte.[352] Zudem wird bei der Bemessung der Größe der Stichprobe in der Regel nicht davon ausgegangen werden können, dass sich diese nach den vorhandenen Ressourcen der Behörde bzw. des Gerichts richtet und damit die für eine Gleichstellung im Ausgangspunkt unerlässliche Kapazitätenerschöpfung gegeben ist. Der Stichprobenumfang wird in der Praxis in erster Linie durch die Anforderungen an eine tragfähige statistische Hochrechnung bestimmt,[353] die sich nicht am Umfang der dem Tatgericht faktisch möglichen Beweiserhebung orientieren. Daneben fließen prozessökonomische

352 Das Bundesverfassungsgericht sieht das Verlangen nach Rechtsgleichheit jedoch als grundlegendes Gerechtigkeitspostulat, dem das Gebot der schuldangemessenen Bestrafung im Einzelfall Rechnung trägt, BVerfG NJW 2013, 1058, 1067.

353 *Schmidt*, medstra 2017, 79, 81, spricht von dem Erfordernis einer ausreichend groß bemessenen Stichprobe. Der Bundesgerichtshof betont ebenfalls, dass das Tatgericht zu beurteilen habe, ob die Stichprobe „für eine Hochrechnung ausreichend groß bemessen" war, BGHSt 36, 320, 327.

Erwägungen in die Bemessung der Größe der Stichprobe ein, indem der Umfang der erforderlichen Beweisaufnahme mittels einer Abwägung zwischen dem mit der Beweiserhebung verbundenen Aufwand und dem Gewicht des Anklagevorwurfs begrenzt wird. Ob die Überprüfung weiterer Abrechnungspositionen mit den vorhandenen Kapazitäten möglich gewesen wäre, spielt indessen keine Rolle. Die derartige Bemessung des Stichprobenumfangs führt dazu, dass die in der Praxis erhobenen Stichproben hinter der tatsächlich noch zu bewältigenden Größe einer Stichprobe zurückbleiben. Das Landgericht Frankenthal, dessen Urteil der Grundsatzentscheidung des Bundesgerichtshofs zugrunde lag, hatte für den Tatzeitraum von acht Quartalen lediglich 62 Patienten vernommen.[354] Das Landgericht Saarbrücken vernahm für 20 Quartale nur 100 Zeugen.[355] Heutige Umfangsverfahren belegen indes, dass Tatgerichte durchaus in der Lage sind, mehrere hundert Zeugen zu vernehmen. Sind die Kapazitäten der Behörden bzw. Gerichte bei der Vornahme einer Schadenshochrechnung somit in der Regel nicht vollends erschöpft, verbietet sich eine Gleichstellung der kapazitätsbedingten Unmöglichkeit und der Konstellation nicht vorhandener Beweismittel.

Letztlich lässt sich gegen die Gleichstellung beider Konstellationen anführen, dass es in der Sache einen Unterschied macht, ob die vollständige Sachverhaltsaufklärung an mangelnden Beweismitteln oder aber den unzureichenden Kapazitäten des Tatgerichts scheitert. Im ersten Fall könnte selbst eine optimal ausgestattete Justiz den Sachverhalt nicht vollständig ermitteln, sodass die Sachverhaltserforschung von vornherein auf die Erhebung der verfügbaren Beweismittel beschränkt wäre. Ein dennoch bestehender normativer Auftrag zur vollständigen Sachverhaltsaufklärung müsste von vornherein ins Leere laufen und dürfte daher als sinnlos bezeichnet werden. Stehen dem Gericht indessen weitere Beweismittel zur Verfügung, besteht sein normativer Auftrag stets in der erschöpfenden Erhebung, gleich, ob es über die erforderlichen Ressourcen verfügt oder nicht. Es liegt dann an dem Gesetzgeber, die Gerichte entweder mit den Mitteln auszustatten, die diese für die Erfüllung der ihnen gesetzlich zugewiesenen Aufgaben benötigen, oder sonstige Lösungsalternativen zu schaffen. Zu Letzteren zählen etwa auch die bereits erwähnten §§ 154 f. StPO.

354 BGHSt 36, 320, 322.

355 LG Saarbrücken, Urt. v. 19.05.2011 – 4 KLs 11/09 Rn. 322 ff.

3. *Ergebnis*

Stehen dem Tatgericht Beweismittel zur Aufklärung des wahren Schadens zur Verfügung, bedeutet die Schadenshochrechnung eine Modifikation des Gegenstands des Amtsermittlungsgrundsatzes: Anstelle der nach § 244 Abs. 2 StPO aufzuklärenden wahren Schadenshöhe wird lediglich der hiervon in aller Regel abweichende Garantieschaden ermittelt. Prozessökonomische Erwägungen, insbesondere der mit der Schadensermittlung verbundene Aufwand, erlauben es dem Tatgericht nicht, sich mit der Berechnung des Garantieschadens zu begnügen. Mit dieser Modifikation geht zudem eine Beschränkung des Umfangs des Amtsermittlungsgrundsatzes einher, da die zur Aufklärung der wahren Schadenshöhe zur Verfügung stehenden Beweismittel nicht erschöpfend erhoben werden.

Liegen die zum Nachweis der wahren Schadenshöhe benötigten Beweismittel indessen nicht vor, wird die Reichweite des Amtsermittlungsgrundsatzes durch die Schadenshochrechnung nicht berührt. Mit dieser Konstellation der nicht verfügbaren Beweismittel lässt sich eine kapazitätsbedingt unterbliebene Aufklärung der wahren Schadenshöhe, wie sie zur Legitimation der Schadenshochrechnung teils angeführt wird, nicht gleichstellen: Die Tatgerichte trifft trotz begrenzter Ressourcen die gesetzliche Pflicht, den Schaden auch seiner Höhe nach vollständig aufzuklären.

IV. Die Vereinbarkeit der Schadenshochrechnung mit dem Fair-Trial-Grundsatz

Im Fokus der Grundsatzentscheidung des Bundesgerichtshofs stand die Vereinbarkeit der Schadenshochrechnung mit den Anforderungen des § 261 StPO. Anders als viele Stimmen in der Literatur[356] schenkte der Bundesgerichtshof dem Fair-Trial-Grundsatz keinerlei Aufmerksamkeit. Dieser Grundsatz lässt sich aus verschiedenen Rechtsquellen, etwa Art. 2 Abs. 1 GG i.V.m. Art. 20 Abs. 3 GG oder Art. 6 EMRK[357], herleiten und beinhaltet zahlreiche Facetten.

---

356 Vgl. *Hancok*, Abrechnungsbetrug durch Vertragsärzte, S. 194; *Freitag*, Ärztlicher und zahnärztlicher Abrechnungsbetrug im deutschen Gesundheitswesen, S. 127 f.; *Stirner*, Der privatärztliche Abrechnungsbetrug, S. 217; *Salditt*, StV 1990, 151, 153; *Tsambikakis*, medstra 2017, 65; *Krause*, StraFo 2002, 249, 251; *Lindemann*, Voraussetzungen und Grenzen legitimen Wirtschaftsstrafrechts, S. 235; wohl ebenso *Luig*, Vertragsärztlicher Abrechnungsbetrug und Schadensbestimmung, S. 223; *Badle*, NJW 2008, 1028, 1029; *Schmidt*, medstra 2017, 79, 80.

357 *Duttke/Waschkewitz*, in: Dölling/Duttge/König/Rössner, Gesamtes Strafrecht, Vor. §§ 1 ff. Rn. 65.

Zu diesen zählt unter anderem die in Art. 6 Abs. 2 EMRK ausdrücklich niedergelegte Unschuldsvermutung,[358] die sich zudem als besondere Ausprägung des Rechtsstaatsprinzips aus Art. 20 Abs. 3 GG herleiten lässt.[359] Im Folgenden wird erörtert, ob die Schadenshochrechnung mit diesem elementaren Grundsatz vereinbar ist.

1. Die Vereinbarkeit der Schadenshochrechnung mit der Unschuldsvermutung

Nach Art. 6 Abs. 2 EMRK gilt jede Person, die einer Straftat angeklagt ist, bis zum gesetzlichen Beweis ihrer Schuld als unschuldig. Es obliegt also den Strafverfolgungsbehörden und Gerichten, den Beschuldigten zu überführen, ohne hierfür auf Beweismittel zurückzugreifen, die durch Zwangs- oder Druckmittel ohne den Willen des Beschuldigten erlangt wurden.[360] Eng verbunden mit der Unschuldsvermutung ist das Schweigerecht des Beschuldigten, das als ungeschriebener Grundsatz des Art. 6 Abs. 1 S. 1 EMRK ebenfalls Bestandteil eines fairen Verfahrens ist.[361] Hiernach steht es dem Beschuldigten frei, sich zur Sache zu äußern. Er ist in keiner Weise verpflichtet, sich selbst von den gegen ihn erhobenen Anschuldigungen zu entlasten.[362]

a. Beeinträchtigung des Schweigerechts des Beschuldigten durch Umkehr der Beweislast

Der Schadenshochrechnung wird im Schrifttum oftmals entgegengehalten, sie kehre die geschilderte Beweislastverteilung um.[363] Solange die Fehlerhaftigkeit

358 EGMRE 4, 139, 145 f.

359 BVerfGE 110, 1, 22; *Grzeszick*, in: Maunz/Dürig, GG, Art. 20 Rn. 148 m.w.N.

360 *Grabenwarter/Pabel*, Europäische Menschenrechtskonvention, § 24 Rn. 138 m.w.N.

361 *Meyer-Ladewig/Harrendorf/König*, in: Europäische Menschenrechtskonvention, Art. 6 Rn. 129; *Duttke/Waschkewitz*, in: Dölling/Duttge/König/Rössner, Gesamtes Strafrecht, Vor. §§ 1 ff. Rn. 84.

362 *Luig*, Vertragsärztlicher Abrechnungsbetrug und Schadensbestimmung, S. 223 m.w.N.

363 *Hancok*, Abrechnungsbetrug durch Vertragsärzte, S. 194; *Stirner*, Der privatärztliche Abrechnungsbetrug, S. 217; *Salditt*, StV 1990, 151, 153; *Tsambikakis*, medstra 2017, 65; *Krause*, StraFo 2002, 249, 251; ähnlich auch *Lindemann*, Voraussetzungen und Grenzen legitimen Wirtschaftsstrafrechts, S. 235; wohl ebenso *Luig*, Vertragsärztlicher Abrechnungsbetrug und Schadensbestimmung, S. 223; *Badle*, NJW 2008, 1028, 1029. Zweifelnd an der Vereinbarkeit der Schadenshochrechnung mit Art. 6 Abs. 2 EMRK *Grzesiek*, Wirtschaftsdelikte im Vertrags- und Privatarztsektor, S. 130. A.A. *Freitag*,

der einzelnen Abrechnungspositionen nachgewiesen werden muss, gelte der Beschuldigte als unschuldig, bis dieser Nachweis gelingt. Wird der Schaden stattdessen hochgerechnet, gerate der Beschuldigte unter Druck, sich gegen das Ergebnis der Hochrechnung zu verteidigen.[364] Weiteres Schweigen könne für ihn von Nachteil sein.[365] Dies sei auch mit Blick auf die gesetzlichen Schätzklauseln, auf die der Bundesgerichtshof in seiner Grundsatzentscheidung verwies,[366] besonders kritisch, da diese, wie beispielsweise § 40 Abs. 3 StGB, ausschließlich die Rechtsfolgenseite beträfen: Erkläre sich der Beschuldigte zu seinen Einkünften, um deren Schätzung durch das Tatgericht zu vermeiden, so bleibe sein Schweigen zur Sache hiervon unberührt.[367] Hingegen betreffe die Schadenshochrechnung auch den Umfang der Verwirklichung von Tatbestandsmerkmalen, sodass der Beschuldigte sich hiergegen nicht verteidigen könne, ohne sein Schweigen zur Sache zumindest teilweise aufzugeben.[368]

Nachfolgend wird dargelegt, dass aus dieser Überlegung gleich aus mehreren Gründen kein Verstoß gegen die Unschuldsvermutung folgt.

(1) Anwendbarkeit der Unschuldsvermutung auf Strafzumessungstatsachen

Zunächst ist festzuhalten, dass die Geltung der Unschuldsvermutung des Art. 6 Abs. 2 EMRK für den Nachweis der Umstände, die ausschließlich die Strafzumessung betreffen, umstritten ist.[369] Begrenzt man die Unschuldsvermutung auf die den Schuldspruch tragenden Tatsachen, so wäre die Unschuldsvermutung auf den Nachweis des Garantieschadens nicht anwendbar. Zwar erfasst die Schadenshochrechnung – wie ihre Kritiker[370] zutreffend vorbringen – nicht lediglich die für die Strafzumessung, sondern mit dem Ausmaß der Tatbestandsverwirklichung auch die für den Nachweis des Schuldumfangs bedeutsamen Umstände.

Ärztlicher und zahnärztlicher Abrechnungsbetrug im deutschen Gesundheitswesen, S. 127 f.; *Schmidt*, medstra 2017, 79, 80.

364 *Luig*, Vertragsärztlicher Abrechnungsbetrug und Schadensbestimmung, S. 223.

365 *Hancok*, Abrechnungsbetrug durch Vertragsärzte, S. 194.

366 BGHSt 36, 320, 327 f.

367 *Krause*, StraFo 2002, 249, 251; *Luig*, Vertragsärztlicher Abrechnungsbetrug und Schadensbestimmung, S. 223; vgl. auch *Salditt*, StV 1990, 151, 153.

368 *Krause*, StraFo 2002, 249, 251.

369 Dagegen etwa EGMRE 1, 178, 192; *Esser*, in: LR StPO, Bd. 11, Art. 6 EMRK Rn. 473 m.w.N. Dafür und m.w.N. zum Streitstand *Meyer*, in: SK StPO, Bd. X, Art. 6 Rn. 316.

370 *Hancok*, Abrechnungsbetrug durch Vertragsärzte, S. 190; *Krause*, StraFo 2002, 249, 251.

Der grundsätzliche Nachweis der Schuld wird jedoch bereits durch den im Rahmen der Stichprobe festgestellten Vermögensschaden erbracht,[371] wodurch die Unschuldsvermutung widerlegt ist.[372] Der darüber hinaus eingetretene Schaden wirkt sich auf den damit feststehenden Schuldspruch nicht mehr aus,[373] weshalb sich seine Relevanz auf den Rechtsfolgenausspruch beschränkt.

(2) Hochrechnung als gesetzlicher Nachweis des Garantieschadens

Wollte man die Unschuldsvermutung demgegenüber weiter verstehen und auch auf solche Umstände erstrecken, die neben dem Rechtsfolgenausspruch den Umfang der verwirklichten Schuld betreffen,[374] wäre die Unschuldsvermutung durch die Schadenshochrechnung verletzt, wenn es an dem erforderlichen gesetzlichen Nachweis der Schuld mangelt.

Welche Anforderungen im Einzelnen an den gesetzlichen Nachweis der Schuld im Sinne des Art. 6 Abs. 2 EMRK zu stellen sind, bestimmt die Europäische Menschenrechtskonvention selbst nicht. Die Art und Weise des Schuldnachweises ist vielmehr grundsätzlich dem nationalen Recht überlassen.[375] Dabei darf die von dem Richter zur Widerlegung der Unschuldsvermutung zu gewinnende Überzeugung nach Art. 6 Abs. 2 EMRK nicht in einem Verfahren gebildet werden, das in seiner Gesamtheit nicht mehr als ein gesetzliches bzw. faires Verfahren zur unvoreingenommenen Klärung des Schuldvorwurfs anzusehen ist.[376] Ein Schuldspruch ist daher nur aufgrund eines den Anforderungen des Art. 6 Abs. 1 und 3 EMRK genügenden Verfahrens zulässig.[377] Insgesamt fordert Art. 6 Abs. 2 EMRK also, dass der Schuldnachweis sowohl in Übereinstimmung mit

---

371 So auch *Heintz-Koch*, Vertragsärztlicher Abrechnungsbetrug, S. 174.

372 Zur Widerlegung der Unschuldsvermutung bereits durch den Schuldspruch vgl. *Esser*, in: LR StPO, Bd. 11, Art. 6 EMRK Rn. 473.

373 Dies gilt selbst für solche Fälle, in denen erst die Hochrechnung die Grenze des § 263 Abs. 3 S. 2 Nr. 2 StGB überschreitet, da die besonders schweren Fälle keine eigenständigen Tatbestände, sondern bloße Strafzumessungsvorschriften darstellen und daher nicht in den Schuldspruch aufzunehmen sind, vgl. *Ott*, in: KK StPO, § 261 Rn. 30 m.w.N.

374 So etwa *Meyer*, in: SK StPO, Bd. X, Art. 6 Rn. 316.

375 Vgl. EGMRE 4, 139, 147; *Gollwitzer*, in: Menschenrechte im Strafverfahren: MKR und IPBPR, S. 361; *Esser*, in: LR StPO, Bd. 11, Art. 6 EMRK Rn. 495 m.w.N.

376 *Esser*, in: LR StPO, Bd. 11, Art. 6 EMRK Rn. 495; vgl. auch *Gaede*, in: MüKo StPO, Bd. 3/2, Art. 6 EMRK Rn. 126.

377 *Esser*, in: LR StPO, Bd. 11, Art. 6 EMRK Rn. 467; vgl. auch EGMRE 4, 139, 147.

dem nationalen materiellen und prozessualen Recht[378] als auch mit den Garantien der Europäischen Menschenrechtskonvention erfolgt.[379] Verfahrensfehler, die in einem Einzelaspekt dem Grundsatz des fairen Verfahrens nicht genügt haben, sollen jedoch nicht stets eine Entscheidungsfindung unter Verletzung der Unschuldsvermutung bedeuten.[380] Andernfalls würde Art. 6 Abs. 2 EMRK ausufernd in eine umfassende Garantie der Einhaltung der nationalen Verfahrensvorschriften sowie der Konventionsgarantien umgedeutet. Nur solche Verfahren, die insgesamt in einer Form geführt werden, die erkennen lässt, dass das Gericht voreingenommen von Anfang an die Schuld des Beschuldigten unterstellt hat, ohne sich um eine objektive Sachaufklärung auch nur zu bemühen, sind zur Widerlegung der Unschuldsvermutung ungeeignet.[381]

Eine Verletzung der Unschuldsvermutung setzt daher zunächst einen anderweitigen Rechtsverstoß durch die Schadenshochrechnung voraus. Ein solcher Verstoß könnte jedenfalls nach der derzeitigen Gesetzeslage darin gesehen werden, dass die Schadenshochrechnung ohne gesetzliche Grundlage von den Anforderungen des § 244 Abs. 2 StPO[382] abweicht und damit gegen die Strafprozessordnung verstößt. Insofern könnte man geneigt sein, auch dem in der Literatur vorzufindenden Vorwurf zuzustimmen, die Schadenshochrechnung begründe eine Beweislastumkehr: Da die Schadenshochrechnung derzeit nicht im Einklang mit den Vorgaben der Strafprozessordnung steht, gerät der Beschuldigte ohne gesetzlichen Schuldnachweis unter Druck, sein Schweigen zur Sache zumindest partiell aufzugeben und sich gegen das Hochrechnungsergebnis zu verteidigen.[383]

Diese Betrachtungsweise vermag jedoch nicht zu überzeugen. Wie gezeigt,[384] steht der jedenfalls indizienähnliche Nachweis des Garantieschadens durch

---

378 EGMR ÖJZ 1995, 509; *Ambos*, in: Radtke/Hohmann, StPO, Art. 6 EMRK Rn. 35; *Grabenwarter/Pabel*, Europäische Menschenrechtskonvention, § 24 Rn. 140; *Barrot*, ZJS 2010, 701; *Satzger*, in: KK StPO, Art. 6 EMRK Rn. 109.

379 *Esser*, in: LR StPO, Bd. 11, Art. 6 EMRK Rn. 467.

380 Vgl. EGMRE 4, 124, 135 ff.

381 *Gollwitzer*, in: Menschenrechte im Strafverfahren: MKR und IPBPR, S. 363; *Esser*, in: LR StPO, Bd. 11, Art. 6 EMRK Rn. 503 m.w.N.; a.A. *Marxen*, Straftatsystem und Strafprozeß, S. 343 ff. Zum Streitstand: *Stuckenberg*, Untersuchungen zur Unschuldsvermutung, S. 84 f.

382 Siehe hierzu S. 199 ff. der vorliegenden Arbeit.

383 Den Aspekt des fehlenden „gesetzlichen" Nachweises betonen vor allem *Salditt*, StV 1990, 151, 152 f.; *Traut*, AusR, 2002, 164, und *Stirner*, Der privatärztliche Abrechnungsbetrug, S. 217.

384 Siehe hierzu S. 140 ff. der vorliegenden Arbeit.

Hochrechnung im Einklang mit den Anforderungen an die Beweisführung, die maßgeblich aus § 261 StPO herzuleiten sind. Zwar vermag das Tatgericht durch die Schadenshochrechnung nicht den wahren Schaden zu ermitteln, sodass es hierdurch seiner Amtsermittlungspflicht aus § 244 Abs. 2 StPO nicht vollständig genügt. Soweit das Tatgericht seiner Amtsermittlungspflicht durch die Schadenshochrechnung jedoch nachkommt, geschieht dies in Übereinstimmung mit den gesetzlichen Vorgaben für das Strafverfahren. Dass das Tatgericht darüber, das heißt über den berechneten Garantieschaden hinaus, seine Amtsermittlungspflicht nicht durch Feststellung des wahren Schadens erfüllt, lässt die prozessordnungsgemäße Ermittlung des berechneten Garantieschadens unberührt. Legt das Tatgericht seinem Urteil den berechneten Garantieschaden zugrunde, so mangelt es diesbezüglich also nicht am gesetzlichen Schuldnachweis im Sinne des Art. 6 Abs. 2 EMRK. Demgemäß verletzt die Schadenshochrechnung die Unschuldsvermutung nicht.[385]

(3) Bewertung bei fehlendem gesetzlichen Nachweis des Garantieschadens

Selbst wenn man aufgrund der Abweichung von den Anforderungen des § 244 Abs. 2 StPO eine prozessordnungswidrige Beweislastumkehr durch die Schadenshochrechnung annehmen wollte, würde dies nach der Ansicht des Europäischen Gerichtshofs für Menschenrechte nur dann eine Verletzung der Unschuldsvermutung im Sinne des Art. 6 Abs. 2 EMRK begründen, wenn es sich bei der Beweislastumkehr um einen schwerwiegenden Verstoß handelt, der das gesamte Verfahren unfair werden lässt.[386] Einzelne Verstöße gegen die Aufklärungspflicht oder die Verwendung eines unzulässigen Beweismittels genügen hierfür nicht.[387]

Hinsichtlich der Schwere des Verstoßes müsste zunächst berücksichtigt werden, dass nach der Rechtsprechung des Europäischen Gerichtshofs für Menschenrechte nicht jede Beweislastumkehr zu einer Verletzung der Unschuldsvermutung aus Art. 6 Abs. 2 EMRK führt. Tatsachen- und Rechtsvermutungen sind in jeder Rechtsordnung anzutreffen und von der Europäischen Menschenrechtskonvention auch im Strafrecht nicht grundsätzlich verboten. Art. 6 Abs. 2 EMRK verlangt dabei allerdings, Tatsachen- und Rechtsvermutungen nur

385 So i.E. auch *Heintz-Koch*, Vertragsärztlicher Abrechnungsbetrug, S. 174 f.; *Schmidt*, medstra 2017, 79, 80.

386 Vgl. EGMRE 4, 124, 135 ff.

387 *Esser*, in: LR StPO, Bd. 11, Art. 6 EMRK Rn. 503.

in angemessenen Grenzen unter Berücksichtigung der betroffenen Rechtsgüter vorzusehen und die Verteidigungsrechte sicherzustellen.[388] Diese Grenzen zieht der Europäische Gerichtshof für Menschenrechte dabei jedoch nicht sonderlich eng. So sah er etwa im Falle der vermuteten „Verantwortlichkeit“ für den Besitz von unerlaubten Betäubungsmitteln ausreichende Verteidigungsmöglichkeiten bereits darin, dass der Beschuldigte strafmildernde Umstände sowie einen Fall „höherer Gewalt“ geltend machen könne.[389]

Im Falle der Schadenshochrechnung könnte an einer ausreichenden Wahrung der Verteidigungsrechte aufgrund der eingeschränkten Möglichkeiten des Beschuldigten gezweifelt werden, sich gegen das Ergebnis der Schadenshochrechnung zu verteidigen.[390] Nach einer in der Literatur anzutreffenden Ansicht sollen nämlich Beweisanträge des Beschuldigten, die sich gegen das Ergebnis der Schadenshochrechnung richten und letztlich auf eine Totalerhebung hinauslaufen würden, als bedeutungslos im Sinne des § 244 Abs. 3 S. 2 Var. 2 StPO abgelehnt werden können.[391] Ebenso soll mit Beweisanträgen verfahren werden können, die auf eine Erweiterung der Stichprobe abzielen.[392] Dies entspricht der wohl herrschenden Ansicht zum Umgang mit Beweisanträgen, die sich gegen das Ergebnis einer nach §§ 40 Abs. 3, 73d Abs. 2, 74c Abs. 3 StGB zulässigen Schätzung richten.[393] Ein solcher Umgang mit den vorbeschriebenen Beweisanträgen

---

388 Zum Ganzen EGMRE 4, 139, 147. *Gaede*, in: MüKo StPO, Bd. 3/2, Art. 6 EMRK Rn. 131 m.w.N. Auch nach der Ansicht des Bundesverfassungsgerichts stehen Beweisvermutungen nicht zwingend im Widerspruch zu rechtsstaatlichen Grundsätzen, vgl. BVerfGE 9, 167. Diese Entscheidung erging allerdings nicht zum Straf-, sondern zum Ordnungswidrigkeitenrecht.

389 EGMRE 4, 139, 147 f.

390 Die Verteidigung gegen das Hochrechnungsergebnis würde den Beschuldigten zu einem kaum leistbaren Aufwand zwingen: Da die fehlerhaften Abrechnungspositionen bei der Schadenshochrechnung nicht individualisiert werden, müsste er die ordnungsgemäße Abrechnung sämtlicher seiner Ansicht nach berechtigt geltend gemachter Positionen unter Beweis stellen.

391 *Schmidt*, medstra 2017, 79, 83 f.; *Hofmann*, StraFo 2003, 70, 76; vgl. auch *Schmitt*, in: Meyer-Goßner/Schmitt, StPO, § 244 Rn. 15a; a.A. *Krause*, StraFo 2002, 249, 254; *Tsambikakis*, medstra 2017, 65, 66. *Hellmann/Herffs*, Der ärztliche Abrechnungsbetrug, Rn. 632, setzen ebenfalls voraus, dass das Gericht solchen Beweisanträgen folgen muss.

392 *Schmidt*, medstra 2017, 79, 83 f.

393 Vgl. hierzu nur *Hellmann*, GA 1997, 503, 512 f.; *Hofmann*, StraFo 2003, 70, 76; *Becker*, in: LR StPO, Bd. 6/1, § 244 Rn. 15; *Tsambikakis*, in: Alsberg/Nüse/Meyer, Der Beweisantrag im Strafprozess, Rn. 1589 m.w.N.; a.A. *Krehl*, in: KK StPO, § 244 Rn. 143.

würde zu einer Bindung des Beschuldigten an das Ergebnis einer fachgerechten Hochrechnung führen: Dem Beschuldigten wäre der Nachweis eines geringeren Schadens über die faktisch mögliche Vernehmung all seiner Patienten selbst dann verwehrt, wenn er sich absolut sicher wäre, dass der von ihm verursachte Vermögensschaden niedriger als der berechnete Garantieschaden ist. Hinsichtlich des Ergebnisses der Schadenshochrechnung verbliebe ihm somit nur, die fachgerechte Berechnung des Garantieschadens anzugreifen.

Die Ablehnung der vorgenannten Beweisanträge als bedeutungslos stellt sich aus Sicht der Befürworter der Schadenshochrechnung als konsequent dar. Hierdurch wird es der Verteidigung unmöglich gemacht, durch gezielte Beweisanträge letztlich doch die Notwendigkeit einer Totalerhebung herbeizuführen, zu der die Tatgerichte angesichts ihrer begrenzten Ressourcen nicht in der Lage wären. Entsprechend würde der Verteidigung hiermit ein Mittel an die Hand gegeben, das Tatgericht entweder zu den Alternativen der Einstellung nach den §§ 154 f. StPO oder einer Verständigung nach § 257c StPO zu zwingen. Soll die Schadenshochrechnung nicht jeglichen praktischen Nutzen einbüßen und ihres Sinnes entleert werden, müssen solche Beweisanträge abgelehnt werden können.

Rechtsdogmatisch erscheint die Ablehnung solcher Beweisanträge als bedeutungslos allerdings zweifelhaft. Zwar ist ein die Strafzumessungsumstände betreffender Beweisantrag aus rechtlichen Gründen bedeutungslos, wenn es sich nicht um bestimmende Umstände im Sinne des § 267 Abs. 3 S. 1 StPO handelt und ihnen das Gericht auch im Übrigen kein Gewicht beimisst, das die Strafe schärfend oder mildernd beeinflussen könnte.[394] Die Schadenshochrechnung erfolgt jedoch gerade zu dem Zweck, der Strafzumessung den berechneten Garantieschaden anstelle des aus der Stichprobe ermittelten Schadens zugrunde zu legen.[395] Anträge, mit denen letztlich ein niedrigerer – oder, bei denkbaren Anträgen der Staatsanwaltschaft, ein höherer – wahrer Schaden behauptet wird, haben damit regelmäßig Einfluss auf die Strafzumessung und können deswegen nicht als bedeutungslos für die Entscheidung des Tatgerichts angesehen werden. Bedeutungslos wären die Beweisanträge nur, wenn diese auf einen nur marginal niedrigeren oder höheren Schaden hinausliefen und das Tatgericht seine Strafzumessung maßgeblich auf die aus Sicht des Bundesgerichtshofs vorrangig zu berücksichtigenden Umstände stützen würde. In diesem Fall wäre die minimale

---

394 *Becker*, in: LR StPO, Bd. 6/1, § 244 Rn. 219; *Trüg/Habetha*, in: MüKo StPO, Bd. 2, § 244 Rn. 254; *Krehl*, in: KK StPO, § 244 Rn. 142; vgl. auch BGHSt 43, 106, 108.

395 Vgl. *Schmidt*, medstra 2017, 79, 81, wonach die Hochrechnung zur hinreichenden Berücksichtigung des Erfolgsunwerts der Tat notwendig sei.

Abweichung der konkreten Schadenshöhe auf die Strafzumessung ohne Einfluss und damit nicht bestimmend im Sinne des § 267 Abs. 3 S. 1 StPO.[396]

Einer abschließenden Klärung der Frage, wie mit gegen das Ergebnis der Schadenshochrechnung gerichteten Beweisanträgen umzugehen ist, bedarf es an dieser Stelle nicht, da sich das Strafverfahren trotz einer etwaigen Antragsablehnung insgesamt nicht als unfair darstellen würde.[397] Einerseits wird die Beweislast dem Beschuldigten nicht voraussetzungslos aufgebürdet. Dies geschieht nur in eng begrenzten Fällen, in denen aus einer stichprobenartigen Beweiserhebung indizienähnlich auf die Zahl der weiteren fehlerhaften Abrechnungspositionen geschlossen werden kann. Im Rahmen dieser teilweisen Beweiserhebung ist eine effektive Verteidigung des Beschuldigten gesichert. Ihm steht es offen, hinsichtlich der Umstände, die die Grundlage der Schadenshochrechnung bilden, umfängliche Beweisanträge zu stellen, die nur nach den allgemeinen Bestimmungen abgelehnt werden dürfen.[398] Hierdurch wird gewährleistet, dass der Beschuldigte maßgeblichen Einfluss auf die Schadenshochrechnung ausüben kann, indem er ihre Basis durch seine Beweisanträge mitgestaltet und deren zutreffende Ermittlung absichert. Daneben stellt sich der Gewinn, den der Beschuldigte mit gegen das Hochrechnungsergebnis gerichteten Anträgen potenziell erzielen könnte, ohnehin als marginal dar. Angesichts des enorm hohen Sicherheitsniveaus des fachgerecht berechneten Garantieschadens und der untergeordneten Bedeutung der exakten Schadenshöhe für die Strafzumessung

---

396 Wollte man solche Beweisanträge ablehnen, so wäre angesichts der zu diesem Merkmal ergangenen Rechtsprechung vorzugsweise auf die Unerreichbarkeit der Beweismittel im Sinne des § 244 Abs. 3 S. 2 Var. 5 StPO abzustellen. Hiernach darf auch die mit der Beweiserhebung verbundene Verfahrensverzögerung sowie die Bedeutung der Sache berücksichtigt werden, vgl. BGH NStZ 1982, 78; 1982, 212; 1993, 50; NJW 2000, 443, 447. Diese Begründung ließe sich mit der Ansicht des Bundesgerichtshofs, die Vernehmung aller Patienten hätte den zeitlichen Rahmen einer dem Gewicht des Anklagevorwurfs entsprechenden Hauptverhandlung gesprengt (BGHSt 36, 320, 328), eher in Einklang bringen.

397 A.A. *Tsambikakis*, medstra 2017, 65, 66, der von einem insgesamt unfairen Verfahren ausgeht, wenn dem Beschuldigten nicht die Möglichkeit bleibt, Beweisanträge bezüglich des Ergebnisses der Schadenshochrechnung zu stellen.

398 Zur Zulässigkeit solcher Anträge: *Krause*, StraFo 2002, 249, 254; *Schmidt*, medstra 2017, 79, 83 f.; *Hofmann*, StraFo 2003, 70, 76. Zum entsprechenden Umgang mit solchen Beweisanträgen bei den gesetzlichen Schätzungsklauseln *Tsambikakis*, in: Alsberg/Nüse/Meyer, Der Beweisantrag im Strafprozess, Rn. 1589 m.w.N.

ist es äußerst unwahrscheinlich, dass eine Totalerhebung zu spürbaren[399] Vorteilen des Beschuldigten im Rechtsfolgenausspruch führen würde.

Aufgrund der hinreichenden Verteidigungsmöglichkeiten des Beschuldigten sowie der untergeordneten Bedeutung der konkreten Schadenshöhe für die Strafzumessung bewirkt die durch die Hochrechnung erfolgende Beweislastumkehr keinen schwerwiegenden Verfahrensverstoß. Das Strafverfahren würde durch die Schadenshochrechnung damit nicht insgesamt unfair, sodass sie keine Verletzung der Unschuldsvermutung im Sinne des Art. 6 Abs. 2 EMRK bedeuten würde, selbst wenn man von einem prozessordnungswidrigen Nachweis des Garantieschadens ausginge.[400]

b. Der weitergehende Gewährleistungsgehalts des Art. 6 Abs. 2 EMRK

Soweit der Gewährleistungsgehalt des Art. 6 Abs. 2 EMRK darüber hinaus auf das Erfordernis einer objektiv nachvollziehbaren Verurteilungsgrundlage erstreckt wird,[401] kann auf die diesbezüglichen Ausführungen zu § 261 StPO verwiesen werden. Hiernach beruht die indizienbeweisähnliche Schadenshochrechnung auf einer objektiv-rational nachvollziehbaren Grundlage und verstößt damit unter diesem Gesichtspunkt nicht gegen Art. 6 Abs. 2 EMRK, sofern aus der erhobene Stichprobe geschlossen werden kann, dass der Beschuldigte über den untersuchten Zeitraum hinweg in erheblichem Umfang fehlerhaft abgerechnet hat.

2. Ergebnis

Die Schadenshochrechnung verstößt nicht gegen den Fair-Trial-Grundsatz. Insbesondere liegt kein Verstoß gegen die Unschuldsvermutung vor, deren Anwendbarkeit auf die Berechnung des Garantieschadens schon fraglich ist, da

---

399 Die Wahrscheinlichkeit einer deutlichen Überschätzung des eingetretenen Schadens ist äußerst niedrig, vgl. *Ruckdeschel/von Ossietzky/Franke/Erlwein-Sayer/Massini*, medstra 2017, 67 Fn. 28, sodass die Strafzumessung bei Zugrundelegung des tatsächlichen Vermögensschadens – wenn überhaupt – nur geringfügig milder ausfiele.

400 Das Bundesverfassungsgericht beschränkt Verletzungen der Unschuldsvermutung nicht auf schwerwiegende Verstöße gegen die Strafprozessordnung. Ginge man von einem prozessordnungswidrigen Nachweis des Garantieschadens aus, wäre die aus dem Rechtsstaatsprinzip abzuleitende Unschuldsvermutung verletzt, soweit der über die erhobene Stichprobe hinaus hochgerechnete Schaden der Verurteilung zugrunde gelegt wird.

401 *Gaede*, in: MüKo StPO, Bd. 3/2, Art. 6 EMRK Rn. 129.

der gesetzliche Schuldnachweis bereits durch die im Rahmen der Stichprobe geprüften Abrechnungspositionen erbracht wird. Jedenfalls aber entspricht der Nachweis des Garantieschadens den gesetzlichen Vorgaben für das Strafverfahren. Sollte man dies aufgrund der in der Regel unvollständigen Aufklärung der Schadenshöhe anders sehen, würde das Strafverfahren durch die Schadenshochrechnung nicht insgesamt unfair: Obgleich Beweisanträge gegen das Hochrechnungsergebnis abzulehnen sein könnten, sind dem Beschuldigten ausreichend Möglichkeiten eingeräumt, sich gegen die Schadenshochrechnung zu verteidigen, etwa mittels gegen deren Grundlagen gerichteter Beweisanträge.

C. Lösungsvorschlag: Ermächtigungsgrundlage für die Schadenshochrechnung

Sieht man von der Anwendung des Chi-Quadrat-Homogenitätstests ab, verstößt die Schadenshochrechnung derzeit allein gegen die Anforderungen des Amtsermittlungsgrundsatzes. Diesen Verstoß könnte der Gesetzgeber möglicherweise beseitigen, indem er eine gesetzliche Grundlage für die Schadenshochrechnung im Strafverfahren schafft und damit die Abweichung von den Vorgaben des § 244 Abs. 2 StPO legitimiert. Im Folgenden wird beleuchtet, ob eine solche Ermächtigungsgrundlage im Einklang mit höherrangigem Recht stünde.

I. Schadenshochrechnung als Verstoß gegen die Menschenwürde

Die Schaffung einer tragfähigen gesetzlichen Grundlage für die Schadenshochrechnung würde von vornherein ausscheiden, wenn es sich bei der damit verbundenen Modifikation bzw. Beschränkung des Amtsermittlungsgrundsatzes um einen Eingriff in die Menschenwürde des Beschuldigten im Sinne des Art. 1 Abs. 1 GG handelt. Eingriffe in die Menschenwürde sind einer Rechtfertigung von vornherein unzugänglich,[402] sodass diese stets eine Verletzung des Art. 1 Abs. 1 GG begründen.[403]

Bereits eingangs der Darstellung des § 244 Abs. 2 StPO wurde die Bedeutung des Amtsermittlungsgrundsatzes für das sich unter anderem aus Art. 1 Abs. 1 GG ableitende Schuldprinzip[404] hervorgehoben: Ohne die Ermittlung des

402 BVerfG NJW 1995, 3303, 3304; 1988, 317, 318; *Hillgruber*, in: BeckOK GG, Art. 1 Rn. 10.

403 Vgl. *Herdegen*, in: Maunz/Dürig, GG, Art. 1 Rn. 73.

404 BVerfG NJW 2009, 2267, 2289; 1997, 929, 932; 1994, 1577, 1579; 1990, 563, 565; zur weiteren Herleitung vgl. *Adam/Schmitt/Schumacher*, NStZ 2017, 7 f.

wahren Sachverhalts lässt sich das materielle Schuldprinzip, aus dem auch das Gebot schuldangemessenen Strafens folgt,[405] nicht verwirklichen. Aufgabe des Tatgerichts ist daher die bestmögliche Ermittlung des wahren Sachverhalts.[406] Diese Funktion der Verwirklichung des Schuldprinzips gilt es an dieser Stelle aufzugreifen, da eine Beschränkung des Amtsermittlungsgrundsatzes gleichzeitig eine Beeinträchtigung des Schuldprinzips und damit einen Verstoß gegen die Menschenwürde des Beschuldigten darstellen könnte. Dieser Gedanke liegt jedenfalls in den Fällen nahe, in denen der Amtsermittlungsgrundsatz zulasten des Beschuldigten modifiziert bzw. eingeschränkt wird.[407]

1. Gefahr schuldunangemessen scharfer Sanktionierung

Der hochgerechnete Garantieschaden liegt durchschnittlich in einem von 200 Fällen über dem wahren Schaden, sodass in diesem Fall der Strafzumessung ein zu hoher, tatsächlich nicht eingetretener Schaden zugrunde gelegt wird. Damit birgt die Schadenshochrechnung die Gefahr, sich von dem Gebot schuldangemessenen Strafens zulasten des Beschuldigten zu entfernen.[408] Zwar dürfen sich die Tatgerichte bei ihrer Strafzumessung innerhalb eines Spielraums bewegen[409]: Da die Verhängung einer punktgenauen Strafe nicht möglich ist, muss sich die ausgeurteilte Strafe lediglich zwischen der unteren schon schuldangemessenen und der oberen noch schuldangemessenen Grenze der Strafe bewegen.[410] Ob eine ausgeurteilte Strafe den derart abgesteckten Rahmen aufgrund der Berücksichtigung des zu hoch berechneten Schadens verlässt, kann jedoch weder abstrakt noch im Einzelfall bestimmt werden.

Eine abstrakte Bestimmung ist von vornherein unmöglich, da die Festlegung der Grenzen des den Tatgerichten eingeräumten Spielraums anhand der

---

405 Vgl. BVerfG NJW 2013, 1058, 1067; *Adam/Schmitt/Schumacher*, NStZ 2017, 7, 11.

406 Vgl. BVerfG NJW 2013, 1058, 1067; 1981, 1719, 1722.

407 Hingegen steht die Unterschreitung der schuldangemessenen Strafe in Konflikt mit dem im Rechtsstaatsprinzip verankerten Gebot der Funktionstüchtigkeit der Rechtspflege, vgl. BVerfG NJW 2013, 1058, 1068, sowie ferner *Adam/Schmitt/Schumacher*, NStZ 2017, 7, 10.

408 Auf diese generelle Gefahr bei der den Schuldumfang betreffenden Schätzung weisen auch *Ott/Bundschuh*, JA 2005, 453, 454, hin.

409 BGHSt 20, 264, 266 f.; 24, 132, 133. Vgl. zur „Spielraumtheorie" zudem die weiteren Nachweise bei *Streng*, in: NK StGB, Bd. 1, § 46 Rn. 97 ff. sowie *Schäfer/Sander/van Gemmeren*, in: Praxis der Strafzumessung, Rn. 828.

410 *Radtke*, in: MüKo StGB, Bd. 2, Vor. § 38 Rn. 60.

jeweiligen Einzeltatschuld, also im Einzelfall erfolgt.[411] Abstrakt lässt sich allein die Formel aufstellen, dass die Gefahr schuldunangemessener Bestrafung umso akuter wird, je weiter der wahre Schaden unterhalb des berechneten Garantieschadens liegt. Dabei gilt es zu beachten, dass die Schadenshöhe nach den Vorgaben des Bundesgerichtshofs nicht der maßgebliche Strafzumessungsfaktor ist. Die zu verhängende Strafe wird in erster Linie durch die aufgewandte kriminelle Energie, das Ausmaß des Vertrauensbruchs und die Dauer des Verhaltens bestimmt.[412] Aufgrund dieser untergeordneten Bedeutung der Schadenshöhe für die Strafzumessung ist nur bei – seltenen[413] – wesentlichen Unterschreitungen des Garantieschadens damit zu rechnen, dass der Rahmen schuldangemessener Strafe zulasten des Beschuldigten verlassen wird.[414]

Ebenso wenig lässt sich die Schuldangemessenheit im konkreten Einzelfall überprüfen, da die wahre Schadenshöhe aufgrund der aufgezeigten faktischen Grenzen der Amtsermittlung in der Praxis nicht ermittelt werden kann bzw. jedenfalls nicht aufgeklärt wird. Verbleibt die wahre Schadenshöhe im Unbekannten, so lässt sich deswegen schon der Rahmen schuldangemessener Strafe nicht bilden. Entsprechend kann nicht festgestellt werden, ob sich die tatsächlich ausgeurteilte Strafe inner- oder außerhalb dieses Rahmens bewegt.

Letztlich lässt sich daher nur davon sprechen, dass die Schadenshochrechnung in durchschnittlich einem von 200 Fällen die Gefahr birgt, dass der dem Tatgericht eröffnete Spielraum bei der Strafzumessung zulasten des Beschuldigen überschritten wird.[415] Die tatsächliche Wahrscheinlichkeit einer schuldunangemessenen Bestrafung dürfte dabei niedriger anzusiedeln sein, da sich die ausgeurteilte Strafe in manchen Fällen zufällig innerhalb des am wahren Schaden bemessenen Strafzumessungsspielraums bewegen wird.

---

411 Vgl. *Radtke*, in: MüKo StGB, Bd. 2, Vor. § 38 Rn. 60.

412 BGHSt 36, 320, 321.

413 Vgl. *Ruckdeschel/von Ossietzky/Franke/Erlwein-Sayer/Massini*, medstra 2017, 67 Fn. 28.

414 *Hancok*, Abrechnungsbetrug durch Vertragsärzte, S. 193, geht daher davon aus, dass sich der hochgerechnete Schaden insgesamt gegenüber dem durch die Stichprobe ermittelten Schaden nicht gravierend auf den Schuldumfang auswirken würde.

415 In den übrigen 199 Fällen besteht indessen die – nicht an Art. 1 Abs. 1 GG, sondern an dem Rechtsstaatsprinzip des Art. 20 Abs. 3 GG zu messende – Gefahr der Unterschreitung der schuldangemessenen Strafe, hierzu siehe S. 221 ff. der vorliegenden Arbeit.

2. Verletzung der Menschenwürde

Die Gefahr der schuldunangemessenen Sanktionierung verletzt den Beschuldigten jedoch nicht zwingend zugleich in seiner Menschenwürde. Sie ist jeglichem Strafverfahren immanent, da sich das Tatgericht aufgrund begrenzter Erkenntnismöglichkeiten niemals eine absolute Gewissheit vom Vorliegen bzw. Umfang der für die Strafzumessung maßgeblichen Tatsachen wird verschaffen können. Dies kommt bereits in der Definition der richterlichen Überzeugung im Sinne des § 261 StPO zum Ausdruck, wonach es keiner absoluten oder mathematischen Gewissheit des Richters von der Schuld bzw. des verwirklichten Schuldumfangs bedarf.[416] Es genügt vielmehr ein nach der Lebenserfahrung ausreichendes Maß an Sicherheit, demgegenüber vernünftige und nicht bloß auf denktheoretischen Möglichkeiten gegründete Zweifel nicht mehr aufkommen.[417] Aus diesem Grund kann ein Verstoß gegen die Menschenwürde des Beschuldigten nicht bei jeglicher Gefahr der schuldunangemessenen Bestrafung zu seinen Lasten vorliegen: Ist die Gefahr dem Bereich des lediglich Denkmöglichen zuzuordnen, so wird sie im Strafverfahren in Kauf genommen. Die bei einer Schadenshochrechnung mit einem Sicherheitsniveau von 99,5 Prozent verbleibenden Zweifel an dem Eintritt eines Vermögensschadens mindestens in Höhe des berechneten Garantieschadens fallen in diesen Bereich des denktheoretisch Möglichen.[418] Dementsprechend bedeutet eine Verurteilung des Beschuldigten auf Grundlage des berechneten Garantieschadens keinen Verstoß gegen die Menschenwürde.

Auch das Bundesverfassungsgericht sieht sich nicht bei jedem Verstoß gegen § 244 StPO zum Eingreifen verpflichtet. Voraussetzung hierfür sei, dass sich das Tat- und gegebenenfalls das Revisionsgericht so weit von der Verpflichtung entfernt haben, in Wahrung der Unschuldsvermutung bei der als Täter in Betracht kommenden Person auch die Gründe, die gegen die mögliche Täterschaft sprechen, wahrzunehmen, aufzuklären und zu erwägen, dass der rationale Charakter der Entscheidung verloren gegangen scheint und sie keine tragfähige Grundlage mehr für die mit einem Schuldspruch einhergehende Freiheitsentziehung sein kann. Dies sei bei einer auf der Einlassung des Beschuldigten beruhenden Schätzung des Schadens nicht der Fall.[419]

416 Vgl. BGH, Urt. v. 06.08.2013 – 1 StR 201/13; *Luig*, Vertragsärztlicher Abrechnungsbetrug und Schadensbestimmung, S. 220 f.; *Miebach*, in: MüKo StPO, Bd. 2, § 261 Rn. 52; *Schmitt*, in: Meyer-Goßner/Schmitt, StPO, § 261 Rn. 2.

417 BGH NStZ 1988, 236, 237; *Schmitt*, in: Meyer-Goßner/Schmitt, StPO, § 261 Rn. 2.

418 Vgl. S. 173 ff.

419 BVerfG, Beschl. v. 20.03.2007 – 2 BvR 162/07 m.w.N.

II. Schadenshochrechnung als Verstoß gegen das Rechtsstaatsprinzip

Die umgekehrt bestehende Möglichkeit der schuldunangemessenen, da zu milden Bestrafung des Beschuldigten steht im Konflikt mit dem Rechtsstaatsprinzip.[420] Das aus diesem folgende Gebot der Funktionstüchtigkeit der Rechtspflege erfordert, dass Straftäter im Rahmen der geltenden Gesetze verfolgt, abgeurteilt und einer gerechten, schuldangemessenen Bestrafung zugeführt werden.[421] Aus dem Rechtsstaatsprinzip folgt, dass sich die Strafe - auch nicht nach unten - von ihrer Bestimmung als gerechtem Schuldausgleich lösen darf.[422] Wie bereits ausgeführt, beeinflusst die verursachte Schadenshöhe den durch einen Abrechnungsbetrug verwirklichten Schuldumfang. Die schuldangemessene Bestrafung erfordert die Kenntnis der wahren Schadenshöhe, die durch die Schadenshochrechnung jedoch nicht in Erfahrung gebracht werden kann. Der wahre Schaden wird vielmehr im Regelfall - und dabei zum Teil weit - über dem berechneten Garantieschaden liegen, sodass die Schadenshochrechnung die Gefahr der schuldunangemessenen, da zu milden Bestrafung birgt. Dies führt dazu, dass der staatliche Strafanspruch bei einer Verurteilung, die auf einer Schadenshochrechnung basiert, in der überwiegenden Zahl der Fälle nicht vollständig durchgesetzt wird.

Indessen zwingt das Rechtsstaatsprinzip nicht in jedem Fall zur vollständigen Durchsetzung des staatlichen Strafanspruchs. Das Bundesverfassungsgericht erkennt fest zu umgrenzende und legitimationsbedürftige Ausnahmen an: Der Gesetzgeber dürfe den Strafverfolgungsbehörden die Möglichkeit zum Absehen von der Verfolgung etwa in Fällen geringfügiger Kriminalität einräumen, in denen der Rechtsfrieden nicht ernsthaft beeinträchtigt und eine Kriminalstrafe zum Schuldausgleich nicht zwingend geboten ist, sodass ein öffentliches Interesse an einem Schuldspruch nicht besteht oder durch die Erfüllung von Auflagen oder Weisungen beseitigt werden kann.[423] Zwar kann der systematische Abrechnungsbetrug nicht dem Feld der geringfügigen Kriminalität zugeordnet werden,

420 *Fischer*, StraFo 2012, 429, 432, weist insoweit auf die Gefahr hin, dass Schätzungen in Form von Mindestfeststellungen aus Sicht des Opfers nicht stets zur Schaffung von Rechtsfrieden geeignet seien, da sie oftmals aufgrund der stetigen Anwendung des Zweifelssatzes das Ausmaß der begangenen Straftat(en) nicht vollständig aufzeigen würden.

421 Vgl. BVerfG NJW 2013, 1058, 1060.

422 BGH NJW 2005, 1442.

423 BVerfG NJW 2013, 1058, 1067 f.

da dieser aufgrund des hiermit verbundenen schwerwiegenden Vertrauensbruchs regelmäßig mit empfindlicher Freiheitsstrafe zu ahnden ist.[424] Dennoch wird die vollständige Durchsetzung des Strafanspruchs unter Berücksichtigung des wahren Schadens nicht zwingend geboten sein. Dies folgt zunächst aus der nur begrenzten Relevanz der Schadenshöhe für die Strafzumessung, für die in erster Linie die aufgewandte kriminelle Energie, das Ausmaß des Vertrauensbruchs und die Dauer des Verhaltens maßgeblich ist. Lässt sich durch die erhobenen Stichproben nachweisen, dass der Beschuldigte über mehrere Quartale oder gar Jahre systematisch Abrechnungsbetrug begangen hat, so erhält die ausgeurteilte Strafe ihre wesentliche Prägung durch andere Faktoren als die Schadenshöhe. Des Weiteren würde die Ermittlung des über den Garantieschaden hinaus eingetretenen Schadens die Überprüfung sämtlicher Abrechnungspositionen erfordern. Aufgrund der hiermit verbundenen Notwendigkeit der Vernehmung aller vom Beschuldigten behandelten, teils mehreren tausend Patienten würde dies eine erhebliche Verlängerung des Strafverfahrens bedingen. Die lange Verfahrensdauer stellt ihrerseits einen Umstand dar, der bei der Strafzumessung – nicht nur im Falle einer rechtsstaatswidrigen Verzögerung – mildernd zu berücksichtigen ist.[425] Die Ermittlung des wahren Schadens würde daher allenfalls zu einer marginalen Erhöhung der Strafe führen. Folglich wird der Verzicht auf die Ermittlung des wahren, über den berechneten Garantieschaden hinausgehenden Vermögensschadens bei der Strafzumessung nicht merklich ins Gewicht fallen. Aufgrund der vergleichsweise geringen Bedeutung der Schadenshöhe für die Strafzumessung lässt sich damit der Gedanke des § 154a Abs. 1 S. 1 Nr. 1 StPO fruchtbar machen.[426] Dieser erlaubt, das Verfahren aus prozessökonomischen

---

424 *Hellmann/Herffs*, Der ärztliche Abrechnungsbetrug, Rn. 638; vgl. auch BGH wistra 1992, 253, 255; 1992, 296 m.w.N. Selbstverständlich sind stets die Besonderheiten der Tat und der Persönlichkeit des Täters in die gebotene Gesamtwürdigung einzubeziehen, BGH wistra 1993, 300.

425 BGH NStZ 2011, 651; *Schäfer/Sander/van Gemmeren*, in: Praxis der Strafzumessung, Rn. 745; *Miebach/Maier*, in: MüKo StGB, Bd. 1, § 46 Rn. 315 ff.; *Kinzig*, in: Schönke/Schröder, StGB, § 46 Rn. 57a m.w.N.

426 Die direkte Anwendung scheitert bereits aus formalen Gründen. Nach der Rechtsprechung erfordert die Anwendung des § 154a StPO die positive Bezeichnung der ausgeschiedenen Tatteile bzw. Strafbestimmungen, BGH NStZ-RR 2012, 50, 51; vgl. auch BGH NStZ 1981, 23; zustimmend *Teßmer*, in: MüKo StPO, Bd. 2, § 154a Rn. 24; *Weßlau/Deiters*, in: SK StPO, Bd. III, § 154a Rn. 21 sowie *Beukelmann*, in: BeckOK StPO, § 154a Rn. 7, der selbst einen spiegelbildlichen Ausschluss des ausgeschiedenen Stoffes als unzureichend ansieht. Bei der Schadenshochrechnung bleibt indessen unklar, welche über die Stichprobe hinausgehenden Abrechnungspositionen konkret fehlerhaft

Gründen auf die wesentlichen Teile, das heißt die wesentlichen Taten bzw. Teile, einer Tat zu konzentrieren,[427] wenn einzelne abtrennbare Teile für die zu erwartende Strafe nicht beträchtlich ins Gewicht fallen.

Daneben entspräche das Absehen von der Totalerhebung auch dem hinter §§ 154a Abs. 1 S. 2, 154 Abs. 1 Nr. 2 StPO stehenden Gedanken. Hiernach kann die Verfolgung aus prozessökonomischen Erwägungen[428] beschränkt werden, wenn ein Urteil wegen der auszuscheidenden Teile der Tat in angemessener Frist nicht zu erwarten ist und eine Strafe, die der Beschuldigte wegen einzelnen Teilen einer Tat zu erwarten hat, zur Einwirkung auf den Täter und zur Verteidigung der Rechtsordnung ausreichend erscheint. Der erheblichen Verfahrensdauer stünde, wie gezeigt, ein Erkenntnisgewinn von nur begrenzter Relevanz für die Strafzumessung gegenüber. Die durch die Ausermittlung sämtlicher Abrechnungspositionen ermöglichte Verhängung einer geringfügig erhöhten Strafe erscheint dabei weder zur Einwirkung auf den Täter noch zur Verteidigung der Rechtsordnung erforderlich.

An der aufwendigen Ermittlung des wahren Schadens zur vollständigen Durchsetzung des staatlichen Strafanspruchs besteht daher kein öffentliches Interesse. Das aus dem Rechtsstaatsprinzip abgeleitete Gebot einer funktionstüchtigen Rechtspflege zwingt nicht zur Ermittlung des wahren Schadens. Es stünde damit dem Erlass eines die Schadenshochrechnung erlaubenden Gesetzes nicht entgegen.

III. Ergebnis

Derzeit weicht das Tatgericht zwar ohne gesetzliche Grundlage von den Anforderungen des Amtsermittlungsgrundsatzes ab. Diese Abweichung ließe sich durch Erlass eines die Schadenshochrechnung im Strafverfahren erlaubenden Gesetzes jedoch legitimieren. Der Schaffung einer solchen gesetzlichen Grundlage stünde der verfassungsrechtliche Hintergrund des Amtsermittlungsgrundsatzes in Gestalt der Art. 1 Abs. 1 GG und Art. 20 Abs. 3 GG nicht entgegen: Die Gefahr der schuldunangemessenen, da zu scharfen Bestrafung bei einer Schadenshochrechnung besteht nur in dem Ausmaß, das auch sonst im Strafrecht

---

sind und damit durch eine Beschränkung nach § 154a StPO ausgeschieden würden bzw. welche Abrechnungspositionen weiterhin den Gegenstand des Verfahrens bilden. Zur Anwendung der §§ 154 f. StPO siehe auch S. 102 ff. der vorliegenden Arbeit.

427 Vgl. *Wenner*, Die Aufklärungspflicht gem. § 244 Abs. 2 StPO, S. 97.

428 *Pott*, Die Außerkraftsetzung der Legalität durch das Opportunitätsdenken in den Vorschriften der §§ 154, 154a StPO, S. 49 ff.

in Kauf genommen wird. Demgegenüber lässt sich das Risiko einer schuldunangemessenen, da zu milden Sanktionierung über den Rechtsgedanken rechtfertigen, der den §§ 154 f. StPO zugrunde liegt.

Viertes Kapitel: Schadenshochrechnung beim privatärztlichen Abrechnungsbetrug

Massenhafter Abrechnungsbetrug ist kein exklusives Phänomen des vertragsärztlichen Bereichs. Teilweise beschäftigen die Straverfolgungsbehörden ebenso Fälle, in denen Priavtärzte bestimmte Behandlungsleistungen in erheblichem Umfang unberechtigt abgerechnet haben sollen. Blendet man die Verletzung des Amtsermittlungsgrundsatzes durch die Schadenshochrechnung aus und erkennt mit dem Bundesgerichtshof die Zulässigkeit dieser Vorgehensweise für den vertragsärztlichen Bereich an, so stellt sich daher die Frage, ob sich auch der durch privatärztlichen Abrechnungsbetrug verursachte Vermögensschaden mittels Hochrechnung quantifzieren ließe.

Die Untersuchung der Übertragbarkeit der Schadenshochrechnung auf den privatärztlichen Bereich erfordert die Kenntnis der wesentlichen Grundlagen des Systems der privaten Krankenversicherung sowie der strafrechtlichen Würdigung von Abrechnungsmanipulationen als Betrug im Sinne des § 263 Abs. 1 StGB. Die folgende Darstellung soll lediglich einen Überblick über die Grundlagen schaffen, die für die Übertragbarkeit maßgeblich sind.

A. Die private Krankenversicherung

I. Die Beteiligten in der privaten Krankenversicherung

Die Rechtsverhältnisse zwischen dem Versicherungsnehmer und der privaten Krankenversicherung sind vornehmlich durch das Versicherungsvertragsgesetz – dort insbesondere §§ 192 ff. VVG – determiniert.[1] Die Versicherungsverträge in der privaten Krankenversicherung sind zivilrechtliche Verträge, sodass daneben das Bürgerliche Gesetzbuch gilt.[2]

Wie auch sonst im Zivilrecht beansprucht der Grundsatz der Vertragsfreiheit Geltung, sodass Versicherungsnehmer und -geber die Vertragsbedingungen grundsätzlich individuell vereinbaren können, sofern das gewählte Leistungsspektrum mindestens eine Kostenerstattung für ambulante und stationäre

---

1 Vgl. *Gercke/Leimenstoll/Stirner*, Handbuch Medizinstrafrecht, Rn. 693.

2 *Eichelberger*, in: Spickhoff, Medizinrecht, Vor. Kap. 8 Rn. 8.

Heilbehandlung umfasst, vgl. § 193 Abs. 3 S. 1 VVG. Die nähere Ausformung des Inhalts der Versicherungen erfolgt durch die Allgemeinen Versicherungsbedingungen (AVB), die einzelnen Tarife und Tarifbedingungen der Versicherungsunternehmen sowie der von ihnen angebotenen Produkte.[3]

Über die Behandlung schließen der privat Versicherte und der Arzt ebenso wie in der gesetzlichen Krankenversicherung einen Behandlungsvertrag im Sinne des § 630a BGB.[4] Im Gegensatz zu der gesetzlichen Krankenversicherung erhält der Versicherungsnehmer jedoch grundsätzlich keinen Sachleistungsanspruch gegen seine Versicherung; bis heute ist vielmehr der Kostenerstattungsanspruch charakteristisch für die private Krankenversicherung.[5] Dementsprechend ist der privat Versicherte selbst sowohl der Schuldner des Vergütungsanspruchs des Arztes aus dem Behandlungsvertrag als auch der unmittelbare Rechnungsempfänger.[6] Die Kosten für die von ihm für notwendig erachteten Behandlungsleistungen muss er zunächst vorfinanzieren. Je nach der getroffenen Vereinbarung erstattet ihm seine Versicherung anschließend die angefallenen Kosten vollständig oder teilweise.[7]

3 *Eichelberger*, in: Spickhoff, Medizinrecht, Vor. Kap. 8 Rn. 6.

4 *Gercke/Leimenstoll/Stirner*, Handbuch Medizinstrafrecht, Rn. 692.

5 *Sodan*, in: Sodan, Handbuch des Krankenversicherungsrechts, § 1 Rn. 31; *Gercke/Leimenstoll/Stirner*, Handbuch Medizinstrafrecht, Rn. 693. Anders ist dies allerdings im Falle von Krankenhausbehandlungen.

6 *Gercke/Leimenstoll/Stirner*, Handbuch Medizinstrafrecht, Rn. 692.

7 *Grzesiek*, Wirtschaftsdelikte im Vertrags- und Privatarztsektor, S. 37.

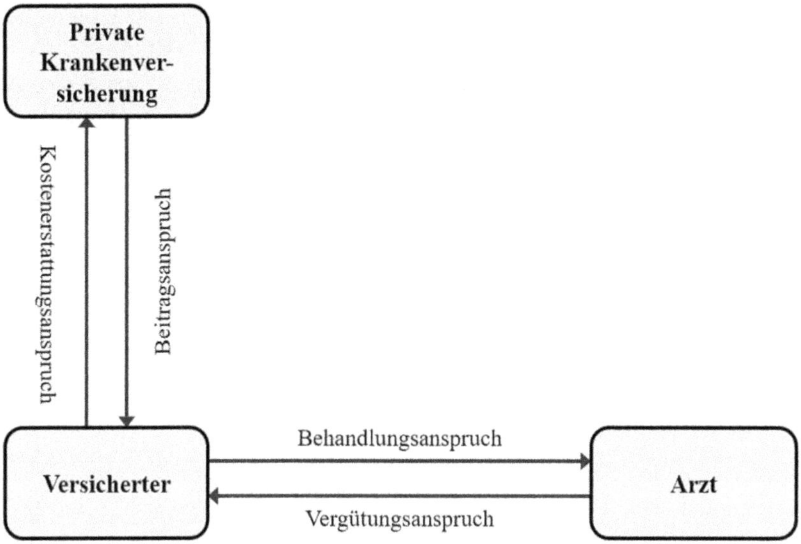

Skizze: Das Dreieck der privaten Krankenversicherung

II. Die privatärztliche Vergütung

Die Vergütungen für die beruflichen Leistungen des Arztes bestimmt sich nach der Gebührenordnung für Ärzte, § 1 Abs. 1 GOÄ. Zwar darf der liquidierende Arzt gemäß § 5 Abs. 2 GOÄ bei der Rechnungsstellung seine Leistungen unter Berücksichtigung der Schwierigkeit und des Zeitaufwandes der einzelnen Leistung sowie der Umstände bei der Ausführung nach billigem Ermessen bestimmen. Die Höhe der einzelnen Gebühr ist allerdings durch einen Bewertungsrahmen festgelegt.[8] Gebühren kann der Arzt nur für die in der Anlage „Gebührenverzeichnis für ärztliche Leistungen" genannten Behandlungen verlangen. Die dort festgehaltenen Positionen sind jeweils mit einer Punktzahl versehen, deren Multiplikation mit dem Punktwert[9] den (einfachen) Gebührensatz hinsichtlich der erbrachten Leistung ergibt. Die Gebühr bestimmt sich gemäß § 5 Abs. 1 S. 1 GOÄ grundsätzlich nach dem Einfachen bis Dreieinhalbfachen des Gebührensatzes (sogenannter Steigerungssatz). Der durchschnittliche Steigerungssatz liegt bei 2,3.[10] Ein Überschreiten dieses Gebührensatzes ist nur

8 *Grzesiek*, Wirtschaftsdelikte im Vertrags- und Privatarztsektor, S. 38.
9 Dieser beträgt gemäß § 5 Abs. 1 S. 3 GOÄ 5,82873 Cent.
10 *Grzesiek*, Wirtschaftsdelikte im Vertrags- und Privatarztsektor, S. 39.

zulässig, wenn Besonderheiten – wie ein hoher Schwierigkeitsgrad oder außergewöhnlicher Zeitaufwand – dies rechtfertigen, § 5 Abs. 2 S. 3 GOÄ.

Unter den Voraussetzungen des § 2 GOÄ können der privat Versicherte und der Arzt durch Vereinbarung eine von der Gebührenordnung abweichende Gebührenhöhe festlegen. Da die Vereinbarung eines abweichenden Punktwerts oder einer abweichenden Punktzahl nach § 2 Abs. 1 S. 2 GOÄ unzulässig ist, dürfen die Parteien lediglich einen höheren Steigerungssatz vereinbaren.[11]

Im Gegensatz zum Einheitlichen Bewertungsmaßstab erlaubt die Gebührenordnung für Ärzte die analoge Abrechnung von selbständigen ärztlichen Leistungen, die in das Gebührenverzeichnis nicht aufgenommen sind, § 6 Abs. 2 GOÄ.

B. Abrechnungsmanipulationen als Betrug gemäß § 263 Abs. 1 StGB

Die vorstehenden Besonderheiten in der Struktur und hinsichtlich der Abrechnungsmodalitäten der privaten Krankenversicherung schlagen sich in der strafrechtlichen Bewertung von Abrechnungsmanipulationen nieder. Dies wird nachfolgend am Beispiel der Abrechnung von sogenannten Luftleistungen, also tatsächlich nicht bzw. nicht vollständig erbrachter Behandlungsleistungen, veranschaulicht.[12]

I. Täuschung

Anders als bei der gesetzlichen Krankenversicherung liquidiert der Arzt regelmäßig unmittelbar gegenüber dem privat Versicherten, indem er diesem eine Rechnung ausstellt. Führt der Arzt auf seiner Rechnung Leistungen an, die er tatsächlich nicht oder nicht vollständig erbracht hat, täuscht er den Patienten (konkludent) über die Erbringung der aufgeführten Leistungen.[13] Im Vergleich zum vertragsärztlichen Bereich ergeben sich insoweit keine Besonderheiten.[14]

---

11 Vgl. *Spickhoff*, in: Spickhoff, Medizinrecht, § 2 GOÄ Rn. 3.

12 Zu weiteren Fallkonstellationen siehe etwa *Grzesiek*, Wirtschaftsdelikte im Vertrags- und Privatarztsektor, S. 168 ff.; *Gercke/Leimenstoll/Stirner*, Handbuch Medizinstrafrecht, Rn. 767 ff.

13 *Schuhr*, in: Spickhoff, Medizinrecht, § 263 StGB Rn. 16; vgl. auch OLG Hamm NStZ 1997, 130, 131.

14 *Gercke/Leimenstoll/Stirner*, Handbuch Medizinstrafrecht, Rn. 767; vgl. auch BGH NJW 2012, 1377.

II. Irrtum

Die Leistung begleicht der privat Versicherte in der Regel selbst. Für die Verwirklichung des Betrugstatbestands ist daher maßgeblich, ob der Patient infolge der fehlerhaften Rechnung einem Irrtum unterliegt. Hierfür ist nicht erforderlich, dass sich der Adressat einer auf der Gebührenordnung basierenden Abrechnung eine konkrete Vorstellung über die Berechnung und die in Ansatz gebrachten Bemessungsgrundlagen macht. Entscheidend - aber auch ausreichend - ist das gedankliche Mitbewusstsein über die Ordnungsgemäßheit der Rechnungsstellung, sei es nur als allgemein gehaltene Vorstellung, die Abrechnung sei in Ordnung.[15] Den Patienten fehlt es regelmäßig an eigenen Fachkenntnissen zur Überprüfung der gestellten Rechnung, sodass sie auf die Ordnungsgemäßheit der Rechnung vertrauen und dementsprechend einem Irrtum unterliegen.[16]

III. Vermögensverfügung

Die Subsumtion unter das ungeschriebene Tatbestandsmerkmal der (irrtumsbedingten) Vermögensverfügung bereitet anders als im Falle der gesetzlichen Krankenversicherung[17] keinerlei Schwierigkeiten: Indem der privat Versicherte die ihm gestellte Rechnung begleicht, verfügt er über sein Vermögen.[18]

IV. Vermögensschaden

Ebenso unschwer gestaltet sich die Prüfung des Vermögensschadens, da der Patient für die von ihm erbrachte Zahlung keinen kompensierenden Gegenwert erhält. Nach dem Prinzip der Gesamtsaldierung tritt daher ein Vermögensschaden in voller Höhe der geleisteten Zahlung ein, ohne dass es in der hiesigen Konstellation auf die Grundsätze der formalen Betrachtungsweise ankäme, die der Bundesgerichtshof[19] auf den privatärztlichen Bereich ausgedehnt hat. Unbeachtlich ist bei der Schadensermittlung, dass die private Krankenversicherung dem Patienten die ihm entstandenen Kosten erstattet. Diese Kostenerstattung

---

15 BGH NJW 2012, 1377, 1382.

16 BGH NJW 2012, 1377, 1382; *Grzesiek*, Wirtschaftsdelikte im Vertrags- und Privatarztsektor, S. 166; kritisch *Tsambikakis/Kessler*, in: Prütting, Medizinrecht, § 263 StGB Rn. 35.

17 Hierzu siehe S. 54 ff.

18 *Gercke/Leimenstoll/Stirner*, Handbuch Medizinstrafrecht, Rn. 842; vgl. auch BGH NJW 2012, 1377, 1382 f.

19 BGH NJW 2012, 1377; kritisch *Saliger/Tsambikakis*, MedR 2013, 284.

beruht nicht unmittelbar auf der Vermögensverfügung und darf daher nicht in die Gesamtsaldierung miteingestellt werden. Es handelt sich lediglich um eine nachträgliche Schadensbeseitigung.[20]

V. Vorsatz und Bereicherungsabsicht

Stellt der Arzt seine Rechnung in Kenntnis der nicht erfolgten Leistungserbringung, wird regelmäßig von einem vorsätzlichen Handeln mit der Absicht der rechtswidrigen Bereicherung auszugehen sein.[21]

VI. Zwischenergebnis

Die bewusste Abrechnung fingierter Leistungen verwirklicht regelmäßig einen Betrug gegenüber und zulasten des privat versicherten Patienten.

C. Zulässigkeit der Schadenshochrechnung

Das Ausmaß der Unterschiede gegenüber der strafrechtlichen Bewertung der Abrechnung von Luftleistungen in der gesetzlichen Krankenversicherung erscheint begrenzt. Besonderheiten bestehen hauptsächlich hinsichtlich der Person des Geschädigten.[22] Diese gering anmutenden Unterschiede könnten die Erwägung stützen, den durch privatärztlichen Abrechnungsbetrug verursachten Vermögensschaden mittels Hochrechnung zu quantifizieren.

Bestehen Anhaltspunkte für die massenhafte Abrechnung einer bestimmten Luftleistung, könnte eine Schadenshochrechnung methodisch grob wie folgt ablaufen: Strafverfolgungsbehörden könnten zunächst den Zeitraum eingrenzen, der von den Abrechnungsmanipulationen wahrscheinlich betroffen ist. Aus der Gesamtzahl der in diesem Zeitraum abgerechneten Leistungen wäre sodann eine repräsentative Zufallsstichprobe zu erheben. Durch deren Auswertung ließe sich der Beanstandungsanteil für die untersuchte Behandlungsleistung ermitteln, der sodann unter Anlegung des auch im vertragsärztlichen Bereich angewendeten Sicherheitsniveaus von 99,5 Prozent auf die Beanstandungsquote hochgerechnet werden könnte.[23] Die Beanstandungsquote würde in einem letzten Schritt ihrerseits als Basis für die Berechnung des Gesamtschadens dienen.

---

20 *Gercke/Leimenstoll/Stirner*, Handbuch Medizinstrafrecht, Rn. 869.

21 Vgl. *Grzesiek*, Wirtschaftsdelikte im Vertrags- und Privatarztsektor, S. 168.

22 Vgl. *Gercke/Leimenstoll/Stirner*, Handbuch Medizinstrafrecht, Rn. 726 f.

23 Die Überprüfung der Homogenität erübrigt sich dabei schon deswegen, weil im Gegensatz zum vertragsärztlichen Abrechnungsbetrug nicht mehrere Zeiträume (Quartale)

Bei den einzelnen Schritten einer solchen Schadenshochrechnung wären allerdings die strukturellen Unterschiede zwischen der privaten und gesetzlichen Krankenversicherung zu beachten. Deren Auswirkungen werden nachfolgend beleuchtet.

I. Irrtumsfeststellung

Ausgangspunkt ist die folgende Feststellung: Der Vertragsarzt richtet seine Quartalsabrechnung an die für ihn zuständige Kassenärztliche Vereinigung, wo sie von einem Sachbearbeiter bzw. einem überschaubaren Kreis an Sachbearbeitern geprüft wird. Die Person des Täuschungsadressaten beschränkt sich auf diesen Bearbeiter, sodass lediglich festgestellt werden muss, ob dieser einem Irrtum unterlag. Der privat liquidierende Arzt stellt seine Rechnungen hingegen unmittelbar an seine einzelnen Patienten. Steht der Vorwurf eines massenhaften Abrechnungsbetrugs im Raum, ist es also erforderlich, hinsichtlich jedes einzelnen der zahlreichen Rechnungsempfänger einen täuschungsbedingten Irrtum festzustellen. Müsste hierfür das individuelle Vorstellungsbild aller Rechnungsempfänger durch deren Vernehmung untersucht werden, würde sich der prozessökomonische Effekt einer Schadenshochrechnung im Sande verlaufen und sich dieselbe bereits aus praktischen Erwägungen erübrigen. Es stellt sich daher die Frage, ob die Hochrechnung nicht nur auf die objektive Größe des Vermögensschadens, sondern daneben auch auf die durch die Stichprobe gewonnene Irrtumsquote erstreckt werden darf.

Der Bundesgerichtshof[24] setzt die Anforderungen an Irrtumsfeststellung insgesamt niedrig an.[25] Nach seiner Ansicht verlangt der Amtsermittlungsgrundsatz nicht stets, dass sämtliche Geschädigten vernommen werden: Im Bereich gleichförmiger, massenhafter oder routinemäßiger Geschäfte, die von selbstverständlichen Erwartungen geprägt sind, könne der Tatrichter befugt sein, auf die täuschungsbedingte Fehlvorstellung auf der Grundlage eines sachgedanklichen Mitbewusstseins indiziell zu schließen, wobei er dies im Urteil darzulegen habe. Ist das Vorstellungsbild des Verfügenden normativ geprägt, könne bei einem Tatvorwurf, dem zahlreiche Einzelfälle zu Grunde liegen, die Vernehmung weniger Zeugen ausreichen. Belegen deren Angaben das Vorliegen eines Irrtums

betroffen sind, sondern lediglich ein Zeitraum gebildet wird. Dementsprechend wird lediglich eine Stichprobe erhoben.

24 Vgl. u.a. BGH NStZ 2009, 506; 2014, 459; 2015, 98; 2019, 40.

25 Zum Umgang des Bundesgerichtshofs mit der Irrtumsfeststellung in Massenbetrugsfällen vgl. *Peters*, StraFo 2019, 186.

in den sie betreffenden Fällen, könne auf die Erregung eines Irrtums auch bei anderen Verfügenden geschlossen werden. In komplexeren Fällen sei es hingegen regelmäßig erforderlich, die betreffenden Personen über ihr tatrelevantes Vorstellungsbild als Zeugen zu vernehmen sowie deren Bekundungen im Urteil mitzuteilen und zu würdigen.[26]

Nach Ansicht des Bundesgerichtshofs beschränkt sich die Vorstellung der üblicherweise selbst nicht fachkundigen Patienten bei Erhalt der Rechnung regelmäßig auf das gedankliche Mitbewusstsein darüber, dass die Abrechnung in Ordnung sei. Dies könne selbst bei der Abrechnung nicht erbrachter Leistungen der Fall sein.[27] Die Übertragung der Figur des sachgedanklichen Mitbewusstseins auf den privatärztlichen Bereich hat zwar berechtigte Kritik erfahren.[28] Folgt man in dieser Hinsicht jedoch dem Bundesgerichtshof und akzeptiert die denkbar geringen Anforderungen an die Feststellung des Irrtums, so ließe sich mittels der Vernehmung der Patienten aus der Stichprobe auf den Irrtum der weiteren Rechnungsempfänger schließen. Dies gilt jedenfalls dem Grunde nach, da die tatrichterliche Feststellung des Irrtums – auch nach der Rechtsprechung des Bundesgerichtshofs[29] – Frage des Einzelfalls bleibt.

Die Notwendigkeit, den Irrtum der individuellen Rechnungsempfänger festzustellen, die nicht im Zuge der Stichprobenerhebung vernommen werden, schließt die Übertragung der Schadenshochrechnung auf den privatärztlichen Bereich damit jedenfalls nach den diesbezüglichen Maßstäben des Bundesgerichtshofs nicht von vornherein aus.

II. Grenzen der Rechtskraft

Eng verbunden mit den unterschiedlichen Täuschungsadressaten ist allerdings eine weitere Besonderheit des privatärztlichen Abrechnungsbetrugs, die einer Schadenshochrechnung entgegenstehen könnte. Anders als bei der vertragsärztlichen Abrechnung werden die einzelnen Behandlungsleistungen nicht am Quartalsende in einer Sammelerklärung zusammengefasst, sondern für jeden Patienten und jede Behandlung separat abgerechnet. Hieraus ergeben sich

---

26 BGH NStZ 2014, 459, 460 m.w.N.; zu einer Schätzung der Irrtumsquote vgl. LG Osnabrück BeckRS 2013, 16307 sowie nachfolgend BGH NStZ 2015, 158, 159; kritisch dazu *Peters*, StraFo 2019, 186, 188.

27 BGH NJW 2012, 1377, 1382.

28 *Tsambikakis/Kessler*, in: Prütting, Medizinrecht, § 263 StGB Rn. 35; *Gercke/Leimenstoll/Stirner*, Handbuch Medizinstrafrecht, Rn. 837.

29 Vgl. BGH NJW 2012, 1377, 1382; NStZ 2014, 459, 460.

Unterschiede bei der Bildung der prozessualen Tat: Während die prozessuale Tat beim vertragsärztlichen Abrechnungsbetrug in der Einreichung der Sammelerklärung am Quartalsende liegt,[30] begeht der privat liquidierende Arzt mit der Abrechnung jeder einzelnen Behandlung eine eigene prozessuale Tat.[31]

Die Schadenshochrechnung im privatärztlichen Bereich bliebe nicht ohne Folgen für die Individualisierung der einzelnen prozessualen Taten. Denn so wie bei der Schadenshochrechnung im vertragsärztlichen Bereich unklar bleibt, welche über die Stichprobe hinausgehenden Abrechnungspositionen konkret fehlerhaft sind, bliebe bei der Schadenshochrechnung im privatärztlichen Bereich offen, gegenüber welchen Patienten Luftleistungen und gegenüber welchen Patienten nur die tatsächlich auch erbrachten Leistungen abgerechnet wurden. Diese Unklarheiten sind im vertragsärztlichen Bereich verkraftbar: Wie auch der vierte Strafsenat in seiner Grundsatzentscheidung hervorhob, hat die Schadenshochrechnung dort keine Bedeutung für die Grenzen der Rechtskraft des Urteils, sondern dient alleine der Rechtsfolgenbemessung.[32] Anders ist dies im privatärztlichen Bereich, wo zur Bestimmung der Grenzen der Rechtskraft die einzelnen fehlerhaften Rechnungen individualisiert werden müssten. Diese Individualisierung ist jedoch mit einer Hochrechnung nicht zu erreichen.

Um die Grenzen der Rechtskraft dennoch zu umreißen, könnten die Strafverfolgungsbehörden allenfalls sämtliche Abrechnungen aus dem für die Hochrechnung gebildeten Zeitraum unabhängig davon anklagen, ob diese berechtigte oder unberechtigte Behandlungsleistungen enthalten. Das Tatgericht müsste den Angeklagten sodann wegen der hochgerechneten Zahl fehlerhafter Abrechnungen verurteilen und im Übrigen freisprechen. Die Fragwürdigkeit eines solchen Vorgehens, namentlich der bewussten Anklage auch nicht strafbarer Vorgänge, drängt sich selbst dem unbefangenen Betrachter auf. Eine solche Vorgehensweise würde gegen § 170 Abs. 1 StPO verstoßen, der für eine Anklage verlangt, dass der Beschuldigte der Tat hinreichend verdächtig ist.

Die Schadenshochrechnung im privatärztlichen Bereich stünde zudem in Widerspruch zu dem vom Bundesgerichtshof[33] aufgestellten Postulat, wonach die Schätzung der Schadenshöhe erst dann zulässig ist, wenn der Tatrichter zu

---

30 BGHSt 36, 320, 321; *Schuhr*, in: Spickhoff, Medizinrecht, § 263 StGB Rn. 81.

31 *Schuhr*, in: Spickhoff, Medizinrecht, § 263 StGB Rn. 81.

32 BGHSt 36, 320, 327.

33 Vgl. BGH NStZ 1993, 40, 41, wobei auf BGHSt 36, 320 verwiesen wird. Zur Ableitung dieses Trennungsgebots aus der Entscheidung s. *Otte*, Schätzungen im Rahmen der Schuldfeststellung, S. 163 ff.

der Überzeugung gekommen ist, dass ein Schaden überhaupt entstanden ist. Der Grundsatzentscheidung des vierten Strafsenats entnimmt auch die Literatur das Verbot, Schätzungen zur Feststellung der Schuld als solcher vorzunehmen. Zulässig sei die Schätzung allenfalls zur Rechtsfolgenbestimmung.[34] Bei der Schadenshochrechnung im privatärztlichen Bereich würde der Schuldnachweis hinsichtlich der nicht in die Stichprobe fallenden Abrechnungen bzw. Taten indes ausschließlich durch die Hochrechnung geführt, da der Eintritt eines Schadens als solcher nicht anderweitig festgestellt würde.

Der durch privatärztlichen Abrechnungsbetrug verursachte Vermögensschaden darf daher nicht durch Hochrechnung ermittelt werden.

III. Unterschiedliche Leistungsvergütung

Selbst wenn man diese dogmatischen Bedenken ausblenden wollte, würden sich oftmals praktische Schwierigkeiten bei der Hochrechnung eröffnen. Diese gehen einerseits auf das Ermessen zurück, das § 5 Abs. 2 S. 1 GOÄ dem Arzt bei der Bestimmung der Gebührenhöhe einräumt. Hinzu kommt, dass der Arzt mit seinem Patienten gemäß § 2 GOÄ abweichende Honorarvereinbarungen treffen kann. Macht der Arzt von der ihm hiermit eröffneten Möglichkeit Gebrauch, die Gebührenhöhe individuell auf die einzelnen Patienten abzustimmen, könnte die ermittelte Beanstandungsquote, also die hochgerechnete Anzahl an abgerechneten Luftleistungen, zur Berechnung des Gesamtschadens nicht schlicht mit der Gebühr für die betroffene Leistung multipliziert werden. Die Strafverfolgungsbehörden wüssten nicht, welche Gebührenhöhe der Arzt für die einzelnen Luftleistungen abgerechnet hat, da sie die hochgerechneten Luftleistungen keinen konkreten Rechnungen zuordnen können.

Unter praktischen Gesichtspunkten erschiene eine Hochrechnung daher ohnehin nur in zwei Konstellationen erwägenswert: In der ersten Konstellation hat der Arzt für die betroffene Behandlungsleistung stets dieselbe Gebührenhöhe geltend gemacht. In der zweiten Konstellation hat der Arzt nur vereinzelt abweichend abgerechnet, weshalb die abweichend abgerechneten Behandlungen individuell aufgeklärt werden könnten und im Übrigen eine Hochrechnung erfolgen könnte.

---

34 *Luig*, Vertragsärztlicher Abrechnungsbetrug und Schadensbestimmung, S. 219; *Otte*, Schätzungen im Rahmen der Schuldfeststellung, S. 163 ff.; *Schäfer/Sander/van Gemmeren*, in: Praxis der Strafzumessung, Rn. 1303; *Frister*, in: SK StPO, Bd. IV, § 244 Rn. 26d. Ähnlich auch *Tsambikakis*, medstra 2017, 65, 66.

IV. Ergebnis

Die Voraussetzungen, die der Bundesgerichtshof an die Zulässigkeit der Schadenshochrechnung knüpft, stehen einer Übertragung dieses Instruments auf den privatärztlichen Bereich entgegen. Bereits die Grenzen der Rechtskraft eines auf einer Hochrechnung beruhenden Urteils ließen sich nicht bestimmen. Zudem beträfe die Hochrechnung die Feststellung des Eintritts eines Schadens als solches. Nach dem Bundesgerichtshof ist eine Schätzung bzw. Hochrechnung jedoch ausschließlich zur Bestimmung der Rechtsfolgen zulässig, nicht zur Feststellung der Schuld als solcher.

Zusammenfassung, Ausblick und Bewertung

A. Zusammenfassung der wesentlichen Ergebnisse

Hochrechnungen gehören zu den Arbeitstechniken unserer Zeit.[1] Schon vor der Grundsatzentscheidung des Bundesgerichtshofs hatte die Anwendung statistischer Methoden erfolgreich Einzug in Gerichtsverfahren gehalten und ist aus vielen Bereichen kaum mehr wegzudenken. Das Novum der Schadenshochrechnung bestand darin, dass der Gegenstand der statistischen Betrachtung nicht in äußeren Umständen oder Wirkungszusammenhängen, sondern in einem menschlichen Verhalten lag.

I. Schadenshochrechnung im vertragsärztlichen Bereich

Die vorstehende Untersuchung hat gezeigt, dass die Schadenshochrechnung weitestgehend mit den rechtlichen Vorgaben für das Strafverfahren vereinbar ist. Eine Ausnahme stellt allein der in § 244 Abs. 2 StPO niedergelegte Amtsermittlungsgrundsatz dar, der von den Tatgerichten nicht die Ermittlung des Garantieschadens, sondern die Feststellung der Höhe des tatsächlich eingetretenen Schadens verlangt. Die für die Zulässigkeit der Schadenshochrechnung seitens des Bundesgerichtshofs angeführten prozessökonomischen Erwägungen, insbesondere der enorme Aufwand einer Totalerhebung, spielen für die Bemessung der Reichweite des Amtsermittlungsgrundsatzes dabei keine Rolle. Ebenso wenig existiert eine gesetzliche Grundlage, die es den Tatgerichten erlauben würde, sich anstelle der von § 244 Abs. 2 StPO geforderten Aufklärung des wahren Schadens mit der Berechnung des Garantieschadens zu begnügen. Die Höhe des wahren Schadens lässt sich durch eine Hochrechnung jedoch nicht aufklären, da der Garantieschaden allenfalls zufällig mit der Höhe des wahren Schadens übereinstimmt, zumeist aber – weit – hinter der wahren Schadenshöhe zurückbleibt.

Der oftmals vorgebrachte Einwand, die Schadenshochrechnung stehe in Widerspruch zu den Anforderungen des § 261 StPO, konnte hingegen entkräftet werden. Die dem Indizienbeweis strukturell vergleichbare Schadenshochrechnung verstößt weder gegen Denkgesetze noch legt sie der Urteilsfindung einen

1 *Salditt*, StV 1990, 151, 152.

nicht existierenden Erfahrungssatz zugrunde, sofern die Gesamtwürdigung der Einzelfallumstände den Schluss erlaubt, dass der Beschuldigte auch nicht überprüfte Abrechnungspositionen in erheblichem Umfang unberechtigt geltend gemacht hat. Dies ist etwa der Fall, wenn die Stichprobe selbst ein Abrechnungsfehlverhalten von erheblichem Umfang sowie längerer Dauer offenbart. Dabei gilt: Je größer die Anzahl der unberechtigt geltend gemachten Abrechnungspositionen und je länger die Dauer des betroffenen Zeitraums, desto eher trägt der Schluss, dass der Beschuldigte das festgestellte Fehlverhalten ebenso in Bezug auf nicht überprüfte Abrechnungspositionen an den Tag gelegt hat. Erstreckt sich das Abrechnungsfehlverhalten hingegen nur auf wenige Positionen bzw. Quartale, muss der Schluss durch Angaben des Praxispersonals bzw. des Beschuldigten zum Abrechnungsverhalten außerhalb der Stichprobe untermauert werden. Liegen die vorgenannten Umstände vor, ist der Einwand widerlegt, menschliches Verhalten folge keiner gesetzesmäßigen Motivation, weshalb es einer mathematisch-statistischen Hochrechnung nicht zugänglich sei.

Kein bei der Gesamtwürdigung zu berücksichtigender Umstand ist indessen die in der Praxis oftmals bemühte zeitliche Homogenität, also die quartalsübergreifende Konstanz der Beanstandungsquote. Eine Homogenität lässt sich durch den in der Praxis hierfür angewendeten Chi-Quadrat-Homogenitätstest nicht mit der für das Strafverfahren erforderlichen Sicherheit feststellen. Dieser statistische Test besagt lediglich, dass die aus der Stichprobe gewonnenen Daten der aufgestellten Hypothese einer quartalsübergreifend konstanten Beanstandungsquote nicht widersprechen. Hieraus darf allerdings nicht gefolgert werden, die Hypothese sei damit bestätigt. Im Gegenteil lässt sich das Risiko, nach der Anwendung des Chi-Quadrat-Homogenitätstests fälschlich eine Homogenität anzunehmen, ebenso wenig beziffern, wie umgekehrt die Wahrscheinlichkeit, dass die Hypothese zutrifft. Da sich eine hohe Wahrscheinlichkeit der Homogenität nicht feststellen lässt, mangelt es bereits an der objektiven Komponente der richterlichen Überzeugung im Sinne des § 261 StPO.

Diese Erkenntnis wirkt sich zudem auf die Art und Weise der Berechnung des Garantieschadens aus: Anders als bei Annahme einer zeitlich homogenen Beanstandungsquote können die für die einzelnen Quartale erhobenen Stichproben nicht zusammengefasst werden. Aufgrund des damit verbundenen geringeren Stichprobenumfangs sind bei ungewisser Homogenität beträchtlich höhere Sicherheitsabschläge vorzunehmen, wodurch der berechnete Garantieschaden deutlich niedriger ausfällt als bei zeitlicher Homogenität.

Aus der mangelnden Nachweisbarkeit einer zeitlich homogenen Beanstandungsquote folgt des Weiteren das kategorische Verbot der sogenannten Extrapolation. Die Erstreckung der Schadenshochrechnung auf Quartale, für die keine

Stichprobe erhoben wurde, beruht auf der Prämisse, dass der Beschuldigte in diesen Quartalen im selben Umfang wie in den überprüften Quartalen fehlerhaft abgerechnet hat. Dies wäre der Fall, wenn die Beanstandungsquote in den überprüften und nicht überprüften Quartalen zeitlich homogen wäre. Eine zeitliche Homogenität lässt sich aus den erwähnten Gründen jedoch generell nicht belegen, zumal für die nicht überprüften Quartale schon keine Beanstandungsanteile ermittelt werden, anhand derer die unterstellte Homogenität getestet werden könnte. Ebenso wenig kann der erforderliche Nachweis mit den Angaben des Praxispersonals zum Umfang des Abrechnungsfehlverhaltens gelingen, da diese zu unpräzise sind, um Rückschlüsse auf den konkreten Beanstandungsanteil zu erlauben.

Kann im Einzelfall darauf geschlossen werden, dass der Beschuldigte auch nicht überprüfte Abrechnungspositionen in erheblichem Umfang unberechtigt geltend gemacht hat, muss das Tatgericht ferner von dem Eintritt eines Vermögensschadens mindestens in Höhe des berechneten Garantieschadens überzeugt sein. Das erforderliche Maß der richterlichen Überzeugung wird durch das beinahe an absolute Sicherheit reichende Niveau von 99,5 Prozent, mit dem der Garantieschaden berechnet wird, erreicht. Die etwaig verbleibenden Zweifel des Tatrichters an dem Eintritt eines Vermögensschadens in Höhe des berechneten Garantieschadens wären dem Bereich bloß denktheoretischer Zweifel zuzuordnen, die der richterlichen Überzeugung im Sinne des § 261 StPO nicht entgegenstehen.

Die Hochrechnung eines Vermögensschadens steht ferner im Einklang mit der Unschuldsvermutung. Es ist schon fragwürdig, ob diese für den Nachweis des Garantieschadens überhaupt Geltung beansprucht. Hierfür ließe sich nur ins Feld führen, dass die Schadenshochrechnung mit dem Umfang der Verwirklichung von Tatbestandsmerkmalen auch den Schuldumfang berührt. Hingegen wird der Schuldnachweis an sich durch die Stichprobe geführt und damit die Vermutung der Unschuld an sich widerlegt, sodass sich die Relevanz der Berechnung des Garantieschadens daher ausschließlich auf den Rechtsfolgenausspruch beschränkt. Jedenfalls aber mangelt es dem berechneten Garantieschaden nicht an dem gesetzlichen Beweis der Schuld im Sinne des Art. 6 Abs. 2 EMRK: Soweit ein Vermögensschaden in Höhe des berechneten Garantieschadens festgestellt wird, geschieht dies in Übereinstimmung mit den gesetzlichen Vorgaben für das Strafverfahren, insbesondere den Anforderungen des § 261 StPO.

Letztlich steht der Schadenshochrechnung ebenso wenig die jüngere Rechtsprechung des Bundesverfassungsgerichts zur Ermittlung eines Vermögensschadens im Sinne des § 263 Abs. 1 StGB unter dem Blickwinkel des strafrechtlichen Bestimmtheitsgebots aus Art. 103 Abs. 2 GG entgegen. Diese Rechtsprechung bezieht sich allein auf die materiell-rechtliche Bewertung von Vermögenspositionen, das heißt von bereits festgestellten Tatsachen. Die Hochrechnung des Vermögensschadens ist indessen dem Strafverfahrensrecht zuzuordnen. Sie betrifft die der materiell-rechtlichen Bewertung vorgelagerte prozessuale Feststellung der Tatsachen, nämlich die Ermittlung der Mindestanzahl unberechtigt geltend gemachter Abrechnungspositionen. Steht die Mindestanzahl fest, so kann dem vom Bundesverfassungsgericht vorgegebenen Gebot der Bezifferung des Vermögensschadens anschließend problemlos genügt werden, indem der Schaden anhand der aus dem Sozialrecht bekannten streng formalisierten Betrachtungsweise berechnet wird.

II. Schadenshochrechnung im privatärztlichen Bereich

Die Schadenshochrechnung wurde bislang ausschließlich bei vertragsärztlichem Abrechnungsbetrug angewandt. Die vorstehende Untersuchung hat gezeigt, dass eine Übertragung auf den privatärztlichen Bereich zu Recht unterblieben ist, da ihr die Voraussetzungen, die der Bundesgerichtshof an die Zulässigkeit der Schadenshochrechnung knüpft, entgegenstehen. Einerseits ließen sich die Grenzen der Rechtskraft eines auf einer Hochrechnung beruhenden Urteils nicht bestimmen. Daneben würde die Hochrechnung gegen die Vorgabe des Bundesgerichtshofs verstoßen, wonach eine Schätzung bzw. Hochrechnung ausschließlich zur Bestimmung der Rechtsfolgen zulässig ist, nicht aber zur Feststellung der Schuld als solcher.

B. Ausblick und Bewertung

Nach derzeitiger Gesetzeslage bleiben die Tatgerichte hinter den Anforderungen des Amtsaufklärungsgrundsatzes aus § 244 Abs. 2 StPO zurück, wenn sie sich auf eine Hochrechnung des durch vertragsärztlichen Abrechnungsbetrug verursachten Vermögensschadens beschränken, anstatt den wahren Schaden zu ermitteln. Für Abhilfe könnte der Gesetzgeber mit der Schaffung einer Rechtsgrundlage sorgen, welche die Schadenshochrechnung im Bereich des systematischen Abrechnungsbetrugs legitimiert. Wie die vorstehende Untersuchung gezeigt hat, sähe sich ein solches Gesetz keinen verfassungsrechtlichen Bedenken ausgesetzt. Mit dem Erlass eines solchen Gesetzes könnte die Schadenshochrechnung daher vollständig in Einklang mit den Vorgaben für den Strafprozess gebracht werden.

Derzeit ist allerdings nicht damit zu rechnen, dass der Gesetzgeber der Schadenshochrechnung zu einer gesetzlichen Grundlage verhilft. Aus seiner Sicht dürfte kein akuter Handlungsbedarf bestehen. Ein solcher ist jedenfalls nicht unter dem Gesichtspunkt des Beschuldigtenschutzes zu erkennen. Die fachgerecht ausgeführte Schadenshochrechnung birgt aufgrund des hohen Sicherheitsniveaus und der nachrangigen Bedeutung der Schadenshöhe für die Strafzumessung nur eine äußerst geringfügige Gefahr der schuldunangemessenen Sanktionierung. Diese geht über das üblicherweise im Strafverfahren hinzunehmende Maß nicht hinaus. Zudem liegt die Grundsatzentscheidung des Bundesgerichtshofs nunmehr drei Jahrzehnte zurück, ohne dass sich in Schrifttum oder Rechtsprechung kontinuierlicher, vehementer Widerstand gegen die Schadenshochrechnung gebildet hätte. Dezidierte Kritik an der Schadenshochrechnung wurde vielmehr nur vereinzelt vorgebracht. Dabei dürften die schwerwiegendsten, sich im Wesentlichen auf § 261 StPO konzentrierenden Einwände spätestens seit *Krauses*[2] Vortrag aus dem Jahr 2002 bekannt sein.

An einem Anlass zu gesetzgeberischen Aktivitäten dürfte es daneben aber auch aus anderem Grund fehlen: Bereits heute stellt die Strafprozessordnung den Strafverfolgungsbehörden und Gerichten mit den §§ 154 f. StPO die Möglichkeit zur prozessökonomischen Beschränkung des Verfahrensumfangs und damit zur Vermeidung ausufernder Beweisaufnahmen zur Seite.

Mit einer großzügigen Anwendung der §§ 154 f. StPO könnte dem mit der Schadenshochrechnung verfolgten Ziel, das ansonsten rahmensprengende Verfahren zu konzentrieren und zu beschleunigen, noch effektiver Rechnung getragen werden. Nimmt man die untergeordnete Bedeutung der Schadenshöhe für die Strafzumessung bei einem systematisch begangenen Abrechnungsbetrug ernst, würde die zu verhängende Strafe bei einer Verfahrensbegrenzung auf die erhobene Stichprobe nicht maßgeblich milder ausfallen und damit auch ihre abschreckende Wirkung nicht verlieren. Die formale Beschränkung der Beweisaufnahme auf die Stichprobe würde den Abschluss des Strafverfahrens dabei nicht nur noch weiter beschleunigen. Darüber hinaus würden die wertvollen Ressourcen der Justiz auch in finanzieller Hinsicht geschont. Insbesondere die Beauftragung von kostspieligen Sachverständigen würde sich mit der Folge spürbarer Einsparungseffekte erübrigen. Dieser finanzielle Aspekt ist dabei von besonderem Gewicht, da nicht nur das Gericht in der Hauptverhandlung, sondern schon die Staatsanwaltschaft im Ermittlungsverfahren auf die Hinzuziehung eines Sachverständigen angewiesen ist. Erübrigt sich die doppelte Beteiligung eines Sachverständigen am Strafverfahren, so müssten sich Staatsanwalt und Richter auch nicht die mathematisch-statistischen Kenntnisse verschaffen,

2 *Krause*, StV 2002, 249.

derer es zur Würdigung des erstellten Sachverständigengutachtens bedarf. Hiermit würden weitere Kapazitäten freigehalten.

Der Verzicht auf die Schadenshochrechnung würde zudem die Fehlerquellen meiden, die sich aufgrund der Komplexität der Berechnung des Garantieschadens eröffnen. Der mit einer Hochrechnung zu erzielende geringfügige Erkenntnisgewinn für die Strafzumessung rechtfertigt den zu betreibenden Mehraufwand der Strafjustiz und die Inkaufnahme der dargestellten Fehlerquellen jedenfalls nicht.

Die Gebotenheit oder gar Notwendigkeit einer Schadenshochrechnung lässt sich daneben auch nicht mit außerhalb der Strafzumessung liegenden Gesichtspunkten begründen, etwa weil es zum Zwecke der Einziehung ohnehin einer Schätzung des Vermögensschadens nach § 73d Abs. 2 StGB bedürfe. Zwar ordnet § 76a Abs. 3 StGB im Falle der Verfahrensbeschränkung nach §§ 154a f. StPO die selbständige Einziehung des Erlangten materiell-rechtlich zwingend an, sodass eine Schätzung auf den ersten Blick erforderlich erscheint. Allerdings steht die Entscheidung über die Beantragung der selbständigen Einziehung nach § 435 Abs. 1 StPO in prozessualer Hinsicht im pflichtgemäßen Ermessen der Staatsanwaltschaft. Ein Bedürfnis für die Einziehung wird sich in der Praxis regelmäßig nicht ergeben, da die hierzu verpflichteten Kassenärztlichen Vereinigungen das überhöhte Honorar von dem Beschuldigten zurückverlangen und die rechtmäßige Vermögensordnung auf diesem Weg wieder hergestellt wird. Die Staatsanwaltschaft wird daher von einem Antrag auf Einleitung des selbständigen Einziehungsverfahrens absehen können.

Eine Schadenshochrechnung im Strafverfahren ist auch nicht unter dem Gesichtspunkt zu erzielender Synergien zwischen Straf- und sozialrechtlichem Verfahren angezeigt. In der sozialrechtlichen Auseinandersetzung zwischen Kassenärztlicher Vereinigung und dem beschuldigten Vertragsarzt wird das unrechtmäßig abgerechnete Honorar zwar ebenfalls geschätzt werden müssen. Dabei können sich die Kassenärztliche Vereinigung bzw. gegebenenfalls das Sozialgericht jedoch grundsätzlich nicht mit der Verwertung des im Strafverfahren berechneten Garantieschadens begnügen: Die sozialrechtliche Schätzung des zurückzufordernden Honorars geht betragsmäßig in aller Regel über den berechneten Garantieschaden hinaus, da sie anderen Methoden folgt und weniger strenge Anforderungen an das zu erreichende Sicherheitsniveau gestellt werden.

Mangels eines praktischen Bedürfnisses nach der Hochrechnung eines durch systematischen Abrechnungsbetrug verursachten Vermögensschadens erscheint ein Tätigwerden des Gesetzgebers unwahrscheinlich. Dieser hat die prozessökonomische Gestaltung des Verfahrensumfangs mit den §§ 154 f. StPO während des Ermittlungsverfahrens in die Hände der Staatsanwaltschaft bzw. nach Anklageerhebung in die Hände von Staatsanwaltschaft und Gericht gelegt. Ihnen obliegt es, der übertragenen Verantwortung durch möglichst frühzeitige Beschränkungen des Verfahrensstoffes im Einzelfall gerecht zu werden.

Literaturverzeichnis

Achenbach, Hans/Ransiek, Andreas/Rönnau, Thomas (Hrsg.), Handbuch Wirtschaftsstrafrecht, 5. Auflage, Heidelberg 2019 (zitiert als *Bearbeiter*, in: Achenbach/Ransiek/Rönnau, Handbuch Wirtschaftsstrafrecht).

Adam, Jürgen/Schmitt, Karsten/Schumacher, Jörg, Nulla poena sine culpa – Was besagt das verfassungsrechtliche Schuldprinzip?, in: Neue Zeitschrift für Strafrecht 2017, S. 7 bis S. 13.

Albrecht, Peter-Alexis, Überzeugungsbildung und Sachverständigenbeweis in der neueren strafrechtlichen Judikatur zur freien Beweiswürdigung (§ 261 StPO), in: Neue Zeitschrift für Strafrecht 1983, S. 486 bis S. 493.

Alsberg, Max (Hrsg.), Der Beweisantrag im Strafprozess, 7. Auflage, Köln 2019 (zitiert als *Bearbeiter*, in: Alsberg/Nüse/Meyer, Der Beweisantrag im Strafprozess).

AOK Nordost, Positionspapier zur Wahl des Brandenburgischen Landtags für die 7. Legislaturperiode am 01.09.2019, 2019.

Arrenberg, Jutta, Wirtschaftsstatistik für Bachelor, 3. Auflage, München 2019.

Badle, Alexander, Betrug und Korruption im Gesundheitswesen – Ein Erfahrungsbericht aus der staatsanwaltschaftlichen Praxis, in: Neue Juristische Wochenschrift 2008, S. 1028 bis S. 1033.

Badorff, Kerstin, Abrechnungsbetrug von ambulanten Pflegediensten und Vertragsärzten, Eine Untersuchung unter Berücksichtigung der streng formalen Betrachtungsweise des Sozialversicherungsrechts, Frankfurt am Main 2016.

Barot, Johannes, Die Unschuldsvermutung in der Rechtsprechung des EGMR, in: Zeitschrift für das Juristische Studium 2010, S. 701 bis S. 706.

Beckemper, Katharina/Wegener, Carsten, Anmerkung zu BGH, Urteil vom 05.12.2002 – 3 StR 161/02, in: Neue Zeitschrift für Strafrecht 2003, S. 315 bis S. 317.

Becker, Ulrich/Kingreen, Thorsten (Hrsg.), SGB V, Gesetzliche Krankenversicherung, Kommentar, 6. Auflage, München 2018 (zitiert als *Bearbeiter*, in: Becker/Kingreen, SGB V, Gesetzliche Krankversicherung).

Beckmann, Roland Michael/Matusche-Beckmann, Annemarie (Hrsg.), Versicherungsrechts-Handbuch, 3. Auflage, München 2015 (zitier als *Bearbeiter*, in: in: Beckmann/Matusche-Beckmann, Versicherungsrechts-Handbuch).

Berchtold, Josef/Huster, Stefan/Rehborn, Martin (Hrsg.), Gesundheitsrecht, SBG V, SBG XI, 2. Auflage, Baden-Baden 2018 (zitiert als *Bearbeiter*, in: Berchtold/Huster/Rehborn, Gesundheitsrecht).

Bergmann, Karl Otto/Pauge, Burkhard/Steinmeyer, Heinz-Dietrich (Hrsg.), Gesamtes Medizinrecht, 3. Auflage, Baden-Baden 2018 (zitiert als *Bearbeiter*, in: Bergmann/Pauge/Steinmeyer, Gesamtes Medizinrecht).

Bittmann, Folker, Verschleifungsverbot, Quantifizierungsgebot (§§ 263, 266 StGB) und Pflichtwidrigkeit (§ 266 StGB), in: Zeitschrift für Wirtschafts- und Steuerstrafrecht 2013, S. 1 bis S. 8.

Bosch, Karl, Großes Lehrbuch der Statistik, München 1996.

Böttger, Marcus, Wirtschaftsstrafrecht in der Praxis, 2. Auflage, Köln 2015.

Breyer, Steffen/Endler, Maximilian (Hrsg.), Anwaltsformulare Strafrecht, 4. Auflage, Heidelberg 2018 (zitiert als *Bearbeiter*, in: Breyer/Endler, Anwaltsformulare Strafrecht).

Bundesärztekammer, Ärztestatistik der Bundesärztekammer, Stand 31.12.2018.

Cramer, Peter/Cramer, Steffen (Hrsg.), Anwalts-Handbuch Strafrecht, Köln 2002 (zitiert als *Bearbeiter*, in: Cramer/Cramer, Anwalts-Handbuch Strafrecht).

Dannecker, Gerhard/Streng, Anne Franziska, Strafrechtliche Risiken der impliziten Rationierung medizinischer Leistungen, in: Medizinrecht 2011, S. 131 bis S. 140.

Deris, Ingo, Abrechnung – Der Fall Dr. med. B. – Tatsachenbericht einer Ärzteverfolgung, Köln 2009.

Detter, Klaus, Zum Strafzumessungs- und Maßregelrecht, in: Neue Zeitschrift für Strafrecht 1989, S. 465 bis S. 472.

Diaz-Bone, Rainer, Statistik für Soziologen, München 2019.

Dölling, Dieter/Duttge, Gunnar/König, Stefan/Rössner, Dieter (Hrsg.), Gesamtes Strafrecht, StGB, StPO, Nebengesetze, 4. Auflage, Baden-Baden 2017 (zitiert als *Bearbeiter*, in: Dölling/Duttge/König/Rössner, Gesamtes Strafrecht).

Eberbach, Wolfram H., Zwischen Sanktion und Prävention – Möglichkeiten der Gewinnabschöpfung nach dem StGB, in: Neue Zeitschrift für Strafrecht 1987, S. 486 bis S. 492.

Eicker, Andreas, Die Prinzipien der "materiellen Wahrheit" und der "freien Beweiswürdigung" im Strafprozeß, Eine Untersuchung unter besonderer Berücksichtigung des Sachverständigenbeweises und der Sachgebundenheit richterlicher Überzeugungsbildung bei der Schuldfähigkeitsfeststellung und der Feststellung subjektiver Deliktsmerkmale, Pfaffenweiler 2001.

Ellbogen, Klaus, Der Deal im Arztstrafrecht, in: ArztRecht, Zeitschrift für Rechts- und Vermögensfragen 2010, S. 256 bis S. 259.

Ellbogen, Klaus/Wichmann, Richard, Zu Problemen des ärztlichen Abrechnungsbetruges, insbesondere der Schadensberechnung, in: Medizinrecht 2007, S. 10 bis S. 16.

Engländer, Armin, Volk/Engländer, Grundkurs StPO, 9. Auflage, München 2018.

Epping, Jörg/Hillgruber, Christian (Hrsg.), BeckOK Grundgesetz, 41. Edition, München 2019 (zitiert als *Bearbeiter*, in: BeckOK GG).

Erb, Volker/Esser, Robert/Franke, Ulrich/Graalmann-Scheerer, Kirsten/Hilger, Hans/Ignor, Alexander (Hrsg.), Löwe-Rosenberg, Die Strafprozeßordnung und das Gerichtsverfassungsgesetz, Band 5: §§ 151-212b StPO, 26. Auflage, Berlin 2008 (zitiert als *Bearbeiter*, in: LR-StPO, Bd. 5).

Erb, Volker/Esser, Robert/Franke, Ulrich/Graalmann-Scheerer, Kirsten/Hilger, Hans/Ignor, Alexander (Hrsg.), Löwe-Rosenberg, Die Strafprozeßordnung und das Gerichtsverfassungsgesetz, Band 6/1: §§ 213-255a StPO, 26. Auflage, Berlin 2009 (zitiert als *Bearbeiter*, in: LR-StPO, Bd. 6/1).

Erb, Volker/Esser, Robert/Franke, Ulrich/Graalmann-Scheerer, Kirsten/Hilger, Hans/Ignor, Alexander (Hrsg.), Löwe-Rosenberg, Die Strafprozeßordnung und das Gerichtsverfassungsgesetz, Band 6/2: §§ 256-295 StPO, 26. Auflage, Berlin 2013 (zitiert als *Bearbeiter*, in: LR-StPO, Bd. 6/2).

Erb, Volker/Esser, Robert/Franke, Ulrich/Graalmann-Scheerer, Kirsten/Hilger, Hans/Ignor, Alexander (Hrsg.), Löwe-Rosenberg, Die Strafprozeßordnung und das Gerichtsverfassungsgesetz, Band 8: §§ 374-448 StPO, 26. Auflage, Berlin 2009 (zitiert als *Bearbeiter*, in: LR-StPO, Bd. 8).

Erb, Volker/Esser, Robert/Franke, Ulrich/Graalmann-Scheerer, Kirsten/Hilger, Hans/Ignor, Alexander (Hrsg.), Löwe-Rosenberg, Die Strafprozeßordnung und das Gerichtsverfassungsgesetz, Band 11: EMRK; IPBPR, 26. Auflage, Berlin 2012 (zitiert als *Bearbeiter*, in: LR-StPO, Bd. 11).

Esser, Robert/Rübenstahl, Markus/Saliger, Frank/Tsambikakis, Michael (Hrsg.), Wirtschaftsstrafrecht, Köln 2017 (zitiert als *Bearbeiter*, in: Esser/Rübenstahl/Saliger/Tsambikakis, Wirtschaftsstrafrecht).

Fehn, Karsten, Zur Straflosigkeit der Abrechnung von in einer Laborgemeinschaft erbrachten Speziallaboruntersuchungen, in: Medizinrecht 2014, S. 377 bis S. 384.

Feigen, Hanns, Die Verteidigung des Arztes in Betrugsstrafsachen unter Berücksichtigung der Folgeverfahren, in: Medizinrecht 1988, S. 283 bis S. 289.

Fezer, Gerhard, Tatrichterlicher Erkenntnisprozeß – "Freiheit" der Beweiswürdigung, in: Strafverteidiger 1995, S. 95 bis S. 101.

Fischer, Thomas, Strafgesetzbuch mit Nebengesetzen, 67. Auflage, München 2020 (zitiert als *Fischer*, StGB).

Fischer, Thomas, Schätzungen in der Rechtsprechung des Bundesgerichtshofs, in: Strafverteidiger Forum 2012, S. 429 bis S. 433.

Freitag, Daniela, Ärztlicher und zahnärztlicher Abrechnungsbetrug im deutschen Gesundheitswesen, Baden-Baden 2009.

Frister, Helmut/Lindemann, Michael/Peters, Th. Alexander, Arztstrafrecht, München 2011.

Gaede, Karsten, Der Vermögensschaden des Abrechnungsbetrugs im Gesundheitswesen – strenge Medizinrechtsakzessorietät bei der Privatliquidation, in: Fischer, Thomas/Hoven, Elisabeth (Hrsg.), Dogmatik und Praxis des strafrechtlichen Vermögensschadens, Baden-Baden 2015.

Gaidzik, Peter W., Abrechnung unter Verstoß gegen die Pflicht zur persönlichen Leistungserbringung - Betrug des Arztes gemäß § 263 StGB?, in: Zeitschrift für Wirtschafts- und Steuerstrafrecht 1998, S. 329 bis S. 334.

Gercke, Björn/Julius, Karl-Peter/Temming, Dieter/Zöller, Mark A. (Hrsg.), Strafprozessordnung, 6. Auflage, Heidelberg 2019 (zitiert als *Bearbeiter*, in: Gercke/Julius/Temming/Zöller, StPO).

Gercke, Björn/Leimenstoll, Ulrich/Stirner, Kerstin, Handbuch Medizinstrafrecht, Köln 2020.

Giesen, Richard/Kreikebohm, Ralf/Rolfs, Christian/Udsching, Peter (Hrsg.), BeckOK Sozialrecht, 57. Edition, München 2020 (zitiert als *Bearbeiter*, in: BeckOK Sozialrecht).

GKV-Spitzenverband, Bericht des Vorstandes an den Verwaltungsrat – Arbeit und Ergebnisse der Stelle zur Bekämpfung von Fehlverhalten im Gesundheitswesen, 2018.

GKV-Spitzenverband, Stellungnahme zur öffentlichen Anhörung vor dem Ausschuss für Recht und Verbraucherschutz des Deutschen Bundestages am 2.12.2015.

Gollwitzer, Walter, Menschenrechte im Strafverfahren: MRK und IPBPR, Berlin 2005.

Grabenwarter, Christoph/Pabel, Katharina, Europäische Menschenrechtskonvention, 6. Auflage, München 2016.

Graf, Jürgen-Peter (Hrsg.), BeckOK StPO mit RiStBV und MiStra, 37. Edition, München 2020 (zitiert als *Bearbeiter*, in: BeckOK StPO).

Graf, Jürgen (Hrsg.), BeckOK OWiG, 27. Edition, München 2020 (zitiert als *Bearbeiter*, in: BeckOK OWiG).

Graf, Pia-Franziska, Das Vermögensstrafrecht vor den Schranken des Verfassungsrechts: Folgerungen aus dem BVerfG-Beschluss BVerfGE 126, 170 ff. für die Straftatbestände der Untreue und des Betrugs, Marburg 2016.

Grunst, Bettina, Zum Abrechnungsbetrug bei fehlender ordnungsgemäßer Zulassung zum Vertragsarzt, in: Neue Zeitschrift für Strafrecht 2004, S. 533 bis S. 538.

Grzesiek, Mathias, Wirtschaftsdelikte im Vertrags- und Privatarztsektor, Ein Beitrag zum Prinzip der Strafgesetzlichkeit im Gesundheitswesen, Frankfurt am Main 2016.

Haberstroh, Dieter, Unschuldsvermutung und Rechtsfolgenausspruch, in: Neue Zeitschrift für Strafrecht 1984, S. 289 bis S. 295.

Hancok, Heike, Abrechnungsbetrug durch Vertragsärzte, Baden-Baden 2006.

Hannich, Rolf (Hrsg.), Karlsruher Kommentar zur Strafprozessordnung mit GVG, EGGVG und EMRK, 8. Auflage, München 2019 (zitiert als *Bearbeiter*, in: KK StPO).

Hannich, Rolf (Hrsg.), Karlsruher Kommentar zur Strafprozessordnung mit GVG, EGGVG und EMRK, 6. Auflage, München 2008 (zitiert als *Bearbeiter*, in: KK StPO).

Habersack, Matthias (Hrsg.), Münchener Kommentar zum Bürgerlichen Gesetzbuch, Band 6: Schuldrecht – Besonderer Teil IV, §§ 705-853 BGB, Partnerschaftsgesellschaftsgesetz, Produkthaftungsgesetz, 7. Auflage, München 2017 (zitiert als *Bearbeiter*, in: MüKo BGB, Bd. 6).

Hedderich, Jürgen/Sachs, Lothar, Angewandte Statistik, 16. Auflage, Berlin Heidelberg 2018.

von Heintschel-Heinegg, Bernd (Hrsg.), BeckOK StGB, 46. Edition, München 2020 (zitiert als *Bearbeiter*, in: BeckOK StGB).

Heintz-Koch, Katja, Vertragsärztlicher Abrechnungsbetrug, Strafrechtliche und kriminologische Aspekte, Baden-Baden 2017.

Hellmann, Uwe, Abrechnungsbetrug im vertragsärztlichen Bereich, in: Fischer, Thomas/Hoven, Elisabeth (Hrsg.), Dogmatik und Praxis des strafrechtlichen Vermögensschadens, Baden-Baden 2015.

Hellmann, Uwe, Anmerkung zu BGH, Beschluss vom 28.09.1994 – 4 StR 280/94, in: Neue Zeitschrift für Strafrecht 1995, S. 232 bis S. 233.

Hellmann, Uwe, Richterliche Überzeugungsbildung und Schätzung bei der Bemessung strafrechtlicher Sanktionen, in: Goltdammer's Archiv für Strafrecht 1997, S. 503 bis S. 524.

Hellmann, Uwe/Herffs, Harro, Der ärztliche Abrechnungsbetrug, Berlin 2006.

Herdegen, Gerhard, Bemerkungen zur Beweiswürdigung, in: Neue Zeitschrift für Strafrecht 1987, S. 193 bis S. 199.

Herdegen, Gerhard, Bemerkungen zum Beweisantragsrecht -1. Teil -, Zugleich Besprechung von BGH-GSSt 1/83, in: Neue Zeitschrift für Strafrecht 1984, S. 97 bis S. 103.

Herffs, Harro, Der Abrechnungsbetrug des Vertragsarztes, Berlin Heidelberg 2002.

Herzog, Roman/Herdegen, Matthias/Scholz, Rupert/Klein, Hans. H. (Hrsg.), Grundgesetz, Kommentar, Loseblattsammlung, München 2020 (zitiert als *Bearbeiter*, in: Maunz/Dürig, GG).

Hinrichs, Hauke, Konsequenzen der Vorgaben des BVerfG zur Figur des Gefährdungsschadens, in: Zeitschrift für Wirtschafts- und Steuerstrafrecht 2013, S. 161 bis S. 167.

Hofmann, Manfred, Schätzung und Aufklärungspflicht bei der tatrichterlichen Sachverhaltsfeststellung, in: Strafverteidiger Forum 2003, S. 70 bis S. 76.

Homann, Denise, Betrug in der gesetzlichen Krankenversicherung: Eine empirische Untersuchung über vermögensschädigendes Fehlverhalten zulasten der Solidargemeinschaft, Mönchengladbach 2009.

Hoyer, Andreas, Der Konflikt zwischen richterlicher Beweiswürdigungsfreiheit und dem Prinzip „in dubio pro reo", ZStW 105 (1993), S. 533 bis 556.

Idler, Martin, Betrug bei Abrechnung ärztlicher Leistungen ohne Kassenzulassung, in: Juristische Schulung 2004, S. 1037 bis S. 1041.

Janda, Constanza, Medizinrecht, 4. Auflage, München 2019.

Joecks, Wolfgang/Miebach, Klaus (Hrsg.), Münchener Kommentar zum Strafgesetzbuch, Band 2: §§ 38-79b StGB, 3. Auflage, München 2019 (zitiert als *Bearbeiter*, in: MüKo StGB, Bd. 2).

Joecks, Wolfgang/Miebach, Klaus (Hrsg.), Münchener Kommentar zum Strafgesetzbuch, Band 5: §§ 263-358 StGB, 3. Auflage, München 2019 (zitiert als *Bearbeiter*, in: MüKo StGB, Bd. 5).

Joecks, Wolfgang/Miebach, Klaus (Hrsg.), Münchener Kommentar zum Strafgesetzbuch, Band 7: Nebenstrafrecht II, 3. Auflage, München 2019 (zitiert als *Bearbeiter*, in: MüKo StGB, Bd. 7).

Kassenärztliche Bundesvereinigung, Statistische Informationen aus dem Bundesarztregister der KBV, Stand 31.12.2018.

Kindhäuser, Urs/Neumann, Ulfried/Paeffgen, Hans-Ullrich (Hrsg.), Strafgesetzbuch, Band 1: §§ 1-79b StGB, 5. Auflage, Baden-Baden 2017 (zitiert als *Bearbeiter*, in: NK StGB, Bd. 1).

Kindhäuser, Urs/Neumann, Ulfried/Paeffgen, Hans-Ullrich (Hrsg.), Strafgesetzbuch, Band 2: §§ 80-231 StGB, 5. Auflage, Baden-Baden 2017 (zitiert als *Bearbeiter*, in: NK StGB, Bd. 2).

Knauer, Christoph/Kudlich, Hans/Schneider, Hartmut (Hrsg.), Münchener Kommentar zur StPO, Band 1: §§ 1-150 StPO, München 2014 (zitiert als *Bearbeiter*, in: MüKo StPO, Bd. 1).

Knauer, Christoph/Kudlich, Hans/Schneider, Hartmut (Hrsg.), Münchener Kommentar zur StPO, Band 2: §§ 151-332 StPO, München 2014 (zitiert als *Bearbeiter*, in: MüKo StPO, Bd. 2).

Knauer, Christoph/Kudlich, Hans/Schneider, Hartmut (Hrsg.), Münchener Kommentar zur StPO, Band 3/1: §§ 333-499 StPO, München 2019 (zitiert als *Bearbeiter*, in: MüKo StPO, Bd. 3/1).

Knauer, Christoph/Kudlich, Hans/Schneider, Hartmut (Hrsg.), Münchener Kommentar zur StPO, Band 3/2: GVG, EGGVG, EMRK, EGStPO, EGStGB, ZSHG, StrEG, JGG, G 10, AO, München 2018 (zitiert als *Bearbeiter*, in: MüKo StPO, Bd. 3/2).

Körner, Anne/Mutschler, Bernd/Leitherer, Stephan/Rolfs, Christian (Hrsg.), Kasseler Kommentar zum Sozialversicherungsrecht, Loseblattsammlung, München 2020 (zitiert als *Bearbeiter*, in: Kasseler Kommentar zum Sozialversicherungsrecht).

Kraatz, Erik, Arztstrafrecht, 2. Auflage, Stuttgart 2018.

Kramer, Ernst A., Juristische Methodenlehre, 5. Auflage, Bern 2016.

Krause, Daniel, Schätzung und Aufklärungspflicht bei der tatrichterlichen Sachverhaltsfeststellung, in: Strafverteidiger Forum 2002, S. 249 bis S. 254.

Krekeler, Wilhelm/Löffelmann, Markus/Sommer, Ulrich (Hrsg.), Anwaltkommentar StPO, 2. Auflage, Bonn 2010 (zitiert als *Bearbeiter*, in: Anwaltkommentar StPO).

Krenberger, Benjamin/Krumm, Carsten, Ordnungswidrigkeitengesetz, Kommentar, 5. Auflage, München 2018 (zitiert als *Bearbeiter*, in: Krenberger/Krumm, OWiG).

Kühl, Ingo, Wirtschaftlichkeitsgebot und Vertragsarzt im Strafrecht, Eine Untersuchung unter besonderer Berücksichtigung der Arzneimittelversorgung, Berlin Heidelberg 2014.

Kuhlen, Lothar, Gesetzlichkeitsprinzip und Untreue, Zugleich eine Besprechung des Beschlusses des Bundesverfassungsgerichts vom 23.6.2010, in: Juristische Rundschau 2011, S. 246 bis S. 254.

Khuli, Milan, Überforderung des Strafprozesses? Zur Frage des verfahrensrechtlichen Umgangs mit Massenbetrugsfällen, in: Strafverteidiger 2016, S. 40 bis S. 48.

Kondziela, Andreas, Abrechnungsbetrug im Gesundheitswesen, in: Kriminalistik 2004, S. 377 bis S. 385.

Krüger, Matthias, Neues aus Karlsruhe zu Art. 103 II GG und § 266 StGB, Bespr. von BVerfG, Beschl. vom 23. 6. 2010 – 2 BvR 2559/08, NStZ 2010, 626, in: Neue Zeitschrift für Strafrecht 2011, S. 369 bis S. 375.

Krüger, Matthias/Burger, Vincent, Neues vom Straf- und Verfassungsrecht zum Abrechnungsbetrug und zur Vertragsarztuntreue, in: Zeitschrift für Wirtschaftsstrafrecht und Haftung im Unternehmen 2012, S. 213 bis S. 220.

Langheidt, Theo/Wandt, Manfred (Hrsg.), Münchener Kommentar zum Versicherungsvertragsgesetz, Band 2: §§ 100-216 VVG, 2. Auflage, München 2017 (zitiert als *Bearbeiter*, in: MüKo VVG, Bd. 2).

Laufs, Adolf/Kern, Bernd-Rüdiger (Hrsg.), Handbuch des Arztrechts, 5. Auflage, München 2019.

Lindemann, Michael, Verstöße des privatliquidierenden Arztes gegen das Gebot persönlicher Leistungserbringung – stets ein Fall für das (Betrugs-)Strafrecht? – zugleich eine Anmerkung zu BGH, Beschluss vom 25.1.2012 – 1 StR 45/11, in: Neue Zeitschrift für Wirtschafts-, Steuer- und Unternehmensstrafrecht 2012, S. 334 bis S. 339.

Lindemann, Michael, Voraussetzungen und Grenzen legitimen Wirtschaftsstrafrechts, Tübingen 2012.

Lüdders, Axel, Polizeiliche Ermittlungen gegen Kassenärzte – Ein Erfahrungsbericht aus Nordrhein-Westfalen, in: Steinhilper, Gernot (Hrsg.), Arzt und Abrechnungsbetrug, Heidelberg 1988.

Luig, Caspar, Vertragsärztlicher Abrechnungsbetrug und Schadensbestimmung, Zur streng formalen Betrachtungsweise des Sozialrechts im Strafrecht, Frankfurt am Main 2009.

Madauß, Norbert, Statistische-mathematische Methoden in Besteuerungs- und Steuerstrafverfahren, in: Neue Zeitschrift für Wirtschafts-, Steuer- und Unternehmensstrafrecht 2014, S. 24 bis S. 26.

Mahler, Franziska, Fiktion des Vermögensschadens durch die "streng formale Betrachtungsweise" beim Abrechnungsbetrug – zugleich eine Anmerkung zu BGH wistra 2012, 222, in: Zeitschrift für Wirtschafts- und Steuerstrafrecht 2013, S. 44 bis S. 48.

Mahler, Robert, Die Untreuerisiken der Ausgabenträger im Gesundheitswesen, Eine Untersuchung vor dem Hintergrund der Rechtsprechung zum Abrechnungsbetrug, Baden-Baden 2019.

Marxen, Klaus, Straftatsystem und Strafprozeß, Berlin 1984.

Maul, Heinrich, Die gerichtliche Aufklärungspflicht im Lichte der Rechtsprechung des Bundesgerichtshofs, in: Wasserburg, Klaus/Haddenhorst, Wilhelm (Hrsg.), Wahrheit und Gerechtigkeit im Strafverfahren, Festgabe für Karl Peters aus Anlaß seines 80. Geburtstags, Heidelberg 1984 (zitiert als *Maul*, Die gerichtliche Aufklärungspflicht im Lichte der Rechtsprechung des Bundesgerichtshofs, Peters-FS).

Meißner, Markus, Das neue Modell der Opferentschädigung – aus Sicht eines (dritt)betroffenen Unternehmens, in: Neue Zeitschrift für Wirtschafts-, Steuer- und Unternehmensstrafrecht 2018, S. 239 bis S. 245.

Meseke, Stephan, Die Bekämpfung von Fehlverhalten im Gesundheitswesen aus der Perspektive der gesetzlichen Kranken- und Pflegeversicherung, in: Arbeitsgemeinschaft Medizinrecht im Deutschen Anwaltverein, Berlin, Institut für Rechtsfragen der Medizin, Düsseldorf (Hrsg.), Aktuelle Entwicklungen im Medizinstrafrecht – 7. Düsseldorfer Medizinstrafrechtstag, Baden-Baden 2017.

Meyer-Ladewig, Jens/Nettesheim, Martin/von Raumer, Stefan (Hrsg.), Europäische Menschenrechtskonvention, Handkommentar, 4. Auflage, Baden-Baden 2017 (zitiert als *Bearbeiter*, in: Europäische Menschenrechtskonvention).

Moellers, Thomas M. J., Juristische Methodenlehre, 2. Auflage, München 2019.

Mohammadi, Ehsan/Hampe, Dennis, Besonderheiten des ärztlichen Abrechnungsbetruges im Strafverfahren, in: Neue Zeitschrift für Wirtschafts-, Steuer- und Unternehmensstrafrecht 2012, S. 417 bis S. 423.

Müller, Eckart/Schlothauer, Reinhold (Hrsg.), Münchener Anwaltshandbuch Strafverteidigung, 2. Auflage, München 2014 (zitiert als *Bearbeiter*, in: MAH Strafverteidigung).

Nadolny, Fred, Betrügerische Honorarabrechnung aus Sicht der Krankenkasse, in: Steinhilper, Gernot (Hrsg.), Arzt und Abrechnungsbetrug, Heidelberg 1988.

Nestler, Nina, Phänomenologie der Wirtschaftskriminalität im Gesundheitswesen, in: Juristen Zeitung 2009, S. 984 bis 991.

Noll, Peter, Die Schätzung des Schadens im Vermögensstrafrecht, in: Fischer, Thomas/Hoven, Elisa (Hrsg.), Dogmatik und Praxis des strafrechtlichen Vermögensschadens,, Baden-Baden 2015.

Ott, Georg/Bundschuh, Jürgen, Schätzung im Strafverfahren, in: Juristische Arbeitsblätter 2005, S. 453 bis S. 457.

Otte, Dennis Federico, Schätzungen im Rahmen der Schuldfeststellung, Am Beispiel der Rechtsprechung des BGH zu Vermögensdelikten und Serienstraftaten, Berlin 2018.

Perron, Walter, Das Beweisantragsrecht des Beschuldigten im deutschen Strafprozeß, Berlin 1995.

Peter, Frank M., Zur Feststellung des Irrtums bei Massenbetrugsfällen – Zugleich Anmerkung zu BGH, Beschluss vom 16.8.2018 – 5 StR 348/18, in: Strafverteidiger Forum 2019, S. 186 bis S. 190.

Plagemann, Hermann (Hrsg.), Münchener Anwaltshandbuch Sozialrecht, 5. Auflage, München 2018 (zitiert als *Bearbeiter*, in: MAH Sozialrecht).

Pott, Christine, Die Außerkraftsetzung der Legalität durch das Opportunitätsdenken in den Vorschriften der §§ 154, 154a StPO, Zugleich ein Beitrag zu einer kritischen Strafverfahrensrechtstheorie, Frankfurt am Main 1996.

Prütting, Dorothea (Hrsg.), Medizinrecht, 5. Auflage, München 2019 (zitiert als *Bearbeiter*, in: Prütting, Medizinrecht).

Puppe, Ingeborg, Kleine Schule des juristischen Denkens, 4. Auflage, Göttingen 2019.

Quaas, Michael/Zuck, Rüdiger/Clemens, Thomas/Gokel, Maria (Hrsg.), Medizinrecht, 4. Auflage, München 2018 (zitiert als *Bearbeiter*, in: Quaas/Zuck, Medizinrecht).

Radtke, Henning/Hohmann, Olaf (Hrsg.), Strafprozessordnung, München 2011 (zitiert als *Bearbeiter*, in: Radtke/Hohmann, StPO).

Reimer, Franz, Juristische Methodenlehre, Baden-Baden 2016.

Rettke, Arne, Die Bedeutung der Einziehung gemäß § 73 StGB – Die Aufwertung der strafrechtlichen Vermögensabschöpfung – Teil 1, in: Neue Zeitschrift für Wirtschafts-, Steuer- und Unternehmensstrafrecht 2019, S. 281 bis S. 287.

Rieß, Peter (Hrsg.), Löwe-Rosenberg, Die Strafprozeßordnung und das Gerichtsverfassungsgesetz, Band 4: §§ 213-295 StPO, 25. Auflage, Berlin 2001 (zitiert als *Bearbeiter*, in: LR-StPO, 25. Aufl. 2001, Bd. 4).

Rinne, Horst, Taschenbuch der Statistik, 3. Auflage, Frankfurt am Main 2003.

Roxin, Claus/Schünemann, Bernd, Strafverfahrensrecht, 29. Auflage, München 2017.

Roxin, Claus/Schroth, Ulrich (Hrsg.), Handbuch des Medizinstrafrechts, 4. Auflage, Stuttgart 2010.

Rösing, Friedrich W./Quarch, Matthias/Danner, Bettina, Zur Wahrscheinlichkeitsaussage im morphologischen Identitätsgutachten, in: Neue Zeitschrift für Strafrecht 2012, S. 548 bis S. 554.

Ruckdeschel, Peter/von Ossietzky, Carl/Franke, Jürgen/Erlwein-Sayer, Christina/Massini, Eugen, Methode zur Berechnung eines Garantieschadens als sichere untere Schranke für den Gesamtschaden, in: Zeitschrift für Medizinstrafrecht 2017, S. 67 bis S. 79.

Salditt, Franz, Anmerkung zu BGH, Urteil vom 14.12.1989 – 4 StR 419/89, in: Strafverteidiger 1990, S. 151 bis S. 153.

Saliger, Frank, Grundprobleme des Abrechnungsbetrugs im Gesundheitswesen – Aktueller Stand und Trends, in: Zeitschrift für Medizinstrafrecht 2019, S. 258 bis 262.

Saliger, Frank, Auswirkungen des Untreue-Beschlusses des Bundesverfassungsgerichts vom 23.6.2010 auf die Schadensdogmatik, in: Zeitschrift für internationale Strafrechtsdogmatik 2011, S. 902 bis S. 918.

Saliger, Frank, Das Untreuestrafrecht auf dem Prüfstand der Verfassung, in: Neue Juristische Wochenschrift 2010, S. 3195 bis S. 3198.

Saliger, Frank, Revision des ärztlichen Abrechnungsbetrugs – am Beispiel der Abrechnung von Laboruntersuchungen als eigene Leistung, in: Schulz, Lorenz/Reinhart, Michael/Sahan, Oliver (Hrsg.), Festschrift für Imme Roxin zum 75. Geburtstag, Heidelberg 2012 (zitiert als *Saliger*, Revision des ärztlichen Abrechnungsbetrugs, Roxin-FS).

Saliger, Frank/Tsambikakis, Michael, Der Vermögensschaden beim Abrechnungsbetrug, in: Medizinrecht 2013, S. 284 bis S. 288.

Satzger, Helmut/Schluckebier, Wilhelm/Widmaier, Gunter (Hrsg.), Kommentar zum Strafgesetzbuch, 4. Auflage, Köln 2019.

Satzger, Helmut/Schluckebier, Wilhelm/Widmaier, Gunter (Hrsg.), Kommentar zur Strafprozessordnung, 4. Auflage, Köln 2020.

Schäfer, Gerhard/Sander, Günther M./van Gemmeren, Gerhard (Hrsg.), Praxis der Strafzumessung, 6. Auflage, München 2017.

Scheinfeld, Jörg, Die Verfahrenseinstellung in großen Wirtschaftsstrafsachen, Zu den Voraussetzungen des § 153a StPO, in: Putzke, Holm/Hardtung, Bernhard/ Hörnle, Tatjana/Merkel, Reinhard/Scheinfeld, Jörg/Schlehofer, Horst/Seier, Jürgen (Hrsg.), Strafrecht zwischen System und Telos, Festschrift für Rolf Dietrich Herzberg zum siebzigsten Geburtstag am 14. Februar 2008, Tübingen 2008 (zitiert als *Scheinfeld*, Die Verfahrenseinstellung in großen Wirtschaftsstrafsachen, Herzberg-FS).

Schicker, Verena, Ärztlicher Abrechnungsbetrug, Eine straf- und sozialrechtliche Betrachtung, in: Münchner studentische Rechtszeitschrift 2013, S. 41 bis S. 48.

Schlösser, Jan, Die Betrugsdogmatik vor den Schranken des Verfassungsrechts, Anmerkungen zu BVerfG, Beschluss vom 07.12.2011 – 2 BvR 2500/09, 1857/10, in: Neue Zeitschrift für Strafrecht 2012, S. 473 bis S. 479.

Schmidt, Heiner Christian, Strafrechtliche Aspekte der Schadenshochrechnung in Fällen des vertragsärztlichen Abrechnungsbetrugs, in: Zeitschrift für Medizinstrafrecht 2017, S. 79 bis S. 85.

Schmidt, Heiner Christian, Rechtsfolgenentscheidung und Strafzumessung beim vertragsärztlichen Abrechnungsbetrug, in: Strafverteidiger 2013, S. 589 bis S. 595.

Schmitt, Bertram (Hrsg.), Meyer-Goßner/Schmitt, Strafprozessordnung mit GVG und Nebengesetzen, 63. Auflage, München 2020 (zitiert als *Bearbeiter*, in: Meyer-Goßner/Schmitt, StPO).

Schnapp, Friedrich/Wigge, Peter (Hrsg.), Handbuch des Vertragsarztrechts, Das gesamte Kassenarztrecht, 3. Auflage, München 2017 (zitiert als *Bearbeiter*, in: Schnapp/Wigge, Handbuch des Vertragsarztrechts).

Schneider, Hendrik, Plädoyer für die Abkehr von der "streng formalen Betrachtungsweise" im Bereich des Abrechnungsbetruges, in: Wienke, Albrecht/Janke, Kathrin/Kramer, Hans-Jürgen (Hrsg.), Der Arzt im Wirtschaftsstrafrecht, Berlin Heidelberg 2011 (zitiert als *Schneider*, in: Wienke/Janke/Kramer (Hrsg.), Der Arzt im Wirtschaftsstrafrecht).

Schneider, Hendrik/Reich, Claudia, Abrechnungsbetrug durch "Upcoding", Ein Beitrag zu den Fallgruppen der "konkludenten Täuschung" im Straftatbestand des Betruges, in: Onlinezeitschrift für Höchstrichterliche Rechtsprechung zum Strafrecht 2012, S. 267 bis S. 272.

Schneider, Tamara, Vertragsarztuntreue, Der Vertragsarzt im Spannungsverhältnis zwischen Patientenbehandlung und Vermögensfürsorge, Baden-Baden 2019.

Schönke, Adolf/Schröder, Horst/Eser, Albin (Hrsg.), Strafgesetzbuch, Kommentar, 30. Auflage, München 2019 (zitiert als *Bearbeiter*, in: Schönke/Schröder, StGB).

Singelnstein, Tobias, Vermögensschaden trotz fachgerechter Leistung? – Zur Reichweite der "streng formalen Betrachtungsweise" beim Abrechnungsbetrug durch Vertragsärzte, in: Zeitschrift für Wirtschafts- und Steuerstrafrecht 2012, S. 417 bis S. 422.

Sodan, Helge (Hrsg.), Handbuch des Krankenversicherungsrechts, 3. Auflage, München 2018 (zitiert als *Bearbeiter*, in: Sodan, Handbuch des Krankenversicherungsrechts).

Specht, Wolfgang, Erfahrungen aus der Praxis der Staatsanwaltschaft, in: Steinhilper, Gernot (Hrsg.), Arzt und Abrechnungsbetrug, Heidelberg 1988.

Spickhoff, Andreas (Hrsg.), Medizinrecht, 3. Auflage, München 2018.

Stein, Ulrich, Betrug durch vertragsärztliche Tätigkeit in unzulässigem Beschäftigungsverhältnis?, Zugleich Besprechung des Beschlusses des OLG Koblenz vom 2. 3. 2000 – 2 Ws 92-94/00, in: Medizinrecht 2001, S. 124 bis S. 131.

Steinhilper, Gernot, Unkorrekte Honorarabrechnungen durch Ärzte und die Folgeverfahren – Anmerkungen aus Sicht der Praxis, in: Brennpunkte des Sozialrechts 1993, Thesen und Ergebnisse der 5. Sozialrechtlichen Jahrestagung vom Februar 1993 in Kassel, Herne Berlin 1993.

Stirner, Kerstin, Der privatärztliche Abrechnungsbetrug, Baden-Baden 2015.

Stuckenberg, Carl-Friedrich, Untersuchungen zur Unschuldsvermutung, Berlin 1998.

Stürner, Rolf (Hrsg.), Jauernig, Bürgerliches Gesetzbuch, Kommentar, 17. Auflage, München 2018 (zitiert als *Bearbeiter*, in: Jauernig, BGB).

Terbille, Michael/Clausen, Tilman/Schroeder-Printzen, Jörn (Hrsg.), Münchener Anwaltshandbuch Medizinrecht, 3. Auflage, München 2020 (zitiert als *Bearbeiter*, in: MAH Medizinrecht).

ter Veen, Heino, Beweisumfang und Verfahrensökonomie im Strafprozeß, Heidelberg 1995.

Tiedemann, Klaus, Die Auslegung des Strafprozeßrechts, in: Wasserburg, Klaus/ Haddenhorst, Wilhelm (Hrsg.), Wahrheit und Gerechtigkeit im Strafverfahren, Festgabe für Kar Peters aus Anlaß seines 80. Geburtstags, Heidelberg 1984 (zitiert als *Tiedemann*, Die Auslegung des Strafprozeßrechts, Peters-FS).

Transparency International – Deutschland e. V., Transparenzmängel, Korruption und Betrug im deutschen Gesundheitswesen, Kontrolle und Prävention als gesellschaftliche Aufgabe, 5. Auflage, Berlin 2008.

Traut, Marcus, Fehlerquellen bei Schadenshochrechnungen in Abrechnungsbetrugsverfahren gegen Ärzte, in: Der Arzt und sein Recht, Zeitschrift für Arzt-, Kassenarzt- und Arzneimittelrecht, 2002, S. 164 bis S. 167.

Trüg, Gerson, Der Irrtumsnachweis bei massenhaften Täuschungsvorwürfen – Kollaps oder kurzer Prozess?, in: Onlinezeitschrift für Höchstrichterliche Rechtsprechung zum Strafrecht 2015, S. 106 bis S. 116.

Trüg, Gerson, Die Reform der strafrechtlichen Vermögensabschöpfung, in: Neue Juristische Wochenschrift 2017, S. 1913 bis S. 1918.

Tsambikakis, Michael, Schadenshochrechnung beim Abrechnungsbetrug, in: Zeitschrift für Medizinstrafrecht 2017, S. 65 bis S. 66.

Tschirk, Wolfgang, Bayes-Statistik für Human- und Sozialwissenschaften, Berlin Heidelberg 2019.

Ulsenheimer, Klaus, Arztstrafrecht in der Praxis, 5. Auflage, Heidelberg 2015.

Volk, Klaus, Zum Schaden beim Abrechnungsbetrug, Das Verhältnis von Strafrecht und Sozialversicherungsrecht, in: Neue Juristische Wochenschrift 2000, S. 3385 bis S. 3389.

Volk, Klaus, Zur Schätzung im Steuerstrafrecht, in: Hirsch, Hans Joachim/ Wolter, Jürgen/Brauns, Uwe (Hrsg.), Festschrift für Günther Kohlmann zum 70. Geburtstag, Köln 2003 (zitiert als *Volk*, Zur Schätzung im Steuerstrafrecht, Kohlmann-FS).

Wabnitz, Heinz-Bernd/Janovsky, Thomas (Hrsg.), Handbuch des Wirtschafts- und Steuerstrafrechts, 4. Auflage, München 2019 (zitiert als *Bearbeiter*, in: Wabnitz/Janovsky, Handbuch des Wirtschafts- und Steuerstrafrechts).

Wagner, Regine/Knittel, Stefan (Hrsg.), Krauskopf, Soziale Krankenversicherung, Pflegeversicherung, Kommentar: SGB I, SGB IV, SGB V, Loseblattsammlung, München 2020 (zitiert als *Bearbeiter*, in: Krauskopf, Soziale Krankenversicherung, Pflegeversicherung).

Weber, Helmut/Droste, Mark, Kassenarztrechtliche Probleme bei manipulierten Honorarabrechnungen unter besonderer Berücksichtigung der Rechtsprechung, in: Neue Juristische Wochenschrift 1990, S. 2281 bis S. 2291.

Welke, Wanja Andreas, Zur Betrugsstrafbarkeit von Verantwortlichen ambulanter Pflegeeinrichtungen – Zugleich ein weiterer Beitrag zur Bestimmung des Vermögensschadens im Bereich der Vermögensdelikte unter Anwendung der streng-formalen Betrachtungsweise des Sozialversicherungsrechts, in: Rechtszeitschrift für das gesamte Gesundheitswesen 2011, S. 139 bis S. 149.

Wenner, Gerd, Die Aufklärungspflicht gem. § 244 Abs. 2 StPO, Bochum 1982.

Wiegand, Britta, Schadenshochrechnung in der Sozialgerichtsbarkeit, in: Zeitschrift für Medizinstrafrecht 2017, S. 85 bis S. 90.

Wilmes, Jan (Hrsg.), Bach/Moser, Private Krankenversicherung, Kommentar zu den §§ 192-208, 213 VVG, zu den MB/KK und MB/KT sowie zu weiteren Gesetzes- und Regelwerken in der privaten Krankenversicherung, 5. Auflage, München 2015 (zitiert als *Bearbeiter*, in: Bach/Moser, Private Krankenversicherung).

Wolff, Amadeus (Hrsg.), Grundgesetz für die Bundesrepublik Deutschland, Handkommentar, 12. Auflage, Baden-Baden 2018 (zitiert als *Bearbeiter*, in: Hömig/Wolff, GG).

Wolter, Jürgen (Hrsg.), Systematischer Kommentar zur Strafprozessordnung. Mit GVG und EMRK, Band III: §§ 137-197 StPO, 5. Auflage, Köln 2016 (zitiert als *Bearbeiter*, in: SK StPO, Bd. III).

Wolter, Jürgen (Hrsg.), Systematischer Kommentar zur Strafprozessordnung. Mit GVG und EMRK, Band IV: §§ 198-246 StPO, 5. Auflage, Köln 2015 (zitiert als *Bearbeiter*, in: SK StPO, Bd. IV).

Wolter, Jürgen (Hrsg.), Systematischer Kommentar zur Strafprozessordnung. Mit GVG und EMRK, Band V: §§ 264a-295 StPO, 5. Auflage, Köln 2016 (zitiert als *Bearbeiter*, in: SK StPO, Bd. V).

Wolter, Jürgen (Hrsg.), Systematischer Kommentar zur Strafprozessordnung. Mit GVG und EMRK, Band X: Art. 1-8 EMRK, 5. Auflage, Köln 2017 (zitiert als *Bearbeiter*, in: SK StPO, Bd. X).

Wostry, Thomas, Schadensbezifferung und bilanzielle Berechnung des Vermögensschadens bei dem Tatbestand des Betrugs (§ 263 StGB), Berlin 2016.

Zopfs, Jan, Anmerkung zu BGH, Urteil vom 12.08.1999 – 5 StR 269/99, in: Strafverteidiger 2000, S. 601 bis S. 603.

www.ingramcontent.com/pod-product-compliance
Ingram Content Group UK Ltd.
Pitfield, Milton Keynes, MK11 3LW, UK
UKHW021845290926
8980IPUK00005B/663

9 783631 860106